es 1732
edition suhrkamp
Neue Folge Band 732

Gender Studies
Vom Unterschied der Geschlechter

Die in diesem Band versammelten Aufsätze gehen, auf unterschiedliche Weise, der sozialen Konstruktion der Geschlechterordnungen nach, sei es am konkreten Fall, z.B. in den Arbeitsbeziehungen, in der Schule oder im Sport, sei es in der Entwicklung des theoretischen Arguments.

Den unmittelbaren Anstoß gab der bislang nur in französischer Sprache zugängliche Beitrag von Pierre Bourdieu über »la domination masculine«, einem Autor also, dessen Arbeiten explizit die soziale Konstruktion von symbolischer Ordnung und sozialer Struktur zum Gegenstand haben. Es scheint uns so sinnvoll wie anregend, seine Überlegungen zur »männlichen Herrschaft« mit feministischen Erklärungsansätzen u. a. von Mary O'Brien und Cynthia Cockburn in einem Band zu veröffentlichen und damit eine Diskussion zwischen bislang weitgehend getrennt geführten Wissenschaftsdiskursen anzustoßen.

Ein alltägliches Spiel
Geschlechterkonstruktion
in der sozialen Praxis

*Herausgegeben von
Irene Dölling und Beate Krais*

Suhrkamp

*Veröffentlicht mit Unterstützung
der Maison des Sciences de l'Homme, Paris,
und des Ministère français chargé de la culture*

edition suhrkamp 1732
Neue Folge Band 732
Erste Auflage 1997
© Suhrkamp Verlag Frankfurt am Main 1997
Erstausgabe
Alle Rechte vorbehalten, insbesondere das der
Übersetzung,
des öffentlichen Vortrags
sowie der Übertragung durch Rundfunk und Fernsehen,
auch einzelner Teile.
Satz: Hümmer, Waldbüttelbrunn
Druck: Nomos Verlagsgesellschaft, Baden-Baden
Umschlagentwurf: Willy Fleckhaus
Printed in Germany

1 2 3 4 5 6 – 02 01 00 99 98 97

Inhalt

Vorwort der Herausgeberinnen 7

I

Cynthia Cockburn, Susan Ormrod: Wie Geschlecht und Technologie in der sozialen Praxis »gemacht« werden 17

Margaret Maruani: Die gewöhnliche Diskriminierung auf dem Arbeitsmarkt 48

II

Mary O'Brien: Die Dialektik der Reproduktion 75

Cornelia Ott: Lust, Geschlecht und Generativität. Zum Zusammenhang von gesellschaftlicher Organisation von Sexualität und Geschlechterhierarchie 104

Lotte Rose: Körperästhetik im Wandel. Versportung und Entmütterlichung des Körpers in den Weiblichkeitsidealen der Risikogesellschaft 125

III

Pierre Bourdieu: Die männliche Herrschaft 153

Eine sanfte Gewalt. Pierre Bourdieu im Gespräch mit Irene Dölling und Margareta Steinrücke 218

Petra Frerichs, Margareta Steinrücke: Kochen – ein männliches Spiel? Die Küche als geschlechts- und klassenstrukturierter Raum 231

IV

Gunter Gebauer: Kinderspiele als Aufführungen von Geschlechtsunterschieden 259

Christian Baudelot, Roger Establet: Mathematik am Gymnasium: Gleiche Kompetenzen, divergierende Orientierungen 285

Steffani Engler: Studentische Lebensstile und Geschlecht 309

Hinweise zu den AutorInnen 330

Vorwort der Herausgeberinnen

Vom »Ende des Feminismus« ist auch in Deutschland spätestens seit den 90er Jahren zu lesen und zu hören. Aktivistinnen der Frauenbewegung beklagen, daß die jahrzehntelangen Anstrengungen, um Benachteiligungen und Diskriminierungen von Frauen abzubauen, kaum nennenswerte Erfolge gebracht hätten und die wenigen positiven Resultate nun vom *backlash* bedroht seien. Wissenschaftlerinnen, die sich, aus der politischen Bewegung kommend, für die Entwicklung von Frauenforschung/feministischer Theorie eingesetzt und für ihre Etablierung und Anerkennung im Wissenschaftsfeld gekämpft haben, konstatieren mehr oder weniger resignierend, daß das *Mainstream-Denken* kaum beeinflußt werden konnte. Mit der Installierung von (wenigen) Frauenforschungsprofessuren habe das Einrichten in der Nische stattgefunden, und der ehemals wissenschaftskritische Anspruch und »Biß« sei verlorengegangen. Das postmoderne Ende der Gewißheiten gilt auch für den Feminismus: Der Verlust des Subjekts »Frau« als homogene politische Akteurin und als Zentralbegriff eines theoretischen Konzepts, das das bisherige wissenschaftliche Denken radikal in Frage zu stellen beansprucht, ruft Irritation und Verunsicherung hervor. Aber dies weckt auch das Potential zu kritischer Bestandsaufnahme, das in der Ent-Täuschung liegt, wie Judith Butler in den Eingangskapiteln ihres Buches *Das Unbehagen der Geschlechter* (dt. 1991) gezeigt hat. Bei allen Kontroversen, die dieses Buch aus theoretischer und politischer Perspektive ausgelöst hat (und die hier nicht Gegenstand sind) – es hat auch bewirkt, daß in der deutschen feministischen Theoriedebatte, und zwar über Literatur- und Kulturwissenschaften hinausgehend auch in den Sozialwissenschaften und der Philosophie, der Blick für die Konstruiertheit von Geschlecht und für die fortlaufende Konstruktion von Geschlecht im praktischen Handeln der Individuen an Tiefenschärfe gewonnen hat.

Mitte der achtziger Jahre hat Joan W. Scott in einer kritischen Revue feministischer Geschichtsforschung die Notwendigkeit hervorgehoben, *Gender* als »analytische Kategorie« zu entwickeln (Scott 1994, S. 50). Gegen die »Langeweile und Monotonie« festgeschriebener Unterschiede zwischen den Geschlechtern, durch deren Wiederholung »die FeministInnen zu dem Denken bei(tragen), gegen das sie eigentlich opponieren« (S. 49), setzt sie als wissenschaftliches Credo »eine echte Historisierung und Dekonstruktion der Bedingungen des geschlechtlichen Unterschieds« (ebd.). Und sie schlußfolgert: »... wir müssen selbstbewußter in der Unterscheidung zwischen unserem analytischen Vokabular und dem zu analysierenden Material werden« (ebd.).

Die Sozialwissenschaften haben »Geschlecht« lange Zeit als askriptives Merkmal behandelt, d. h., sie haben »Geschlecht« – im Unterschied etwa zur Kategorie »Klasse« – als etwas der sozialen Praxis grundsätzlich Entzogenes, »natürlichen Gegebenheiten« Zuzuordnendes bestimmt. Zwar mochte dem historischen Wandel unterworfen sein, was jeweils als männlich bzw. weiblich gelten konnte; daß jedoch die Zweigeschlechtlichkeit als solche Gesellschaftlichem vorausgesetzt sei, schien zweifelsfrei festzustehen. Erst die feministische Theorie-Debatte und die empirische Frauenforschung, die bis heute vom sozialwissenschaftlichen *Mainstream* nur widerwillig zur Kenntnis genommen werden, haben langsam ein Bewußtsein entstehen lassen, daß »Geschlecht« für die sozialwissenschaftliche Analyse nicht einfach ein natürliches Datum wie die Augenfarbe darstellt, sondern selbst gesellschaftlich produziert wird. Eine solche Sichtweise auf die Geschlechterverhältnisse, die diese nicht nur als etwas historisch Entstandenes, sondern als etwas im alltäglichen Handeln immer wieder neu Konstruiertes, in vielen Variationen neu Befestigtes begreift, trifft in der neueren Soziologie auf Positionen, die generell den Blick darauf lenken, daß soziale Strukturen und Institutionen in der sozialen Praxis, durch das Handeln der sozialen Subjekte »gemacht«, konstruiert und reproduziert werden. Wir meinen, daß die wechselseitige Kenntnisnahme und Diskussion zwischen bislang weitgehend getrennt geführten Wissenschaftsdiskursen fruchtbar sein dürfte. In diesem Band haben wir daher eine Reihe von Beiträgen versammelt, die auf unterschiedliche Weise und von unterschiedlichen politischen und theoretischen Ausgangspositionen her aufzeigen, wie »Geschlecht« in der sozialen Praxis konstruiert wird. Dabei war es uns wichtig, neben dem theoretischen Argument, wie es vor allem von Mary O'Brien und Pierre Bourdieu vorgetragen wird, stärker empirisch orientierte Arbeiten aufzunehmen, d. h. solche, die am konkreten Fall analysieren, wie Frauen und Männer, Mädchen und Jungen ihre Beziehungen, ihr

Verhältnis zu sich und zu anderen Menschen, aber auch zu Dingen und Institutionen vergeschlechtlichend in eine Ordnung bringen.

Die kanadische Wissenschaftlerin Mary O'Brien hat in ihrem Buch *The Politics of Reproduction* (1981) die Frage aufgeworfen, an welchem Punkt weibliche Erfahrung in die politische Theorie eingebracht werden muß, um die Wurzeln und den historischen Prozeß der Unterdrückung der Frau theoretisch zu fassen. Ausgangspunkt einer feministischen Theorie kann, so argumentiert sie, nur der Prozeß der generativen Reproduktion sein, denn hier unterschieden sich männliche und weibliche Erfahrung notwendig. Der Reproduktionsprozeß ist nichts, was außerhalb der Geschichte, außerhalb der Gesellschaft liegt. Ihn gilt es zu analysieren, wenn man jene symbolische Ordnung der Zweigeschlechtlichkeit verstehen will, die »Frau« mit »Natur« identifiziert und beide dem Mann und der vom Mann geschaffenen Geschichte unterwirft – eine Sichtweise, die bis heute zu den Fundamenten der symbolischen Ordnung der Geschlechterverhältnisse gehört. In ihrem Kapitel über die Dialektik der Reproduktion, das wir (gekürzt) in diesen Band aufgenommen haben, analysiert Mary O'Brien minutiös den Prozeß der generativen Reproduktion. Methodisch orientiert sie sich stark an Marx und an der Hegelschen Dialektik. Sie zeigt, welcher kulturelle Deutungsaufwand nötig war, um die »Entfremdung« der Männer von der Reproduktion mit der Erfindung der Vaterschaft als sozialer Institution zu überwinden, in eine kulturelle Überlegenheit des Mannes umzudeuten und im gleichen Zug die Reproduktionsarbeit der Frauen abzuwerten. – Diese Analyse (aber auch die hier nicht abgedruckte Auseinandersetzung mit männlichen Vertretern der politischen Theorie, die in dem Buch enthalten ist) halten wir auch heute noch für ein »starkes Stück« feministischer Theorie, auch wenn wir Mary O'Briens Vorstellung von einer monokausalen Erklärung für die Herrschaft des Mannes über die Frau nicht teilen können, und auch wenn sich manche(r) an der eigenwilligen Sprache der Autorin und ihrer oft »gegen den Strich« verlaufenden Lektüre von »Klassikern« stoßen mag.

Die theoretischen Konstrukte und die methodische Vorgehensweise Pierre Bourdieus sind bisher in der feministischen Diskussion auf wenig Resonanz gestoßen, von wenigen Ausnahmen abgesehen (vgl. u. a. Krais 1993, Dölling 1993). Was Bourdieu für die feministische Diskussion interessant macht, sind vor allem drei Punkte:

1. Bourdieus Soziologie thematisiert nicht einfach soziale Unterschiede oder Ungleichheiten, Strukturen und Funktionen oder »horizontale Disparitäten« im herrschaftsfreien Raum. Vielmehr geht es immer um Herrschaftsbeziehungen; vor allem um das mit jeder legitimen Herrschaft aufgeworfene Problem, wie es denn zugeht, daß jene, die der Herrschaft unterworfen sind, diese anerkennen und mit ihrer Anerkennung mit-konstruieren und reproduzieren – ein Problem, das die feministische Debatte von Anbeginn an beschäftigt hat.

2. Symbolische Ordnungen – Sichtweisen der Welt, Ordnungsschemata und Vorstellungen, die die Welt in bestimmter Weise erfahrbar machen – stehen im Zentrum der Bourdieuschen Analyse. Doch werden symbolische Ordnungen nicht getrennt vom sozialen Handeln und den sozialen Strukturen betrachtet, als eine »Kultur«, die neben oder über den Niederungen des sozialen Lebens steht und für sich zu betrachten wäre. Vielmehr ist expliziter Gegenstand die soziale Konstruktion von symbolischen Ordnungen, d.h. aber auch das Wechselspiel von symbolischer Ordnung und sozialer Struktur.

3. Erkenntniskritik ist immer integraler Bestandteil von Bourdieus Arbeiten. Bourdieu knüpft bei seinen methodischen Überlegungen an eine in Frankreich stärker als bei uns präsente wissenschaftstheoretische Tradition an, die als erste Voraussetzung jeder sozialwissenschaftlichen Analyse den Bruch mit den Kategorien des Alltags fordert, eine Kritik der Wahrnehmungs- und Erkenntnismittel, mit denen WissenschaftlerInnen arbeiten (vgl. Bourdieu 1991). Bourdieu zeigt mit seinen Arbeiten, wie dies geleistet werden kann – und selbstverständlich werden die aufmerksamen LeserInnen in jedem einzelnen Fall auch sehen, wo er, wie jede/r andere Autor/in, in der Kritik der Erkenntnismittel an seine Grenzen stößt. Dies gilt auch für seinen in diesen Band aufgenommenen Aufsatz.

Obwohl empirische Arbeiten zur Konstruktion von Weiblichkeit und Männlichkeit bislang noch relativ selten sind, jedenfalls in Deutschland, konnten wir doch mit den Beiträgen, die am konkreten Fall argumentieren, ein breites Spektrum von Gegenstandsbereichen abdecken. Den sozialen Mechanismen der Produktion von Geschlechterunterschieden in der Arbeitswelt gehen Cynthia Cockburn/Susan Ormrod und Margaret Maruani nach.

Cynthia Cockburn und Susan Ormrod beschäftigen sich mit den sozialen Verhältnissen der Mikrowellen-Technologie, sozialen Verhältnissen, in denen sowohl die Technologie mit einer geschlechtsspezifischen Identität ausgestattet als auch die Ordnung der Geschlechter neu konstruiert, neu festgelegt und auch ein Stück weit geöffnet wird.

Margaret Maruani zeigt, wie durch die Definition von Qualifikation und Regelungen für Teilzeitarbeit immer wieder die Geschlechterordnung, die für den Mann eine überlegene Position vorsieht, neu hergestellt wird. Mit der begrifflichen Unterscheidung von Arbeit und Beschäftigung gewinnt sie neue Perspektiven auf diese Prozesse.

Während Cockburn/Ormrod den »Lebenszyklus« der Mikrowelle vom Entwurf bis zum Gebrauch verfolgen, richten Petra Frerichs und Margareta Steinrücke ihre Aufmerksamkeit auf die geschlechts- und klassenspezifisch geprägte Praxis des Kochens. Bourdieus Äußerungen zum Klassen- und Geschlechtshabitus dienen ihnen dabei als methodische Anregung.

Das Verhältnis von Klasse und Geschlecht steht auch im Mittelpunkt von Steffani Englers Analyse von Habitusformen, die weibliche und männliche Studierende verschiedener Fachrichtungen gemeinsam haben bzw. voneinander unterscheiden.

Fragen der generativen Reproduktion diskutieren neben Mary O'Brien – allerdings auf einer anderen Ebene – auch Cornelia Ott und Lotte Rose.

Lotte Rose greift Becks Individualisierungsthese auf. Aus dieser Perspektive spürt sie Verschiebungen in den Bedeutungen medial vermittelter Bilder vom Frauenkörper auf, die sie als Tendenz zur Entmütterlichung, d. h. zum Abbau dichotomer Geschlechterstereotype, kennzeichnet, die zugleich die männliche Überlegenheit nicht in Frage stellt.

Am Beispiel der um die Jahrhundertwende in Deutschland geführten Diskurse um Hygiene, Gesundheit, Sittlichkeit geht Cornelia Ott auf den Zusammenhang von normativer Heterosexualität, modernen Verhältnissen der generativen Reproduktion und einer neuartigen Naturalisierung von Geschlechterhierarchien ein. Ursula Beers Konzept der Bevölkerungsweise und Foucaults Konzept der Bio-Macht geben die theoretischen Bezugspunkte für diese Analyse ab.

Die Ausbildung von Geschlechterunterschieden im Verlauf des

Sozialisationsprozesses und in den Bildungsinstitutionen ist schon oft Gegenstand sozialwissenschaftlicher Analysen gewesen. In den hier zu diesem Thema abgedruckten Aufsätzen geht es nicht darum, ein weiteres Mal, monoton, bestehende Geschlechtsunterschiede als sozialisatorisches Resultat zu bestätigen. Gunter Gebauer zeigt, daß Kinderspiele nicht als direkte Vorbereitung auf eine geschlechtsspezifische Erwachsenenpraxis zu verstehen sind, sondern daß von einer Homologie zwischen Spielen und anderen Praxen auszugehen ist. Er begreift Spiele von Mädchen und Jungen als Aufführungen von Geschlechterunterschieden und eröffnet so neue Sichtweisen.

Christian Baudelot und Roger Establet können in ihren empirischen Untersuchungen im Gymnasium keine signifikanten Unterschiede in den Schulleistungen von Mädchen und Jungen im Fach Mathematik nachweisen. Die kulturellen Muster der Zweigeschlechtlichkeit, die im Alltag kursieren, und die Antizipation der geschlechtsspezifischen, divergierenden Zukünfte von Mädchen und Jungen schlagen sich aber nieder in unterschiedlichen Bewertungen der eigenen Leistungen und des Stellenwerts des Fachs Mathematik. Damit sind von einem bestimmten Punkt der Biographie faktisch auch die Weichen für unterschiedliche Bildungs- und Berufswege von Frauen und Männern gestellt.

Auch wenn die frauenpolitischen Kämpfe der letzten Jahrzehnte keine befriedigenden Resultate gebracht haben – sie haben auf jeden Fall dazu beigetragen, daß, bezogen auf Geschlechterverhältnisse, die »Kontingenzerfahrung ... bis in die Niederungen des Alltags vorgedrungen (ist)« (Pasero 1994, S. 286). Die »doxa« ist brüchig geworden, sie bedarf immer mehr der Legitimation, und dies erhöht die Spannung zwischen der Erfahrung der Konstruiertheit symbolischer Geschlechterordnungen einerseits und ihrer mächtigen sozialen Wirklichkeit andererseits. Unter diesen Voraussetzungen stehen die individuellen Verschiebungen, Modifikationen bei der Anwendung kultureller Muster der Zweigeschlechtlichkeit in einem veränderten Kontext: Welche langfristigen Wirkungen (im Sinne von Elias) sie unter der Bedingung wachsender Kontingenzerfahrung auf die kollektive Überschreitung des zweigeschlechtlichen »Visions- und Divisionsprinzips« (Bourdieu) haben werden, ist heute noch gar nicht abzusehen.

Dieser Band will einen Beitrag dazu leisten, die wachsende Kontingenzerfahrung durch das wissenschaftliche Argument zu befördern. Und dies auf zweifache Weise. Zum einen – wie schon erwähnt – durch theoretische Überlegungen bzw. konkrete Fallanalysen zum »Wie« der Konstruktion von Geschlecht in der sozialen Praxis. Zum anderen auch dadurch, daß wir AutorInnen versammelt haben, die sich dem Gegenstand aus unterschiedlicher Perspektive – als Frauen oder Männer, aus feministischer oder nichtfeministischer, »humanistischer« oder »postmoderner Sicht« – nähern. Wir denken, daß das Zusammenführen von bisher weitgehend getrennt geführten Wissenschaftsdiskursen eine Möglichkeit sein kann, die standpunkt- bzw. positionsabhängige theoretische Konstruktion stärker zum Gegenstand von Reflexion zu machen.

Wir danken allen AutorInnen und ÜbersetzerInnen dafür, daß sie trotz mancher Schwierigkeiten und zeitlicher Verzögerungen an diesem Projekt festgehalten haben.

Zu danken haben wir auch Sabine Mahnert, Markus Wicke und Erika Nüßle, die uns bei der technischen Herstellung des Bandes sehr geholfen haben.

März 1995 *Irene Dölling/Beate Krais*

Literatur

Bourdieu, Pierre/Chamboredon, Jean-Claude/Passeron, Jean-Claude (1991): *Soziologie als Beruf. Wissenschaftstheoretische Voraussetzungen soziologischer Erkenntnis*, Berlin, New York.
Butler, Judith (1991): *Das Unbehagen der Geschlechter*, Frankfurt am Main.
Dölling, Irene (1993): »Weibliche Wendeerfahrungen ›oben‹ und ›unten‹«. in: Frerichs,Petra/Steinrücke, Margareta (Hg.), *Soziale Ungleichheit und Geschlechterverhältnisse*, Opladen.
Krais, Beate (1993): »Geschlechterverhältnis und symbolische Gewalt«, in: Gebauer, Gunter/Wulf, Christoph (Hg.), *Praxis und Ästhetik*, Frankfurt am Main.
Pasero, Ursula (1994): »Geschlechterforschung revisited: konstruktivistische und systemtheoretische Perspektiven«, in: Wobbe, Theresa/Linde-

mann, Gesa (Hg.) (1994), *Denkachsen. Zur theoretischen und institutionellen Rede vom Geschlecht*, Frankfurt am Main.

Scott, Joan W. (1994): »Gender: Eine nützliche Kategorie der historischen Analyse«, in: Kaiser, Nancy (Hg.) (1994), *Selbst Bewußt. Frauen in den USA*, Leipzig.

I

Cynthia Cockburn/Susan Ormrod
Wie Geschlecht und Technologie in der sozialen Praxis »gemacht« werden

Vorbemerkung

Der folgende Text ist das Abschlußkapitel eines von mir und Susan Ormrod verfaßten Buches mit dem Titel *Geschlecht und Technologie im Entstehungsprozeß*.[1] Die Forschung, auf der das Buch basiert, war in mehr als einer Hinsicht innovativ. Wir wollten etwas ziemlich Abstraktes empirisch untersuchen: das Verhältnis zweier Beziehungskomplexe. Insbesondere wollten wir besser verstehen, wie *Technologieverhältnisse Geschlechterverhältnisse* formen und wiederum von diesen geformt werden. Um diesen abstrakten Sachverhalt zu untersuchen, konzentrierten wir uns auf etwas ausgesprochen Konkretes: auf ein bestimmtes Gerät. Wir wollten den »Lebenszyklus« eines Gerätes von der Konzeption über den Entwurf, die Produktion, den Vertrieb, das Marketing und die Werbung bis hin zu Kauf, Benutzung und Wartung verfolgen.

Welches Gerät sollte es sein? Unsere Studie, die vom Wirtschafts- und Sozialforschungsrat des Vereinigten Königreiches finanziert wurde, war eine von acht Untersuchungen, die parallel in verschiedenen europäischen Ländern durchgeführt wurden. Wir arbeiteten in einer Gruppe zusammen, die vom Europäischen Zentrum für Forschung und Dokumentation der Sozialwissenschaften (dem Wiener Zentrum) koordiniert wurde, und trafen uns sechsmal innerhalb von vier Jahren. Wir hatten gemeinsam beschlossen, unsere Aufmerksamkeit auf eine Haushaltstechnologie zu richten, und zwar auf eine Technologie, die neu in den Haushalten der be-

---

[1] Cynthia Cockburn und Susan Ormrod: *Gender and Technology in the Making*, Newbury Park, London 1993. Die Untersuchung über den Mikrowellenherd stellt Susan Ormrod auch in ihrem Beitrag mit dem Titel »Let's nuke the dinner: discursive practices of gender in creation of a new cooking process« vor, der in der gemeinsamen Veröffentlichung der acht parallelen Studien über Haushaltstechnologien enthalten ist, vgl. Cynthia Cockburn und Ruza Fürst-Dilic (Hg.): *Bringing Technology Home. Gender and Technology in a changing Europe*, Milton Keynes 1994.

treffenden Länder war. Für England (UK) wählten wir den Mikrowellenherd.

Der Mikrowellenherd, so dachten wir, würde sich wunderbar eignen. Er war eine ziemliche Neuheit in der Küche, doch nicht so neu, daß keinerlei Erfahrungen vorlagen. Er war eindeutig »technologisch«, bot nicht nur eine neuartige Möglichkeit, Lebensmittel zu erhitzen, sondern in einige Modelle waren auch hochentwickelte Sensoren und Regler eingebaut. Und wir konnten beobachten, wie diese Neuheit mit einer uralten Technologie von Frauen zusammentraf: dem Kochen.

Welche Rolle spielen Geschlechterverhältnisse in der sozialen Konstruktion des Kochens mit der Mikrowelle? Und was kann uns der »Lebenszyklus« der Mikrowelle über die Auswirkungen des technologischen Wandels auf die Beziehungen zwischen Männern und Frauen verraten?

Unsere Forschung führte uns zuerst in die Konstruktionsbüros eines japanischen Unternehmens, dorthin, von wo das sich ständig weiterentwickelnde Mikrowellensortiment vom Zeichenbrett kommt. Wir folgten ihm in die Fabrik, interviewten Produktionsleiter, Techniker und FließbandarbeiterInnen – und kamen der Aufteilung der Arbeit nach Geschlechtern auf die Spur. Von dort aus gingen wir in die Einzelhandelsgeschäfte und in die am Stadtrand gelegenen Kaufzentren, wo wir die Mikrowelle zwischen den anderen Haushaltswaren fanden, in einem vergeschlechtlichten Arrangement von Kauf und Verkauf. Wir interviewten so viele der TeilnehmerInnen an der Mikrowellenwelt – die VerfasserInnen von Kochbüchern, Hauswirtschaftslehrerinnen, die Verbraucherzentrale, Werbefachleute, MikrowellenvertreterInnen –, wie Zeit und Geld es zuließen. Wir suchten überall nach visuellen und verbalen Repräsentationen der Mikrowelle und des Kochens mit der Mikrowelle, zugleich aber auch nach den Repräsentationen des Männlichen und Weiblichen sowie nach dem Verhältnis beider zueinander.

Schließlich führten wir Interviews in Haushalten, um herauszufinden, wie und von wem die Mikrowelle benutzt wurde. Wir interviewten auch Wartungstechniker und ihre Firmen, die die Mikrowelle bis zu dem Tage instand halten, an dem sie endgültig auf dem Schrottplatz landet.

Das hier veröffentlichte Schlußkapitel führt unsere Ergebnisse zusammen. Dabei gehen wir besonders auf ein Thema stärker ein, das in unserer empirischen Arbeit ins Zentrum gerückt ist: die Schaffung von ungleichem Wert. Wir haben ein Zusammenspiel von Technologie- und Geschlechterverhältnissen gefunden, das dazu führt, daß Männer, Männlichkeit und Technik relativ wertvoll, Weiblichkeit und das Häusliche relativ unwichtig werden.

Geschlecht: immer wieder neu »gemacht«

In der westlichen Kultur hat »Technologie« etwas Mystisches. Wenn wir dieses Wort hören, denken wir zuerst an die eher komplexen, mächtigen und auch gefährlichen Erfindungen: den Computer, die Weltraumsatelliten, die Atomkraftwerke. Technologie hat jedoch genaugenommen eine alltäglichere Bedeutung: die Praxis des »Machens«, Herstellens und Produzierens und das entsprechende Wissen. Zur Technologie gehört die kontinuierliche Entwicklung neuer Vorgehensweisen und der Hilfsmittel dazu: Werkzeuge, Geräte, Maschinen.

Wenn wir uns den technologischen Wandel genauer ansehen, sehen wir auch den sozialen Wandel – denn »Machen«, Herstellen und Produzieren sind grundlegender Bestandteil der sozialen Existenz. Bei der Untersuchung der Innovation »Kochen mit der Mikrowelle« konnten wir die technologische Produktion auf zwei Ebenen beobachten. Zum einen haben wir gesehen, wie gewöhnliche Leute in ihrem täglichen Leben ihre Mahlzeiten mit Kochkenntnissen und technischen Hilfen wie z. B. Holzkochlöffeln, Dampfkochtöpfen und Mikrowellenherden zubereiten. Zweitens haben wir gesehen, wie Menschen die Geräte produzieren, mit denen andere kochen sollen, indem sie technisches Wissen, die Wissenschaft der Hauswirtschaft, Produktionstechnologien wie z. B. intermittierende Fließbänder und Technologien des Einzelhandels anwenden, etwa Elektronische »Point-of-Sale«-Computerprogramme (EPOS). Damit es auf der ersten Ebene zu einer Innovation kommt, muß es neue Aktivitäten auf der zweiten Ebene und natürlich auch in vielen damit zusammenhängenden Bereichen geben, wie z. B. in der Nahrungs-, Behälter- und Transportindustrie, die insgesamt die Welt der Akteure einer neuen Technologie ausmachen.

Die sozialen Beziehungen in diesen Bereichen und zwischen ihnen nennen wir *Technologieverhältnisse*, weil in diesen Verhältnissen die soziale Konstruktion einer Technologie stattfindet. Als Technologieverhältnisse sind sie jedoch nicht hinreichend beschrieben. Sie sind auch Klassenverhältnisse. Um nur zwei Beispiele dafür zu nennen: die Kapitaleigner, die in die Mikrowellenproduktion und ihren Vertrieb investieren, wollen die billigste und effizienteste Arbeitskraft für die verschiedenen Aufgaben der Planung, der Herstellung und des Verkaufs haben; und ihre Kalkulationen zur neuen Technologie beziehen die Klassenverhältnisse auf dem Konsumentenmarkt mit ein. Technologieverhältnisse sind auch Rassenverhältnisse; wir haben beispielsweise einiges über die Interaktionen zwischen japanischen und britischen Unternehmern bei der Erfindung der Mikrowelle in Erfahrung bringen können.

Die Geschlechterverhältnisse gestalten die Technologie

Auf eine komplexe Art und Weise sind Technologieverhältnisse jedoch auch und unvermeidbar *Geschlechterverhältnisse*. Unvermeidbar deshalb, weil das soziale Geschlecht eine der Hauptstrukturen der sozialen Ordnung ist und Geschlechterverhältnisse vorhanden sind, wo immer es Menschen gibt. Anders als allgemein angenommen, gilt dies auch dann, wenn nur Personen des gleichen Geschlechts zusammen sind. Männer verhalten sich beispielsweise in männlicher Umgebung in einer Weise zueinander, die genauso Formen von Männlichkeit zum Ausdruck bringt, wie wenn sie es mit Frauen zu tun haben.

Wir haben bereits gesehen, wie Geschlechterverhältnisse die Mikrowelle mitgestalten und dieser Technologie eine besondere soziale Identität geben. Die für alle Innovationen charakteristische Vielfalt von Entwicklungsrichtungen gilt auch für die Mikrowelle. Daß bestimmte Richtungen eher als andere eingeschlagen werden, ist auf die Geschlechterverhältnisse zurückzuführen. Natürlich sind Überlegungen zu Material- und Transportkosten und zur Beständigkeit regionaler Verbrauchermärkte durchaus bedeutsam und für viele Merkmale der Mikrowelle und ihren »Lebenszyklus« ausschlaggebend. Aber sogar bei Faktoren, die normalerweise als »ökonomische« bezeichnet werden, sind Geschlechter-, Rassen- und Klassenverhältnisse wirksam. So spielen beispielsweise für ein Unternehmen mit weltweiter Produktion beim Aufbau eines Betriebes die Arbeitskosten eine Rolle, die sich aus der Verfügbarkeit von Arbeiterinnen aus der Dritten Welt ergeben. Aufgrund der Ungleichheitsbeziehung zwischen Männern und Frauen und zwischen industrialisierten und nicht-industrialisierten Ländern können diese zu einem geringeren Lohn und zu günstigeren Bedingungen für den Unternehmer beschäftigt werden. Im übrigen sind nicht einmal solche Faktoren wie Material- und Transportkosten frei von Geschlechterverhältnissen – und zwar über die Lohnkosten, die in ihren Preis mit eingehen.

Wir haben auch gesehen, wie der Mikrowellenherd unter Berücksichtigung von zwei Perspektiven entworfen wurde: zum einen im Hinblick auf den unmittelbar bevorstehenden Herstellungsprozeß und zum anderen im Hinblick auf den etwas ferner liegenden Kauf und die folgende Nutzung. Die in jedem dieser Prozesse antizipierten Geschlechterverhältnisse wurden in die Entscheidungsfindung einbezogen. Erstens beeinflußte die Verfügbarkeit männlicher und weiblicher Arbeitskraft, die jeweils als Verkörperung geschlechtsspezifischer Stärken und Schwächen verstanden wurde, die Entscheidungen der Abteilung Elektrotechnische Produktion. Zweitens rekrutierte das Unternehmen zur Ergänzung des (männlichen) Ingenieurwissens seiner Entwicklungsabteilung (weibliches) hauswirtschaftliches Wissen, damit das Produkt entsprechend dem vorgestellten Endverbraucher eine vergeschlechtlichte Note erhielt. Die Frauen in der Testküche konnten bis zu einem bestimmten Grad die Flexibilität der Mikrowelle ausnutzen. Sie unterstützten die Entwicklung eines Kombi-Herdes, d. h. eine Entwicklung, in der sich ihre Sicht von den Präferenzen der traditionellen, kochenden Frau niederschlug. Das Sortiment an Herden enthält jedoch mehr und mehr technologisch ausgefeilte Maschinen mit viel Automatik, in denen die technische Begeisterung der (männlichen) Techniker zum Tragen kommt und für die eine Vorstellung von den geschlechtlich bestimmten Anwendern erst noch zu entwickeln wäre.

Wir sahen, wie die soziale, geschlechtlich geprägte Identität des Mikrowellenherdes bei Eintritt in den Einzelhandel verändert wird. Der Herd selbst, oder genauer, das Sortiment von Electro's Mikrowellenherden, ist inzwischen zur Produktionsreife entwickelt und produziert worden und auf dem Markt angelangt. Das Gerät kann nun auf absehbare Zeit seine materialen Charakteristika nicht mehr ändern. Selbst jetzt kann jedoch die Verkaufspraxis seinen Sinn verschönern oder verändern. Die Identität eines

Geräts wird durch seine Plazierung im Laden entwickelt und ebenso durch Anzeigen, »Point-of-Sale«-Material, Informationshefte und durch die Art, wie darüber gesprochen wird, sowie durch die Verkaufstaktik. Auch hier spielt Geschlecht eine Rolle. Wir verfolgten den Wandel der Mikrowelle von einem mehr oder weniger »männlichen« technischen Produkt zu einem Haushaltsgegenstand, einem Produkt für die »Familie«, auf seinem Weg in das vorgestellte Zuhause, in eine »weibliche« Umgebung, die Küche. Einmal dort angekommen, bewahrt die Mikrowelle allerdings Spuren ihrer früheren Männlichkeit, da sie den Männern und Jungen im Haushalt weniger fremd ist als der Gaskocher oder der Elektroherd, die sie ersetzt.

Ein Quentchen Flexibilität wird bis zum Zeitpunkt des Benutzens und darüber hinaus bewahrt. Wir interessierten uns nicht für das Gerät an sich, sondern für das neue Wissen und die Praxis des Kochens, die es nahelegt und ermöglicht. Wir sahen, daß in der hochgradig geschlechtsspezifischen Arena der häuslichen Küche die Mikrowelle von den Verhältnissen geprägt wird, in die sie hineinpassen muß. Oft wird von ihr ein Gebrauch gemacht, der nicht ganz dem entspricht, was ihre Hersteller vorgesehen hatten. Sogar hochausgefeilte Modelle werden oft (besonders von Männern) in einer nicht-differenzierenden »zappenden« Art gebraucht. Die Mikrowellenenergie und die konventionelle Wärme der Kombi-Herde werden selten gleichzeitig benutzt, wie die Entwickler es vorgesehen haben. Die Entscheidung des Anwenders oder der Anwenderin, die Möglichkeiten teuer bezahlter Einrichtungen nicht zu nutzen, ist jedenfalls kein Verlust für den Hersteller: Der Verkauf ist getätigt und der Profit auf dem Konto. Es ist ein Eigentor der AnwenderInnen. Der Lernprozeß des Herstellers führt jedoch in einem recht schwerfälligen Prozeß über die Beschwerdestelle und die Außendiensttechniker zu einer Wiederaufnahme des abgeschlossenen Entwurfs und zu einer Neugestaltung des Artikels.

Geschlecht wirkt sich also unvermeidlich auf den gesamten »Lebenszyklus« einer Technologie aus. Im folgenden wollen wir dem umgekehrten Prozeß Aufmerksamkeit zollen und zeigen, wie Technologie in unterschiedliche Geschlechteridentitäten eingeht und an deren Konstruktion beteiligt ist.

Identität: die gegebene und die gewählte

Wir haben am Anfang dieses Buches »Identität« als Konzept mit zwei Aspekten definiert: subjektive Identität als vom Individuum erlebt und erfahren, und kulturell produzierte Identitätsentwürfe, die unzähligen Individuen gewissermaßen angeboten werden, die sich mit ihnen »identifizieren« können oder auch nicht.

Subjektive Identität ist in mehr als einer Hinsicht analog zur Gesellschaft: Sie ist eine Art Organisation mit einer Struktur oder einem Schema, das durch vorangegangene Erfahrungen eingebaut wurde. Ohne eine solche nachweisliche Identität ist keine Gesellschaft und keine Person denkbar, sie wären buchstäblich Nicht-Wesen. Antonio Gramsci schrieb: »Jedes Individuum ist nicht nur die Synthese von vorhandenen Verhältnissen, sondern von der Geschichte dieser Verhältnisse. Es ist eine *Zusammenfassung* der Vergangenheit« (zit. nach Rutherford 1990a, S. 19). Das Verständnis einer Frau von sich selbst als einer Frau beispielsweise wird nach zehn Jahren in einer Klosterschule ein anderes sein als nach der gleichen Zeit in einer koedukativen Gesamtschule einer Innenstadt. Die Form der Identität, die sie dabei ausbildet, wird Richtung, Gestalt und Geschwindigkeit möglicher Veränderungen begrenzen. Diese Form unterscheidet sich sowohl nach Gruppen, bezogen auf solche Kategorien wie Religion, Klasse, Ethnizität, als auch nach der Psyche der einzelnen (als Individuen mögen wir solche Schulen unterschiedlich erfahren). Wie dem auch sei, zu jedem Zeitpunkt hat das Selbstverständnis des Individuums – was sie denkt, wer sie ist – eine historisch konstituierte Form, die sie zu bestimmten Gedanken und Verhaltensweisen neigen läßt. Sie beeinflußt zum Beispiel ihre Berufswahl, ihr Benehmen, ihre Art, sich zu ihrem eigenen Geschlecht und zu Männern zu verhalten.

Wie die soziale Struktur jedoch, so ist auch die Struktur der individuellen Identität im Zeitablauf und mit wachsender Erfahrung kontinuierlich Verschiebungen und Veränderungen unterworfen. Die Erfahrungen, die Neuorientierungen und Neudefinitionen des Selbstverständnisses in die Wege leiten, können ganze Gruppen oder Gemeinschaften betreffen (schwarze Frauen in England in den 1970ern etwa) oder aber individuelle Erfahrungen sein (eine neue Freundin gewinnen vielleicht). Die Entwicklung von Subjektivität kann freudvoll oder schmerzlich sein. Die Mächtigkeit des

Gegebenen gegenüber der Veränderung wurde von Frances Angela treffend beschrieben:

Mit der Zeit glaube ich, daß mein Selbstverständnis als minderwertig, aufgewachsen als ein Mädchen am Rande der Arbeiterklasse, sich jeglicher Möglichkeit widersetzt, jemals völlig darüber hinauszuwachsen. Die Logik unserer Vergangenheit und Geschichte, die sich durch unser Leben zieht, abzuwerfen ist nicht einfach... Die Unterjochung meines Körpers, meiner Gefühle und meiner Psyche, fehlende Arbeits- und Bildungschancen. Das sind die Spuren der Vergangenheit, die sogar jetzt in meinem Körper und meinem Geist am Werke sind, die ihre Zeichen und Narben an meiner geistigen und körperlichen Gesundheit hinterlassen haben. (Angela 1990, S. 72)

Obwohl äußere Umstände sie mit starken Kräften gestaltet haben, ist Identität jedoch niemals gänzlich ein »soziales Konstrukt«. Erfahrungen werden von der einzigartigen Person immer kreativ assimiliert. Es ist dieses kreative Element der Entwicklung einer Person, das so etwas wie eine Wahl ins Spiel bringt. Jeffrey Weeks erläutert dies in der folgenden Passage.

Identität hat mit Zugehörigkeit zu tun, damit, was du mit einigen Menschen gemeinsam hast und was dich von anderen unterscheidet. Sie bildet den Grund für ein Gefühl des persönlichen Standorts, den stabilen Kern deiner Individualität. Aber sie hat auch mit deinen sozialen Beziehungen zu tun, mit deinem komplexen Zusammenhang mit anderen, und in der modernen Welt wurde dies sogar noch komplexer und irritierender. Jeder von uns lebt mit vielen potentiell widersprüchlichen Identitäten, die in uns eine Schlacht um Loyalität ausfechten: als Männer oder Frauen, schwarz oder weiß, »normal« oder schwul, körperlich gesund oder behindert, »Brite« oder »Europäer« ... die Liste ist potentiell unendlich, unsere möglichen Zugehörigkeiten sind es daher auch. Auf welche von ihnen wir uns konzentrieren, welche wir ins Blickfeld rücken, mit welchen wir uns ›identifizieren‹, hängt von einer Reihe von Faktoren ab. Im Mittelpunkt jedoch stehen die Werte, die wir mit anderen teilen oder teilen möchten. (Weeks 1990, S. 88)

Geschlecht ist nur ein Aspekt der Identität, die unsere Persönlichkeit strukturiert, allerdings ein wichtiger. Jeffrey Weeks nennt oben einige andere. Doch erfahren wir keinen von ihnen unabhängig von den anderen. Das »Ich« ist niemals nur ein Mann oder eine Frau; immer ist es eine besondere Frau oder ein besonderer Mann. Geschlecht ist auch niemals eine einfache Positionierung auf der einen oder der anderen Seite der Trennlinie von männlich/weiblich. Abgesehen von den Verbindungen des Geschlechts mit anderen Identitäten, wie z.B. Klassen oder Ethnien, gibt es interne

Verbindungen: unterwürfige Weiblichkeit, autonomes Frausein, lesbische Identitäten.

Die materielle Positionierung des Individuums in den geschlechtsspezifischen Mustern der »*Verortung*« – die Arbeit, die sie verrichtet, die Organisation, in der sie arbeitet, die Kompetenzen, die sie erworben hat, die Verantwortung, die sie übernimmt, und ihr besonderer Anteil an der Hausarbeit – strukturiert ihre vergeschlechtlichte Identität in entscheidendem Maße. Komplementär dazu ist die ganze Batterie der *Repräsentationen* zu sehen, die sie aufnimmt. Auch diese prägen das Selbstverständnis einer Person. Ein weiblicher Teenager beispielsweise nimmt ständig Entwürfe von Geschlechtsidentitäten auf und reagiert darauf – was ihre Mutter oder ihre Lehrerin als richtiges weibliches Verhalten vermitteln, die Frauenfiguren, die in Fernsehsendungen, in Modeanzeigen, feministischen Zeitschriften und soziologischen Texten (falls sie sie liest) gezeichnet werden. Ideologien und Moralvorstellungen unterschiedlicher Art patrouillieren an den Grenzen der Identität. So wird die Geschlechtsidentität einer Frau von materiellen Umständen geformt, die ihre Position bestimmen (z. B. fehlender Reichtum, fehlende Qualifikationen, die Kette, die sie an das Fließband fesselt), von der Art, wie sie diese »Verortung« erfährt (Langeweile, Ansprüche), und von den Stimmen, die zu ihr sprechen (sie hat gehört, wie jemand sagte, »eine Frau zu sein könnte noch etwas ganz anderes bedeuten«). In der Einleitung zu unserem Buch haben wir schon darauf hingewiesen, daß es keine klare und schnelle Unterscheidung zwischen dem Materiellen und den Repräsentationen gibt, da beide aufeinander reagieren. Das Individuum, von seiner Psyche geleitet, verhandelt immer beide Seiten in kreativer Weise.

Die Technologie verleiht der Männlichkeit Wert

Die Männer und Frauen, denen wir in der Mikrowellenwelt begegnet sind, haben ihre geschlechtlich geprägten Identitäten in dieser Weise entwickelt, strukturiert durch ihre materiale »Verortung« und geprägt durch die Bilder, die auf sie eingeströmt sind. Aber niemals waren sie völlig ohne Wahlmöglichkeiten. Die Mikrowellenwelt mit ihren »Verortungen« und Repräsentationen war natürlich nur ein Ausschnitt aus dem Leben jedes Individuums, das wir dort trafen. Die Arbeit am Mikrowellenfließband oder im Elektrogeschäft macht nur acht Stunden des Tages aus. Kochen mit der Mikrowelle beansprucht nur einen winzigen Teil der Zeit und des Bewußtseins der meisten Benutzer. In das Feld, in dem wir sie interviewten, bringen die Frauen und Männer Identitäten ein, von umfassenderen sozialen Strukturen geprägt und beeinflußt sind. Die Menschen, denen wir an ihren Arbeitsplätzen begegnet sind, haben Wahrscheinlichkeiten dorthin mitgebracht, die durch Positionen in anderen Kontexten, z. B. in der Familie, entstanden sind. Niemand bleibt unbeeinflußt von dem vorherrschenden Sex-Gender-System, das wie ein aufgedecktes Kartenspiel die möglichen und wahrscheinlichen Orte von Männern und Frauen in der Familie und den Charakter der »Familie« in der gegenwärtigen Gesellschaft auslegt. Die relativ große Bedeutung von Männern und von Männlichkeit, die wir in dieser Untersuchung feststellten, ist nicht allein durch die Verhältnisse der Mikrowellenwelt zustande gekommen. Die in der Mikrowellenwelt ablaufenden sozialen Prozesse haben sie vielleicht noch ausgeschmückt und gesteigert, strukturiert sind sie durch die umfassenden gesellschaftlichen Muster.

Dennoch können die Verhältnisse der Mikrowellentechnologie als Analogon für die Technikverhältnisse im ganzen angesehen werden. Und was wir hier zur Geschlechtskonstruktion beobachten, ist durchaus von allgemeinerer Bedeutung. »Machen«, Herstellen und Produzieren – Technologie in ihrem allgemeinen Sinn – sind Aktivitäten, die eindeutig das Selbstverständnis prägen. Sogar in ihrer eingeschränkten Bedeutung von Werkzeugen, Maschinen, Geräten ist uns die Technologie ein vertrauter Partner im täglichen Leben. Ständig greifen wir sie mit Händen (Kugelschreiber, Lenkrad, Fön), sie ist um uns herum (Wanderschuhe, Zentralheizung, Einkaufspassage), sie nimmt sogar in unserem Körper einen Platz ein (Kontaktlinsen, Tampons, Herzschrittmacher). Wenn wir Technologie in ihrem weiteren Sinn als Wissen und Prozeß begreifen, erfüllt sie erstens unsere Gedanken und konstituiert unsere Fähigkeiten, und zweitens füllt sie unsere Zeit aus und regelt unsere Bewegungen.

Die Dinge, die wir tun oder nicht tun, die Technologie, mit der wir uns auskennen und die wir regelmäßig benutzen, die Technologie, die uns einschüchtert und die wir anderen überlassen, formen zum Teil unsere Identität. In dieser Untersuchung haben wir gezeigt, wie sich Männer und Frauen im Hinblick auf die Technologie unterscheiden. Technologie ist geschlechtlich geprägt. Diese Prägung nehmen wir natürlich kollektiv vor, aber im Gegenzug vergeschlechtlicht sie uns auch.

Am »Lebenszyklus« des Mikrowellenherds war die alltägliche symbolische Konstruktion des Männlichen und des Weiblichen durch die Technologieverhältnisse (sowohl »Verortung« als auch Repräsentationen einbeziehend) als *verschieden*, *komplementär* und *asymmetrisch* zu sehen. Technische Kompetenz war eine Trennlinie in der geschlechtsspezifischen Arbeitsteilung. Männer haben Jobs, bei denen technische Kompetenz gefragt ist, Frauen sind mit wenigen Ausnahmen in »nicht-technischen« Jobs konzentriert. Technik ist als unterschieden von Hauswirtschaft und zugleich wichtiger als diese konstruiert – obwohl Hauswirtschaft als notwendig bei der Herstellung der Mikrowelle anerkannt ist. Plätze jedoch, die hauswirtschaftliches Wissen erfordern, wurden von Frauen, Nicht-Männern besetzt. Die Arbeit im Konstruktionsbereich ist besser bezahlt als die der Hauswirtschafterinnen und mit besseren Karriereperspektiven verbunden. Sehr wichtig bei der Produktion und Erhaltung dieser materiellen Unterscheidungen waren Repräsentationen, Bedeutungen, die von den Akteuren in der Mikrowellenwelt gemacht und geliefert wurden und die Maskulinität/Femininität auf Technologie/Nicht-Technologie festlegten und den Paaren ungleiche Werte zuschrieben. Wir wollen uns einige Beispiele ins Gedächtnis rufen.

Manchmal war es die Technologie selbst, der die relative Wichtigkeit zugeschrieben wurde. Zum Beispiel wenn Michelle, Hauswirtschafterin bei Electro UK, ihre Kolleginnen schilderte, die »Ehrfurcht und Respekt« äußern für die »Maschinen und die Dinge« in der Datenverarbeitung, »die die meisten von uns nicht verstehen« und die mit männlichem »Genie« identifiziert werden. Manchmal wurde technologisches Gerät oder technologisches Wissen in seiner Wichtigkeit abgemindert, weil es mit dem Häuslichen oder dem Femininen assoziiert wurde. Aus der Sicht der Elektro-Hauswirtschafterin hat das Marketingteam der Firma für die Mikrowelle nicht genug getan. »Der Mikrowellenherd…«, sagte Helen, »wird in der Werbung vernachlässigt. Es ist halt nur ein Haushaltsgerät und nicht sehr hoch angesehen. Hi-Fi-Anlagen, Fernseher, Videoausrüstungen und solche Dinge haben Priorität.« Wir haben gesehen, daß das Engagement der Firma bei der Produktion von Mikrowellenkochbüchern aus der Sicht von Dorothy, der Senior-Hauswirtschafterin, viel zu wünschen übrigließ. Sie war der Meinung, daß dem Mikrowellenherd als einem technischen Produkt gegenüber der Image-Arbeit am Kochen mit der Mikrowelle, ohne die doch der Herd selbst wertlos wäre, Priorität eingeräumt wurde. »Die Kochbücher wurden sehr, sehr schnell produziert«, sagte sie. Die Unwilligkeit des Electro-Managements, Zeit und Geld in die Veröffentlichung von Kochbüchern zu stecken, rührte ihrer Meinung nach daher, daß der Kochvorgang als weiblich und deshalb, obwohl darin der objektive Zweck des Herdes liegt, als weniger wichtig angesehen wurde als seine Konstruktion.

Es dauert ungefähr einhalb Jahre, ein anständiges Kochbuch zu entwikkeln, falls es erprobt wird. Jedes Kochbuch, ich meine, wenn es an das Ausprobieren und Testen geht, das ist nicht einfach ein Kuchen im Ofen und dann ›Oh, er brauchte viereinhalb Minuten, jetzt zählen!‹, und das war's. Es geht um die Entwicklung des Kochens als eine *Wissenschaft*. Es ist nicht so, wie die meisten Leute denken, ein *Hausfrauenjob*.

Auch im Einzelhandel gelten Haushaltsgeräte als Waren für Frauen oder für die Familie und daher als weniger »technologisch« als Produkte aus dem Hi-Fi- und Video-Bereich. In diesem Sinn sagte die Ausbildungsmanagerin bei Home-Tec:

Es ist schon merkwürdig, wenn man sich die Haushaltsgeräte so anschaut, da gibt es diese Kühlschränke mit fünf Sternen, ökologische Waschmaschinen und dieses ganze Zeug von Aquarius und Zanussi. Es ist Mikrochip-Technologie in einer Waschmaschine. Wenn man das alles auseinandernimmt, ist eine Waschmaschine heute wahrscheinlich genauso kompliziert wie eine Hi-Fi-Anlage. Aber das Image ist immer noch das gleiche, [weil] Haushaltsgeräte weiblich sind und Hi-Fi- und Video-Geräte männlich.

Die Unterscheidung zwischen Technologie und Nicht-Technologie, dem Technischen und dem Sozialen, mit den Bedeutungen hart und weich, wichtig und relativ unwichtig, interessant und relativ uninteressant, männlich und weiblich, kam in unseren Interviews immer wieder zum Ausdruck. Bei Electro UK wurde das besonders deutlich, wo die Technologieverhältnisse dominieren und die VerbraucherInnen weit weg sind. Viele beiläufige Bemerkungen während unserer Interviews wiederholten die relative Wertschätzung der Männer und des Männlichen, die relative Abwertung der Frauen und des Weiblichen. Tom zum Beispiel, der von allen technischen Leitern, die wir bei Electro trafen, am aufgeschlossensten gegenüber Frauen war, beschrieb, wie Männer von beiden Geschlechtern mit technischer Autorität ausgestattet werden. Die Fließbandarbeiterinnen, sagte er, »arbeiten nicht gerne für andere Frauen. Frauen arbeiten oft lieber für Männer. Männer arbeiten wahrscheinlich auch lieber für Männer.« Zu einem anderen Zeitpunkt gab der Produktionstechniker Craig einen Einblick in den relativen Wert der Kurse in seinem College. In seinem technischen Kurs waren hauptsächlich Jungen, sagte er. Aber »wenn man in einen von den Kursen geht, die wir *Mickey Mouse- oder Sozialwissenschafts*-Kurse [nannten], äh, da waren nur Mädchen und keine Jungen.« Dieses unreflektierte Vertrauen von Männern in Männer, in das Männliche und in das Technische, ihre Unterbewertung des Weiblichen, des Menschlichen und des Häuslichen, vor allem, aber nicht nur bei Electro UK, fiel uns auf und wurde oftmals von den von uns interviewten Frauen erwähnt.

Um noch einen Moment bei Electro zu bleiben: die materiale (»verortende«) Geschlechterstruktur, die in der Unternehmenskultur gegenwärtig war, *gab* bestimmte Geschlechtsidentitäten in der Beziehung zur Technologie *vor*, und die Geschlechtersymbolik (Repräsentation) lieferte hierfür Bilder und Modelle. Männlich zu sein heißt, technisch kompetent zu sein – das heißt, entweder selbst technische Qualifikationen anzuwenden oder Techniker anzuleiten, das heißt, eigeninitiativ, projektorientiert, kontrollierend zu sein. Weiblich zu sein heißt, nichts oder wenig mit Technik zu tun zu haben, eher geschickt und sorgfältig zu sein, Kenntnisse über Menschen, Haushalt und Kochen zu haben, zuzuarbeiten, unterstützend und relativ verfügbar zu sein. Keines der Attribute auf diesen Listen ist an sich wertvoller als ein anderes. Die Wertzuschreibung bei diesen Attributen ist jedoch in unserer Kultur im allgemeinen und in den Verhältnissen bei Electro im besonderen durchaus asymmetrisch.

Natürlich sind Individuen beider Geschlechter durch ihre Teilhabe an der gesellschaftlichen Geschlechterstruktur und durch ihre Empfänglichkeit für die kulturellen Geschlechtersymbole, die ja eher stereotype als divergierende Geschlechtsidentitäten entwerfen, bereits dazu disponiert, eine ihrem Geschlecht entsprechende Arbeit zu suchen. Die Situation bei Electro bestätigte lediglich diese prägenden Einflüsse, gab der Struktur eine konkrete Gestalt und den Repräsentationen größere Macht.

Das Individuum ist jedoch keine beliebig zu formende Masse.

Jede Geschichte ist einzigartig, und obgleich sich die konventionelle geschlechtliche Ordnung mit Macht durchsetzt, haben die Menschen Wahlmöglichkeiten. Einige Individuen reagieren auf konträr entgegengesetzte Geschlechtersymboliken, die in den Nischen der hegemonialen Kultur existieren, wie auf einen subversiven Reiz zur Erschütterung von Geschlechterstereotypen. Wir wollen an dieser Stelle auf zwei Personen eingehen, mit denen wir bei Electro zu tun hatten. Sie hatten sich selbständig an Orten plaziert, an denen ihre Präsenz, die Art, wie sie ihre Arbeit wahrnahmen, und die subjektive Identität, die sie ausbildeten, in vielerlei Hinsicht in Widerspruch zu den Geschlechterverhältnissen der Firma standen.

Innovative Subjektivitäten: Ringen mit der Technologie

Bei *Karen* finden wir eine Ausnahme von der geschlechtsspezifischen Arbeitsteilung in der Produktionsabteilung von Electro. Sie ist eine Arbeitsstudien-Spezialistin, angestellt als Nachwuchs bei den Produktionstechnikern. Sie verließ mit 15 Jahren die Schule und probierte eine Menge »weiblicher« beruflicher Tätigkeiten aus. Zuerst versuchte sie es als Friseuse, wurde dann Hilfsverkäuferin in einer Boutique, arbeitete in einer Catering-Firma, fand eine Arbeit in einer Schnellrestaurantküche und landete schließlich an einer Supermarktkasse. Als sie davon genug hatte, folgte sie anderen jungen Frauen aus der Gegend an das Fließband von Electro, wo sie zunächst das Neue genoß. Das ist besser, so sagte sie sich, als isoliert an der Kasse zu sitzen und es mit ungeduldigen Kunden zu tun zu haben. Aber sie langweilte sich schnell.

Karen war dort jedenfalls nicht lange, bevor sie zur stellvertretenden Bandführerin befördert wurde. Dann wurde die Stelle der Arbeitsstudien-Spezialistin ausgeschrieben. Tom, der für Gleichberechtigung eintretende Assistent des technischen Produktionsleiters, ermutigte sie zur Bewerbung und schickte sie zu einem Schnellkurs über Arbeitsstudienmethoden. Als wir ihr begegneten, war Karen 22 Jahre alt und gerade dabei, einen fortgeschrittenen Arbeitsstudien-Kurs zu beginnen. Ihre Arbeit fängt mit der Einführung jedes neuen Modells eines Mikrowellenherdes an. Sie hilft dabei, die Aufgaben des Produktionsbandes zu planen, die Länge und Geschwindigkeit zu bestimmen und das Band »auszurichten«. Die »Werkzeuge« für ihre Arbeitsstudien sind unter anderem eine Kamera, ein Zeichenbrett, ein Taschenrechner und eine Stoppuhr. Jetzt hat sie sich vollkommen auf die Arbeitsstudien eingelassen. Ihr Horizont weitet sich über Electro hinaus aus, weil sie meint, daß sie hier ihre Möglichkeiten nicht ausschöpfen kann. Sie hat also den Ehrgeiz, wie ihn nicht viele Frauen haben, eine verantwortliche Karriere im Zentrum der industriellen Produktion zu machen.

Karen schwimmt gegen den Strom. Sie ist jedoch nicht völlig »unnormal«. Es gibt zumindest ein Konzept, das es Kollegen und Vorgesetzten ermöglicht, sie einzuordnen. Geschlechterstereotypen sind zwar die Norm, aber jenseits der Tore von Electro wirbelt etwas Neues, die Idee von der Gleichberechtigung der Geschlechter, die Arbeitswelt von Electro durcheinander. Kleine Wirbel werden sogar bei Electro spürbar. Zum Beispiel setzen sich einige Frauen für ihre eigenen Interessen ein, und zumindest Tom verteidigt sie. Die Sprache der Gleichberechtigung macht es möglich, daß sich die Bedeutung von Frau wie von Technik zu ändern beginnt: eine *technisch kompetente Frau*. In diesem kulturellen Niemandsland (weder Männer- noch Frauenland) konstruiert sich Karen vorsichtig eine Geschlechtsidentität. Vorsichtig – weil sie zögert, für ihre Arbeit, die sich auf die ArbeiterInnen, den Arbeitsprozeß und das Produkt erstreckt, einen fachlichen Charakter zu beanspruchen. Dennoch kann kein Zweifel daran bestehen, daß sie aus der weiblichen Sphäre bei Electro herausgetreten ist und dies auch wollte. Als es ein Gezerre über die Erwartungen in der Technischen Produktion gab, daß sie den Tee mache, sagte sie sich immer wieder: »Hier bin ich *Fachfrau*. Ich bin *qualifiziert*. Ich bin nicht hier, um den Tee zu kochen.« Sie sagte: »Als Mädchen, denke ich, hast du eine Menge zu beweisen. Frauen müssen eher als Männer beweisen, daß sie nicht nur hier sind, um das Telefon abzunehmen.«

Ihre neue Geschlechtsidentität hat für Karen auch gewisse Unannehmlichkeiten mit sich gebracht. Sie hat ihre Freundschaft mit Frauen vom Fließband gestört, da ihr Aufstieg zu dieser höher bewerteten männlichen Rolle zur Folge hatte, daß sie die Arbeitsergebnisse der Frauen zu überprüfen und ihre Arbeitsabläufe zu strukturieren hat. Oft ist es an ihr, die Geschlechter in ihren geschlechtstypisierten Positionen zu *verorten*, eine Funktion, die normalerweise Männern zukommt. Sie muß sagen: »Ein Mädchen kann diesen Job nicht machen, und ein Typ kann den Job nicht machen ... so mußt du die Mädchen die Schaltungen und die Jungs die schwere Arbeit machen lassen.« Sie setzte eine Beschleunigung des Bandes und einen Arbeitsdruck durch, der höher war, als sie ihn in ihrer Zeit als Bandarbeiterin erfahren hatte. Daß diese ihrem Geschlecht widersprechende Position, die sie im Verhältnis zur Technik hatte, ihre Geschlechtsidentität in Bedrängnis brachte, wurde daran deutlich, daß sie ihre Ehe als Hindernis für ihre berufliche Weiterentwicklung empfand.

Die zweite Person, die uns einfällt als jemand, der in bestimmter Hinsicht eine abweichende Geschlechtsidentität im Kontext der Technologieverhältnisse entwickelt hat, ist *Keith*, der für Mikrowellenherde verantwortliche Leiter der Produktionsentwicklung. Während Karen ein neues Selbstverständnis als Frau in einem Männerberuf erprobte, kratzte Keith an der bei Electro üblichen, ausgeprägt technologischen männlichen Identität.

Erinnern wir uns, daß er die Gesamtverantwortung für die Testküche hatte und eher Übereinstimmung mit den Hauswirtschafterinnen und mit den Interessen der Konsumentinnen zum Ausdruck brachte als mit seinen männlichen Kollegen und ihrer Begeisterung für die hochwertigen Hi-Tech-Gerätschaften. Keith hat uns berichtet, daß sein Produkt, der Mikrowellenherd, seinen Platz gegen »männliche Vorurteile gegenüber der Produktgruppe« erst erkämpfen mußte. Verglichen mit dem »Glamour« der Entwicklungen des Unternehmens im Bereich der künstlichen Intelligenz und der Flüssigkristallanzeige waren die langweiligen Haushaltsgüter so etwas wie die »arme Verwandschaft dieser sich aufspielenden Machoprodukte«.

Die Mikrowellenproduktgruppe ist profitabel, und aus *diesem* Grunde haben wir auch Respekt vor ihr. Aber unsere Begeisterung richtet sich darauf, mit Camcordern umzugehen, wenn sie geliefert werden, oder mit dem neuesten Stück der Audio-Ausrüstung, oder wir gehen runter, um mit dem Karaoke-System zu spielen ... Daß man mal versucht, die Männer zu überreden, daß sie hierherkommen und sich unsere Mikrowellen ansehen, das gibt es einfach nicht, weißt du. ›Los, wir sehen uns jetzt die neueste Mikrowelle an.‹ Einfach *kein* Interesse!

Er hatte jedoch nicht den Wunsch, sein Los zu verändern, und es war ihm egal, ob er in den Augen seiner männlichen Kollegen einen niedrigeren Status hatte, weil er im Haushaltsgerätebereich arbeitete. Er war zufrieden – wie das relativ wenige Männer sind –, sein professionelles Selbstverständnis durch die Anerkennung von Frauen zu entwickeln.

Ich mag es, wenn die Kolleginnen, mit denen ich arbeite, und diese Verkäuferinnen, die Frauen, die mit meinen Waren zu tun haben, mich anerkennen. Ihre Meinung ist mir vielleicht sogar wichtiger als die von männlichen Kollegen. Und ich versuche auch, die Gestaltung und das Design [des Produkts] aus der Perspektive einer Frau zu sehen ... Ich versuche das in verschiedener Hinsicht zu fördern. Ich möchte, daß unsere Produkte auf dem Markt besser dastehen, so daß auch deutlich mehr verkauft wird.

An der Seite von Frauen und ihren Interessen zu stehen, als »Mann in eine Frauenwelt« einbezogen zu sein, wurde Teil seiner bewußten subjektiven Identität, etwas, das er bereitwillig auch anderen gegenüber äußerte. Im Gegenzug beeinflußte diese Identifikation sein Verhältnis zur Technologie. Er war der Ansicht, daß »der gesamte Konsumentenmarkt für Elektronik sich Hals über Kopf in die Technologie um der Technologie willen gestürzt hat«. Er war eher dafür, Technologie zum Nutzen der Verbraucher zu liefern und auch beim Marketing von Hi-Fi- und Video-Produkten eine »sanftere Gangart« einzuschlagen.

Dies gelang Keith jedoch nur, indem er sich verbreiteten Repräsentationen, die konventionelle Geschlechtsidentitäten entwerfen, verschloß und sich den materialen geschlechtsspezifischen Mustern der »Verortung« in seiner Umgebung entgegenstellte. Aus seiner Sicht waren in der japanischen Firma, für die er arbeitete, »neunundneunzig komma neun Prozent« der Männer im technischen Bereich tätig und kein Mann, soweit er sehen konnte, im Bereich der Hauswirtschaft. Andererseits gab es anderswo in der weltweiten Organisation einige Frauen, die eine Rolle im Bereich Produktplanung von Mikrowellen übernommen hatten. Sogar außerhalb, in der Welt der Leute, die die Mikrowellenherde kaufen und benutzen, waren es die Männer, die sich für die Leistung, die Konstruktion, das Klingeln und Pfeifen des Herdes interessierten, während sich die Frauen für das interessierten, worum es auch ihm ging: die praktische Nützlichkeit des Herdes in der Küche.

Diese zwei Beispiele von Electro UK zeigen eine Frau und einen Mann, zu deren Selbstverständnis eine Aneignung von Technologie gehört, die eher in einem Verhältnis der Verhandlung als der einfachen Übernahme vorherrschender Geschlechtsidentitäten sowie der Dispositionen steht, die einem die Muster geschlechtsspezifischer »Verortung« in der technologischen Sphäre vorgeben. Sie sind anschauliche Beispiele für das Verhältnis von Struktur und modifizierendem Handeln, dem Gegebenen und dem Gewählten. Frigga Haug nennt das »das Ineinander von Vollzug und Selbstverwirklichung«. Sie beobachtete auch, daß »die Menschen nicht bloß Normen erfüllen oder sich anpassen, daß die Identitäten nicht im Nachvollziehen, in bloßer Ausführung gebildet werden, sondern daß menschliche Handlungsfähigkeit auch bedeutet, daß die einzelnen versuchen, im vorgegebenen Raum eigenen Sinn und Selbstverwirklichung zu leben« (Haug 1983, S. 14).

Karen und Keith trafen ihre Wahl zu einem Teil bewußt als Antwort auf eine feministische Geschlechtersymbolik. Die vorherrschende Geschlechtersymbolik und Geschlechterstruktur wird jedoch nach wie vor, auch wenn sie nicht vollkommen determinierend ist, für die meisten selbstverständlich akzeptiert. Diese beiden Personen waren sich klar darüber, daß sie sich von den meisten anderen ihres Geschlechts unterscheiden.

Wie Verschiebungen im Geschlechterverhältnis kommerziell genutzt werden

Wir haben gesehen, daß es bei Home-Tec und Wonderworld, das sind die Einzelhandelsketten, die elektronische Konsumgüter sowohl für den Haushalt als auch im Hi-Fi- und Video-Bereich verkaufen, in stärkerem Maße neue Geschlechter»verortungen« und -repräsentationen gab als bei Electro, wo die Mikrowellenherde produziert werden. Bei den Einzelhandelsketten gab es Gleichstellungsrichtlinien für die Beschäftigungspolitik, es waren Frauen ins Management aufgestiegen (wenn auch wenige ins Management der *Lagerabteilung*). Sie versuchten durch Bildungsstrategien, die hartnäckige geschlechtstypische Zuordnung aufzubrechen, wonach das Verkaufen von Hi-Fi- und Videogeräten männlich, das Verkaufen von Haushaltswaren weiblich ist.

Eine solche gegengeschlechtliche Strategie kann aus einer Reihe von Anstößen herrühren, mit denen der Einzelhändler immer stärker als der Hersteller konfrontiert ist – obwohl sie den Hersteller ebenfalls in abgeschwächter Form erreichen. Erstens entwickeln Frauen in der Gesellschaft eine eigene Bewegung und formulieren ihre eigenen Ansprüche: auf gleiche Chancen, gleiche Bezahlung, gleiche Behandlung. Die wenigen Frauen bei Electro und die etwas häufiger bei Home-Tec und Wonderworld anzutreffenden Frauen, die verantwortliche und vernünftig bezahlte Arbeit verrichten, sind teilweise deshalb an diesen Plätzen, weil sie dorthin wollten und weil sie alle Hindernisse auf dem Weg dorthin überwunden haben. Dies sind, nebenbei gesagt, die Frauen, die die Hersteller von elektrischem Gerät und der Einzelhandel als Verbraucherinnen mit ihren Waren und Verkaufsveranstaltungen erreichen müssen. Der Einzelhandel ist »näher dran« als der Hersteller und deshalb sensibler für Veränderungen bei der Kundschaft seines Geschäfts, was ein Grund für seine größere Offenheit gegenüber den Veränderungen in der geschlechtspezifischen »Verortung« sein könnte.

Zweitens ist, ungeachtet der Kostenvorteile billiger weiblicher Arbeitskraft, eine »unisex« Arbeiterschaft flexibler einsetzbar als eine nach Geschlechtern segmentierte. Zur Zeit bewerben sich keine qualifizierten weiblichen Techniker oder technischen Leiter bei Electro UK; aber es gibt immer mehr junge Männer, die bereit sind, Fließbandjobs zu machen, und einige junge Arbeiterinnen überraschen das Mangement damit, daß sie offensichtlich technische Qualifikationen erwerben wollen. Electro reagiert darauf pragmatisch. Im Unterschied dazu besteht der Einzelhandel überwiegend aus Verkaufen, Kaufen, Marketing und ähnlichen Arbeiten, für die immer mehr Frauen gleich oder besser qualifiziert sind als Männer. Home-Tec und Wonderworld haben diese Lektion gelernt. In Kapitel 4 erwähnten wir ein von Wonderworld angefertigtes Video, das Frauen ermutigen soll, Wissen über Produkte aus dem Hi-Fi- und Video-Bereich zu erwerben – ein Schritt in Richtung des flexibleren Arbeitseinsatzes im Verkauf. Das Video zeigt zunächst einmal eindeutig, wie die Interessen der Frauen und des Unternehmens an diesem Punkt zusammentreffen. Zudem leistet es symbolische Arbeit, indem *gleichzeitig* die weibliche Geschlechtsidentität neu formiert und asymmetrische Geschlechterverhältnisse reproduziert werden.

Die junge Verkaufsassistentin, die auserwählt wurde, im Video die Hauptrolle zu spielen, ist Toni. Sie hat einen Arbeiterklassen-Akzent, ist gepflegt, hübsch, klug und bestimmt. Ein witzig gehaltener Kommentar stellt sie mit folgenden Worten vor.

Sie arbeitet seit zwölf Monaten bei Wonderworld. Das Verkaufen macht ihr Spaß, und viele der Produkte hat sie sofort ins Herz geschlossen: besonders Staubsauger. Wie viele Damen, oder in diesem Fall Kolleginnen, die bei

Wonderworld arbeiten, verkauft Toni gerne Produkte, über die sie viel weiß und mit denen sie vertraut ist, also z. B Waschmaschinen und Geschirrspüler. Und die Kühlgeräte waren, mit Tonis Worten, »ein Kinderspiel«.

[Eines Tages] kam Toni ins Geschäft, und sie sah, daß im TV- und Hi-Fi-Bereich besonders viel los war. Viele Kunden wollten sich CDs kaufen, und zwei oder drei Gruppen brauchten eindeutig Informationen über Videorecorder ...

An dem Tag war lediglich noch ein anderer Verkäufer in dieser Abteilung des Ladens. Als Toni sah, daß er allein war, wagte sie den entscheidenden Schritt und betrat die vielversprechende Welt der »high technology«.

Unnötig zu sagen, daß Toni in ernsthafte Schwierigkeiten mit einem anspruchsvollen Kunden gerät und sich an die betriebliche Aus- und Weiterbildung wendet, um sich in Warenkunde zu qualifizieren – was prompt den Anlaß für die umfängliche Darstellung der Eigenschaften und des Nutzens von Videorecordern liefert.

Dieses Video vermittelt zwei Nachrichten zugleich über Geschlecht. Toni wird zur *technisch kompetenten Frau* umgestaltet. Die Autorität des Films jedoch, die kommentierende Stimme, ist männlich. Der Ausbilder und der Abteilungsleiter, deren überlegenes Know-how mobilisiert wird, um Tonis Problem zu lösen, sind beide männlich, und es gibt zweifelsohne unbewußt eingesetzte Elemente, die sowohl ihre Männlichkeit als auch ihre Autorität bestätigen: die Männer sind wesentlich größer, halten ein Klemmboard, sprechen direkt in die Kamera. Toni ist von den Männern eingerahmt, sie sieht buchstäblich »zu ihnen auf«. Außerdem enthält das Video zwei Andeutungen, die Toni sexualisieren. Sie kommen aus den aktuellen Beziehungen der Darsteller – die natürlich keine professionellen Schauspieler sind, sondern zum Wonderworld-Personal gehören, das sich gut kennt und auch denen persönlich bekannt ist, für die das Video gedacht ist. An einer Stelle wird auf eine mögliche Beziehung mit einem Verkäufer angespielt. An anderer Stelle sagt der Ausbilder: »Sie hören sich an wie mein Frauentyp.« Um die Sache wieder auf die Reihe zu bekommen, sagt Toni: »*Nein, jetzt aber ernsthaft...*«, und fährt mit der Erklärung ihrer Probleme fort.

Auf einer Ebene wird also Weiblichkeit in diesem Video umgeformt, um früher als männlich angesehenes Wissen aufzunehmen. Toni will das so, ebenso ihre Arbeitgeber. Tonis etwas androgyner Name könnte der einer wirklichen Verkäuferin sein, die die Rolle spielt, oder auch von den Videoproduzenten ausgesucht worden sein. Auf jeden Fall erleichtert er die Verwandlung. Auf einer anderen Ebene wird jedoch die Botschaft transportiert, daß Toni trotz allem eine echte Frau bleibt, verfügbar für Männer, ihrer relativen Autorität unterstellt und von ihrem größeren technischen Wissen abhängig.

Identitäten im Angebot

Sind der Druck der Frauen selbst und das Interesse des Unternehmers an der profitabelsten Ausbeutung der Arbeitskraft zwei Kräfte der Veränderung von Geschlecht, so ist eine dritte in den kapitalistischen Marktprozessen zu finden. Der Verkauf von Konsumgütern steigt mit der Tendenz zur Individualisierung der KonsumentInnen. Von einer Frau, die sich als jemand empfindet, die ihr eigenes Leben, ihr eigenes Geld, eine autonome Subjektivität hat, wird erwartet, daß sie mehr Geld für Konsumgüter ausgibt als eine, die »nur« Tochter oder Ehefrau ist – doch gibt sie deshalb nicht weniger für die Funktionen innerhalb der Familie aus, für die sie immer noch (faktisch) verantwortlich bleibt. Es lohnt sich heute für den Einzelhandel, sich an Männer und Frauen als an *unterschiedliche Individuen* zu wenden, die wahrscheinlich ihre eigenen Haushalte gründen, eigene Bankkonten eröffnen und autonome Bedürfnisse haben, und dementsprechend ihr Verhalten zu konstruieren und, soweit wie möglich, zu kontrollieren. Der Trend in der Werbung und im Handel, an den »Lifestyle« zu appellieren, repräsentiert gerade diese Hinwendung zu einer postmodernen Vielfalt von endlos zu differenzierenden Bedürfnissen, die nur darauf warten, befriedigt zu werden. Im Unterschied dazu beschränkt die konventionelle Geschlechterstereotypisierung den potentiellen Markt auf zwei Typen oder – noch schlechter – auf ein Paar, das als eine Einheit kauft. »Das Kapital hat sich in die Differenz verliebt«, sagte Jonathan Rutherford (1990a, S. 11).

Die Werbung für Mikrowellenherde, für Essen, das für die Mikrowelle geeignet ist, und für elektrische Konsumgüter im allgemeinen demonstriert die Art und Weise, wie das Kapital mit Entwürfen von Geschlechtsidentität experimentiert, um seine Interessen durchzusetzen – d. h., den Verkauf zu erhöhen. Wir beziehen uns hier auf eine Analyse kürzlich erschienener Zeitungs- und Fernsehanzeigen und auf drei Interviews. Zwei Interviews wurden mit Werbefachleuten geführt, die für Werbekampagnen für Mikrowellen und andere elektrische Gebrauchsgüter verantwortlich sind, ein Interview mit einem Marketingspezialisten für ein neues Mikrowellen-Gericht.

Werbefachleute sind niemals insensibel für Geschlecht. Hin und wieder sieht es so aus, als vermieden sie Geschlechterrepräsentationen. Zum Beispiel zeigen einige Werbeanzeigen für Mikrowellenherde den Herd allein, in einem Kontext ohne Menschen, und heben seine »Charakteristika, Vorteile und Nutzen« hervor. Diese Taktik wird dann gewählt, wenn ausgeklammert werden soll, was aktuell gerade als Minenfeld im Geschlechterverhältnis gilt. Die Werbefachleute sind sich dessen nur zu bewußt, daß die Leute sich weiterentwickeln, während sie Geschlechteridentitäten konstruieren und entwerfen. So können sie schnell den falschen Ton treffen, der ihnen potentielle KundInnen abspenstig macht und dem Verkauf abträglich ist. Außerdem ist jede Repräsentation einer Frau oder eines Mannes in der Werbung unvermeidbar kulturspezifisch, eine »Typisierung«, die die erreichbare Zielgruppe enger eingrenzt, als sie vom Produkt her erreichbar wäre. Manchmal ist es deshalb der sicherste Weg, nur die technologisch intelligente Maschine selbst zu zeigen, ohne sie in ihrer Vielseitigkeit und sozial interpretierbaren Flexibilität einzuschränken.

Andererseits ist diese Strategie dann nicht angemessen, wenn der Hersteller vermutet, daß sich die Zielgruppe als Kundschaft gar nicht angesprochen fühlt, wenn also zunächst eine überzeugende Vorstellung von KonsumentInnen produziert werden muß. Die Hersteller der Mikrowelle haben sich diesen KonsumentInnen versuchsweise in verschiedenen Entwürfen genähert. Wo Frauen verwendet wurden, wurden sie überwiegend beim Kochen im häuslichen, vor allem im familiären Kontext dargestellt. Wurden Männer verwendet, dann in drei Gestalten: als anerkennender Konsument von Mikrowellenessen, als Interessent für Mikrowellentechnologie oder als Küchenchef, also als Experte. Ein Beispiel für das erste ist eine Werbung für eine Mikrowelle mit eingebautem Grill, die zwei Männer mit Würstchen auf Gabeln vor ihren Gesichtern zeigt, eine Wurst blaß und wabbelig, nach unten hängend, die andere knusprig braun und zu einem Lächeln gebogen. Der Text beginnt: »Wenn Sie ein Würstchen in der Mikrowelle braten, sollten Sie was Knackiges rauskriegen, kein schlappes Ding.« Der Text hatte einen witzigen phallischen Unterton. Die zweite Männergestalt wurde durch einen Vater und einen Sohn illustriert, die neben ihrer neuen Mikrowelle stehen und die Gebrauchsanweisung lesen. Die dritte Gestalt, männliche Professionalität, wurde benutzt, um ein sehr avanciertes Modell zu verkaufen. Die Verwendung französischer Küchenchefs sollte suggerieren, daß dies der raffinierteste Kombinationsherd auf dem Markt war, absolut geeignet für die *haute cuisine*.

Konstant blieb bei der Repräsentation von Frauen, wenn es um das Kochen mit der Mikrowelle ging, die Vorstellung, daß sie für die Ernährung, für gutes Kochen, für die Qualität der Versorgung der ganzen Familie verantwortlich sind. Die Frau weiß es am besten. In einem bestimmten Fernsehspot für mikrowellengeeignete Nahrungsmittel wurde diese persona gut gezeichnet: Zuerst ein Kind, dann ein Mann plazieren eine Schachtel, die ein unbezeichnetes Fertiggericht enthält, in der Mikrowelle. Zur Belustigung der Familie spuckt die Mikrowelle das Gericht jedesmal wieder aus und schleudert es durch den Raum. Dann stellt die Frau mit einem wissenden Lächeln Richtung Kamera das Fertiggericht der richtigen Marke in den Herd, der es anerkennend aufnimmt. »Mjamm, mjamm« zeigt er auf seiner Schaltanzeige. Mutter weiß es am besten. Hinter diesen Bildern steht der Gedanke, wie ein Marketingleiter für diese Produkte uns erklärte, daß die Männer und die Kinder als diejenigen gelten, die die Familie für den Wandel öffnen. Von ihnen geht der Anstoß aus, der das traditionelle Kochen und Essen, deren Hüterin die Hausfrau und Mutter ist, für Neues öffnet.

Männer sind große Experimentierer beim Kochen oder gelten jedenfalls als solche. Es sind eher sie, die sich beim Einkaufen von dem anregen lassen, was in den Regalen steht.

In erster Linie muß jedoch an die Frau appelliert werden.

Bevor die Hausfrau nicht sagt, es ist gut für die Familie, wird die Familie es nicht glauben, das ist der Punkt. Deshalb muß man sie zuerst überzeugen. Sie überzeugt wahrscheinlich ihre Familie und läßt sie dann entscheiden, ob und wann etwas eingeführt wird. Ob diese Brücke gebaut wird, liegt immer noch sehr stark bei ihr. Also erziehen wir immer noch *sie*.

Werbefachleute entwerfen für ihre Fernsehwerbung Familien, die ihren Vorstellungen entsprechen. In Wirklichkeit jedoch verändern sich Familien- und Haushaltsstrukturen. Frauen und Männer, die Akteure der Mikrowellenwelt, leben in neuen Verhältnissen, ihre

Subjektivitäten gestalten sich anders. Die Menschen fahren in Urlaub nach Thailand und Mexiko, und wenn sie zurück sind, wollen sie auch hier thailändisches Kokoscurryhuhn und *enchiladas*. Teenager werden anspruchsvoller und wollen ihre Lieblingsgerichte genau dann, wenn es ihnen in den Sinn kommt. Die Frauen mühen sich ab, sowohl ihren Job als auch ihren Haushalt zu erledigen, ohne zusammenzubrechen oder ihre eigene Identität untergehen zu lassen. Mehr Männer und Frauen leben allein und haben das Problem, sich mit Singleportionen interessant und abwechslungsreich zu ernähren. Wenn es nicht so aussehen soll, als wären ihre KundInnen lächerliche Auslaufmodelle, müssen die Werbefachleute auf diese Wirklichkeit reagieren. Mit ihrer Reaktion bieten sie den ZuschauerInnen natürlich auch eine Reihe möglichst überzeugender Identitäten an und tragen damit dazu bei, die Welt zu konstruieren, die zu beschreiben sie vorgeben. Es gibt eine Art »eingebautes Förderband« des Wandels in den Märkten und im Marketing. Wie jemand aus der Werbebranche es ausdrückte, »gibt es wahrscheinlich eine drei- oder vierjährige Lebensdauer für den Mann oder die Frau, die man am häufigsten in der Werbung sieht. Dann tötet sie gerade ihre ständige Präsenz, und man muß etwas Neues finden.«

»Sich in die Differenz verlieben« ist also etwas, das beide Personen getan haben und was zugleich vom Kapital vorgesehen ist. Und hier muß eine klare Unterscheidung getroffen werden zwischen Unterschieden innerhalb eines Geschlechtes und zwischen den (zwei) Geschlechtern. Werbefachleute haben sich der ersteren angenommen. Sie haben ihr Festhalten an Geschlechterstereotypen modifiziert zu dem, was sie »Lifestyle«-Ansatz nennen. Ein Werbefachmann erklärte uns, welche unterschiedlichen und deutlich unterscheidbaren Töne es *jeweils* bei Männer- bzw. Frauenstimmen gibt. Bei den letzteren zum Beispiel gibt es für bestimmte Situationen sexualisierte Frauen, für andere Gelegenheiten betont weibliche Frauen, hausfrauliche Frauen, mütterliche Typen. Geschlechtsneutralität gibt es jedoch in der Werbung nicht. Nach wie vor wird der Unterschied *zwischen* den Geschlechtern, Geschlecht als etwas Relationales, betont.

Die autonome, berufstätige Frau ist ein Fall, an dem dies deutlich wird. In der Werbung für einige Produkte, zum Beispiel für Parfüm, ist sie frei von Familienverantwortung. Aber sie ist unverkennbar eine Frau, und Parfüm, sowohl für sie als auch für ihn, sind eindeutig vergeschlechtlicht. Die neue Familienfrau ist heute seltener die langweilige Sklavin der Hemden ihres Mannes. Sie ist immer noch eine Hälfte des häuslichen Paares, wird immer noch mit der häuslichen Sphäre identifiziert, aber jetzt ist sie klug, humorvoll und auf eine gewitzte Art rebellisch. Wie früher wird sie als diejenige gezeichnet, die die Verantwortung für die Lebensqualitiät hat. Heute jedoch wird sie mit den wesentlich höheren Anforderungen fertig, die aus der erhöhten Individualität der Familienmitglieder entstehen. Die Werbeleute haben sie dafür mit einer modernisierten Identität ausgestattet. Jetzt ist sie es, wie uns einer sagte, »die immer zuletzt lacht ... Und das ist ein wirklicher Schritt, verglichen mit sechs oder sieben Jahren vorher, als Mami nichts anderes wollte als das perfekte Essen kochen.«

Auch die neuesten Männerkreationen der Werbefachleute sind unverkennbar Männer, obwohl sich ihre Beziehung zu Frauen und zur Familie in subtiler Weise verändert und neu reguliert hat. Einerseits sind einige Versionen der Männlichkeit nicht mehr mit Familie verbunden. Zum Beispiel »gibt es den Typen, der offensichtlich unten in Canary Wharf, Docklands lebt«, berichtete ein Werbefachmann, »der sonntags rausgeht, um seine Zeitung zu kaufen, der ein unabhängiges Leben führt und keine Familie hat...« Andererseits wurde ein zeitgemäßes Modell des Familienvaters kreiert. Es wird angenommen, daß ein anspruchsvolles Publikum heute den üblichen Papa mit Sohn und Auto langweilig findet. Vielmehr geht es darum, deutlich zu machen, »wenn du dieses Ding kaufst, kannst du in deiner Familie als die Person angesehen werden, die ihr als Familienoberhaupt zu Erfolg verholfen hat«. Von Männern wird heute eher angenommen, daß sie

stolz sind auf verschiedenartige und gute Beziehungen. Mit der Familie Zeit zu verbringen, ein gutes Verhältnis zum Sohn zu haben, das ist jetzt etwas Individuelles. Es ist die Sache mit der intensiv genutzten Zeit, oder? Es ist etwas sehr Persönliches. Es geht nicht mehr darum, was *man* zu tun oder zu haben hat.

Obwohl sich Frauen und Männer nun in den unterschiedlichsten »Lifestyle«-Bildern und modernisierten heterosexuellen Beziehungen entfalten können, wird das Fortbestehen von Geschlecht als solchem, sein Wesen als Relation nach wie vor betont und ausgebeutet. Wird eine Frau verwendet, wird impliziert, daß nur Frauen angesprochen werden. Aus diesem Grunde, so sagte uns ein

Werbefachmann, »wäre es ein wenig fehl am Platz, wenn man in einer Anzeige mit Camcordern *nur* eine Frau hätte«. Ein Mann kann manchmal ganz allgemein für »Leute« stehen, wenn nur er dargestellt ist. Aber in einer Situation, in der beide Geschlechter präsent sind, muß ihre Asymmetrie wiederholt werden.

Es wäre wahrscheinlich verrückt, einen Fernsehspot mit einer Frau zu zeigen, in dem *nicht* sie die Arbeit in der Küche machen würde ... es wäre geradezu unglaubwürdig, weil, wissen Sie, es ist eben das Gebiet, wo man davon ausgeht, daß sie darin besonders gut sind.

Wo eine Frau oder ein Mann in einem dem Geschlechter-Stereotyp entgegengesetzten Verhältnis verwendet wird, hat dies immer einen geschlechtsbezogenen Zweck. Wird zum Beispiel eine Frau gezeigt, wie sie einen Camcorder benutzt, dann wahrscheinlich, um zu zeigen, daß er besonders klein und leicht ist. Wird ein Mann gezeigt, wie er eine Mikrowelle benutzt, dann entweder, weil er Berufskoch ist und die Werbung die technologische Komplexität betont, oder weil er ›eine Nicht-Frau‹ ist und die Werbung die Bedeutung hat, zu zeigen: »Jeder Idiot kann es.«

Technologie, Geschlecht und das feministische Projekt

Mit Technologie im vollen Wortsinn sind, wie gesagt, »Machen«, Herstellen und Produzieren gemeint und auch die Werkzeuge, die solches Tun unterstützen. [...] Im alltäglichen Gebrauch jedoch hat das Wort »Technologie« eine engere Bedeutung: Geräte, Prozesse und Wissen, die bei einer Produktion (und organisierten Destruktion) genutzt bzw. bei der Maschinen eingesetzt werden. Aus diesem Grunde ist Technologie zweigeteilt. Es gibt eine relativ eindeutig definierte Sphäre, die Technologie mit dem großen T[2], die sich als männliche entwickelt hat. Und es gibt einen diffusen Residualbereich von »Machen« und Herstellen, mit vielfältigen und vergeschlechtlichten Aktivitäten (Hobbyangeln gilt als männlich, zum Beispiel, Tippen als weiblich). Die charakteristischsten *häuslichen* Tätigkeiten sind weiblich. Im Haushalt werden Geräte, Werkzeuge und Maschinen benutzt, aber gewöhnlich nicht hergestellt. Die meisten (wie der Mikrowellenherd) sind *technisch* in der

2 Im Englischen kann die (vergeschlechtlichte) Zweiteilung der Technologie mit Groß- bzw. Kleinschreibung wiedergegeben werden, was im Deutschen nicht möglich ist. [A.d.H.]

technologischen Sphäre *entwickelt* und als Gebrauchsgüter verkauft worden. Die Technologie mit dem großen T schließt jedoch *sowohl* die Herstellung *als auch* die Benutzung von Gerät, Werkzeugen und Maschinen ein.

Die Assoziation von Technologie, symbolisch mit Männlichkeit und materiell mit Männern durch »Verortung« des männlichen Geschlechtes nah an technologischer Arbeit, technologischen Fähigkeiten und Maschinen, hat bei allen dreien zu einem relativ hohen Wert geführt. Dies sind natürlich nicht die einzigen an diese Bedeutungskette angeschlossenen Begriffe. Männer und Männlichkeit werden auch mit anderen hochrangigen Attributen wie Mut und Vernunft assoziiert. Technologie wird nicht nur hochgeschätzt, weil sie männlich ist, sondern auch weil sie oft mächtige und sichtbare Folgen hat (Überschallflug, Massenproduktion). Die Zuweisung von Männern/Männlichkeit zu Technologie und Frauen/Weiblichkeit zu Nicht-Technologie war jedoch ein wichtiger Aspekt der immer wieder neu ansetzenden Prozesse, die sowohl Männer als auch Technologie als *relativ wichtig* produziert haben.

Wenn wir während der dreijährigen Arbeit an dieser Untersuchung jemandem erzählten, daß wir mit einer Soziologie des Mikrowellenherdes beschäftigt waren, rief das unweigerlich ein Lächeln hervor. Zuerst war es entnervend. Diese Reaktion antizipierend, fingen wir selbst an, entwaffnend zu lächeln. Unsere Arbeit erschien uns ein bißchen peinlich, und wir meinten, uns rechtfertigen zu müssen: so als ob dies keine seriöse Soziologie sein könne. Dann dachten wir daran, daß niemand gelächelt hatte, als die Themen der Untersuchung computergestützes Design oder atommagnetisches Resonanz-Scannen waren. Und der Groschen fiel. Das Lächeln gehörte exakt zu unserem Untersuchungsmaterial. Es sagte nämlich: Mikrowelle = häuslich = weiblich = unwichtig.

Die materialen und symbolischen Wirkungen des Verhältnisses von Technologie und Geschlecht, wie wir es in dieser unwichtigen Mikrowellenwelt ausgedrückt fanden, liefern also die Umstände und Bilder, die den männlichen und weiblichen Akteuren ihre wahrscheinlichen Identitäten vorgeben und vorstellen. Die Männer dieser Welt identifizieren sich eher damit, *aktiv, schöpferisch tätig zu sein* und von anderen dafür geschätzt zu werden. Die Frauen finden ihr Selbstverständnis eher darin, als untergeordnet

Handelnde mit *dem Lebensunterhalt* beschäftigt zu sein. Und so werden sie von anderen auch gesehen. Das Handeln und Herstellen der Männer scheint wichtiger, folgenreicher und weitreichender zu sein; das der Frauen weniger wichtig, repetitiv, eine Sache der Versorgung und des Erhalts des Bestehenden. Das Leben der Männer erscheint als ein Projekt, das der Frauen als ein Kreislauf.

Es ist aber keineswegs so, daß Frauen und die unterstützende Welt des Hauses insgesamt als *un*wichtig angesehen werden. Ihr Wert wird von Frauen und Männern gleichermaßen anerkannt. Männer mögen Frauen *an ihrem Platz*, und nur wenige leugnen, daß sie den Frauen für das tägliche Essen – mit oder ohne Mikrowelle – dankbar sind. Jedoch werden Frauen und das Häusliche ausschließlich an dem ihnen angemessenen Ort geschätzt: Frauen von Männern getrennt, in unterstützenden Rollen und in der häuslichen Sphäre; die häusliche Sphäre eindeutig von der öffentlichen Welt unterschieden und ihr untergeordnet. Keine Essensgerüche im Büro, bitte. Wir reden hier nur vom *relativen* Wert. Es wird durchaus anerkannt, daß die verändernde, produktive Tätigkeit und der Erhalt des Lebens, diese zwei Facetten der Identität, ja sogar des Lebens, die von dem Verhältnis Technologie/Geschlecht ins Blickfeld gerückt werden, beide wichtig sind. Aber unsere Kultur hat das Verhältnis, das sie idealerweise haben sollten, umgekehrt. Produktive Tätigkeit sollte dem Erhalt des Lebens dienen, Technik sollte auf einen erträglichen Alltag gerichtet sein, Produktion sollte Reproduktion erleichtern. Statt dessen entzieht der Arbeitsplatz dem Familienleben Kraft, das tägliche Leben wird von der Technologie ausgebeutet und deformiert, und das Geschenk der menschlichen produktiven Tätigkeit läuft Gefahr, zu einem überheblichen Projekt zu werden, das von der Verantwortung gegenüber der Sorge für andere abgehoben ist.

In anderer Hinsicht richtet dieses Beziehungsmuster ebensoviel Schaden an: es sperrt die Subjektivität von Männern und Frauen in die Zwangsjacke einer Dichotomie, in der den meisten Frauen aktive, schöpferische Tätigkeiten, den meisten Männern Aktivitäten der Pflege und Fürsorge versagt bleiben. Wie in allen solchen Geschlechter-Binaritäten führt auch diese Zweiteilung zu Komplementarität und Asymmetrie. Das eine Geschlecht wird zur fehlenden Hälfte des anderen, Männer und Frauen besetzen jeweils nur die Hälfte ihrer potentiellen Lebens-Räume und springen füreinander ein. Komplementarität sichert so die Verarmung aller. Asymmetrie schreibt das Weibliche fest: es wird für ein größeres Problem angesehen, daß Frauen die aktive, produktive Tätigkeit fehlt, als daß Männern die Hinwendung zum Erhalt des Lebens fehlt. Offizielle Geichstellungspolitik weiß um das erstere, allein der Feminismus behandelt das zweite.

Nach unserem Ausflug in die Mikrowellenwelt können wir vielleicht die Komplexität der feministischen Projekte für den Wandel im Verhältnis Technologie/Geschlecht deutlicher sehen.

Teilweise ist die oft behauptete Distanz der Frauen zur Techonologie eine Frage der Blindheit. Viele Frauen haben durchaus ein Verständnis von Technik entwickelt, da sie ihre Endnutzer sind – diejenigen, die die Maschinen bedienen, die technische Gebrauchsgüter benutzen. Das durch Gebrauch erworbene Wissen einer Frau über den Mikrowellenherd hat *Wert*, wie das Wissen des Technikers über ihn Wert hat. Zuallererst sollte also das Wissen anerkannt werden, das die Frauen von Technologie mit dem großen T haben.

Es muß jedoch auch sichergestellt werden, daß Frauen einen weniger aufwendigen Zugriff auf die anerkannten technologischen Fähigkeiten und Qualifikationen haben. Verschiedene Initiativen wurden dazu angeregt. Frauen haben Einstiegskurse eingerichtet, in denen Frauen von Frauen unterrichtet werden, um Technik, Computersystemanalyse und andere von Männern dominierte Themen in den Griff zu bekommen, ohne sich mit einer männlichen Kultur auseinandersetzen zu müssen, bevor sie das Selbstvertrauen dazu haben. Einige Institutionen, die übliche Technikkurse anbieten, haben versucht, ihre Curricula so zu verändern, daß sie Frauen mehr ansprechen, und fördern die kleine Minderheit von Frauen unter den Lehrenden und Lernenden. Solche Initiativen können jedoch kaum mehr, als an der Oberfläche des Problems zu kratzen. Sollen Frauen das Gefühl haben, daß sie einen Zugang zur Technologie finden können, ohne ihr eigenes Leben in Frage zu stellen, so muß darüber intensiver nachgedacht werden, bedarf es größerer Anstrengungen und vor allem einer größeren finanziellen Absicherung. Ein immer größerer Teil an Bildung und Forschung fließt in die Naturwissenschaften und in die Technologie. Frauen werden bei der Vergabe von Stipendien, Jobs und aussichtsreichen Karrieren übergangen.

Wichtiger jedoch ist, daß wir nur dann, wenn Frauen über die Schlüsselqualifikationen und -jobs verfügen, technologische Entwicklungen prüfen, sie auf die vielfältigen Bedürfnisse der Frauen hin beurteilen und ihren Verlauf beeinflussen können. Sandra Harding hat Frauen für die soziale Ordnung »wertvolle ›Fremde‹« genannt, die in der Lage sind, diese mit neuen Augen zu sehen, alles in Frage zu stellen, was als gesichert gilt (Harding 1994, S. 140). Auch in der Technologie haben Frauen die Macht der »wertvollen ›Fremden‹«, und aus der Sicht unserer eigenen Kämpfe können wir sehen, was verändert werden muß. Frauen brauchen Technologie *für* Frauen und nicht Technologien, die ihnen von einem technowissenschaftlichen System aufgezwungen werden, das nichts von dem Leben verschiedener Frauen in verschiedenen Ländern weiß und das sich nicht darum schert. Ein feministischer Standpunkt ersteht aus dem kämpferischen Bewußtsein der Frauen, und in diesem Sinn ist der in vielen Ländern und Kontinenten anzutreffende aktive Widerstand von Frauen gegen Atomwaffen, Gentechnologie, Umweltzerstörung und viele andere Produkte der Technowissenschaften ein bestimmendes Merkmal des gegenwärtigen Feminismus, in dem sich neue Identitäten für Frauen ausbilden.

Neben den beruflichen Qualifikationen gibt es eine andere, weniger spezialisierte Art von Know-how, das Frauen benötigen. Nicht alle Frauen werden Technikerinnen oder Ingenieurinnen sein wollen – warum sollten sie auch? Aber Frauen sollten sich selbst nicht, wie so oft heute, wegen fehlender technologischer Grundverständnisse benachteiligt fühlen. Unsere Körper und Identitäten sind so eng mit der Technologie der heutigen Welt verbunden, daß wir alle, wie Donna Haraway uns erinnert hat, »cyborgs« sind (Haraway 1991). Ohne unsere Kleidung und Ausrüstung, unsere Medizin und Apparate, unsere Unterbringungs-, Heizungs- und Transportsysteme wären wir nicht die Menschen, die wir zu sein glauben. Wenn Frauen ihr eigenes Leben kontrollieren wollen, müssen sie ein Alltagswissen über das Funktionieren der Dinge haben. Mädchen könnten sich dies ohne viel Aufwand in jungen Jahren aneignen, wenn eine männlich dominierte Kultur in Familie und Schule ihnen dabei nicht im Wege stünde.

Diese Studie hat aufgezeigt, daß es eine Tendenz gibt, der Technologie mit dem großen T eine Stellung zu verleihen, die in keinem Verhältnis zu ihrer tatsächlichen Bedeutung steht. Das männliche Geschlecht läuft Gefahr – aufgrund der Art und Weise, in der die Männlichkeit in Anlehnung an die Technologie ausgebildet wird –, dem technologischen Projekt unhinterfragt Priorität zu geben.

Frauen haben einen Vorteil: ihre weibliche Geschlechtsidentität stellt sie außerhalb des magischen Kreises der Anziehungskraft von Technologie. Wir müssen die Instrumente für unseren Kampf in den übernommenen Geschlechterverhältnissen finden, und eines der besten Befreiungsinstrumente, das die Weiblichkeit uns an die Hand gibt, ist die Skepsis gegenüber der hypertrophen Technologie um uns herum und Respekt für andere Arten des Handelns und des Herstellens. Wir müssen den Wert der Dinge, die Frauen traditionell tun, Technologie im weiteren Sinne, immer wieder herausstellen und festhalten, so wie die Frauenbewegung es immer getan hat. Das Weibliche ist kein Terrain, aus dem wir zusammen versuchen sollten zu entkommen, sondern eines, auf dem wir bleiben sollten, um es entsprechend unseren vielfältigen und sich verändernden Bedürfnissen als Frauen neu zu gestalten. Mehr noch, es ist ein Terrain, auf das wir Männer führen müssen. Frauen können nicht einfach vom Häuslichen, von der Routine, dem Familiären, dem Alltäglichen sagen: »Dies ist nicht *alles*, was ich bin.« Es ist an uns, daß Männer uns auch sagen hören: »Hey! Das geht nicht nur *mich* etwas an.«

Aus dem Englischen von Sabine Böker, Irene Dölling und Beate Krais

Literatur

Angela, Frances (1990): »Confinement«, in: Rutherford 1990b.
Haraway, Donna (1991): *Simians, Cyborgs and Women: The Reinvention of Nature*, London.
Harding, Sandra (1994): *Das Geschlecht des Wissens. Frauen denken die Wissenschaft neu*, Frankfurt/New York.
Haug, Frigga (Hg.) (1983): *Frauenformen 2: Sexualisierung der Körper*, Berlin und Hamburg.
Rutherford, Jonathan (1990a): »A place called home: identity and the cultural politics of difference«, in: Rutherford 1990b.
Rutherford, Jonathan (Hg.) (1990b): *Identity: Community, Culture, Difference*, London.
Weeks, Jeffrey (1990): »The value of difference«, in: Rutherford 1990b.

Margaret Maruani
Die gewöhnliche Diskriminierung auf dem Arbeitsmarkt

Feminisierung der erwerbstätigen Bevölkerung und der Lohnarbeit bei gleichzeitiger Fortdauer der Ungleichheiten im Erwerbsleben: Diese beiden Tendenzen kennzeichnen die Entwicklung der Frauenerwerbstätigkeit in allen Ländern der Europäischen Union. Wie die Mehrzahl seiner europäischen Nachbarn bietet Frankreich das paradoxe Schauspiel eines anhaltenden Wachstums der Frauenerwerbstätigkeit, das im Zeitraum von 30 Jahren die Konturen des Arbeitsmarkts tiefgreifend verändert, die Mechanismen der Produktion von Ungleichheit zwischen Männern und Frauen jedoch im Grunde unberührt gelassen hat.

Über das Gesamtbild dieser kontrastierenden Entwicklungen hinaus möchte ich in diesem Beitrag die *sozialen Mechanismen der Konstruktion der Geschlechter-Unterschiede* analysieren. Dabei geht es keineswegs nur um eine Untersuchung französischer Verhältnisse, denn hat auch jedes Land seine Geschichte und seine Besonderheiten, so sind doch, scheint mir, die heute in Frankreich wirkenden Mechanismen der Produktion von Diskriminierungen nicht grundsätzlich anders als in den meisten westlichen Ländern.

In diesem Artikel unterscheide ich durchgängig *Arbeit* (*travail*), d. h. die Bedingungen der Ausübung der Erwerbstätigkeit (Arbeitsorganisation und -bedingungen, Löhne, Qualifikationen, Laufbahnen usw.), von *Beschäftigung* (*emploi*), d. h. dem Zugang zum Arbeitsmarkt, seinen Formen, Modalitäten und Resultaten (Erwerbstätigkeit/Nichterwerbstätigkeit/Arbeitslosigkeit, Unsicherheit/Sicherheit usw.).[1]

Diese Unterscheidung zwischen Arbeit und Beschäftigung erscheint mir in der Tat wesentlich, um zu kennzeichnen, was hier wie anderswo die Knotenpunkte im Gefüge der Geschlechterdifferenzen bildet: im Bereich der Arbeit ist es die Definition der Qualifikationen; im Bereich der Beschäftigung das Problem der

---

[1] Zur Unterscheidung von Arbeit und Beschäftigung vgl. ausführlich Découflé, Maruani 1987.

Arbeitslosigkeit, der Unterbeschäftigung und der Modalitäten des Zugangs zum Arbeitsmarkt.

Der Platz der Frauen auf dem Arbeitsmarkt

Die Geschichte der Frauenarbeit in Frankreich zeigt eine große Konstanz: Trotz Fluktuationen, trotz Krisenperioden und Zeiten der Arbeitslosigkeit haben die Frauen immer einen beträchtlichen Teil der Erwerbsbevölkerung dieses Landes gestellt.

Lassen wir die Vorgeschichte weg, betrachten wir unsere Epoche, das 20. Jahrhundert: 1911 wie 1968 waren sieben Millionen Frauen berufstätig. Zwischen diesen beiden Daten hat sich die Frauenerwerbstätigkeit jedoch nicht linear entwickelt. Die Frauenarbeit fluktuierte im Takt von Wirtschaftskrisen und Aufschwung, von Kriegs- und Friedenszeiten. In der gesamten ersten Hälfte des 20. Jahrhunderts gab es sogar einen gleichmäßigen Rückgang der Frauenerwerbstätigkeit. Der »Absturz« beginnt 1921 und geht langsam, aber sicher weiter bis 1962. Zu diesem Zeitpunkt, der den Tiefstand in dieser Phase des Niedergangs darstellt, werden dennoch 6,5 Millionen erwerbstätige Frauen verzeichnet, ein Drittel der gesamten Erwerbsbevölkerung. Unter diesem Gesichtspunkt betrachtet (übrigens in vielen anderen auch) war die Frauenarbeit nie bloße Arbeitsmarktreserve: Immer bildete sie einen Eckpfeiler des Funktionsablaufs der Wirtschaft (vgl. Tabelle 1). In den 60er Jahren hat sich diese rückläufige Tendenz umgekehrt; seitdem ist ein eindrucksvoller Wiederanstieg der Frauenerwerbstätigkeit zu verzeichnen. Ein Wiederanstieg, der bei langfristiger Betrachtung wie ein Epiphänomen aussieht, wie die Wiederkehr einer Tendenz: 1921 waren 39,6 von 100 Erwerbstätigen Frauen ... und 1975 waren es 39,4. Kurzfristig gesehen handelt es sich geradezu um eine soziale und ökonomische Umwälzung: Die Feminisierung des Arbeitsmarkts gehört zu den herausragenden Geschehnissen am Ende dieses Jahrhunderts. Ausmaß und Geschwindigkeit der Bewegung erhellen aus vier Zahlenangaben: 1962 waren 6,5 Millionen Frauen und 13 Millionen Männer berufstätig. 1990 sind es 11 Millionen Frauen und 14 Millionen Männer.

Diese Angaben lassen sich in mehrerlei Weise lesen. Betrachtet man die Frauen, so zeigt sich ein erheblicher Anstieg ihrer Er-

Tabelle 1: Die Erwerbsbevölkerung Frankreichs von 1901 bis 1990

	Bestand (Millionen Personen)		
Jahr	Männer	Frauen	Gesamt
1901	12,6	7,0	19,6
1906	12,7	7,1	19,8
1911	12,9	7,1	20,0
1921	12,9	7,2	20,1
1926	13,4	6,9	20,3
1931	13,5	7,0	20,5
1936	12,7	6,6	19,3
1946	12,6	6,7	19,3
1954	12,8	6,6	19,5
1962	13,2	6,6	19,7
1968	13,6	7,1	20,7
1975	13,9	8,1	22,0
1982	14,2	9,6	23,8
1990	14,2	11,1	25,3

Quelle: INSEE-Sozialdaten 1984 und 1993, in: M. Maruani, E. Reynaud, *Sociologie de l'emploi*, Paris 1993

werbstätigkeit: 4,5 Millionen mehr erwerbstätige Frauen in knapp 30 Jahren. Vergleicht man hingegen die Entwicklung der Erwerbstätigkeit von Männern und Frauen, so bemerkt man einen Gleichgewichtsbruch – den Bruch eines ungleichen Gleichgewichts. 1962 waren 6,5 Millionen Frauen und 13 Millionen Männer erwerbstätig. Ein Unterschied von eins zu zwei lag zwischen ihnen. Heute sind 11 Millionen Frauen und 14 Millionen Männer erwerbstätig. Ein geringer Abstand besteht noch. Die männliche Hegemonie in der Arbeitswelt jedoch gibt es nicht mehr.

Betrachtet man die Entwicklung der Erwerbsbevölkerung und der Zusammensetzung des Arbeitsmarktes, so wird deutlich, daß den Frauen die treibende Rolle zukommt. Denn ihnen ist die Zunahme der Erwerbsbevölkerung dieses Landes seit einem Vierteljahrhundert hauptsächlich zu verdanken: Von 1962 bis 1990 stieg die Anzahl der erwerbstätigen Männer um eine Million, die der erwerbstätigen Frauen um 4,5 Millionen.

Dasselbe Phänomen zeigt sich schließlich bei der abhängigen Beschäftigung. Ihre Erweiterung ist ein allgemeines gesellschaftliches Phänomen, nicht etwa ein »Privileg« der Frauen. Aber seit den 60er Jahren ist diese Entwicklung bei den Frauen stärker und schneller als bei den Männern vonstatten gegangen. Die Expansion der Gesamtzahl der abhängig Beschäftigten seit 20 Jahren geht hauptsächlich auf das Konto der Frauen: Zwischen 1970 bis 1990 stagnierte die Zahl der abhängig Beschäftigten bei den Männern bei etwa 10 Millionen, während sie bei den Frauen von 5,7 Millionen im Jahre 1970 auf 8,2 Millionen im Jahre 1990 anstieg (vgl. OECD-Statistik 1970-1990). Und zum erstenmal in der Geschichte der Lohnarbeit ist der Anteil der abhängig Beschäftigten bei den Frauen höher als bei den Männern: 1991 waren in Frankreich 83 von 100 erwerbstätigen Männern, aber 88 von 100 erwerbstätigen Frauen abhängig beschäftigt (vgl. Eurostat-Erhebungen).

Entwicklung des Erwerbsverhaltens der Frauen, Angleichung des Männer- und des Frauenanteils am Arbeitsmarkt, Feminisierung der Erwerbsbevölkerung und der Lohnarbeit – wie man die Zahlen auch immer liest, klar bleibt, daß die Zunahme der Frauenbeschäftigung ein bedeutendes gesellschaftliches Geschehnis ist.

Das zweite herausragende Faktum ist unerwartet: Die Frauenerwerbstätigkeit steigt trotz der Wirtschaftskrise weiter an. Vor zwanzig Jahren wurde erwartet, die Krise werde die Frauen aus der Arbeitswelt vertreiben. Alles lauerte auf die Anzeichen der für unvermeidlich gehaltenen Rückkehr an den Herd. Die optimistischeren Beobachter meinten, die Krise werde zumindest den Anstieg der Frauenerwerbsquote abbrechen, sie stagnieren lassen. Doch allen Erwartungen und Voraussagen zum Trotz nimmt die Frauenerwerbstätigkeit ununterbrochen zu.

Die Arbeitsmarkt-Statistiken zeigen, daß die Beschäftigung von Männern seit 15 Jahren abnimmt, die von Frauen zunimmt. Die Erwerbsquoten der Männer sind von 72 % im Jahre 1975 auf 63 % im Jahre 1993 gesunken, die der Frauen sind von 41 % im Jahre 1975 auf 47 % im Jahre 1993 gestiegen (vgl. Erhebungen des Institut National de la Statistique et des Études Économiques/

INSEE[2]). Tatsächlich kommen die Frauen fast ganz für die Zunahme der französischen Erwerbsbevölkerung seit 1975 auf: Von 1975 bis 1990 wuchs die erwerbstätige Bevölkerung dieses Landes um 3,3 Millionen Personen – 3 Millionen Frauen und 300 000 Männer (vgl. Maruani/Reynaud 1993). Dieses Phänomen ist keine Eigenheit Frankreichs, auch wenn es dort in besonderem Maße hervortrat. Es ist eine in der Europäischen Union insgesamt starke Tendenz. Zwischen 1965 und 1990 ging die Anzahl der erwerbstätigen Männer in Europa leicht zurück, von 83 Millionen auf 81,8 Millionen; im gleichen Zeitraum nahm die Anzahl der erwerbstätigen Frauen sehr stark zu, nämlich von 39,6 Millionen im Jahre 1965 auf 53,2 Millionen im Jahre 1990 (vgl. Maruani/Reynaud 1993). Parallel dazu wuchs die Frauenarbeitslosigkeit rasch an: 1974 gab es 388 000 arbeitslose Frauen, 1993 war diese Zahl auf 1,3 Millionen gestiegen. Die Arbeitslosenquote liegt bei den Frauen immer weit höher als bei den Männern.

Dieses gleichzeitige Wachstum von Beschäftigung und Arbeitslosigkeit der Frauen kann auf den ersten Blick widersprüchlich wirken: Die Frauen arbeiten häufiger und sind häufiger arbeitslos, das überrascht. Aber in Wirklichkeit wird daran ein und dieselbe Tendenz sichtbar: der immer ausgeprägtere Wille der Frauen, trotz Arbeitsplatzmangel und Arbeitslosigkeit auf dem Arbeitsmarkt zu bleiben.

Dieser weibliche Widerstand gegen die Krise hat alle Beobachter überrascht. Er hat die Extrapolationen und die ökonomischen Modelle umgeworfen. Denn die Krise, die wir durchlaufen, hat nicht die geringste Flucht zurück an den heimischen Herd bewirkt, im Gegenteil. Zweifellos zum ersten Mal in der Geschichte drängen die Frauen mitten in einer Wirtschaftskrise auf den Arbeitsmarkt.

Die dritte bedeutende Entwicklung: Im Laufe von drei Jahrzehnten hat sich das Erwerbsverhalten der Frauen tiefgreifend verändert (vgl. Abbildung 1). Die traditionelle »zweigipflige Kurve« hat ausgedient. Bis in die 60er Jahre hörten die meisten Frauen im Alter zwischen 25 und 49 Jahren auf zu arbeiten. Heute arbeiten sie in der Mehrzahl weiter, ob sie Kinder haben oder nicht, ob verheiratet oder ledig. In den Altersklassen, die ehemals die »Leerklassen« der Frauenerwerbstätigkeit bildeten, finden sich jetzt die höchsten Erwerbsquoten. Bei den Frauen im Alter von 25

---

2 Die Aufgaben des INSEE entsprechen denen des Statistischen Bundesamts in Deutschland.

Abbildung 1: Frauenerwerbsquoten nach Altersgruppen in Frankreich 1968, 1975, 1982, 1991

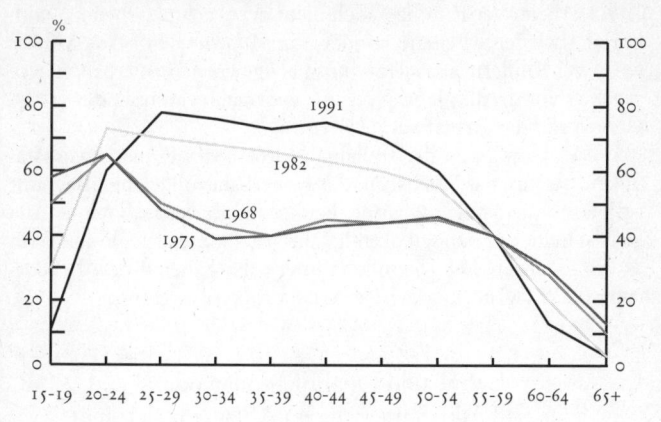

bis 49 Jahren haben sie sich praktisch verdoppelt, von 40 % im Jahre 1962 auf 77 % im Jahre 1993.

Das Erwerbsverhalten der Frauen wird immer weniger von Familienpflichten beeinflußt. Für 25- bis 54jährige Frauen finden wir in Frankreich folgende Erwerbsquoten: 77,6 % bei Frauen ohne Kind, 77,6 % bei Frauen mit einem Kind, 71,4 % bei Frauen mit zwei Kindern und 41,7 % bei Frauen mit drei und mehr Kindern. In dieser Hinsicht ist beeindruckend, was für ein Weg seit den 60er Jahren zurückgelegt wurde: Der Schnitt zwischen Erwerbstätigkeit und Nichterwerbstätigkeit lag damals beim ersten Kind; einen diskontinuierlichen Erwerbsverlauf wies also die Mehrzahl der Frauen auf. Heute kommt die Zäsur mit dem dritten Kind, d. h. für eine ganz kleine Minderheit der Frauen. Über die Erwerbsquoten hinaus handelt es sich hier um einen wahren *sozialen Bruch*, um eine *Verschiebung der sozialen Normen*, die das Verhalten gegenüber dem Arbeitsmarkt bestimmen.

Das Frankreich der 60er Jahre war für die Frauen ein Land diskontinuierlicher Erwerbstätigkeit. Seit Anfang der 80er Jahre hat die Kurve eine andere Form, und jetzt bildet die Kontinuität das dominante Modell.

Diese Entwicklung des Verhältnisses der Frauen zur Beschäftigung zeigt den Übergang von einem Modell zum anderen. Im Frankreich der 90er Jahre ist das dominante Modell nicht mehr die *Wahl* (Arbeit oder Familie), auch nicht der *Wechsel* (arbeiten – aufhören – wieder arbeiten), sondern die *Addition*: Für eine Mutter von zwei Kindern ist es jetzt »normal« geworden zu arbeiten, wogegen es vor dreißig Jahren ebenso »normal« war, nach der ersten Geburt mit der Arbeit aufzuhören.

Dieses Umkippen der sozialen Normen der Frauenerwerbstätigkeit hat nun das Wachstum der Erwerbsbevölkerung insgesamt gesichert: Die einzige Gruppe, bei der die Erwerbsquoten anstiegen, ist in Frankreich seit dreißig Jahren gerade jene der Frauen von 25 bis 49 Jahren. Die »Familienmütter« also haben für die Erneuerung und Erweiterung der Erwerbsbevölkerung gesorgt.

Löhne und Qualifikationen oder: Wie die Diskriminierung im Alltag vor sich geht

Mit der Feminisierung des Arbeitsmarkts entstand nicht auch eine wirklich gemischte Arbeitswelt. Vielmehr wurden die vorwiegend weiblichen Berufe weiter feminisiert, während die Männerberufe männliche Festungen blieben. Die Konzentration der Frauenbeschäftigung auf bestimmte Bereiche und Berufe bleibt charakteristisch für die Arbeitswelt.

1990 arbeiteten in Frankreich drei von vier Frauen, aber nur jeder zweite Mann im Dienstleistungsbereich. Umgekehrt beschäftigte die Industrie 40 % der Männer und 18 % der Frauen. Von den 31 sozio-professionellen Kategorien, die das INSEE verzeichnet, umfassen 6 fast 60 % der berufstätigen Frauen: Angestellte im öffentlichen Dienst, Verwaltungsangestellte in Unternehmen, Angestellte im Handel, Dienstleistungspersonal bei Privatpersonen, Grundschullehrer und mittlere medizinische Berufe (vgl. Huet 1983; Marchand 1993).

Dieses Phänomen ist bei weitem keine französische Besonderheit. Wie alle Forschungen auf EU-Ebene zeigen (vgl. Meulders/Plasman/Vander Stricht 1991; Ruberty/Fagan 1993; Maruani 1993), konzentriert sich die Frauenbeschäftigung weiterhin auf einige wenige Tätigkeitsbereiche und auf wenige, ohnehin stark feminisierte Berufe. Die Aussichten, höhere Stellen in der Hierarchie einnehmen zu können, bleiben für die meisten Frauen äußerst mäßig.

Aus der Fortdauer dieser Konzentration der weiblichen Tätigkeiten erklärt sich, daß es nach wie vor große Ungleichheiten in der Entlohnung gibt. In Frankreich haben die Männer im Durchschnitt einen um 30% höheren Lohn als die Frauen. Das sind Mittelwerte, bei denen die Gesamtheit der Löhne verglichen wird. Vergleicht man aber »bei gleicher Arbeit«, bei gleichem Arbeitsplatz in demselben Unternehmen, dann gibt es so gut wie keine Ungleichheit mehr: 2 bis 3 % etwa. Wie ist der Abstand zwischen diesen 3 % und jenen 30 % zu begreifen? Denn schließlich gilt: »Gleicher Lohn für gleiche Arbeit.« Diese alte, jetzt zum Gesetz erhobene[3] Devise läßt eine »Kleinigkeit« außer acht: Männer und Frauen machen nicht dieselbe Arbeit. Weil sie nicht dieselben Qualifikationen haben, nicht in denselben Wirtschaftsbereichen arbeiten, nicht dieselben Berufe ausüben. Oder auch weil der Wert ihrer Arbeit nicht in derselben Weise anerkannt wird, wenn sie dieselbe Arbeit machen.

In Wirklichkeit gibt es eben noch immer keine »gleiche Arbeit«. Arbeit wird je nachdem, ob sie von Männern oder von Frauen ausgeübt wird, etwas anderes. Um diese Ungleichheit der Arbeit begreifen zu können, muß man zu einer Analyse der Qualifikation übergehen.

Qualifikation: Damit fängt alles an. Alles, d. h. die Eigenschaften/Tätigkeitsmerkmale, die man einer Arbeit zu- oder aberkennt, und folglich der Lohn, die Stellung in der sozio-professionellen Hierarchie, der berufliche Status. Die Konstruktion der Geschlechterunterschiede in der Arbeit zu analysieren heißt, sich die Prozesse der Produktion – oder Erfindung – der Qualifikation näher anzusehen. Denn eben mit der Definition von Qualifikation werden die Diskriminierungen geschaffen: Was und wer ermächtigt dazu festzulegen, daß die eine Arbeit qualifiziert ist, die andere aber nicht? Wie kommt es, daß die qualifizierten Berufe im wesentlichen Männersache, die meisten Frauenarbeiten aber im Hinblick auf die Qualifikation Arbeiten »ohne Eigenschaften« sind?

Um dieses Phänomen begreiflich zu machen, will ich ein Beispiel vorstellen, das schon Züge einer Karikatur trägt: den Kampf der Schreibkräfte einer Regionalzeitung namens *Le Clavier En-*

---

[3] Gesetz von 1972 über die gleiche Entlohnung, Gesetz von 1975 über die Nichtdiskriminierung bei der Einstellung, Gesetz von 1983 über die berufliche Gleichstellung von Männern und Frauen.

chaîné[4], ein Arbeitskampf für gleiche Entlohnung, bei dem es in Wirklichkeit um die Definition der Arbeit und die Anerkennung der Qualifikation ging.[5]

Hier kurz die Fakten: Am 18. Oktober 1983 legen beim *Clavier Enchaîné* 68 Frauen die Arbeit nieder. Ein einfacher Streik, für Forderungen, die auf der Hand liegen: gleiche Löhne, gleiche Behandlung. Die Situation ist klassisch: Frauen bekommen für eine gleichartige Arbeit weniger Lohn als Männer. Über das Anekdotische und die immer wieder aktuellen Episoden dieses Streiks hinaus konzentrieren sich in diesem Beispiel alle sozialen Mechanismen, die an der Produktion der Differenz zwischen Männern und Frauen beteiligt sind. In diesem Unternehmen leisten Männer und Frauen praktisch dieselbe Arbeit. Das Problem ist die Anerkennung der Qualifikation und des gesellschaftlichen Werts der Arbeit. In der Tat, was für ein Unterschied besteht zwischen den Frauen (den Schreibkräften), die vor einer Computertastatur sitzen, Texte eintippen und *diese* korrigieren, und den Männern (den Korrektoren), die, vor einer Computertastatur sitzend, Texte eintippen und *diese oder andere* Texte korrigieren? Von dieser gleichartigen Arbeit abgesehen trennt sie alles. Alles unterscheidet diese jungen Frauen, die eine Ausbildung als Schreibkraft hatten, von jenen ehemaligen Setzern, die auf Computer umsatteln mußten, aber mit Leib und Seele weiter Facharbeiter des traditionsreichen Druckgewerbes bleiben.

Alles, was heißt das? Die Löhne: Die Frauen verdienen 2000 bis 3000 Francs weniger als die Männer. Der Arbeitsrhythmus: Die Frauen arbeiten im Akkord, die Männer in »Eigenverantwortung«.[6] Die Pausenzeiten: Den Frauen stehen 20 Minuten pro Tag zu, den Männern 10 Minuten pro Stunde. Die Kontrolle der Arbeitszeit: Arbeitsbeginn und Arbeitsende sind festgelegt, die Männer gehen, wenn ihre Arbeit fertig ist. Die soziale Kontrolle: Die Frauen werden beaufsichtigt, die Männer nicht.

---

4 Übersetzt etwa »Die entfesselte Tastatur«. Anspielung auf die satirische Wochenzeitung *Le Canard enchaîné*. (A. d. H.)
5 Vgl. dazu ausführlich Maruani, Nicole-Drancourt 1989a. Eine englische Untersuchung hat analoge Prozesse in der britischen Presse herausgearbeitet, vgl. Cockburn 1983.
6 Die »eigenverantwortliche Arbeit« ist ein System, das dem Beschäftigten die volle Freiheit der Zeiteinteilung und der Organisation seiner Arbeit beläßt. Jeder ist verantwortlich für ein Produktionssoll, aber frei im Gebrauch der Zeit und der Arbeitsweisen.

Bei einer *gleichwertigen Arbeit* ist hier also alles ungleich. Wie ist es dazu gekommen? Wie kommt es, daß Drucker und gleichzeitig Schreibkräfte bei unterschiedlichen Löhnen und Qualifikationen fast die gleiche Arbeit machen? Es hat an die fünfzehn Jahre gedauert, bis es dahin gekommen ist. Fünfzehn Jahre, während deren langsam, aber sicher die Differenz zwischen der Arbeit der Männer und jener der Frauen, zwischen der Professionalität der einen und der Unqualifiziertheit der anderen konstruiert wurde.

Le Clavier Enchaîné stellte 1969 für die Arbeit an den neuen Maschinen, den Computern, die ersten weiblichen Schreibkräfte ein, und damit fing alles an. Mit der Informatik kamen Frauen in die geschlossene Welt der Drucker und Setzer. Dadurch wurden sie aber nicht etwa zu »Druckerinnen und Setzerinnen«, und diese Nuance hat es in sich: Obwohl sie bis auf Kleinigkeiten dieselbe Arbeit machen wie die Männer (die Drucker), werden die Frauen (die Schreibkräfte) von vornherein als unqualifizierte Arbeitskräfte definiert. Während des gesamten Informatisierungsprozesses und in dem Maße, wie neue Schreibkräfte eingestellt wurden, wurde dann diese Differenz zwischen Aufgaben, Qualifikationen, Löhnen für Männer und für Frauen erhalten und immer wieder neu geschaffen.

Als 1969 die ersten Frauen ihre Arbeit aufnahmen, wurden sie sogleich geographisch – physisch – isoliert, von den Setzern getrennt. Sie arbeiteten gesondert und abgesondert, in einer eigenen Abteilung. Vor allem aber arbeiteten sie von Anfang an nicht mit der gleichen Ausrüstung. Das war eine Forderung der Setzer: Nach einem dreitägigen Streik, der sich gegen die Einstellung von weiblichen Schreibkräften richtete, kapitulierten sie und akzeptierten eine Vereinbarung zwischen Gewerkschaft und Geschäftsleitung, die den Setzern das Monopol auf die seinerzeit als maximal leistungsfähig angesehene Technik zusicherte: auf die Fotosatzanlagen. Die Frauen wurden an die »einfachen«, nicht mit dem Rechner verbundenen Plätze verwiesen. In beiden Fällen ging es um die Eingabe, das Eintippen von Text per Tastatur. Die beiden Maschinentypen unterschieden sich jedoch durch ein Detail. Anders als bei den »einfachen Tastaturen« konnte man mit den Lichtsatzmaschinen die Ränder ausgleichen. Jahrelang blieb der Randausgleich Berufssymbol und Alibi: Die Setzer waren Facharbeiter, weil sie den Randausgleich vornehmen konnten, die Schreibkräfte waren unqualifizierte Arbeitskräfte[7], weil sie keinen Randausgleich machen konnten...

Mit den Jahren entwickelte sich die Technik. Fotosatzmaschinen und »einfache Tastaturen« wichen komplexeren Computern. Der ganze Arbeitsprozeß wurde zügig informatisiert, und das gesamte Herstellungspersonal wechselte zur rechnergestützten Eingabe über. Die Maschinen waren anders geworden; inzwischen konnten alle den Randausgleich vornehmen. Aber andere Differenzierungen waren entstanden, zuallererst – und wieder – bei der Ausrüstung:

»Wir haben nicht dieselbe Tastatur, das macht den Unterschied. Sie haben eine Tastatur, die direkt an den Rechner angeschlossen ist, während wir, unsere Maschine, da gibt es...«
»...ein Kabel... Sie haben eine richtige Wissenschaft daraus gemacht, um ihre Maschinen mit dem Rechner zu verbinden, um ihn anzupassen. Damit haben sie einen direkten Anschluß, den wir nicht haben.«
»Ja, und was kann man konkret damit machen?«
»Nichts, eigentlich gar nichts.«
»Das ist eben, damit man den Unterschied merkt.«
(Gespräch mit zwei Schreibkräften.)

Zu diesem Kabel, das sie voneinander trennte, kam eine weitere Unterscheidung hinzu, und zwar nach dem Inhalt der Arbeit: Nach dem Randausgleich machte nun das Korrigieren den Unterschied aus. Alle Männer, alle Frauen arbeiteten an Rechnertastaturen, aber sie machten noch immer nicht genau dieselbe Arbeit. Die Setzer machten Korrektur und Texteingabe/Korrektur, die Frauen »einfache« Texteingabe »nach Kilometern«. Und das Urteil lautete: Den Adel des Druckgewerbes hat die Korrektur; die Texteingabe ist zu einfach, um als qualifiziert zu gelten. Selbst wenn die Schreibkräfte faktisch Korrekturen machten, weil sie sich nur fünf Prozent Fehler leisten durften; selbst wenn die Texteingabe »nach Kilometern«, die ihnen abverlangt wurde, mehr an Geschicklichkeit und Geschwindigkeit erforderte, als die Setzer aufbringen konnten: von den Frauen wurden 380 Zeilen pro Stunde verlangt, von den Männern erwartete man im Durchschnitt 180 Zeilen pro Stunde. Selbst wenn ... – wie sich der Arbeitsprozeß auch verändert, wie sich der Inhalt der Aufgaben oder die Leistungsfähigkeit der Ausrüstungen auch entwickeln, die Hierarchie der Qualifika-

---

7 Bis 1975 waren die Schreibkräfte als Büroangestellte eingestuft und nicht in den Kollektivvertrag der Drucker und Setzer einbezogen.

tionen bleibt. Der Beruf ist männlich. Die unqualifizierte Arbeit ist weiblich.

In ihrer karikierenden Zuspitzung sieht die Geschichte des *Clavier Enchaîné* aus wie eine Inszenierung der alltäglichen Diskriminierung. Wie in einem Stummfilm, wo die Gestik überhöht wird, um das Schweigen aufzufüllen und die Sprache zu ersetzen, bietet sie uns das Schauspiel sozialer Mechanismen, die für gewöhnlich verdeckt bleiben.

Zunächst zur Konstruktion der Differenz: Die Geschichte des *Clavier Enchaîné* zeigt einen widersprüchlichen Prozeß. Einerseits entsteht ein Beschäftigungsangebot an Frauen. Dort, wo es zuvor nur Arbeit für Männer gab, findet sich nun Beschäftigung für Frauen. Aber andererseits gibt es für die Beschäftigung von Frauen immer eine Art von »Besonderheits-Filter«: Frauen werden immer mit besonderen und gesonderten Tätigkeiten, mit spezifischen Aufgaben und unter spezifischen Bedingungen beschäftigt. In jeder Etappe des Modernisierungsprozesses brauchte nur *eine kleine Differenz zwischen weiblichen und männlichen Aufgaben* geschaffen zu werden, damit die Kluft zwischen einem qualifizierten Männerberuf und unqualifizierter Frauenarbeit erhalten blieb.

Dann zur Konstruktion der Qualifikation: Die Qualifikation erscheint als geschlechterbezogene soziale Konstruktion. Die Unterscheidung männlich/weiblich ist die zentrale Achse für die Bildung eines Begriffs von Qualifikation. Denn hier wie anderswo auch ist die Definition der Qualifikationen keine technische Operation. Sie ist Ergebnis von Konflikten und Verhandlungen zwischen sozialen Gruppen, Endresultat eines gesellschaftlichen Handels. In diesem Konflikt sind die Frauen oft die Verliererinnen. Ihre Arbeit wird als »Arbeit ohne Eigenschaften«, als unqualifiziert definiert. Denn die Frage, die sich im Fall der weiblichen Schreibkräfte und der Korrektoren stellte, läßt sich endlos wiederholen: Warum ist die Eingabe unqualifiziert, die Korrektur aber qualifiziert? Warum gilt in der Konfektion das Nähen (Frauenarbeit) als unqualifiziert, das Zuschneiden (Männerberuf) als qualifiziert? Wenn die Krankenschwestern so wenig qualifiziert wären, wie ihr Lohnzettel angibt, was würde dann aus den Kranken? Weshalb ist die Fertigkeit der angelernten Arbeiterinnen in der Elektronik, dieser unersetzlichen »Feenfinger«, keine Qualifikation? Usw.

Arbeitslosigkeit und Unterbeschäftigung: Die Grenzen der Geschlechterdifferenz werden verschoben

Parallel zu diesen bekannten und schon lange erfaßten Phänomenen entwickeln sich gegenwärtig neue, aus der Beschäftigungskrise entstandene Formen der Diskriminierung. Wohl hat die Frauenerwerbsquote dieser Krise getrotzt. Aber Erwerbstätigkeit schließt Arbeitslosigkeit und Unterbeschäftigung ein, und gerade hier werden die Differenzen neu konstruiert, werden neue Grenzen gezogen.

Bei der *Arbeitslosigkeit* ist der Befund unbestreitbar: Immer sind mehr Frauen als Männer arbeitslos; von 100 Arbeitslosen sind 55 Frauen. Die Arbeitslosenquote der Frauen (14,7 %) ist deutlich höher als die der Männer (8,3 %) (Mikrozensus 1990). Welchen Indikator man auch nimmt, es wird klar, daß die Arbeitslosigkeit eines der Schlüsselelemente der geschlechtsspezifischen Segmentierung des Arbeitsmarktes ist. Wir verfügen über vielfältige Statistiken, mit denen sich zeigen läßt, daß die Frauen stärker von Arbeitslosigkeit betroffen sind als die Männer, daß die Arbeitslosigkeit bei ihnen länger dauert, daß sie weniger Arbeitslosengeld erhalten usw. Aber die Statistiken erklären uns nicht, wie diese Differenz funktioniert. Sie reden vom »Mehr« oder »Weniger«, aber sie sind sehr wortkarg, ja stumm, was die *Produktion der Differenz* angeht.

Gewiß gibt es hier ein Problem der statistischen Zählung: Die Art, in der die Nichtbeschäftigung der Frauen erfaßt wird, wirkt sich stark auf das Gesamtniveau der Arbeitslosigkeit in einem Land aus. Aber hier stellt sich auch eine *zutiefst soziologische Frage*: Zu begreifen, wie das Konzept der Arbeitslosigkeit für Frauen gebildet wird, bedeutet, die Grenzziehungen zwischen Erwerbstätigkeit, Erwerbslosigkeit und Nichterwerbstätigkeit, d. h. auch das Phänomen der »stillen Reserve« in den Griff zu bekommen. In diesem Sinn ist das Ausmaß der Frauenarbeitslosigkeit ein doppelter Indikator: Er zeigt uns die Schwierigkeiten der Frauen beim Zugang zum Arbeitsmarkt, ist also ein Indikator der *Diskriminierung*, und er bezeugt zugleich die starke Präsenz der Frauen auf dem Arbeitsmarkt und die geringe Bedeutung der Übergänge in die »stille Reserve«, ist damit auch ein Indikator der *Angleichung* im Erwerbsverhalten von Männern und Frauen.

Wegen dieser Dualität enthalten die europäischen Statistiken zur Frauenarbeitslosigkeit eine Reihe ungelöster soziologischer Rätsel. Weswegen ist das Vereinigte Königreich das einzige Land Europas, wo die Arbeitslosenquote der Frauen niedriger ist als die der Männer? Ist der Arbeitsmarkt dort weniger diskriminierend – weniger »selektiv« –, oder können oder wollen bestimmte Gruppen von Frauen dort nicht als Arbeitslose registriert werden? Wie steht es insbesondere um all die Frauen, die, wie es das im Vereinigten Königreich gibt, vorher in einem Teilzeitarbeitsverhältnis mit weniger als 15 Stunden pro Woche beschäftigt waren, daher nicht sozialversichert sind und keine Lohnsteuer zahlen? Oder, dies als dritte Annahme, können die Frauen gerade wegen der vielen kleinen Teilzeitbeschäftigungen, die faktisch für sie reserviert sind, dort leichter eine Arbeit finden?

Die gleichen Fragen stellen sich im Hinblick auf die Dauer der Arbeitslosigkeit. Im europäischen Durchschnitt sind die Frauen in jeder Kategorie der Dauer der Arbeitslosigkeit stärker vertreten als die Männer. Aber sobald man diesen Durchschnitt auflöst und die Situation nach Ländern betrachtet, erscheinen bemerkenswerte Unterschiede, und zwei Gruppen von Ländern zeichnen sich ab. In der ersten, die Mehrzahl der Länder umfassenden Gruppe sind die Frauen mehr als die Männer von Dauerarbeitslosigkeit betroffen; das gilt für Belgien, Dänemark, Griechenland, Spanien, Frankreich, Italien und Portugal. In der zweiten Gruppe nimmt die Frauenarbeitslosigkeit mit den Monaten und Jahren ab; nach einem oder zwei Jahren verschwinden die Abstände zwischen Männern und Frauen (in Deutschland und den Niederlanden), oder sie kehren sich um (in Irland). Im Vereinigten Königreich sinkt die Frauenarbeitslosigkeit nach einem Jahr Dauer deutlich ab.

Wie sind diese Daten zu interpretieren? Gelingt es den Frauen in diesen vier Ländern eher, wieder Arbeit zu finden, oder verschwinden sie hier häufiger aus der Dauerarbeitslosigkeit in die »stille Reserve«?

Mehr als andere enthält die Frage nach der Frauenarbeitslosigkeit, wie hier ersichtlich, im Ansatz die Frage nach der unfreiwilligen Nichterwerbstätigkeit: Wo liegen die Grenzen zwischen entmutigter Arbeitslosigkeit und erzwungener Nichterwerbstätigkeit? Wie kommt es, daß eine »Frau, die nicht arbeitet«, in dem einen Land und zu einer Zeit als Arbeitslose gilt, während sie anderswo oder zu anderer Zeit nicht als Erwerbsperson gezählt würde? Wieweit sind daran *soziale Normen* beteiligt, die – jenseits der Vorschriften für die Registrierung als arbeitslos und für den Bezug von Arbeitslosengeld – die Frauen bewegen, sich als arbeitslos zu melden oder sich als nicht erwerbstätig zu verstehen?

Diese Fragen bleiben hier ohne eindeutige und abschließende Antworten. Weil gründliche Forschungen zu diesem Thema fehlen, muß ich sie offenlassen. Ich will nun den zweiten Komplex behandeln: die Unterbeschäftigung und speziell die Teilzeitarbeit.

Unter allen Beschäftigungsformen jenseits des Normalarbeitsverhältnisses – von dem man sich fragen muß, wie »normal« es überhaupt ist – hat die *Teilzeitarbeit* heute in Frankreich die größte Verbreitung: Von den 4,5 Millionen Erwerbspersonen, die in »nichttraditioneller« Form beschäftigt sind, haben 3 Millionen Personen Teilzeitarbeitsverhältnisse. Nun wird in der Debatte über die Beschäftigungskrise, die Flexibilität, ungeschützte Beschäftigungsverhältnisse und das job-sharing außer acht gelassen, daß die Zentralfigur der besonderen Beschäftigungsformen heute die Teilzeitarbeit ist, die mehr abhängig Beschäftigte betrifft als alle befristeten Arbeitsverhältnisse, Leiharbeitsverhältnisse und Arbeitsbeschaffungsmaßnahmen zusammen. Die Teilzeitarbeit ist die Hauptform der mit der Krise entstandenen Beschäftigungsverhältnisse. Ihre Zunahme gehört zu den wichtigsten Entwicklungstendenzen des Arbeitsmarkts in den letzten zwölf Jahren: 1980 gab es 1,6 Millionen Erwerbstätige mit Teilzeitarbeit, 1993 dagegen 3 Millionen; war 1978 jede sechste Frau teilzeitbeschäftigt, so ist es heute jede vierte (vgl. INSEE-Erhebung zur Beschäftigung vom März 1993).

Aber diese Expansion kam zu plötzlich, um ohne Tücken zu sein. Denn die Teilzeitarbeit ist zugleich die am stärksten diskriminierende Beschäftigungsform: 84% der Teilzeitarbeitenden sind Frauen. 24% der Frauen und 3% der Männer sind teilzeitbeschäftigt. Man kann die Zahlen drehen, wie man will – wer Teilzeit sagt, meint Frau. Keine andere Beschäftigungsform, keine andere Form von Arbeitslosigkeit ist derart geschlechtsspezifisch. Betrachtet man die europäischen Statistiken, so könnte man sogar sagen, daß die Diskriminierung für diese Beschäftigungsform konstitutiv ist: Die Feminisierungsquote der Teilzeitarbeit liegt im Zwölfer-Europa zwischen 76% und 90% (vgl. Meulders/Plasman 1989).

Die Ausweitung der Teilzeitarbeit hat die segregative Logik der Frauenerwerbstätigkeit noch verstärkt. Konzentration, Feminisierung, Dequalifizierung: das sind heute die Hauptmerkmale der Teilzeitarbeitsplätze. Die Praxis der Teilzeit ist sehr ungleich auf die Berufe und sozialen Positionen verteilt. Genauer gesagt, konzentriert sie sich auf bestimmte sozio-professionelle Gruppen: Mehr als die Hälfte der teilzeitbeschäftigten Frauen sind Angestellte. Von den Teilzeit-Arbeiterinnen ist jede zweite in einem Reinigungsunternehmen beschäftigt. Die Teilzeitbeschäftigten des Privatsektors sind, sofern sie nicht im Reinigungsbereich arbeiten, überwiegend Verkäuferinnen oder Kassiererinnen. Die Teilzeit hat sich also dort entwickelt, wo es viele Frauen gibt, in den Bereichen, die Bastionen der Frauenbeschäftigung sind.

Wie sind diese Fakten und Zahlen zu verstehen? Handelt es sich um eine plötzliche Explosion der »Nachfrage« der Frauen nach Teilzeitarbeit? Wenn das so wäre, müßte man herauszufinden suchen, warum diese vom Himmel gefallene Nachfrage heute, zur Zeit der Beschäftigungskrise, stärker ist als gestern, während der Prosperität, ja des Arbeitskräftemangels. Oder handelt es sich um eine plötzliche Vorliebe der Unternehmen für diese Form der Beschäftigung? Mit anderen Worten, woher kommen der Anstoß und die Initiative für die Ausweitung der Teilzeitarbeit? Wohin muß man blicken, zum Angebot oder zur Nachfrage?

Wenn man analysiert, wie Teilzeitarbeit von den Unternehmen und von den Beschäftigten genutzt wird, sieht man, daß Angebot und Nachfrage in der Teilzeitarbeit zwar aufeinander zulaufen, sich aber nicht wirklich treffen. Denn hinter dem Oberbegriff »Teilzeitarbeit« verbergen sich zwei entgegengesetzte soziale Logiken:

– die *Teilbeschäftigung* (z. B. die Halbtagsstelle der Kassiererin vom Supermarkt): hier werden vom Arbeitgeber Teilzeit-Verhältnisse geschaffen und den Beschäftigten aufgezwungen. Die Teilbeschäftigung ist eine Form der Beschäftigung, nicht aber eine Arbeitszeitregelung. Sie führt zu einer Neubestimmung des beruflichen und des Beschäftigungsstatus. Ihre Entwicklung folgt der Logik des Marktes, nicht den Forderungen der Beschäftigten;

– die Arbeit mit verkürzter Arbeitszeit (z. B. der freie Mittwoch der Beamten) hingegen ist eine Veränderung des Arbeitsvertrages auf Initiative des Beschäftigten, eine freiwillige und umkehrbare Arbeitszeitregelung.

Die ganze Diskussion über Teilzeitarbeit handelt von dieser zweiten Modalität, der Arbeitszeitverkürzung, während sich in der Wirklichkeit die erste Modalität, die Teilbeschäftigung, ausbreitet und inzwischen bei weitem überwiegt: In ganzen Bereichen der Wirtschaft sieht man, wie sich das Angebot an Teilzeitarbeitsplätzen ausbreitet, und zwar für Frauen (oder Jugendliche), die darauf eingehen, solange sie keinen Vollzeitarbeitsplatz haben können. Die Teilzeitbeschäftigung für Frauen entwickelt sich jedoch auf Kosten der Vollzeitarbeitsplätze: Die Entwicklung der abhängigen Beschäftigung von Frauen ist seit 1982 positiv, weil vier Teilzeitarbeitsplätze geschaffen werden, wenn ein Vollzeitarbeitsplatz verschwindet (vgl. Belloc 1986). Seit 1982 entwickelt sich also die Teilzeitarbeit auf dem Trümmerfeld der Beschäftigungskrise. Schwinden der Vollzeitarbeitsplätze und Zunahme der Teilzeitbeschäftigung gehen Hand in Hand.

Dieser Umbau findet in den Unternehmen statt, mit Hilfe der Personalpolitik. Darauf muß man also den Blick richten, wenn man begreifen will, wie sich die Teilzeitarbeit gegenwärtig entwickelt. Um zu zeigen, was in den Unternehmen abläuft, will ich einige Beispiele aus einer Untersuchung über die Beschäftigungsbedingungen im Handel heranziehen (vgl. Maruani/Nicole-Drancourt 1989b). Es ging darum, anhand einer Erhebung in drei Typen von großen Unternehmen des Einzelhandels (Kaufhaus, Supermarkt, Discount-Laden) die Personalpolitik herauszuarbeiten, die in diesem als eine Art Denkfabrik und Versuchsfeld für die »neuen Beschäftigungsformen« geltenden Bereich eingeführt wurde.

Sehr rasch rückte die Teilzeitfrage in den Mittelpunkt unserer Untersuchung, und zwar aus zwei Gründen:

– Es wurde in großem Umfang auf Teilzeitarbeit zurückgegriffen, besonders im Verkauf und an der Kasse: Unsere Erhebung ergab, daß jeweils 50% bis 100% der Kassiererinnen und 20% bis 60% der Verkaufskräfte teilzeitbeschäftigt waren. Der Handel ist einer der Bereiche, wo sich die höchsten Anteile der Teilzeitarbeit konzentrieren: Diese Beschäftigungsform betrifft 30% der Beschäftigten des Einzelhandels.

– Es stellte sich schnell heraus, daß die Teilzeitarbeit nicht einfach eine Antwort auf das Problem von Arbeitszeit und Öffnungszeit ist. Sie ist vielmehr eine der Hauptachsen der Personalpolitik im Handel. Die Arbeitszeit und ihre vertragliche Regelung als Voll- oder Teilzeit sind der Kern eines *gesellschaftlichen Handels*, der den Status der verschiedenen Kategorien von Beschäftigten definiert, die Männer von den Frauen, die Jugendlichen von den weniger Jungen, die qualifizierten Arbeitskräfte von den unqualifizierten unterscheidet und schließlich an der Konstruktion der Qualifikation, des Laufbahnprofils und der Sicherheit oder Unsicherheit des Arbeitsplatzes beteiligt ist.

Über den Bereich des Handels hinaus gibt uns diese Erhebung somit Aufschluß über die Modalitäten der Entwicklung der Teilzeitarbeit in Frankreich. Genauer gesagt, zeigt sie uns einen wohl besonders wenig bekannten Aspekt der Teilzeitarbeit: die Einrichtung von Teilzeitarbeitsplätzen auf Initiative des Arbeitgebers, ohne Dazutun oder gegen den Willen der Beschäftigten.

Zwei Ergebnisse der Untersuchung sind hier näher zu betrachten: Erstens hängt der Aufschwung der Teilbeschäftigung mit der Politik der Unternehmen bei der Rekrutierung und beim Einsatz der Arbeitskräfte zusammen; und zweitens trägt er dazu bei, die Landschaft der sozialen Spaltungen im Unternehmen zu verändern.

In den drei untersuchten Unternehmenstypen hat die Teilzeitarbeit ihren wichtigen Platz deswegen, weil die Personal-Rekrutierung von Anfang an auf Teilzeitarbeit abstellt: Für viele wenig oder nicht qualifizierte Arbeitsplätze werden bei der Einstellung fast immer Teilzeitarbeitsverträge vergeben mit der Maßgabe, daß der Arbeitsvertrag später eventuell auf Vollzeit abgeändert wird. Das bedeutet nicht, daß alle Beschäftigten mit einem Teilzeitvertrag eingestellt werden, wohl aber, daß alle Teilzeitbeschäftigungen von einer entsprechenden Anstellung herrühren. Arbeit mit reduzierter Arbeitszeit (Umwandlung des Arbeitsvertrags von Vollzeit auf Teilzeit) gibt es in diesem Universum überhaupt nicht – wir haben sie jedenfalls nicht gefunden.

In diesem System findet der Übergang von einem Teilzeit- zu einem Vollzeitarbeitsplatz immer in der gleichen Richtung statt: Alle Personalchefs führen eine »Warteliste« von Teilzeitbeschäftigten, die eine Vollzeitstelle wünschen, und nie umgekehrt.

Die Teilbeschäftigung wird somit zu einem vielseitigen Steuerungsinstrument. Ihre Handhabung durch die großen Handelshäuser ist dem Mißbrauch befristeter Arbeitsverträge oder Leiharbeitsverhältnisse, der vor einigen Jahren festgestellt wurde, zum Verwechseln ähnlich:

– Die Teilzeitbeschäftigung dient als *Probezeit*. Mit den Teilzeitbeschäftigten verfügt das Unternehmen über eine Art von »Fischteich«, aus dem es sich die Besten aussucht, diejenigen, die es mit dem Angebot, »in Vollzeit überzugehen«, halten will. »Ich stelle erst einmal für eine Teilzeitarbeit ein, für eine Dauer von ... nicht so wichtig, so etwa einem Monat, oder zwei Monaten, oder mehr. Wenn die Person wirklich motiviert ist und wenn wir dann 35,75 Stunden brauchen, bringen wir eben ein Opfer.«[8] Dieser Satz kehrt in den Gesprächen mit den Personalverantwortlichen immer wieder, ein Zeichen dafür, daß der Mechanismus ganz offen gehandhabt wird.

– Die Teilbeschäftigung organisiert die *personelle Fluktuation*. Ebenso offen gestattet die Existenz der von den Beschäftigten nicht gewollten Teilzeitarbeit, einen Bestand an Arbeitskräften zu bilden, der von vornherein als Randbelegschaft definiert ist. »Es gibt die Teilzeitkräfte, die nur eines wollen, nämlich eine besser entlohnte feste Stelle zu bekommen, anders gesagt, eine höhere Stundenzahl – die ich ihnen nicht anbieten kann. Letzten Endes, wenn Sie so wollen, gehen sie also weg. Das ist eine Wartezeit, das ist eine Warteposition, die sie haben.«[9] Diese »Warteposition« konstruiert eine Art von »natürlicher« Fluktuation, eine erwünschte, von manchen Supermärkten zur Politik erhobene Fluktuation. Eine Fluktuation, bei der dank der Teilzeitarbeit keine befristeten Arbeitsverträge nötig werden: Hier kommen die Beschäftigten durch ihr Interesse an einer Vollzeitbeschäftigung selber dahin, daß sie im Betrieb nicht alt werden.

– Die Teilbeschäftigung ersetzt die *Saisonarbeit*. In den Kaufhäusern von Paris haben die Teilzeit-Arbeitsverträge in den 80er Jahren die traditionelle Praxis der »Extras« (in Spitzenzeiten eingestellte Tagelöhner) abgelöst. In den Supermärkten fangen die Teilzeitbeschäftigten die Zusatzbelastung in den Hochdruckzeiten des Jahres ab: zu Weihnachten, zum Schulbeginn, vor den Ferien. Statt Saisonkräfte einzustellen, »gibt« man den Teilzeitbeschäftigten Überstunden, und zwar bestenfalls per Zusatz zum Arbeitsvertrag, sonst »schwarz« und für Bargeld. Diese halblegale, dennoch offen betriebene Praxis beruht immer auf demselben Phänomen: der fortwährenden Suche der Teilzeitbeschäftigten nach zusätzlicher Arbeitszeit.

---

8 Gespräch mit dem Leiter der Abteilung Drogerie-Kosmetik-Hygiene eines Supermarktes im Pariser Randgebiet (vgl. Maruani/Nicole-Drancourt 1989b, S. 79).

9 Gespräch mit dem Bereichsleiter »Kasse« eines Supermarktes im Pariser Randgebiet (vgl. Maruani/Nicole-Drancourt 1989b, S. 69).

Jenseits aller Sorge um die Arbeitszeitregelung ist die Teilbeschäftigung in den großen Einzelhandelsgeschäften zu einem vielseitigen Instrument der Personalpolitik geworden. Weil man weiß, daß niemand sie will, weil offenkundig ist, daß jede(r) Teilzeitbeschäftigte auf der Suche nach einer Vollzeitbeschäftigung ist, braucht man weniger auf die anderen Formen unsicherer Beschäftigung zurückzugreifen. Die Teilbeschäftigung ersetzt in gewisser Weise die befristeten Arbeitsverträge, die Leiharbeit, die Saisonarbeit usw.; sie ist per definitionem eine Beschäftigung im Wartestand, deren Dauer die Beschäftigten selber begrenzen.

Die Teilzeitarbeit ist so, wie sie in den großen Einzelhandelsunternehmen angewandt wird, eine Beschäftigungsform und keine Arbeitszeitregelung. Eine Beschäftigungsform, die dazu beiträgt, die Landkarte der sozialen Stellung der Beschäftigten neu zu zeichnen und die Grenzlinien der sozialen Segmentierung wie der beruflichen Schichtung neu zu ziehen:

– Die Unterscheidung zwischen Vollzeit- und Teilzeitarbeit definiert, ob die Beschäftigung *prekär* oder *stabil* ist. In allen von uns untersuchten Unternehmen wird die Teilzeitarbeit von allen sozialen Akteuren sofort als eine Form unsicherer Beschäftigung dargestellt, und das auch, wenn der Arbeitsvertrag nicht befristet ist. In den Pariser Kaufhäusern heißt der Übergang von Teilzeit- zu Vollzeitarbeit »ordentliche Anstellung«. Weshalb? Die Teilzeitarbeit ist prekär, weil sie per definitionem von begrenzter Dauer ist: Teilzeitbeschäftigte sind in diesem Sektor Arbeitskräfte, die eine Vollzeitbeschäftigung suchen.

– Diese Unterscheidung modelliert die *Berufsverläufe*. Der Übergang von Teilzeit- zu Vollzeitarbeit ist immer mit der Vorstellung eines Aufstiegs verbunden. Keine im geringsten qualifizierte Beschäftigung, keine auch nur minimal verantwortliche Stellung wird jemals Teilzeitbeschäftigten übertragen. Um eine qualifiziertere Stelle zu bekommen, muß man erst in Vollzeitarbeit übergehen. Der Übergang von Teilzeit- zu Vollzeitarbeit ist Vorbedingung für jeden Aufstieg. Aber er ist auch für sich genommen schon ein Aufstieg.

– Die Unterscheidung zwischen Vollzeit- und Teilzeitarbeit trägt dazu bei, die *Qualifikation* zu definieren. Bei gleicher Arbeit, bei gleichem Bildungsstand ist doch die Qualifikation ungleich, je nachdem, ob man teilzeitlich oder vollzeitlich, befristet oder unbefristet beschäftigt ist. In einem Supermarkt sind die Bäcker unqualifizierte Arbeitskräfte, wenn sie in Teilzeit arbeiten, und Facharbeiter, wenn sie vollzeitlich beschäftigt sind – wobei die einen wie die anderen dieselbe Arbeit leisten und den gleichen Bildungsabschluß haben. In einem Discount-Laden mit Selbstbedienung sind die Vollzeit-Angestellten Fachkräfte, die Teilzeitbeschäftigten unqualifizierte Arbeitskräfte. Die Qualifikation wird, wie hier ersichtlich, zu einem großen Teil von den Bedingungen und vom Status der Beschäftigung her konstruiert. Die Trennlinie verläuft, bei gleicher Arbeit, zwischen Teilzeit-Arbeitsplätzen, die von vornherein als unqualifiziert abgestempelt sind, und Vollzeit-Arbeitsplätzen, die ein Minimum an Professionalität garantieren.

– Die Unterscheidung zwischen Vollzeit- und Teilzeitarbeit bestimmt den *Lohn*. Für gleiche Arbeit bezieht man ungleichen Lohn, je nachdem, ob man in einem Teilzeit- oder Vollzeitarbeitsverhältnis beschäftigt ist. An Beispielen mangelt es nicht. In einem Pariser Kaufhaus erhalten die Verkäuferinnen und Verkäufer eine anständige Umsatzbeteiligung, wenn sie mit voller Stundenzahl beschäftigt sind ... und eine sehr dürftige Pauschalprämie, wenn sie Teilzeitkräfte sind. Saisonkräfte mit befristetem Arbeitsvertrag beziehen weder Pauschalprämien noch Umsatzbeteiligungen. Anderswo (in einem Discount-Geschäft) werden die Kassiererinnen mit Vollzeit-Arbeitsverträgen nach Lohngruppe 8, Kassiererinnen mit Teilzeit- und unbefristetem Vertrag nach Gruppe 6, Kassiererinnen mit Teilzeit- und befristetem Vertrag nach Gruppe 4 entlohnt.

Gleichgültig, ob beim Lohn oder bei den Qualifikationen, bei den Berufsverläufen oder der Stabilität des Beschäftigungsverhältnisses – die soeben beschriebenen Mechanismen gehören zur gleichen Klasse: Bei gleicher Arbeit ist das Merkmal, das die Beschäftigten diskriminiert, unterscheidet, klassifiziert, das Merkmal der Vollzeit- bzw. Teilzeitarbeit.

In diesem Einstufungs- und Diskriminierungsmechanismus taucht die Unterscheidung männlich/weiblich in geradezu karikaturhafter Form wieder auf. Zur Karikatur überspitzt und doch subtil: Nicht alle Männer arbeiten vollzeitlich, nicht alle Frauen sind Teilzeitbeschäftigte. Aber die meisten Teilzeitbeschäftigungen werden in weiblich geprägten Bereichen oder für Frauenarbeitsplätze eingerichtet, während die meisten Vollzeitbeschäftigungen für Männerarbeitsplätze oder männlich geprägte Bereiche angeboten werden. Faktisch hat sich die Teilzeitarbeit dort entwickelt, wo es Frauen gibt, wo es Frauenarbeit gibt (an den Kassen, in den »Damenabteilungen«), und hat so die segregative Logik der geschlechtsspezifischen Zuweisung von Berufen und Arbeitsplätzen durch eine geschlechtsspezifische Verteilung der Beschäftigungsformen untermauert.

Das heißt, daß sich hier in verkleinertem Maßstab wiederfindet, was auf dem Arbeitsmarkt insgesamt zu geschehen scheint: Die Teilzeitbeschäftigung entwickelt sich in den Bastionen (oder Ghettos) der Frauenerwerbstätigkeit. Damit trägt die Ausbreitung der Teilzeitarbeit dazu bei, die Grenzen der geschlechtsspezifischen Arbeitsmarkt-Segmentation wiederzuerrichten. Im Laufe der Zeit ist die Teilzeitarbeit zu einer speziell den Frauen vorbehaltenen Form der Unterbeschäftigung geworden.[10]

Schlußbemerkungen

Feminisierung des Arbeitsmarkts und zugleich Wiederherstellung der Ungleichheiten im Berufsleben; Wachstum der Frauenerwerbstätigkeit und zugleich Ansteigen der Arbeitslosigkeit und der Unterbeschäftigung: zu diesem kontrastreichen Befund möchte ich abschließend zwei Bemerkungen machen.

Die erste betrifft den *Status der Frauenerwerbstätigkeit als Gegenstand der Industrie- und Betriebssoziologie*. Lange am Rande einer Bindestrich-Soziologie, die auf das Leitbild des männlichen Facharbeiters ausgerichtet war, strahlt die Frage nach der Frauenarbeit heute auf das gesamte Feld aus: Sie ist einer der Schlüssel für das Verständnis der Hierarchie der Arbeiten, der Berufe und der Qualifikationen. Analysen zur sozialen Konstruktion der Differenzen zwischen Männer- und Frauenarbeit sind daher alles andere als feministische Mätzchen. Sie sind eine heuristische Notwendigkeit.

Die Frauenerwerbstätigkeit gehört zu den Themen, die die Industrie- und Betriebssoziologie wohl mehr als andere zwingen, sich zum Bereich der Beschäftigung hin zu öffnen. Das Problem des Zugangs zum Arbeitsmarkt ist zentral, und es wird nicht wirklich behandelt, wenn man sich auf die Analyse der Arbeitssituationen im engeren Sinn beschränkt. Um noch deutlicher zu werden,

---

10 Als unterbeschäftigt verstehen die Statistiker »jede Person, die weniger als normal oder üblich arbeitet und eine andere Beschäftigung mit voller Arbeitszeit sucht« (vgl. Thélot 1986).

könnte man sagen: Die Beschäftigung ist im toten Winkel der Industrie- und Betriebssoziologie geblieben, und zwar deswegen, weil ihre Analysen meist die Männerarbeit im Blick hatten. Dabei wurde ihr jedoch die Beschäftigung zur außer acht gelassenen Selbstverständlichkeit: Für Männer gehört der Umstand, beschäftigt zu sein, dermaßen zur Ordnung der Dinge, daß sich die Frage gar nicht stellt.

Freilich erinnert die Massenarbeitslosigkeit heute daran, daß jene Selbstverständlichkeit keine ist. Aber im Grunde zwingt gerade die Frage der Frauenerwerbstätigkeit dazu, das Konzept der Arbeit zu überdenken und vom Konzept der Beschäftigung zu unterscheiden: Die Frage, welche die Beschäftigung definiert – Arbeit haben oder nicht haben –, ist auch diejenige, welche zu einem großen Teil den sozialen Status der Frauen bestimmt.

Die zweite Bemerkung betrifft die Analysen zur *geschlechtlichen und sozialen Teilung der Arbeit*. Die Soziologie der Geschlechterverhältnisse, die sich in Frankreich seit Ende der 70er Jahre entwickelt hat (vgl. Autorenkollektiv 1984), war in der Tat weit mehr auf die Analyse der Reproduktion der geschlechtlichen Teilung der Arbeit gerichtet als auf die Untersuchung des Zugangs der Frauen zur Beschäftigung. Die sozialen Mechanismen hinter der Umwälzung des weiblichen Erwerbsverhaltens, die Prozesse der Veränderung des Verhältnisses zur Beschäftigung blieben weitgehend unbehandelt. Man nahm diese Veränderungen zur Kenntnis, ohne wirklich zu analysieren, wie und weshalb sie geschahen. Denn faktisch ist der Begriff der sozialen und geschlechtlichen Teilung der Arbeit (vgl. Kergoat 1982) ganz und gar um den Arbeitsbegriff herum aufgebaut. Er hat wesentlich dazu beigetragen, den Arbeitsbegriff in zwei Dimensionen – Berufs- und Hausarbeit – zu entfalten und so die Bereiche der Produktion mit jenen der Reproduktion, die Berufswelt mit dem Universum der Hausarbeit zu verbinden. Aber in seiner Definition wie in seinem Gebrauch bleibt der Begriff der geschlechtsspezifischen Arbeitsteilung auf den Bereich der Arbeit eingegrenzt, bleibt auf die Probleme der Qualifikation, der Arbeitsorganisation und der Arbeitsbedingungen, der geschlechtsspezifischen Verteilung der Aufgaben, Berufe und Funktionen gerichtet.

Öffnet er sich den Fragen der Beschäftigung, so wird es möglich, sich für die geschlechtsspezifische Segmentierung des Arbeitsmarkts und ihre Beziehung zu den Geschlechterverhältnissen in der Familie zu interessieren: Ist der Zugang zur Beschäftigung, ist die Fähigkeit, sich auf dem Arbeitsmarkt zu halten, nicht seit langem ein Angelpunkt der Unterscheidung von männlich und weiblich? Ist die geschlechtsspezifische Verteilung der Beschäftigungsformen heute nicht eine der wesentlichen Trennlinien zwischen Männern und Frauen? Steht der Status, den das Innehaben einer Beschäftigung verschafft, nicht im Mittelpunkt der Machtverhältnisse zwischen Männern und Frauen?

Diese notwendige Öffnung für die Beschäftigung impliziert eine Erweiterung des Konzepts der Geschlechterteilung nach dem Arbeitsmarkt hin: Die Geschlechterteilung ist nicht nur ein Prinzip, das die Verteilung der Arbeitsplätze und der Qualifikationen organisiert, das die zu erledigenden Aufgaben und die Plätze in der sozio-professionellen Hierarchie zuweist. Sie ist auch eine der Grundlagen der Verteilung der Beschäftigungsformen und der Arbeitslosigkeit, der Distribution der Plätze auf dem Arbeitsmarkt.

Sie zeigt zugleich eine Schwerpunktverschiebung der Analyse an: Es geht nicht mehr allein (nicht mehr zentral) darum, über den Zusammenhang zwischen Produktion und Reproduktion, zwischen Häuslichkeit und Beruf zu reflektieren, es gilt vielmehr, die Beziehungen zwischen Erwerbstätigkeit und Nichterwerbstätigkeit zu untersuchen und, vor allem, im Bereich der Erwerbstätigkeit die Übergänge zwischen Beschäftigung und Arbeitslosigkeit, sicherer und prekärer Beschäftigung, Vollzeitbeschäftigung oder Unterbeschäftigung.

Schließlich und vor allem legt dies alles eine Analyse der *sozialen Konstruktion der Geschlechterdifferenzen* nahe, die sich nicht auf die Analyse der *Reproduktion der Ungleichheiten* beschränkt: Die Differenz zwischen der Arbeit der Frauen und jener der Männer ist kein historisches Relikt, sondern ein Prozeß, der heute und Tag für Tag stattfindet.

Literatur

Autorenkollektiv (1984): *Le sexe du travail*, Grenoble.
Belloc, Brigitte (1986): »De plus en plus de salariées à temps partiel«, in: *Economie et Statistique* 193-194.

Cockburn, Cynthia (1983): *Brothers – Male dominance and technological change*, London.

Découflé, André-Clément/Maruani, Margaret (1987): »Pour une sociologie de l'emploi«, in: *Revue française des affaires sociales* 3.

Huet, Maryse (1983): »La concentration des emplois féminins«, in: *Economie et Statistique* 154.

INSEE (1990): Mikrozensus.

INSEE (1993): Erhebung zur Beschäftigung.

Kergoat, Danièle (1982): *Les ouvrières*, Paris.

Marchand, Olivier (1993): »Les emplois féminins restent très concentrés«, in: *INSEE Données Sociales*.

Maruani, Margaret (1993): *Emploi féminin: les mutations en cours*, Brüssel: EG-Kommission.

Maruani, Margaret/Nicole-Drancourt, Chantal (1989a): *Au labeur des dames*, Paris.

Maruani, Margaret/Nicole-Drancourt, Chantal (1989b): »La flexibilité à temps partiel, conditions d'emploi dans le commerce«, in: La Documentation Française, Collection »Droits des Femmes«, Paris.

Maruani, Margaret/Reynaud, Emmanuèle (1993): *Sociologie de l'emploi*, Paris.

Meulders, Danièle/Plasman, Robert (1989): *Les femmes occupant des emplois atypiques*, Brüssel: EG-Kommission.

Meulders, Daniele/Plasman, Robert/Vander Stricht, Valérie (1991): *La position des femmes sur le marché du travail dans la CEE – Evolutions entre 1983 et 1990*, Brüssel: EG-Kommission.

OECD (1970-1990): *Statistiques de la population active*.

Ruberty, Jill/Fagan, Colette (1992): *La Ségrégation professionnelle parmi les femmes et les hommes dans la Communauté Européenne*, Brüssel: EG-Kommission.

Thélot, Claude (1986): »Le sous-emploi a doublé en quatre ans«, in: *Economie et Statistique* 193-194.

II

Mary O'Brien
Die Dialektik der Reproduktion[1]

Wenn wir nach der Unterdrückung von Frauen und ihren Ursachen fragen, stellen die Antworten in der Regel einen Zusammenhang zwischen der gesellschaftlichen Lage der Frauen und ihrer weiblichen Reproduktionsfunktion her. Dieser Zusammenhang enthält eine Falle: Er suggeriert, männliche Dominanz sei in bestimmter Hinsicht »natürlich«, so natürlich wie Mutterschaft. Biologische Reproduktion, so lautet die These, ist ein natürlicher Prozeß, mit dem die menschliche Vernunft sich nur vom Standpunkt der Naturwissenschaft aus befassen kann. Wollen wir den Prozeß besser verstehen, sollten wir uns der Biologie, der Anatomie und der Physiologie zuwenden oder, in zunehmendem Maße, den problematischen Wundern der Genetik. Diese Wissenschaften zeigen uns, daß die Reproduktion der Säugetiere nichts anderes als *eine* Form der tierischen Fortpflanzung ist. Will man in diesem Prozeß das spezifisch Menschliche entdecken, muß man offensichtlich das Erscheinen des Produktes, des Kindes, als eines ebenso abhängigen wie individuellen Wesens abwarten. Das eigentliche »Geschäft« der Befruchtung, Entbindung und Geburt, die Anatomie und Physiologie der Reproduktion beim weiblichen Menschen, so werden wir belehrt, unterscheidet sich nicht in signifikanter Weise von denen bei – sagen wir mal – Pavianen. Der Sexualtrieb, natürlicherweise stark und unwiderstehlich, sichert das Fortbestehen der Gattung. Frauen sind in einem nachvollziehbaren Sinn die Handlangerinnen biologischer Kontinuität. Gewiß wird diese Nicht-Differenzierung zwischen Mensch und Tier zugunsten der menschlichen Erfindungsgabe aufgegeben, wenn es um die sozialen Beziehungen geht, die als Reaktion auf die Hilflosigkeit des Neugeborenen, die Probleme der Sozialisation und der Erziehung des Kindes und der sexuellen Beziehungen zwischen Männern und Frauen entstanden sind. Die menschliche Familie in

[1] Dieser Beitrag wurde zuerst veröffentlicht als Kapitel 1 in: Mary O'Brien, *The Politics of Reproduction*, London und Boston, Mass., 1981. Für die Veröffentlichung in diesem Band wurde er im wesentlichen um die Passagen gekürzt, die sich mit Hegel, Marx und Freud auseinandersetzen. [A. d. Ü.]

allen ihren verschiedenen Ausprägungen unterscheidet sich sehr vom Rudel, von der Herde oder ähnlichem. Die Familie ist eine historische Entwicklung, die ihre Wurzeln in einer Naturnotwendigkeit hat. Diese Notwendigkeit als solche ist eine Invariante. Der Platz der Frau in den gesellschaftlichen Reproduktionsverhältnissen ist deshalb durch ihre Gebärfunktion determiniert.

Diese Sichtweise gehört zu den Grundpfeilern männlichen Denkens, sie ist aber auch von wichtigen feministischen Autorinnen geteilt worden, Simone de Beauvoir und Shulamith Firestone eingeschlossen (de Beauvoir 1968, Firestone 1975). Die feministischen Versionen behalten die Prämisse des Arguments bei, kommen jedoch zu einer anderen Schlußfolgerung. Traditionell hieß es: Frauen sind natürlicherweise in der Falle der Gebärfunktion gefangen / Frauen können deshalb nicht gleichberechtigt mit Männern am sozialen Leben partizipieren. Die neue Schlußfolgerung heißt nun: Frauen sind natürlicherweise in ihrer Gebärfunktion gefangen / Deshalb hängt ihre Befreiung von der Befreiung aus dieser Falle ab.

Vielleicht ist jedoch nicht die Schlußfolgerung falsch, sondern die Prämisse. Was bedeutet es denn, in der Falle einer natürlichen Funktion gefangen zu sein? Ganz klar wurde Reproduktion als von anderen natürlichen Funktionen unterschieden angesehen, die, oberflächlich betrachtet, gleichermaßen notwendig zu sein scheinen; Essen, Sexualität und Sterben beispielsweise teilen mit der Geburt den Status biologischer Notwendigkeit. Es wurde jedoch nie behauptet, daß diese Gegenstände nur in Begriffen der Naturwissenschaften verstanden werden könnten. Sie alle wurden zu Gegenständen eindrucksvoller Gedankengebäude; und es gibt große moderne Theoriesysteme, die auf eben diesen biologischen Notwendigkeiten aufbauen. Der dialektische Materialismus hat als grundlegendes Postulat das Bedürfnis, zu essen: Marx hat diese sehr einfache Tatsache biologischer Notwendigkeit in die fruchtbare Grundlage eines theoretischen Systems von enormer Vitalität und Erklärungskraft transformiert, in dem produktive Arbeit[2] un-

---

[2] Mary O'Brien verwendet den Begriff »produktive Arbeit« (productive labour) in Absetzung von der »reproduktiven Arbeit« (reproductive labour), wobei »reproduktiv« und »Reproduktion« sich immer auf die generative Reproduktion beziehen, auf den Prozeß der Entstehung und Aufzucht eines Kindes. Der Begriff »produktive Arbeit« wird hier im alltagssprachlichen Sinn von »Arbeit« verwendet, ganz allgemein im Sinn von aktiver Tätigkeit zum Zwecke der Sicherung des Lebensunterhalts. Die Autorin bezieht sich bei dieser Verwendung des Begriffs

ser Bewußtsein, unsere Bedürfnisse und unsere Welt prägt. Den simplen Sexualakt transformierte der vorurteilsfreie Geist Freuds in das theoretische *Apriori* eines Systems, in dem die Libido unser Bewußtsein und unsere Welt gestaltet. Der Tod bewegte die männliche philosophische Phantasie, seit der Mann zum ersten Mal als denkender Mensch aktiv wurde; und in der Gegenwart wurde er zu der Realität, mit der sich der Existentialismus vorrangig beschäftigte, ein unordentliches und leidenschaftlich pessimistisches Gedankengebäude, in dem der einsame und heldenhafte Mensch versucht, sich der Absurdität des Nichts zu widersetzen, in dem sein Bewußtsein und seine Welt hausen.

Wie man sieht, hat die Unvermeidbarkeit und Notwendigkeit dieser biologischen Ereignisse sie historischem Einfluß und theoretischer Bedeutung nicht enthoben.

Wir haben keine vergleichbare Philosophie der Geburt. Die Geburt hatte einmal hohe symbolische Bedeutung für theologische Vorstellungen, meistens mit dem Zweck, die Rolle der Frau herabzumindern und das Ereignis selbst zu etwas Passivem, ja sogar Jungfräulichem zu machen, während die Vaterschaft mit göttlichen Insignien ausgestattet wurde. Der Reproduktionsprozeß als biologischer Prozeß ist für das *Male-stream*-Denken weder ontologisch noch epistemologisch von Interesse. Die menschliche Familie ist philosophisch von Interesse, aber ihre biologische Basis gilt als gegeben.

Frauen können weder so beschränkt noch so verdreht sein. Diese männliche theoretische Haltung zur Geburt ist weder natürlich noch zufällig, noch ist sie Resultat einer Verschwörung. Sie hat eine materielle Grundlage, die in dem von der Philosophie vernachlässigten und geschlechtlich differenzierten Prozeß menschlicher Reproduktion selbst liegt. Die hier aufgestellte allgemeine These lautet: Der Reproduktionsprozeß ist nicht nur die materielle Grundlage der historischen Formen gesellschaftlicher Beziehungen der Reproduktion, sondern er ist auch ein dialektischer, sich

---

»produktive Arbeit« auf Marx, insbesondere auf seine Ausführungen zu Beginn des 5. Kapitels im 1. Band des *Kapital*, in denen es um die Arbeit »als solche« geht, noch ohne Berücksichtigung der Bestimmungen von Arbeit, die sich aus den historisch spezifischen gesellschaftlichen Verhältnissen ergeben. Mary O'Brien weicht damit von der Verwendung des Begriffs »produktive Arbeit« bei Marx deutlich ab; Marx selbst spricht von »produktiver Arbeit« nicht im Hinblick auf den Arbeitsprozeß im allgemeinen, sondern im Hinblick auf die Schaffung von Werten unter Bedingungen kapitalistischer Produktionsweise. [A.d.Ü.]

historisch verändernder Prozeß. Es gibt einige wesentliche Vorbedingungen, die formuliert werden müssen, bevor eine dialektische, historische und materiale Analyse des Reproduktionsprozesses als theoretisch begründet gelten kann. Die erste ergibt sich aus der Behauptung, daß der Prozeß sich historisch verändert. Diese umstrittene Aussage gründet auf der vernachlässigten Überlegung, daß menschliche Reproduktion und menschliches Bewußtsein nicht zu trennen sind. Dies scheint auf der Hand zu liegen, aber die angesprochene starke historische Tendenz, die Reproduktion als »rein« biologischen Prozeß anzusehen, impliziert, daß Reproduktion voll und ganz Körper ohne jeglichen Geist ist; irrational oder zumindest vorrational. Die Annahme, daß der erfahrene Prozeß und das menschliche Bewußtsein des Prozesses untrennbar sind, ist für die hier zu entwickelnde Theorie der Dialektik der Reproduktion zentral. Diese Einheit von Ereignis und Bewußtsein des Ereignisses ist die Basis dafür, daß dem Reproduktionsprozeß Historizität zugeschrieben werden kann: Es wird die Ansicht vertreten, daß der erste und entscheidende Wandel im Reproduktionsprozeß nicht eine wie auch immer geartete biologische Mutation war, sondern eine Veränderung im männlichen Bewußtsein der Reproduktion, die von der historischen Entdeckung physiologischer Vaterschaft ausgelöst wurde. Der zweite, wesentlich jüngere Wandel in der reproduktiven Praxis resultiert aus der technologischen Entwicklung. Technologie ist, wie wir wissen, der historische Prozeß, der Veränderungen der Produktion beschleunigte; empfängnisverhütende Technologie jedoch ist qualitativ von allen anderen unterschieden. Ihre Bedeutung für die Wirtschaft ist nicht weiter bemerkenswert, allerdings sind die Profite unanständig hoch, und es besteht wenig Interesse, diese für die Entwicklung einer sichereren und besseren Technologie zu verwenden. Doch diese Technologie bringt, sogar in ihrer mangelhaften Form, einen fundamentalen historischen Wandel – in Hegels Worten: ein welthistorisches Ereignis – mit sich. Und dies nicht einfach wegen der Auswirkungen auf demographische Entwicklungen und Familienbeziehungen, die schon jetzt augenfällig sind. Unter der Oberfläche dieser Veränderungen, und dies ist entscheidend für die Entstehung der Frauenbewegung, gibt es eine Veränderung in der zugrundeliegenden Dialektik des Bewußtseins der Reproduktion. Die freie Entscheidung der Frauen für oder gegen Elternschaft ist eine historische Entwicklung, die so bedeutend ist wie die Entdekkung der physiologischen Vaterschaft. Beide bringen eine Veränderung im menschlichen Bewußtsein über die Beziehungen der Menschen zur (natürlichen) Welt hervor, die sozusagen neu verhandelt oder, um in den Begriffen dialektischer Analyse zu reden, vermittelt werden muß.

Genau dieses welthistorische Ereignis ermöglicht uns eine andere Sicht auf den Reproduktionsprozeß. Frauen befanden sich in einer ähnlichen Situation wie die utopischen Sozialisten des frühen 19. Jahrhunderts (vgl. dazu Marx/Engels 1980).

Wir haben gerade ein Stadium feministischen Utopismus hinter uns, das die Zerstörung der männlich dominierten Welt forderte und dabei manchmal vom herrschenden Geschlecht erwartete, bei der eigenen Begräbnisfeier zu assistieren. Wie das Stadium des utopischen Sozialismus ist auch der feministische Utopismus ein wichtiges Stadium, weil er Ungerechtigkeiten offenlegt und Probleme auf den Punkt bringt. Allerdings wird immer deutlicher, daß die gesellschaftlichen Verhältnisse der Reproduktion Veränderungen unterliegen, die ein besseres Verständnis der historischen Kräfte erlauben, die hier am Werke sind. Dieses Verständnis werden Frauen erarbeiten, die in dieser dialektischen Auseinandersetzung ihrer humanen Qualität beraubt werden und doch gleichzeitig die progressive soziale Kraft bei der Neugestaltung dieser sozialen Verhältnisse sind.

Doch können Frauen diese historische Mission ohne ein klares theoretisches Verständnis von den Dimensionen dieser Aufgabe und der dabei wirksamen Prozesse nicht leisten. Es ist auch klar, daß dieser Kampf nicht unter den Klassenkampf subsumiert werden kann. Wir können die Reproduktion nicht aus der Sicht irgendeiner vorhandenen Theorie analysieren. Die Theorien selbst sind Produkte des *Male-stream*-Denkens und gehören zu den Dingen, die erklärt werden müssen; aber irgendwo eingebettet in die Theorie und Praxis männlicher Suprematie sind die Keime ihres Wachstums und ihres unausweichlichen Untergangs. Deshalb müssen wir uns dem grundlegenden biologischen Prozeß zuwenden, auf den sich reproduktive Zusammenhänge gründen, und ihn einer Analyse aus weiblicher Sicht unterziehen. Dies kann weder in Begriffen der Kritik politischer Ökonomie geschehen noch in denen des psychoanalytischen oder existentialistischen Kanons oder irgendeines anderen der florierenden Zweige des *Male-stream*-Denkens. Wie wir festgestellt haben, gibt es keine Philosophie der

Geburt, und dennoch ist es die Geburt, die es zu theoretisieren gilt. Das heißt, daß wir nicht nur eine Theorie entwickeln müssen, sondern daß wir eine *feministische Perspektive* und eine *Untersuchungsmethode* entwickeln müssen, aus der eine solche Theorie hervorgehen kann.

Unter diesen Aufgaben von erschreckendem Ausmaß stellt sich die methodologische als die am wenigsten schwierige heraus. Hier können wir Anleihen bei der geistigen Tradition machen, nicht etwa, weil die dialektische Analyse eingeschliffener als andere Theorieformen wäre und uns ideologisch näherstünde, sondern weil der Reproduktionsprozeß dialektisch, material und historisch ist. Es ist klar, daß eine Analyse, die für sich beansprucht, historisch, material und dialektisch zu sein, stark Marx verpflichtet ist. Und tatsächlich ist die Vorgehensweise, den Reproduktionsprozeß »an sich« zu analysieren, wie einige Philosophen sagen würden, von der Marxschen Analyse der »abstrakten« menschlichen Arbeit inspiriert (vgl. Marx 1988, S. 52). »Abstrakt« meint an dieser Stelle: vom sozialen Kontext abstrahiert. Dies geschah zum Zwecke der theoretischen Klarheit, wobei natürlich weder Produktion noch Reproduktion aus ihrem sozialen und historischen Kontext gelöst werden können. Hier geht es nicht einfach um eine Übernahme der Marxschen Analyse, sondern um eine immanente Kritik daran. Es geht einfach darum beizubehalten, was an der Marxschen Analyse von Wert ist, und doch seine eigene Methode zu benutzen, um sein theoretisches Modell zu transzendieren und zu korrigieren. Diese Sicht auf die Geschichte des Denkens als dialektischen Prozeß wird normalerweise eher mit dem Werk Hegels als mit dem Marxschen Materialismus in Zusammenhang gebracht, und wir müssen auch bei Hegel Anleihen machen, dessen Einsichten in die dialektische Struktur des Reproduktionsprozesses meine Analyse wesentlich anregten. In diesem Sinne ist dies eine hegelianisch-marxistische Analyse, doch wird weder die Autorität dieser beiden luziden Denker in Anspruch genommen, noch werden ihre orthodoxen Schüler gerechtfertigt. Dies ist eine feministische Analyse, und diese beiden Herren stehen in der Tradition des *Malestream*-Denkens; vor allem Hegel, der ein unbußfertiger und oft erbitterter Frauenfeind war. Dennoch sei vorbehaltlos anerkannt, daß wir diesen beiden Männern viel verdanken. Wir wollen jedoch unbekümmert weitergehen und nicht davor zurückschrecken, mit wohlüberlegter Unbefangenheit die Hauptsätze ihrer Systeme zu ignorieren, um uns auf die gesellschaftlichen Verhältnisse der Reproduktion zu konzentrieren, die beide gründlich mißverstanden haben. [...]

In meiner Ausbildung zur Hebamme lernte ich, daß es Stadien der Schwangerschaft und Stadien der Entbindung gibt. Dies war die Beschreibung eines linearen Prozesses, der mit der Empfängnis anfing und mit dem Einsetzen der Laktation endete. In Kanada wie in den Vereinigten Staaten gibt es keine Hebammen, und die Geburtshilfe ist ein Zweig der Krankenpflege, eine Entwicklung, gegen die britische Hebammen im 19. Jahrhundert hart und erfolglos gekämpft haben.[3] Die verfügbaren Texte für geburtshilfliche Krankenpflege sind heute noch immer beschreibend und linear.[4] Fragen des reproduktiven Bewußtseins erörtern sie nicht. Wir finden Darstellungen der Anzeichen, an denen eine Schwangerschaft zu erkennen ist. Normalerweise gibt es auch ein Kapitel über die psychologischen Belastungen der Schwangerschaft und eines über die sozialen Aspekte der Kinderpflege sowie über soziale Dienste, die Mütter in Anspruch nehmen können. Manchmal gibt es sogar einige Sätze über Väter; eine Diskussion der Problematik der Vaterschaft und der Bedeutung des Patriarchats fehlt hingegen völlig.[5] Wir finden auch einige theoretische Ausführungen, etwa zur Geburtstechnik und zur Physiologie, aber keine Theorie über die Geburt selbst. Die Sprache der traditionellen Philosophie ist in diese praktischen Abhandlungen nicht vorgedrungen. Hegels Beobachtung, daß die Einheit von männlichem und weiblichem Keim zugleich die Negation der Besonderheit jedes einzelnen Keims ist, würde als hoffnungslos obskure Art erscheinen, einen wesentlich einfacheren natürlichen Mechanismus auszudrücken. Auch die entscheidenden Unterschiede in der männlichen und weiblichen reproduktiven Erfahrung sind für die beschreibende Anatomie und Physiologie offenbar nicht von besonderer Bedeutung. Was

---

3 Als jüngste Beschreibung dieses Kampfes vgl. Donnison 1977.
4 Josephine Iorio (1971) teilt diesen Prozeß ein in die Stadien ante partem, intra partem und post partem.
5 Davis/Rubin (1966) erwähnen nicht allein Väter nur kurz, sie schaffen es auch, einige männlicher Suprematie entstammende Behauptungen einzubauen, z.B.: »das sexuelle Leben [der Frauen] ist im allgemeinen intensiver und spielt eine größere Rolle in ihrem Leben« (S. 30). Auffällig ist hier der Raum für romantische Lyrik in den Lehrbüchern. Davis/Rubin widmen ein Drittel einer Spalte den Vätern, unter der ziemlich abstoßenden Rubrik »Samentransport« (S. 46). Vielleicht wird die 19. Auflage dieses »klassischen« Werkes ja besser.

die Lehrbücher darstellen, ist dem männlichen reproduzierenden Bewußtsein sehr nahe, obwohl die Texte zweifellos eine eigentlich weibliche Erfahrung thematisieren und sich an die vornehmlich aus Frauen bestehende Gruppe von Lernschwestern und -pflegern richten. Der gesamte Reproduktionsprozeß wird hier willkürlich von der historischen, erfahrenen Wirklichkeit der Beziehungen zwischen den Geschlechtern, der Kontinuität der Gattung und der gesellschaftlichen Verhältnisse der Reproduktion abgetrennt. Er wird ebenso zum abstrakten Prozeß, wie auch die Vaterschaft in ihrem Kern abstrakt ist. Dies ist nicht überraschend. Im Unterschied zur Geburtshilfe, wie sie die Hebammen früher praktiziert haben, ist die moderne Geburtshilfe ein männliches Unternehmen.[6] Männer haben in die Geburtshilfe den Sinn ihrer eigenen entfremdeten elterlichen Reproduktionserfahrung getragen und haben diesen in die Formen und die Sprache einer »objektiven« Wissenschaft übersetzt. Auf diese Weise erscheint der Reproduktionsprozeß als einfache, lineare Angelegenheit, die im Körper der Frauen nahezu mechanisch abläuft. Wir behaupten nicht, daß dies falsch oder nutzlos sei, wir behaupten, daß dies nicht ausreicht. Wir erfahren in der beschreibenden Geburtshilfe nichts, was unser Wissen von der Dialektik reproduktiver Erfahrung und reproduktiven Bewußtseins erweiterte, und wir erfahren sehr wenig über die gesellschaftlichen Verhältnisse der Reproduktion. Deshalb müssen wir die wichtigen Aspekte des Reproduktionsprozesses so herausarbeiten, daß wir sowohl die Ambivalenzen berücksichtigen können, die sich aus unserer einleitenden Reflexion über das männliche Denken ergeben haben, als auch die Unzulänglichkeiten einer naturalistisch-deskriptiven Sicht auf den Reproduktionsprozeß.

Dabei haben wir sofort ein Problem mit dem Vokabular. Die physiologische Beschreibung bewegt sich in linearer zeitlicher Sequenz von einem klar bezeichneten Stadium zum nächsten: Eisprung, Empfängnis, Schwangerschaft, Entbindung. Für eine dialektische Analyse benötigen wir eine andere Sprache. Wir wollen mit den identifizierbaren und wichtigen Punkten im Reproduktionspro-

---

6 Auch die gegenwärtigen Bestrebungen, Hebammen wenigstens in begrenztem Umfang in den Vereinigten Staaten zuzulassen, haben solche männlichen Anklänge. Slater (1968) beklagt das schlechte Abschneiden der USA bei der Kindersterblichkeit (24,8 in den USA, 14,2 in Schweden, S. 3). Er fordert eine neue Berufsgruppe, und »wir müssen überlegen, wie man *ihn* ausbildet« (S. 10) und »welche Arbeiten *er* zu verrichten hätte« (S. 11; Hervorhebung von der Autorin).

zeß beginnen und diese als »Momente« bezeichnen. Marx stellte sarkastisch fest, daß eine solche Terminologie nicht viel taugt, außer dazu, die Dinge den Deutschen begreiflich zu machen, was ein Seitenhieb gegen die Hegelianer war (Marx/Engels 1975, S. 29). Dennoch ist der Begriff nützlich, wenn wir sorgfältig erklären, in welchem Sinn wir ihn benutzen. Die hier zur Debatte stehenden »Momente« sind weder Sekunden auf einer Uhr, noch sind es Momente im idealistischen Sinne von aus dem Fluß des subjektiven Bewußtseins abstrahierten Augenblicken. Was wir damit fassen wollen, ist die Bedeutung von aktiven Bestimmungsfaktoren, die als aufeinander bezogene Faktoren sowohl auf der Ebene der Biologie als auch auf der begrifflichen Ebene funktionieren. Wir wollen auch die Bedeutung des nicht-isolierten *Ereignisses im zeitlichen Ablauf* erfassen, ein Geschehen, das den Sinn der beiden Worte »bedeutsam« (momentous) und »flüchtig« (momentary) vereint. Die hier zur Debatte stehenden Momente haben nicht das geringste mit Stoppuhren, Röntgenapparaten oder Mikroskopen zu tun. Mit dieser Begrifflichkeit sollen sowohl empirische Inflexibilität als auch biologischer Determinismus vermieden werden. Ohne semantisches Jonglieren wird dies nicht abgehen, aber ohne Sprache kann auch nichts verständlich gemacht werden. Wir können mit einer einfachen Klassifikation der reproduktiven Momente beginnen, müssen jedoch im weiteren ausführen, wie diese sich von »Stadien« des Reproduktionsprozesses unterscheiden und wie sie interagieren. Und wir müssen ebenso einen theoretischen Rahmen für die Analyse der sozialen Beziehungen entwickeln, die – so die These – einen historischen Überbau hervorbringen, in dem die Widersprüche innerhalb und zwischen diesen Momenten bewegt und gelöst werden.

Zuerst also eine einfache Auflistung der Momente des Reproduktionsprozesses:

>   Das Moment der Menstruation
>   Das Moment des Eisprungs
>   Das Moment der Kopulation
>   Das Moment der Entäußerung/Entfremdung[7]
>   Das Moment der Empfängnis
>   Das Moment der Schwangerschaft

7 Mary O'Brien verwendet den Begriff »alienation« im Sinne der Hegelschen Dialektik. Wir haben für die Übersetzung beide Begriffe verwendet, die auch Hegel benutzt hat: »Entäußerung« und »Entfremdung«. [A. d. Ü.]

Das Moment der Geburtsarbeit[8]
Das Moment der Geburt
Das Moment der Aneignung
Das Moment der Aufzucht

Es wird unmittelbar deutlich, daß sich diese Momente erheblich unterscheiden. So sind die meisten Momente nicht intentional: Aneignung und Aufzucht sind die einzig vollständig intentionalen Momente. Kopulation ist ein Mittleres: Sie hat eine stark triebgebundene Komponente, aber historisch haben die Menschen große Anstrengungen darauf verwandt zu zeigen, daß sie vom menschlichen Willen kontrolliert werden kann oder doch kontrolliert werden sollte. Entäußerung und Aneignung sind männliche Momente; Kopulation und Aufzucht sind Momente, die beide Geschlechter miteinander teilen; alle anderen sind Momente der Frauen. Doch auch diese letzteren unterscheiden sich. Eisprung und Empfängnis sind keine einfach zugänglichen Momente. Nicht nur sind sie nicht intentional, sie sind auch nur mittelbar vom Bewußtsein begreifbar. Deswegen haben wir es mit einem recht komplexen Prozeß zu tun, der sich auf mehrere Faktoren außerhalb des Reiches bloßer Biologie bezieht. Wenn wir von intentionalen und nicht-intentionalen Momenten sprechen, betreten wir das Reich des menschlichen Willens. Sprechen wir von Kopulation und von Aufzucht, geht es um soziale Beziehungen. Wenn wir von Aneignung sprechen, sprechen wir von einem Verhältnis von Dominanz und Kontrolle. Es ist klar, daß hinter der Reproduktion mehr steckt, als man mit einem auf die Physiologie fixierten Auge sieht.

Wie auch immer, nicht alle diese Momente sind für unsere Analyse von gleichem Interesse. Die Menstruation etwa kann ein negatives Moment genannt werden: Ihre Bedeutsamkeit für den Reproduktionsprozeß erhält sie, wenn sie ausbleibt. Weiterhin teilt sie mit vielen anderen dieser Momente die Bürde akkumulierter Symbolik und puren Aberglaubens. Weiter unten werden wir ei-

---

8 Die englische Sprache erkennt die Tätigkeit der Frau bei der Entbindung als Aktivität an, wo im Deutschen eher der passive, erleidende Aspekt des Vorgangs hervorgehoben wird: Die »Wehen« sind im Englischen »labour«. Im älteren Deutsch war allerdings, wie Grimms *Deutsches Wörterbuch* dokumentiert, hierfür ebenfalls das Wort »Arbeit« geläufig. Das Wörterbuch verweist hier auf Andreas Gryphius: »gleichwie ein hochschwangrer Leib, der die herbe Zeit erkannt'/die ihn zu der arbeit ruft, schmachtet in der wehmut band.« [A.d.Ü.]

nen Blick auf einige der bizarren Ideologeme werfen, die in den blutigen Fluß der Weiblichkeit hineininterpretiert worden sind, der Männer anscheinend zu fast allen Zeiten zutiefst erschreckt hat. Ein wissenschaftliches Verständnis des Menstruationszyklus hat sich erst relativ spät entwickelt. Aristoteles' Argumentation zur Rolle der Menstruation bei der Reproduktion ist ein wunderbares Beispiel für die Stärken und Schwächen formaler Logik; tadellos strukturiert, aber falsch.[9] Aristoteles scheint geglaubt zu haben, daß das ausbleibende Blut in der Schwangerschaft für die Herstellung des Kindes gebraucht würde, und man kann den Einfallsreichtum dieser Spekulation nur bewundern. Wahrscheinlich war sie in der Antike allgemein verbreitet, und vielleicht hat sie zu der Sprachentwicklung beigetragen, die Verwandtschaft als »Bluts«beziehung versteht. Aristoteles' weitere Schlußfolgerung, daß Frauen zu dem Kind nichts weiter beitragen als diesen ausbleibenden Menstruationsfluß, hat mehr mit ideologischem Patriarchat als mit logischer Spekulation zu tun. Jedoch muß diese Vorstellung, daß der Beitrag der Frauen zu den Kindern nur »Material« ist, während Männer Geist, Seele oder andere menschliche Essenz stiften, in der männlichen Phantasie den richtigen Ton getroffen haben, da sie über Jahrhunderte Bestand hatte. Sie wird hier erwähnt, da sie die Behauptung stützt, daß Männer der Entäußerung des Keims[10] etwas entgegenzusetzen suchen, in diesem Fall durch die Behauptung eines höheren Zeugungspotentials ihres geheiligten Spermiums. Gegen diese Behauptung könnte angeführt werden, daß Männer gegenüber der Ungewißheit der Vaterschaft recht indifferent sind und oft widerwillige Ehemänner waren, die es vorzogen, diese Ungewißheit auszunutzen, um sich der Verantwortung zu entziehen, die die männliche Geschichte für die Vaterschaft vorsieht. Zweifellos ist diese Art des Sich-Entziehens in konkreten

---

9 Aristoteles, *Über die Zeugung der Geschöpfe*, besonders II. 737a.25 und I. 724b, 725a, 725b. Zu der Diskussion über Aristoteles' reproduzierende Biologie und seine geschlechtsbezogenen Vorurteile vgl. Cherniss 1964, S. 269 ff.
10 Das englische Wort »seed« bedeutet sowohl Keim, Same(n) als auch Nachkommenschaft, kann also anders gebraucht werden als die deutschen Begriffe, mit denen es zu übersetzen ist. Man kann von »male and female seed« sprechen, während im Deutschen »männlicher und weiblicher Keim« (was sich bei Hegel noch findet) heutzutage doch sehr ungebräuchlich ist. Wichtig für die Diskussion hier ist auch, daß der Bedeutungshorizont von »seed« immer auch »Nachkommenschaft« umfaßt, d. h. bei »alienation of the male seed« kann die Trennung von der Nachkommenschaft immer mitgedacht werden. [A. d. Ü.]

Fällen immer wieder vorgekommen. In weit stärkerem Maße haben sich Männer jedoch – kollektiv und konzentriert – dem Problem der Trennung des Mannes von der Reproduktion gewidmet, sowohl indem sie Institutionen entwickelten als auch indem sie Ideologien männlicher Überlegenheit formulierten. Zu unterstellen, daß Männer allgemein indifferent gegenüber der Vaterschaft sind, heißt Jahrhunderte unermüdlicher männlicher Aktivitäten ad absurdum führen, die sich darauf richteten, die Ungewißheiten der Vaterschaft zu negieren; Aktivitäten, deren offensichtlichstes Beispiel die Institution der Ehe ist.

Die Tatsache, daß die Menstruation den Männern als Anlaß für herabsetzende Mythen, Magien und Wahnvorstellungen diente, trotz ihrer unwillkürlichen und ganz und gar weiblichen Natur, rührt wahrscheinlich zumindest partiell von der Sichtbarkeit der Menstruation her. Andere Momente der Reproduktion wie Eisprung und Empfängnis sind ebensowenig intentional, aber da sie nicht sichtbar sind und auch über eine lange Zeit in der Geschichte nicht verstanden werden konnten, haben sie keine derart übertriebene Symbolik hervorgerufen. Schon in der Antike ist die Vorstellung der Empfängnis nicht mehr eine Vorstellung von einer Vereinigung, falls eine solche Vorstellung jemals existiert hat, sondern eine Vorstellung der Dominanz des männlichen Samens. Dies ist durchaus bedeutsam für die männliche Wahrnehmung der Rolle des Mannes bei der Kopulation, und es ist Teil dessen, was als männliche *Potenz* bekannt wurde. Dennoch können wir nicht einfach sagen, daß Männer »von Natur aus« die Kopulation nicht nur als angenehm ansahen, sondern als eine Übung in Herrschaft, vielleicht sogar als eine priesterliche oder politische Pflicht (vgl. dazu Platon, *Das Gastmahl*, 192 A). Etwas Erfreuliches zu sein ist eine unmittelbare Eigenschaft der Kopulation, Dominanz und Überlegenheit jedoch nicht. Die Vorstellung von Potenz muß historisch entwickelt werden; sie ist ein komplexes Konzept, das weit über die bloße Fähigkeit zu schwängern hinausgeht. Die Potenz ist ein männlicher Triumph über die natürliche Entfremdung der Männer vom Reproduktionsprozeß, ein Triumph, auf dessen Dimensionen und historische Manifestationen wir noch zurückkommen werden. »Potenz« ist der Name, den Männer ihrem in der Geschichte erarbeiteten Erfolg bei der Vermittlung ihrer widersprüchlichen Erfahrungen in ihrem reproduktiven Bewußtsein gegeben haben.

Die unwillkürlichen Abläufe des Eisprungs und der Empfängnis bleiben damit für das männliche reproduktive Bewußtsein abstrakt, und männliche Wissenschaft und männliches Denken ordnen diese Abläufe entsprechend den männlichen Bedürfnissen. Die Phase der Schwangerschaft ist ebenfalls unwillkürlich, obwohl es immer möglich war, eine Schwangerschaft zu beenden, wenn auch verbunden mit Leiden der Frauen in unterschiedlichem Ausmaß, bis hin zum Tod der Mütter, der Kinder oder beider. Für das Verständnis der Frauen von ihrer Reproduktionsfähigkeit ist die Schwangerschaft von großer Bedeutung. Sie manifestiert sich auch sichtbar, eine Tatsache, die den Frauen Stolz oder Schande in den Gesellschaften einbringt, in denen patriarchale Werte vorherrschen. Selbst eine streng wissenschaftlich vorgehende feministische Theorie muß die Pfade einer rein »objektiven« Analyse verlassen, wenn sie die Qualen in Betracht zieht, unter denen Millionen von Frauen durch die Jahrhunderte die Schwangerschaft verborgen oder abgebrochen haben. Dies ist ein Grund dafür, warum wir verschiedene Formen des analytischen Zugangs und des Ausdrucks weiblicher Erfahrung entwickeln müssen. Objektivität ist Betrug, wenn sie Schwesternschaft als sentimentales Wunschdenken abwehrt oder die einigende Realität überhistorischen weiblichen Leidens als romantische Subjektivität verächtlich macht. Dieser Punkt ist nicht nur menschlich, sondern auch theoretisch von Bedeutung. Das weibliche Reproduktionsbewußtsein, dessen historische Wirklichkeit wir aufzuzeigen versuchen, ist ein universelles Bewußtsein, das allen Frauen gemeinsam ist. Es geht uns keineswegs um eine Psychologie der Schwangerschaft oder um die subjektive Erfahrung eines Mannes, der sich von seinem Samen trennt, oder einer Frau, deren Weiblichkeit unwillkürlich ein oder mehrere Kinder erzeugt und zur Welt bringt. Schwangerschaft ist sozusagen der positive Pol des negativen Pols der Menstruation. Dies sind die sichtbaren und von allen verstandenen Zeichen weiblicher Potenz, der Einheit des Potentiellen und des Wirklichen. Alle Frauen haben ein Bewußtsein von dieser Einheit, genauso wie alle Frauen eine Idee vom Leiden und von der Geburtsarbeit haben und davon, daß Entscheidungen getroffen werden müssen. Eine Frau muß nicht selbst Kinder gebären, um sich als Frau zu begreifen, denn das weibliche Reproduktionsbewußtsein ist kulturell übermittelt. Es ist ein Tribut an die Beständigkeit des *Male-stream*-Denkens, daß wir dies erläutern müssen. Der Mann versteht sich als eine Art universelles Wesen mit allen Schattierungen von Macht und Unsterblichkeitsversprechen, die die individuellen Männer nicht zeigen und nicht zeigen können. Der Mann allgemein mag rational, großzügig und kreativ sein, aber im einzelnen Mann sind diese Qualitäten oft so unsichtbar wie der Eisprung oder die Empfängnis. Es ist diese Fähigkeit, sich als Allgemeines zu postulieren, eine Bruderschaft des Mannes durchzusetzen, die es Männern erlaubte, die Geschichte des Mannes zu machen. Die historische Isolation der Frauen voneinander, die ganze Sprache weiblicher Innerlichkeit und Privatheit, der Ausschluß der Frauen von der Schaffung einer politischen Gemeinschaft: all dies hat die kulturelle Kohäsion der Weiblichkeit und die Universalität eines mütterlichen Bewußtseins verschleiert. Menstruation und Schwangerschaft wurden zu manchen Zeiten »schicklich« versteckt, zu andern stolz als die Flagge des potenten Mannes geschwungen. Die Brüste wurden manchmal zur Schau gestellt, manchmal versteckt, eher verstanden als sinnlicher Anreiz denn als zweckdienliches Mittel zum Nähren. Während dieser ganzen Zeit haben Männer die Welt mit einer Fülle phallischer Symbole ausstaffiert, die selbst Freud nicht erschöpfend katalogisieren konnte.

Diese unwillkürlichen Momente weiblicher reproduktiver Erfahrung sind für die Entwicklung weiblicher Universalität symbolisch bedeutsam, so daß wir sie bei unserer Ausarbeitung der Dialektik der Reproduktion nicht einfach ignorieren können. Sie repräsentieren den »reinen« Gegensatz von männlich und weiblich, einen abstrakten und formalen Gegensatz, der nicht aufgelöst werden kann. Sie sind die biologischen Manifestationen des materialen Gegensatzes von männlich und weiblich, der sozio-historisch von wirklichen, lebendigen Männern und Frauen aufgearbeitet werden muß. Menstruation, Eisprung und Schwangerschaft repräsentieren die integrative Potenz aller Frauen, die Männer durchaus ängstigen mag; die Geschichte der männlichen Vormachtstellung ist jedoch sehr viel mehr als nur die männliche psychologische Reaktion auf Unkenntnis, Furcht und Neid auf den Mutterschoß. Die Geschichte männlicher Vormachtstellung ist die Geschichte der wirklichen Herrschaft über Frauen, und um zu verstehen, weshalb der Mann die Macht hatte, die Universalität seiner Potenz gegen die komplexe und besondere Potenz der Frau zu setzen und über sie zu triumphieren, müssen wir uns der Analyse der komplexen Momente des Reproduktionsprozesses zuwenden. Wir werden in einer etwas konstruierten Sequenz die vier

Momente zu behandeln haben, die unsere Taxonomie voneinander isoliert hat, die aber tatsächlich dynamisch und dialektisch aufeinander bezogen sind. Gemeint sind die Momente Entäußerung, Aneignung, Aufzucht und Geburtsarbeit. Diese Reihenfolge ist beabsichtigt. Entäußerung und Aneignung sind die männlichen Pole eines Prozesses, zu dem die weibliche Geburtsarbeit im Gegensatz steht: ein Gegensatz von Trennung und Integration. Diese abstrakte Aussage muß und wird im weiteren erklärt werden. Aufzucht, die Teilung der Verantwortung für abhängige Kinder zwischen Frauen und Männern, ist die Synthese des Gegensatzes männlich/weiblich in gesellschaftlicher Hinsicht, was wiederum einen neuen Gegensatz schafft, nämlich den von öffentlichem und privatem Leben. Dies ist ebenfalls eine abstrakte Formulierung, der wir menschlichen und historischen Gehalt geben müssen. Vielleicht können wir diese komplexen Momente der Reproduktion in den Griff bekommen, wenn wir sie einzeln untersuchen und dann ihre Beziehungen zueinander analysieren.

Es wurde schon viel über die Entäußerung des männlichen Samens bei der Ejakulation gesagt. Vielleicht sollten wir noch einmal klarstellen, daß wir hier nicht über eine Art psychologischen Prozeß sprechen, über ein Verlustgefühl oder ähnliches. Entäußerung ist keine Neurose, sondern ein *terminus technicus*, der Trennung und das Bewußtsein von Negation beschreibt. Wir haben Freud wegen seiner Reduktion des Bewußtseins der Reproduktion auf eine Angstneurose kritisiert, aber wir leugnen nicht, daß die reproduktive Erfahrung wichtige psychologische Dimensionen hat. Worum es uns geht – und dies leiten wir in einer Art und Weise von Hegel her, die weder ihm noch seinen Nachfolgern besonders gefallen hätte –, ist die Sicht auf grundlegende Aspekte des Charakters des menschlichen Bewußtseins und wie es funktioniert. Das Bewußtsein, so war unser Argument, widersetzt sich der Enfremdung, der Trennung des denkenden Subjekts von der Welt und von der Erfahrung der Welt, und der Negation des Selbst. In diesem Sinne sprechen wir von der Entäußerung oder Entfremdung des Samens. Männer erfahren sich als vom Reproduktionsprozeß entfremdet; wir müssen also fragen: Wovon genau sind Männer entfremdet? Was unternehmen Männer dagegen?

Glücklicherweise brauchen wir nicht zu raten, um Antworten auf diese Fragen zu bekommen. Sie stehen in der Geschichte des Patriarchats und in den Philosophien, die vom *Male-stream*-Denken entwickelt wurden. Wir werden darauf später noch eingehen, an dieser Stelle wollen wir mögliche Antworten in einer Weise formulieren, die den fundamentalen dialektischen Sinn von Trennung und Gegensatz faßt.

Erstens halten wir fest, daß die Entdeckung physiologischer Vaterschaft durch die Männer (oder die Frauen) *gleichzeitig* die Entdeckung der Einbeziehung und des Ausschlusses der Männer vom natürlichen Reproduktionsprozeß ist. Dieser Gegensatz von Einschluß und Ausschluß muß durch Praxis vermittelt werden.

Zweitens ist die Entdeckung der physiologischen Vaterschaft durch die Männer die Entdeckung der Freiheit. Männer sind in dem doppelten Sinn frei, den das liberale Denken entwickelt hat: Es gibt positive und negative Aspekte väterlicher Freiheit, Freiheit *von* etwas und Freiheit *für* etwas. Männer wissen um die Elternschaft, sind aber frei von reproduktiver Arbeit. Sie sind auch frei, sich für die Vaterschaft zu entscheiden oder, wie sie es gerne formuliert haben, das Kind als das ihre »anzuerkennen«. Doch, um einen berühmten Satz von Rousseau zu benutzen, »Männer werden gezwungen, frei zu sein«. Dies ist ein weiterer Widerspruch, weil eine erzwungene Freiheit natürlich bedeutet, daß diese Freiheit problematisch ist.

Drittens sind Männer durch die Entfremdung von ihrem Samen von der Kontinuität in der Zeit getrennt. Es gibt keine greifbare, erfahrbare Verbindung zwischen den Generationen, keine Vermittlung der Zeitlücke, wie Frauen sie im Akt der Reproduktionsarbeit erfahren. Männer sind in ihrer individuellen Geschichtlichkeit, in den Dimensionen ihrer eigenen Lebensspanne isoliert. Die Vorstellung vom Mann als einem historischen Wesen war eine wichtige Komponente männlichen philosophischen Denkens, seit Giambattista Vico zuerst formulierte, daß Geschichte darstellt, was Menschen »hoffen können zu wissen« (Vico 1966), weil Menschen die Geschichte geschaffen haben. Die Vorstellung vom Mann als einem historischen Wesen ist auch eine Grundannahme der Hegelschen und der Marxschen Gesellschaftstheorie, von Heideggers starker ontologischer Behauptung »Sein ist Zeit« ganz zu schweigen. Aber das Verhältnis des Mannes zur Geschichte, zur Kontinuität in der Zeit ist grundsätzlich problematisch. Auf der grundlegenden Ebene generativer Kontinuität, der Kontinuität der Gattung, sind Männer von der natürlichen Kontinuität abgeschnitten. Das männliche Reproduktionsbewußtsein ist eines der

Diskontinuität. Hinter der Doktrin, daß der Mann die Geschichte macht, ist die undiskutierte Wirklichkeit dessen, warum er dies tun muß. Die Entfremdung von seinem Keim trennt ihn von der natürlichen generativen Kontinuität, die er deshalb nur als Idee kennt. Um dieser Idee Substanz zu geben, braucht der Mann Praxis, eine Möglichkeit, das, was er als wirklich weiß, mit der aktuellen Wirklichkeit der Welt zu vereinen. Daher müssen Männer künstliche Formen der Kontinuität schaffen, und das haben sie auch getan.

Die Bedeutung der Entfremdung des Keims ist also in den daraus resultierenden Formen männlichen reproduktiven Bewußtseins zu finden. Dies ist ein Bewußtsein von Widersprüchen, eine Folge von Gegensätzen, die *vermittelt* werden müssen. Männer sind von der Natur getrennt, von der Gattung und von der Kontinuität der Gattung in der Zeit. Dies führt uns zu der zweiten Frage: Was unternehmen Männer dagegen? Die Frage sollte vielleicht besser in der Vergangenheitsform und in kollektiver Form gestellt werden: Was hat der Mann dagegen unternommen?

Gegen die Entfremdung des Keims ist zunächst einmal das Moment der Aneignung des Kindes gesetzt, die nahezu universale Form der Vermittlung der Vaterschaft. Vaterschaft ist ein universelles Phänomen, obgleich sie, anders als Mutterschaft, in vielfältiger Form existiert, wie die Anthropologen uns gezeigt haben.[11] Die Aneignung des Kindes überwindet die Ungewißheit der Vaterschaft. Dies ist jedoch nicht auf der Ebene der Biologie möglich. Sie muß also auf der Ebene des Gesellschaftlichen und des Ideologischen vorgenommen werden. Anders als Mutterschaft, die insofern grundsätzlich gesellschaftlich ist, als sie zumindest die Mutter-Kind-Dyade impliziert, wird Vaterschaft erst historisch gesellschaftlich. Die Aneignung des Kindes kann nicht ohne die Kooperation mit anderen Männern geschehen. Dieser bedarf es zunächst

11 Meine Kollegin, Dr. Dorothy Smith, hat mich darauf hingewiesen, daß das Patriarchat, anders als die Vaterschaft, kein universelles Phänomen ist. Die bekannteste der Studien über nicht-patriarchale Gesellschaften ist natürlich Margaret Meads leidenschaftliches Porträt der Arapesh (Mead 1958). Allerdings scheinen alle sogenannten »Hochkulturen« patriarchalische Gesellschaften gewesen zu sein (Mogulen, Inka, Griechen, Römer und so weiter). Das Patriarchat geht fast durchgängig mit Klassengliederungen, Imperialismus und Formen des Rassismus einher und könnte deshalb im Marxschen Sinn historisch notwendig gewesen sein. Das Problem mit historisch notwendigen Bewegungen ist ihre Trägheit und die Unfähigkeit, das Ende ihrer Nützlichkeit zu erkennen. Dies ist der Grund dafür, daß die Menschheitsgeschichte immer die Geschichte von Kämpfen ist.

einmal wegen der wahren »Universalität« der Vaterschaft: Ein Mann, irgendein Mann, hat dieses Kind gezeugt. Wenn ein Mann das Recht auf ein bestimmtes Kind haben soll, so muß es gleichzeitig die Mittel geben, alle möglichen Väter aus dieser Beziehung auszuschließen. Hierfür gibt es mehrere Möglichkeiten, unter anderem:

1. eine Beziehung des Vertrauens zwischen Männern und Frauen;
2. eine Beziehung des Vertrauens zwischen Männern;
3. die Begrenzung des physischen Zugangs zu Frauen;
4. eine nicht-biologische Definition der Vaterschaft, z. B. gebunden an die soziale Rolle des Ehemanns.

Historisch sind in entwickelten Reproduktionsbeziehungen alle diese Möglichkeiten zu finden. Zwei Faktoren sprechen jedoch gegen den ersten Punkt. Der eine ist die Stärke des sexuellen Impulses bei Männern und Frauen gleichermaßen: Vertrauen und Lust sind schlechte Bettgenossen, und die These, daß Menschen »von Natur aus« monogam seien, läßt sich kaum aufrechterhalten. Zum zweiten ist die Beziehung zwischen Männern und Frauen in der Reproduktion ein Verhältnis zwischen dem Freien und der Unfreien, zwischen einer, die reproduktive Arbeit leistet, und einem, der dies nicht tut. Beziehungen zwischen Männern haben eine objektiv kausale Basis: Sie sind Beziehungen zwischen jenen, die zur Freiheit gezwungen sind, eine *Bruderschaft* von freien Aneignern. Gleichzeitig sind sie jedoch Rivalen, und die Sicherstellung der Vaterschaft erzwingt kooperative Übereinkünfte zwischen Männern, was den Zugang zu »ihren« Frauen angeht.

Vaterschaft ist daher keine natürliche Beziehung zu einem Kind, sondern ein Recht auf ein Kind. »Recht« nun ist ein politischer Begriff, der außer in einem gesellschaftlich-rechtlich-politischen Kontext keinen Sinn ergibt. Die Sicherung eines Rechts erfordert ein soziales Unterstützungssystem, das auf erzwungener Kooperation von Männern fußt, die gezwungen sind, frei zu sein. Was die individuellen Ungewißheiten der Vaterschaft in die triumphierende Universalität des Patriarchats verwandelt, ist die historische Entwicklung dieses Unterstützungssystems. Dies ist auch der Punkt, an dem der Begriff der Potenz weit über eine bloß sexuelle Konnotation hinausgeht. Die Schaffung des Patriarchats ist, in jedem Sinne des Wortes, ein Triumph über die Natur. Die Vorstellung vom Mann als dem Herrscher über die Natur wird oft als

Produkt der Moderne und der Entwicklung der Naturwissenschaften gesehen. Diese Sichtweise ist zu eng. Die Männer haben nicht plötzlich im 16. Jahrhundert entdeckt, daß sie die Beherrschung der Natur zu ihrem historischen Projekt machen könnten. Sie haben ihre Trennung von der Natur sowie ihr Bedürfnis, diese Trennung zu vermitteln, seit dem Moment in dunkler Vorzeit begriffen, als sich die Idee der Vaterschaft im menschlichen Geist festsetzte. Das Patriarchat ist die Macht, mit historischen, vom Manne gemachten Wirklichkeiten die natürlichen Wirklichkeiten zu transzendieren. Dies ist das Potenz-Prinzip in seiner ursprünglichen Form. Es ist kein Zufall, daß Politik im allgemeinen als Machtausübung verstanden wurde. Wir können nicht mit Bestimmtheit sagen, daß Vaterschaft die erste historische Entwicklung des Rechts-Begriffes war. Wir können nicht mit Bestimmtheit sagen, daß die Entdeckung der problematischen Freiheit des Mannes, die in seiner reproduktiven Erfahrung enthalten war, die erste Vorstellung eines Begriffs von Freiheit war. Wir können nicht mit Bestimmtheit sagen, daß die Entdeckung der Fähigkeit, die problematischen Vorgaben der Natur zu verändern, das erste Gefühl der Männer von Macht und Potenz war. Was wir jedoch sagen können, ist, daß die Geschichte des Patriarchats wesentlich mehr Sinn macht, wenn diese Annahmen stimmen, als wenn sie nicht stimmten. Die Männer haben ihr Getrenntsein von der Natur in eine neue Integration umgewandelt, die gleichzeitig ihre »natürliche« Freiheit bewahrt. Dies war ein raffinierter Dreh, denn die Wirklichkeit der Entfremdung und des Ausgeschlossenseins, die der Schwachpunkt des Potenz-Prinzips ist, bleibt im Kern bestehen.

Ein Recht auf Aneignung der Kinder gibt es weder in einem trägen theoretischen Vakuum, noch ist es ohne eigene Spannungen. Was das männliche und das weibliche Reproduktionsbewußtsein sowohl aufeinander bezieht als auch entzweit, sind zum einen die Übersetzung dieses Rechtes in reale soziale Beziehungen, zum anderen die inneren Spannungen des Reproduktionsprozesses. Diese Komplexität führt uns direkt zur Erörterung der Momente der Aufzucht und der Arbeit bei der Entbindung.

Als politischer Begriff und als zentraler Gegenstand politischer Theorie wurde das Recht normalerweise als eine Seite einer Münze angesehen, deren andere Seite die Doktrin der Verantwortung ist. Auf der Ebene der tatsächlichen Erfahrung ist dieser Zusammenhang keineswegs zwingend, denn das Geltendmachen eines Rechts ohne Verantwortung ist ein Merkmal purer Macht, ein Phänomen, das in der menschlichen Geschichte nicht völlig unbekannt ist. Die alte Frage nach dem Verhältnis von Recht und Verantwortung hat liberale Theoretiker schon immer beschäftigt. Sie haben sich die Köpfe zerbrochen über den feinen Unterschied zwischen Freiheit und Schrankenlosigkeit, ganz zu schweigen von den verwickelten Problemen der Dichotomie von Verantwortung und freiem Willen. Abgesehen von diesen Schwierigkeiten bleibt »Recht« selbst ein abstraktes Konzept, dem eine manifeste Präsenz in der Welt gegeben werden muß, ein wiedererkennbares Erscheinungsbild. Dies kann auf symbolische Weise geschehen und ist auch immer so geschehen, von den Rangabzeichen der Monarchie und dem Kreuzchen bei den Wahlen bis zu den Diplomen der Geburtshelfer, die ihnen den exklusiven Zugang zur reproduktiven Anatomie der Frauen zuerkennen, oder dem Recht des Ehemanns auf exklusiven sexuellen Gebrauch des Frauenkörpers und dem Recht auf den Titel, Vater des Kindes einer bestimmten Frau zu sein. Dennoch reichen Symbole allein nicht aus, und auch die wichtige Entwicklung des Eigentumsrechts sagt nicht alles über Rechte, was darüber gesagt werden kann. Rechte müssen auf wirkliche soziale Beziehungen zwischen Menschen bezogen sein, und erst in diesen sozialen Beziehungen stellt sich die Frage nach Verantwortung. Die Aneignung eines Kindes ist die Aneignung eines hilflosen Wesens. Das heißt nicht notwendigerweise, daß Frauen Männer um Hilfe bitten müssen. Abgesehen davon, daß die Natur bereits Vorsorge für die Ernährung des Kindes getroffen hat, gibt es nichts, was Frauen davon abhalten könnte, andere Frauen um deren Mithilfe zu bitten; in der Geschichte haben sie es in unterschiedlichem Grade immer getan. Väterliche Verantwortung entsteht aus der Tatsache, daß die Aneignung des Kindes eine aktiv kooperierende Gemeinschaft von Männern erfordert sowie die Schaffung sozialer Institutionen, um die abstrakte Idee des Rechts zu stützen.

Der Mann als Erzeuger, der seine Entfremdung bei der Zeugung vermitteln muß, das ist im Grunde der »Mann als Schöpfer«. Er hat institutionalisierte Formen der sozialen Beziehungen der Reproduktion geschaffen, Formen, die die Widersprüche im männlichen Reproduktionsbewußtsein vermitteln. Offensichtlich ist die beständigste und erfolgreichste Form die Ehe in all ihren Variationen. Allerdings ist Ehe als solche noch kein adäquater Ausdruck des Rechts auf Aneignung. Es ist daran zu erinnnern, daß die Notwendigkeit zur Kooperation mit anderen Männern bei der Schaffung der Bedingungen der Aneignung gleichzeitig eine Beziehung zwischen rivalisierenden Potenzen ist. Die Aneignung des Kindes symbolisiert die Rechte des Vaters, trägt jedoch wenig zur Reduzierung der Ungewißheit der Vaterschaft auf der Ebene der Erfahrung bei. Das exklusive Recht auf eine bestimmte Frau wird deshalb gestützt durch die physische Trennung dieser Frau von anderen Männern. Mit der Schaffung des Rechts auf Aneignung der Kinder haben Männer jenen sozialen Raum geschaffen, den Vertreter der politischen Theorie den privaten Raum nannten. Ob Lehmhütte oder umfangreicher Haushalt, der private Bereich ist eine notwendige Bedingung der Affirmation bestimmter Vaterschaft, während der öffentliche Bereich jener Raum ist, in dem Männer zusammenkommen, um die Gesetze und Ideologien zu schaffen, die das Patriarchat gestalten und rechtfertigen.

Diese Trennung der Frauen von der umfassenden sozialen und natürlichen Welt trennt sie von anderen Männern, den meisten Frauen, den Mitteln der sich ausweitenden Produktion und dem entwickelten politischen Bereich. Es ist eine aufgezwungene Trennung, eine Bedingung und ein Ergebnis des herrschenden Potenz-Prinzips. Als Herrscher über den privaten Bereich gibt der Mann dem Recht väterlicher Aneignung als dem Recht auf Eigentum Substanz. Das Bedürfnis zur Aneignung von Kindern ist spezifisch menschlich, und die Beteiligung der Männer an der Aufzucht läßt sich auf die Ausübung des Eigentumsrechtes zurückführen. Das rührt nicht nur von der Beteiligung der Männer an der Aufzucht der Kinder her; viele männliche Tiere tun dies. Der Unterschied ist, daß der Mann, mit dem Wissen um seine Trennung vom Reproduktionsprozeß, seine Beteiligung an der Aufzucht in gewisser Hinsicht als freiwillig ansieht. Alle Wölfe etwa helfen bei der Aufzucht der jungen Wölfe; einige Männer helfen bei der Aufzucht der Kinder. Anders als der Wolfspapa können Männer auch indirekt bei der Aufzucht helfen. Sie können andere versklaven oder deren Arbeitskraft kaufen, um sich bei der Aufgabe, die Kinder großzuziehen, zu beteiligen. Was Männer und Wölfe gemeinsam haben, ist die *Anerkennung*.[12] Beide haben den Status des Ernährers, aber dem Wolf kommt in seinem Rudel weder ein politisches Recht noch moralische Richtigkeit zu, weil er tut, was er

12 Der Vergleich mit den Wölfen in dieser Analogie wurde angeregt durch Farley Mowatts sensible, aber anthropomorphe Beobachtungen (Mowatt 1963).

notwendigerweise tun muß. Männer dagegen haben eine Wahl. Natürlich wurde diese Wahl durch Gewohnheit und Recht beschränkt, und der Anspruch auf ein *Recht* auf das Kind brachte in den meisten Gesellschaften Verpflichtungen gegenüber dem Kind mit sich, ganz besonders in Gesellschaften und in sozialen Klassen, in denen die Trennung von privat und öffentlich klar vollzogen ist. Dieses historisch ausgebildete Muster von Rechten und Pflichten bestätigt die Vaterschaft als politisches und moralisches Phänomen. Der »gute Vater« wird aus moralischen Gründen bewundert und mit Macht im Haus, in vielen Gesellschaften auch mit politischer Staatsbürgerschaft, ausgezeichnet. Die »gute Mutter« ist lediglich etwas Natürliches, allerdings wird durch das Familienrecht gesichert, daß sie es bleibt. Die männliche Teilhabe an der Aufzucht hat aber auch eine symbolische soziale Bedeutung: Sie bestätigt ein Recht auf das Kind und die Anerkennung der Vaterschaft, die in Wirklichkeit auf unsicheren biologischen Füßen stehen.

Keine dieser Überlegungen sollte so verstanden werden, als würden damit Zuneigung, Wärme und Liebe zwischen Erwachsenen und Kindern geleugnet. Die Familie wurde häufig als Reich des Gefühlslebens definiert, und es wäre abstrus, dies zu leugnen. Sicher gehören zum Gefühlsleben starke Emotionen, die kaum liebevoll zu nennen sind, und Dramatiker haben ebenso wie Psychoanalytiker nicht nur Romanzen und Komödien, sondern auch Tragödien in den endlosen geschlechtlichen Verständigungen zwischen Frauen und Männern gefunden, die in einer intimen Beziehung zueinander stehen. Millionen von Männern haben ihre Kinder geliebt, und andererseits ist die gefühlsarme Mutter nicht gerade ein unbekanntes Phänomen. Dies sind Verhältnisse in *bestimmten* Familien, und sie variieren in unterschiedlichen Gesellschaften. Was diese Analyse in einer noch abstrakten Weise leisten soll, ist, die *allgemeine* Beziehung zwischen dem biologischen Unterbau und dem gesellschaftlichen Überbau der Reproduktionsverhältnisse aufzuzeigen und damit zu beginnen, die wirkliche historische Entwicklung der Vermittlung der Widersprüche innerhalb des Reproduktionsprozesses darzustellen. Dies schließt das Bedürfnis der Männer ein, in ihrer Eigenschaft als Eltern Anerkennung zu finden. Die historische Entwicklung des Rechts der Männer, ihre Kinder anzuzeigen, und die Aufteilung des gesellschaftlichen Lebens in private und öffentliche Räume sind die zentralen Mittel, die Männer zum Zwecke der Vermittlung der Widersprüche eingesetzt haben. Die Formen der Vermittlung sind Gegenstand empirischer Untersuchungen.

»Aneignung« ist zu einem pejorativen Begriff geworden, vor allem im linken politischen Spektrum. Hier, in dem Sinne, in dem wir ihn bisher benutzt haben, meint er einfach, daß ein Eigentumsrecht an einem Kind geltend gemacht wird, das die Natur für männliche Eltern nicht vorgesehen hat.

Angesichts der historischen Versuche, dieses Recht mit einem gewissen Grad an Verantwortlichkeit für die Aufzucht des Kindes zu verbinden, scheint es keineswegs logisch zu sein, daß aus diesem Recht die Unterdrückung der Frauen folgen sollte. Die Unterdrückung der Frau, so wurde angenommen, ist an die Notwendigkeit gebunden, die Ungewißheit der Vaterschaft mit Hilfe der Schaffung eines privaten Bereiches zu mildern, ebenso das Mißtrauen gegenüber anderen Männern, das die notwendige Kooperation der Patriarchen erschwert. Auch dann ist es noch nicht unausweichlich, daß sich ein Herrschaftsprozeß herausbildet. Es gibt keinen offensichtlichen oder impliziten Grund dafür, warum etwa Arbeit, die im privaten Raum verrichtet wird, nicht den gleichen oder sogar einen überlegenen Status gegenüber der Arbeit habe sollte, die im öffentlichen Raum verrichtet wird. Wir haben festgestellt, daß das männliche Reproduktionsbewußtsein den Begriff von der Potenz entwickelt hat, aber die ideologischen Aspekte des Potenz-Prinzips müssen gegenüber der wirklichen Potenz der Frauen zurückstehen, deren Arbeit die Gattung wirklich reproduziert. Aneignung meint, so haben wir weiter ausgeführt, die Aneignung eines hilflosen Kindes, das jedoch nicht hilflos bleibt; das Gebäude des Patriarchats konnte nicht auf der vorübergehenden Hilflosigkeit des sehr kleinen Kindes gebaut sein. Aus diesem Grunde müssen wir den Akt der Aneignung des Kindes näher betrachten, und damit kommen wir vom Moment der Aufzucht, das von den Geschlechtern geteilt wird, zum weiblichen Moment der Reproduktionsarbeit.

Die männliche Aneignung des Kindes ist mehr als die Transformation des Kindes in ein eher schwieriges Stück individuellen Eigentums. Im Kind ist die entfremdete Reproduktionsarbeit der Mutter aufgehoben. Männer beanspruchen mehr als das Kind, sie beanspruchen Eigentum an der reproduktiven Arbeitskraft der Frauen in einem Sinn, der zwar dem vergleichbar ist, in dem sich Kapitalisten die Mehrarbeit des Lohnarbeiters aneignen, jedoch in keiner Weise ihm analog ist.¹³ Männer sind von Natur aus von ihren Kindern entfremdet; Frauen werden durch die Männer vorsätzlich von ihrer eigenen reproduktiven Arbeitskraft entfremdet.

Doch was heißt es, daß reproduktive Arbeitskraft entfremdet und angeeignet wird? Es heißt unter anderem, daß die dialektische Struktur reproduktiven Bewußtseins in den sozialen Beziehungen der Reproduktion und auf diese Weise auch im weiblichen reproduktiven Bewußtsein bestätigt wird. Auf der biologischen Ebene ist reproduktive Arbeit, die Wehen, ein synthetisierender und vermittelnder Akt. Er bestätigt die Einheit der Frau mit der Natur in der Erfahrung und garantiert, daß das Kind das ihre ist. Die Geburtsarbeit ist vom Reproduktionsprozeß, der ja biologisch unwillkürlich verläuft, untrennbar, aber sie ist auch integrativ. Sie ist die Vermittlung zwischen Mutter und Natur und zwischen Mutter und Kind; aber sie ist auch eine *temporale* Vermittlung zwischen der zyklischen Zeit der Natur und der linearen generativen Zeit. Das reproduktive Bewußtsein der Frau ist ein Bewußtsein davon, daß das Kind ihres ist, aber es ist auch ein Bewußtsein davon, daß sie selbst durch die Arbeit einer Frau geboren wurde, daß die Arbeit unter der Geburt den generativen Zusammenhang und das Fortbestehen der Gattung bestätigt. Das männliche reproduktive Bewußtsein ist bruchstückhaft und diskontinuierlich und kann im Reproduktionsprozeß nicht vermittelt werden. Das weibliche reproduktive Bewußtsein ist kontinuierlich und integrativ, denn es ist im Reproduktionsprozeß vermittelt. Die Tatsache, daß diese In-

13 Die marxistische Vorstellung vom Mehrwert als dem angeeigneten Wert kann nicht vollständig in den Bereich der reproduktiven Arbeit übertragen werden. Überschüsse bei der Reproduktion wurden oftmals eher vernichtet als angeeignet. In sehr frühen Gesellschaften scheint dies ohne Beachtung des Geschlechts geschehen zu sein, obwohl in entwickelten patriarchalischen Gesellschaften die Mädchen wohl eher als entbehrlich angesehen wurden. Die Mythen dieser Gesellschaften beschäftigen sich damit, die Perfidität der Vernichtung männlicher Kinder zu demonstrieren: Isaak, Romulus, Remus und Ödipus gehören zu den bekannten Siegern über Kindesopfer und Aussetzung. Es gibt keine verläßlichen Statistiken über das Aussetzen von Kindern in Griechenland, aber es gibt viele Hinweise auf praktische oder rituelle Kindestötung in alten Schriften. Sowohl Jane Harrison als auch Philip Slater zeigen, daß Kindesmord eine wichtige Komponente im phantasierten »Leben der Antike« ist (vgl. Slater 1971, S. 214-216; Harrison 1957, S. 482-288.) Harrison zitiert Plutarch, Clement und Arnobius, um die These zu stützen, daß Kindesmord bis weit in das 5. Jahrhundert hinein praktiziert wurde. Es handelt sich dabei um eine Grauzone, die sich zwischen ökonomischen, religiösen und psychoanalytischen Interpretationen bewegt.

tegration vom *Male-stream*-Denken als »Passivität« etikettiert wurde, ist ein Teil der Ideologie männlicher Überlegenheit. Heute ist sie hoffnungslos veraltet, weil die mit der Entwicklung kontrazeptiver Technologie gegebene potentiell universelle Wahlfreiheit bedeutet, daß Frauen ihre Vermittlungen mit den Notwendigkeiten der Fortpflanzung schaffen müssen.

Reproduktive Arbeit schafft wie jede Arbeit Werte. Wie kann man diese Art von Wert nennen? In der Geschichte sind Beispiele dafür zu finden, daß Kindern Gebrauchswert und Tauschwert zugesprochen worden sind, aber dieser Wert ist dem Potential des Kindes inhärent. Das Kind kann einen Marktwert haben (und hatte ihn auch) über seine Potentiale als Arbeiter, als Objekt sexueller Befriedigung oder als Reproduzent weiterer Kinder. Dieser Wert ist ein sozio-historisch entwickelter Wert, der weder das Produkt reproduktiver Arbeit noch notwendigerweise der von Männern angeeignete Wert ist. Vaterschaft ist nicht Diebstahl. Weiterhin hat das Kind einen menschlichen Wert, einfach weil es ein Mensch ist, weil es wächst und reifer wird, ein Wunder, eine überwältigende Leistung der Natur. Aus diesen Gründen wird das Kind nicht angeeignet, es wird geliebt. Dies ist der Wert der eigenen Persönlichkeit des Kindes, nicht das Produkt reproduktiver Arbeit. Er repräsentiert die Einheit und schließlich die Trennung beider Eltern und ihres Kindes, über die Hegel geschrieben hat, und wird durch Beziehungen gegenseitigen Vertrauens deutlich gesteigert.

Der Wert, den reproduktive Arbeit hervorbringt, könnte »synthetischer« Wert genannt werden.[14] Er repräsentiert die Einheit empfindungsfähiger Wesen mit dem Naturprozeß und die Ganzheit des Fortbestehens der Gattung. Diese Elemente sind es, die Männer bei der Entäußerung des Keims verlieren, und damit ist die Natur in einem ganz realen Sinn ungerecht gegenüber Männern. Sie schließt gleichzeitig ein und aus. Es ist jedoch eine Ungerechtigkeit, die, nüchtern betrachtet, von der männlichen Praxis überkorrigiert wurde.

Die Tatsache, daß der synthetische Wert das Produkt reproduktiver Arbeitskraft ist, bedeutet, daß die Aneignung des Kindes ohne Arbeit zugleich die Aneignung der Arbeitskraft der Mutter ist, die im synthetischen Wert des Kindes inkorporiert ist. Es handelt sich dabei in einem ganz realen Sinne um die Aneignung

---

14 Marx hat es abgelehnt, diesen Begriff im Zusammenhang mit produktiver Arbeit zu verwenden, vgl. Marx 1980.

sowohl eines Produktes von Arbeit als auch der »Produktionsmittel«, der Frau und ihrer reproduktiven Arbeitskraft. Frauen werden nicht allein privatisiert, um sie vor anderen Potenzen zu schützen. Sie werden privatisiert, weil ihre reproduktive Arbeitskraft zusammen mit dem Kind, in dem sie aufgehoben ist, angeeignet werden muß.

Die Beteiligung der Männer am Reproduktionsprozeß ist so kompliziert, daß Männer sich Herausforderungen gegenübersehen, vor die Frauen nicht gestellt wurden. Die in der Geschichte entwickelte Vaterschaft stellt einen wahren Triumph über die Ungewißheiten der Natur dar. Sie wird durch männliche Praxis errungen, eine Einheit von Wissen und Tat, die durch einen Willensakt zusammengefaßt werden; eine Praxis, die die Idee der Vaterschaft in der gesellschaftlichen Wirklichkeit des Patriarchats objektiviert. Männer verstehen sich selbst als Teilhaber an der Macht über die Natur, eine Potenz, die ihrer dualistischen reproduktiven Erfahrung eine Einheit gibt, die die Ungerechtigkeit der Natur mißachtet und gleichzeitig deren Geschenk – die Freiheit – wie einen Schatz bewacht. Einfach gesagt, ist Vaterschaft ein paradigmatischer Fall für die Möglichkeit, etwas zu bekommen, ohne etwas dafür zu geben. Die sozialen Formen, die sich aus dieser komplexen Reihe von Vermittlungen ergeben, sind deshalb von dem von uns so genannten Potenz-Prinzip bestimmt. Es sind Beziehungen von Arbeitenden und Nicht-Arbeitenden, von Angeeignetem und Aneigner, von Dualismus und Integration, von künstlich geschaffener Potenz und tatsächlicher Potenz, von kontinuierlichem Zeitbewußtsein und diskontinuierlichem Zeitbewußtsein, von weiblich und männlich. Das Potenz-Prinzip bleibt jedoch zutiefst problematisch, unter ständigem Druck, Leistung zu erbringen, neu zu definieren, zu symbolisieren und zu rechtfertigen. Die Bruderschaft der Männer hat ein riesiges und erdrückendes Gefüge von Gesetzen, Sitten, Gebräuchen und Ideologien errichtet, um ihre Potenz zu bestätigen und zu bewahren. Es ist ein Gefüge, das aktiv aufrechterhalten werden muß, denn im Kern männlicher Potenz steht die nicht hintergehbare Realität von Entfremdung und Ungewißheit.

Die Frage der Temporalität, die in dieser Analyse immer wieder aufkam, verdient einige weitere Bemerkungen. Die Aneignung des Kindes und seines synthetischen Wertes schließt die Männer sowohl an den Kreislauf der Natur an, der mit der Geburt des Kindes vollständig ist, als auch an die unilineare Kontinuität der Zeit der Gattung, die die eigentlich materielle Grundlage der menschlichen Geschichte ist. Alle weiblichen Momente der Reproduktion, außer denen, die Frauen mit den Männern teilen – Kopulation und Aufzucht –, sind zyklische Momente. Kopulation und Aufzucht sind linear, aber episodisch. Schwangerschaft folgt nicht automatisch auf Kopulation, und die Äußerungen des Geschlechtstriebs sind unvorhersehbar. Es sind also drei Zeitmodelle am Reproduktionsprozeß beteiligt: zyklische Zeit, lineare Zeit und unregelmäßige Episodenhaftigkeit. Aus dieser Situation ergeben sich weitere wichtige Zusammenhänge, auf die wir im folgenden genauer eingehen.

Weibliche sexuelle Empfänglichkeit unterscheidet sich von der aller anderen Tiere: Frauen sind immun gegenüber den zyklischen Zwängen des Östrus, und ihre sexuelle Empfänglichkeit ist episodisch wie die der Männer. Es gibt keine anderen Lebewesen, die ständig einen Sexualpartner konstant in Reichweite haben wollen, aber wir sollten festhalten, daß dies nicht auf Männer beschränkt ist, sondern auf Männer und Frauen gleichermaßen zutrifft. Als ein Gebiet natürlicher Gleichheit zwischen den Geschlechtern könnte dies gut ein bedeutender Faktor in den veränderten sozialen Reproduktionsverhältnissen sein, die im Zeitalter der Kontrazeption entstehen werden. Von der doppelten Bedrohung ungewollter Schwangerschaft und dem bloßen Ausgeliefertsein an männliche Sexualität befreit, haben Frauen jetzt nicht nur wie die Männer sexuelle Bedürfnisse, sondern auch die Möglichkeit zu gemeinsamer Sexualität und gewollter Elternschaft.

Es kommt hinzu, daß das *Male-stream*-Denken die Unterscheidung von männlichem und weiblichem Zeitbewußtsein bisher kaum zur Kenntnis genommen hat; es ist ein Faktum, das von der feministischen Wissenschaft zu erschließen ist. Der Unterschied zwischen natürlicher und historischer Zeit wurde oft dargelegt, aber nicht die geschlechtliche Differenzierung. Weibliche Zeit ist, so haben wir festgestellt, kontinuierlich, während männliche Zeit diskontinuierlich ist. Die Diskontinuität im männlichen Zeitbewußtsein ist Teil einer inzwischen bekannten Ambivalenz: Sie befreit die Männer bis zu einem gewissen Grad von der Kontingenz der natürlichen zyklischen Zeit, entzieht ihnen jedoch die Erfahrung der Kontinuität der Generationen. So haben sich Männer in der Geschichte herausgefordert gefühlt, Kontinuitätsprinzipien zu schaffen, Prinzipien, die im öffentlichen Raum unter männlicher Kontrolle ablaufen und die nur von der kreativen Phantasie der Männer begrenzt sind.

Das Problem der Kontinuität in der Zeit hat sich in der westlichen Gesellschaft zu einem politischen Problem entwickelt, zur Suche nach einer »Ordnung« des Ablaufs, die die individuelle Lebensspanne transzendiert, indem sie sich irgendwie immer wieder neu erzeugt. Die Kontinuitätsprinzipien knüpfen entweder an die zyklische Zeit an; so tauchen sie in allen organischen Staatstheorien auf in einer idealisierten Form der Kontinuität, wie der Vorstellung von Ewigkeit, die Bestandteil theokratischer Formulierungen ist. Oder sie berufen sich auf eine Instanz stabiler Kontinuität in der Praxis, wie etwa eine ökonomische Ordnung oder eine Erb-Monarchie. Die Vorstellung von Geschichte als einem Kontinuitätsprinzip ist modern; [...] die Zeit dagegen erscheint, losgelöst von ihren biologischen Wurzeln, als ein philosophisches Problem, und das ist sie auch. Alles Nachdenken über die Zeit bleibt jedoch begrenzt, wenn es die geschlechtsspezifischen Unterschiede im menschlichen Zeitbewußtsein vernachlässigt.

Die Zeitlücke zwischen Kopulation und Entbindung schließlich vergrößert die Ungewißheit der Vaterschaft. In der männlichen Konzeption von der Zeit als einem Feind könnte dies ein Faktor sein, ganz zu schweigen von der großen Angst vor dem Fremden, die zu den Grundpfeilern der Geschichte männlicher Herrschaft gehört. Die Idee von der Zeit als einem Feind hängt zweifellos mit dem Faktum der Sterblichkeit zusammen, hat aber auch Wurzeln in der Tatsache, daß wir alle geboren werden. Der Schatten der Zeitlücke ist die Trennung der Männer vom Schicksal ihres Keims. Vaterschaft ist in einem ganz realen Sinn eine entfremdete Erfahrung abstrakter Zeit: Für Männer ist Physiologie Schicksal. [...]

*Übersetzt von Sabine Böker,
Irene Dölling und Beate Krais*

Literatur

Aristoteles (1959): *Über die Zeugung der Geschöpfe*, Paderborn.
Beauvoir, S. de (1968): *Das andere Geschlecht*, Reinbek bei Hamburg.

Cherniss, H. (1964): *Aristoteles' Criticism of Pre-Socratic Philosophy*, New York.

Davis, E./Rubin, R. (Hg.) (1966): *Dr. Lee's Obstretics for Nurses*, 18. Aufl., Philadelphia, London.

Donnison, J. (1977): *Midwifes and medical Men*, London.

Firestone, S. (1975): *Frauenbewegung und sexuelle Revolution*, Frankfurt am Main.

Harrison, J. E. (1957): *Prolegomena to the Study of Greek Religion*, New York.

Iorio, J. (1971): *Principles of Obstretics and Gynecology for Nurses*, St. Louis.

Marx, K. (1980): *Das Elend der Philosophie*, in: *MEW*, Bd. 4, Berlin.

Marx, K. (1988): *Das Kapital*, Bd. 1, in: *MEW*, Bd. 23, Berlin.

Marx, K./Engels, F. (1978): *Die deutsche Ideologie*, in: *MEW*, Bd. 3, Berlin.

Marx, K./Engels, F. (1980): *Manifest der Kommunistischen Partei*, in: *MEW*, Bd. 4, Berlin.

Mead, M. (1959): *Geschlecht und Temperament in primitiven Gesellschaften*, Reinbek bei Hamburg.

Mowatt, F. (1963): *Never cry Wolf*, Toronto.

Platon (1990): *Das Gastmahl*, in: *Werke* in acht Bänden griechisch und deutsch, hg. von Gunther Eigler, Darmstadt.

Slater, G. A. (1968): »The Problem«, in: *Midwife in the United States: A Macy Conference*, New York.

Slater, P. E. (1971): *The Glory of Hera*, Boston.

Vico, G. (1966): *Die neue Wissenschaft über die gemeinschaftliche Natur der Völker*, Hamburg.

Cornelia Ott
Lust, Geschlecht und Generativität
Zum Zusammenhang von gesellschaftlicher Organisation von Sexualität und Geschlechterhierarchie

Einleitung

In frühen feministischen Entwürfen zur Patriarchatskritik und -analyse wird der Sexualität – verstanden als kulturelle und soziale Normierung sexueller Ausdrucksmöglichkeiten und Beziehungsformen – eine zentrale Rolle zugeschrieben. Trotz unterschiedlicher Schlußfolgerungen teilen z. B. Millet (1971), Firestone (1975) und Rich (1983) die Überzeugung, daß eine phallokratische, heterosexistische Organisation von Sexualität wesentlich zur Aufrechterhaltung der Geschlechterhierarchie wie zur Reproduktion patriarchaler Gesellschaften beitrage. Folgerichtig steht die Analyse von Sexualität im Mittelpunkt ihrer Arbeiten.

In die deutschsprachige Frauenforschung hat diese Diskussion kaum Eingang gefunden. In theoretischen Herangehensweisen, die die Erforschung des Geschlechterverhältnisses an gesamtgesellschaftliche Analysen rückbinden, taucht die Frage nach der *gesellschaftlichen Organisation von Sexualität* zumeist nur als programmatische Forderung auf (vgl. Gerhard 1990). Grundlegender für eine Analyse, die Geschlechterhierarchie *und* das gesellschaftliche Ganze umfassen soll, sind hier Fragen nach den sozio-ökonomischen Dimensionen des Geschlechterverhältnisses (Beer 1990, S. 12) und nach der Bedeutung von »Geschlecht« für gesellschaftliche Strukturierungs- und Machtprozesse (Becker-Schmidt 1993, S. 44). Sexualität, so scheint es auf den ersten Blick, steht »quer« zu Konzepten geschlechtshierarchischer Arbeitsteilung und/oder Konzepten gesellschaftlicher Totalität. Die Akzentuierung der geschichtlichen Gewordenheit von Arbeitsteilungen und Eigentumsformen wie der hierarchischen und widersprüchlichen Ausdifferenzierung des gesellschaftlichen Ganzen deutet vielmehr auf versachlichte und rationalistische, »asexuelle« Vergesellschaftungsprinzipien hin.

Gleichwohl werden von den Autorinnen Anknüpfungspunkte zur Einbeziehung von Sexualität benannt. Neben der Betonung der Bedeutung von psychosexuellen Prozessen für die Organisation des Geschlechterverhältnisses ist vor allem ein Teilaspekt der gesellschaftlichen Organisation von Sexualität, »Generativität«, in feministische gesellschaftstheoretische Entwürfe aufgenommen worden. Letzterem gilt im weiteren mein Interesse, dabei beziehe ich mich auf die Arbeiten von Ursula Beer zur »generativen Reproduktion«. Ich werde in meinem Beitrag zeigen, daß die Einbeziehung von normativer Zweigeschlechtlichkeit sowie der Privilegierung gegengeschlechtlichen Begehrens in einen Ansatz der »generativen Reproduktion« dazu beitragen kann, noch offene Probleme der Tradierung von Geschlechterungleichheit weiter zu erschließen.

Ursula Beers Konzept der Bevölkerungsweise

Ausgangspunkt der historisch-empirischen Untersuchung, die Ursula Beer in *Geschlecht, Struktur, Geschichte* an ihre metatheoretischen Überlegungen zum Strukturbegriff anschließt, ist der Transformationsprozeß von der ständischen zur bürgerlich-kapitalistischen Gesellschaft. Sie geht der Frage nach, wie sich die soziale Konstitution des Geschlechterverhältnisses unter bürgerlich-kapitalistischen Bedingungen vollzieht bzw. welche *Funktion* sie für die aufkommende Industriegesellschaft übernimmt. Eine zentrale These ihrer Untersuchung lautet, der Nachweis einer strukturellen Verankerung des Geschlechterverhältnisses könne nicht allein durch einen Rekurs auf ökonomische Strukturierungsprinzipien geführt werden. Beer zeigt, daß auch eine kapitalistische Gesellschaft zu ihrer Reproduktion auf nichtmarktvermittelte, »naturalwirtschaftliche« Versorgungsleistungen angewiesen ist. Dazu gehört neben der Zeugung, dem Austragen und Gebären von Kindern die Sicherung ihrer emotionalen und materiellen Versorgung. Diese – in der Marxschen Theorie weitgehend ausgesparte – Dimension gesellschaftlicher Reproduktion verweist darauf, daß die Menschen in kapitalistischen Gesellschaften nicht allein über marktökonomische Zusammenhänge vergesellschaftet sind, sondern auch über ihr generatives Vermögen:

Im Unterschied zur traditionellen marxistischen Theorie, die menschliche Produktivkraft nur in ihrer marktökonomischen Vergesellschaftung zum Gegenstand hat, stellt jene in dem hier vorgeschlagenen Modell nur eine von mehreren und voneinander zu unterscheidenden Vergesellschaftungsformen von Menschen dar: Menschliche Subjekte erfahren eine (geschlechtsspezifische) Vergesellschaftung ihres Arbeits- und ihres generativen Vermögens; sie figurieren als Lohn- oder Familienarbeitskraft, auf historisch-besondere Art und Weise als Mütter oder Väter, sind menschliche Produktivkraft aber auch als »Kapitalist« oder patriarchaler Nutznießer von Familienarbeitskraft. (Beer 1990, S. 147)

Eine Ausdifferenzierung von Strukturzusammenhängen industrialisierter Gesellschaften in »Produktionsweise« und »Bevölkerungsweise« gestattet es Beer zufolge, »das ursprüngliche feministische Anliegen, die Gebärtätigkeit von Frauen, in eine materialistische Theorie hereinzuholen, auf eine sehr viel breitere Grundlage zu stellen: generative Reproduktion im Sinne demographischen Wandels und demographischer Strukturen zum Gegenstand von Gesellschaftstheorie zu machen.« (Beer 1993, S. 19)

Auf dieser Grundlage untersucht Beer die Veränderungen der Bevölkerungsweise und deren Folgen für das Geschlechterverhältnis. Im Übergang von feudaler zu kapitalistischer Produktionsweise zerfielen die traditionellen Strukturen, die die generative Reproduktion und damit die Regulierung des Bevölkerungsbestandes bis dahin abgesichert hatten. Heiratsbeschränkungen, die Menschen ohne eigene ökonomische Absicherung daran hindern sollten sich fortzupflanzen, wurden aufgehoben; materielle Verpflichtungen, die die Herkunftsfamilie gegenüber ihren (auch erwachsenen) Kindern hatte, fielen weitgehend fort; Dienstverhältnisse, die Ehe- und Kinderlosigkeit unter Strafandrohung durchsetzten, wurden durch Arbeitsverhältnisse ersetzt, die in diesem Bereich keine Sanktionen einschlossen. Was ehemals gemeinschaftlich gesichert wurde – die Begrenzung der generativen Reproduktion auf diejenigen Bevölkerungsschichten, die sowohl die Möglichkeit als auch die Pflicht hatten, für die Versorgung ihrer Nachkommen aufzukommen –, wurde im Zuge der Trennung von Erwerb und Familie wie im Übergang von Eigentum zu Kapital als Grundlage der Produktionsweise zur »Privatsache«, zur Aufgabe und Pflicht der Familien. Die Menschen waren nun frei, Ehen einzugehen und (legitime) Kinder zu bekommen, gleichzeitig entsteht aber ein »Vakuum« in der Sicherstellung der Reproduktion der Bevölkerung.

Was zunächst wie eine Partizipationsmöglichkeit beider Geschlechter an vormals auf wenige begrenzten sozialen Vorrechten erscheint, erweist sich jedoch für Frauen als widersprüchlich. Sie sind es, die nunmehr zur Sicherung der generativen Reproduktion »verpflichtet« werden; es sind ab jetzt die *Ehefrauen*, die mit ihrer unbezahlten Arbeit die Sicherung des Bevölkerungsbestandes gewährleisten. Die Zuweisung generativer Aufgaben und Zuständigkeiten an Ehefrauen zieht, wie Beer zeigt, ihren Ausschluß von marktvermittelter Arbeit bzw. ihren prekären Einschluß in sogenannte »bad jobs« nach sich. Dies wiederum hatte zur Folge, daß sich männliche Vorrechte – nunmehr über die Verfügungsmöglichkeit über Lohn bzw. Kapitaleinkünfte gestiftet – durch die Privilegierung des »Ernährers« als »Familienoberhaupt« im Familienrecht erneuern und sich, wie Ursula Beer schreibt, in nie gekannter Form verallgemeinern.

Diese neue Form von Geschlechterungleichheit nennt Ursula Beer daher »doppelten Sekundärpatriarchalismus«, weil er sowohl in der Erwerbssphäre wie in der Familiensphäre dem männlichen Geschlecht eine privilegierte Position sichert. Der »doppelte Sekundärpatriarchalismus« ist für Beer nicht das Ergebnis männerbündischer Zusammenschlüsse, sondern *funktional* für die industriekapitalistische Gesellschaft, die neben der marktvermittelten Arbeit auf naturalwirtschaftlicher Arbeit zur Sicherung der gesamtgesellschaftlichen Reproduktion beruht. Er ist die historisch-spezifische Antwort auf das Problem, wie eine industrielle Gesellschaft ihre »biologisch-natürliche Bestandssicherung« (Beer 1993, S. 20) vergesellschaftet.

Unklar bleibt jedoch, warum es gerade die *Frauen* sind, die auf die Sicherung der naturalwirtschaftlichen Elemente der Industriegesellschaft verwiesen werden, während Männer an den neu entstandenen Vergesellschaftungsformen von Arbeit partizipieren konnten (vgl. Braun 1993). Auch Ursula Beer weist darauf hin, daß sich die geschlechts*hierarchische* Arbeitsteilung weder aus den Erfordernissen der neuen Produktions- und Bevölkerungsweise noch aus der Gebärfähigkeit von Frauen ergeben muß. Denkbar wäre auch, daß sich aus einem solchen tiefgreifenden Umbruchprozeß neue, egalitäre Formen der Verteilung der generativen Arbeit auf beide Geschlechter ergeben könnten. Beer führt die neuen Unterdrückungsverhältnisse auf eine »kulturell tradierte Geschlechterungleichheit« zurück, die bereits in der ständischen Gesellschaft zur Abwertung von Frauenarbeit führte und auch im patriarchalen Familienmodell wirksam war. Die Tradierung von Geschlechterprivilegien könne jedoch nicht als ein intentionaler Prozeß verstanden werden: »ist sogar unwahrscheinlich, demgegenüber *eher eingebettet in ein kulturelles Muster, das ›ganz selbstverständlich‹ Geschlechterherrschaft beinhaltete und voraussetzte*«. (Beer 1990, S. 275, Hervorhebung C.O.)

Die gesellschaftliche Notwendigkeit der Reproduktion der Bevölkerung und deren spezifische Lösung in bürgerlich-kapitalistischen Gesellschaften können also allein nicht erklären, warum sich erneut ein hierarchisches Geschlechterverhältnis herausbilden kann. Ursula Beer hat aber mit der Vermutung eines »kulturellen Musters« einen Anknüpfungspunkt für diese Frage angedeutet. Obwohl meines Erachtens davon ausgegangen werden muß, daß wir es weniger mit einem konsistenten, universellen kulturellen Muster, sondern vielmehr mit einer Reihe von heterogenen kulturellen Mustern zu tun haben, scheinen mir die sozialen, kulturellen und diskursiven Formierungen einer heterosexuellen Norm besonders gut geeignet zu sein, Ungleichheitslagen zu naturalisieren und damit zu verdecken. Dieses kulturelle Muster setzt sich, so meine These, aus einer vereinheitlichenden und vereindeutigenden Normierung von Zweigeschlechtlichkeit, von heterosexuellem Begehren *und* von Generativität zusammen. Um diesen Zusammenhang näher bestimmen zu können, bedarf es einer Untersuchung der gesellschaftlichen Organisation von Sexualität und der Art und Weise, wie diese in das Geschlechterverhältnis und in gesellschaftliche Verhältnisse eingebettet ist. Hier bietet sich Michel Foucaults Konzept der Bio-Macht als theoretische Zugangsweise an.

Foucaults Konzept der Bio-Macht

Auch Foucaults sozialhistorisch ausgerichtete Arbeiten zur Macht beschäftigen sich mit dem Transformationsprozeß feudalistischer/ absolutistischer Gesellschaften in bürgerlich-kapitalistische Gesellschaften, in dem – und das ist Foucaults zentrale These – neue Formen der Machtausübung nicht zu einer Verringerung von Macht, sondern vielmehr zu einer nie gekannten Ausweitung von Macht in alle sozialen Bereiche führen. Beschreibt Foucault einerseits die »Disziplinartechnologie der Arbeit« (Foucault 1992,

S. 51), d. h. die Zurichtung von Menschen in »Arbeitskräfte«, einen gewaltigen Machtkomplex, der erst die Grundlage kapitalistischer Produktionsweise – die Ware Arbeitskraft – hervorbringt, wendet er sich andererseits mit seinen Überlegungen zur Bio-Macht dem zu, was Ursula Beer strukturtheoretisch mit dem Begriff der Bevölkerungsweise zu fassen sucht:

> der Gesamtheit von Prozessen (…) wie etwa dem Verhältnis von Geburten und der Todesfälle, der Reproduktionsrate, der Fruchtbarkeit einer Bevölkerung usw. Es sind diese Prozesse der Geburtenrate, der Mortalität, der Lebensdauer, die gerade in der zweiten Hälfte des 18. Jahrhunderts in Verbindung mit einer ganzen Menge von ökonomischen und politischen Problemen (…) die ersten Wissensobjekte der Bio-Politik und die ersten Zielscheiben bio-politischer Kontrolle bildeten. (Foucault 1992, S. 52)

Foucault zufolge wird die Bio-Macht zu einem beherrschenden Modus der Vergesellschaftung in modernen Gesellschaften. Sie beruht auf der produktiven Durchsetzung und Ausweitung des Prinzips »Leben«: der Sicherung des individuellen wie kollektiv-nationalen (Über-)Lebens vor Risiken und Unwägbarkeiten der »Natur« wie vor der Willkür politischer Despotie. Die Bio-Macht durchdringt den Raum des Politischen, augenfällig sowohl in der Etablierung von »Sozialpolitik« als auch in der blutigen Ausgrenzung »unwürdigen Lebens«; sie tangiert den Raum des Ökonomischen, wo Gentechnologie und Atomindustrie die Ambiguität des »Rechts auf Leben« aufzeigen. Die Bio-Macht strukturiert ebenso die sozialen Beziehungen, ja die Beziehungen der Menschen zu sich selbst. Die vernünftige Auswahl der LebenspartnerInnen, die sorgfältige Planung und Pflege des Nachwuchses, eine gesunde Lebensführung, die Steigerung von Lebensgenuß und -dauer sowie die Absicherung vor Unglücksfällen aller Art sind individuelle Anstrengungen, mit denen die Menschen sich selbst und in bezug auf andere als normale, mündige Mitglieder der Gesellschaft definieren. Auch hier zeigt sich die janusköpfige Gestalt der Bio-Macht: Deren zerstörerische Kraft zeigt sich in der (auch gewalttätigen) Ausgrenzung dessen, was sich diesen Maximen nicht fügt oder ihnen im Weg zu stehen scheint. Dies können Anteile des Selbst sein oder die Ausgrenzung ganzer Bevölkerungsgruppen. Bio-Macht, so Foucault, lagert sich im individuellen wie im kollektiven Körper ab. Sie strukturiert das Selbst, z. B. in Bewußtes/Unbewußtes, Körper/Geist, Verstand/Gefühl, ebenso wie die Bevölkerung in gesund/krank, normal/verrückt, angepaßt/kriminell. Foucault geht noch weiter, wenn er sagt:

> Schon das biologische Kontinuum der menschlichen Spezies, das Auftauchen der Rassen, die Unterscheidung der Rassen, die Hierarchie der Rassen, die Qualifizierung bestimmter Rassen als gut und anderer als minderwertig, all das stellt eine Art und Weise dar, innerhalb einer Bevölkerung Gruppen gegeneinander zu differenzieren (...) Dies gestattet es der Macht, eine Bevölkerung als Rassenvermischung zu behandeln oder genauer, die Spezies so zu behandeln, die Spezies, die sie erfaßt hat, in Untergruppen zu unterteilen, die genau die Rassen bilden. (Foucault 1992, S. 55)

Zusammen mit der von Foucault an anderer Stelle vorgenommenen Analyse der Ausdifferenzierung gesellschaftlicher Klassen (vgl. Foucault 1977, S. 150ff.) wird deutlich, daß er in der Bio-Macht das soziale Band sieht, das moderne Gesellschaften in einer spezifisch paradoxen Art strukturiert: Sie ermöglicht es, daß sich die Menschen als einzigartige »Subjekte« verstehen lernen, und schließt sie zugleich als amorphe, vereinheitlichte »Bevölkerungsmasse« zusammen. Dabei ist die Kehrseite des »Rechts auf Leben« stets die Ausgrenzung bzw. Vernichtung von Leben.

(Hetero-)Sexualität im Schnittpunkt von Individualisierung und Totalisierung

Wie gelingt es der Bio-Macht, die ja in ganz unterschiedlichen Räumen mit ganz verschiedenen Mechanismen und Zielen zirkuliert und die keineswegs allein auf Institutionen wie dem Staat oder auf ökonomischen Gesetzen beruht, sich derart in die Körper der einzelnen wie auch in den Gesellschafts»körper« einzugraben und sich sowohl in Bewußtseins- als auch in Gesellschaftsstrukturen zu manifestieren? Foucault nennt hier, und damit schließt sich der Bogen zu meiner These, eine spezifische, Diskurse und soziale Praktiken verbindende »Technologie des Sexes«. Sexualität – der Begriff ist selbst schon Produkt dieser Technologie – wird zum Kristallisationspunkt verstreuter Diskurse und Praktiken, die sich hier verdichten können und als machtvolle Normen in den gesellschaftlichen Raum zurückstrahlen. Die diskursive und soziale Zähmung der Lüste ist Foucault zufolge so bedeutsam für die neue Form der Macht, weil sie die Verknüpfung von (Individual-)Disziplin und (Bevölkerungs-)Regulierung ermöglicht und sichert:

Allgemein wird also der Sex am Kreuzungspunkt von Körper und Bevölkerung zur zentralen Zielscheibe für eine Macht, deren Organisation eher auf der Verwaltung des Lebens als auf der Drohung mit dem Tode beruht. (Foucault 1977, S. 175)

In den Diskursen und Praktiken der Moderne haben, so Foucault, die Lüste eine spezifische Gestalt angenommen, die durch eine doppelte Verknüpfung von *Lust und Subjekt* sowie von *Lust und Fortpflanzung* gekennzeichnet ist. Die Sexualisierung des Subjekts (die Produktion der gemeinsam geteilten Vorstellung, daß unser Begehren, unser Geschlecht tiefste Wahrheiten über unser Selbst birgt) und die Erotisierung von Zeugungs- und Gebärfähigkeit (die Produktion der gemeinsam geteilten Vorstellung, daß nur sexuelle Ausdrucksformen, die zumindest potentiell zur [qualitativen] Fortpflanzung führen, »gesund« und »natürlich« sind) verschränken sich im 19. Jahrhundert zu einem Alltagsverständnis von »Sexualität« als gefährlicher und mächtiger Kraft, die der sorgsamen Pflege und Überwachung bedarf. Vor allem die bürgerliche Klasse sucht sich über die Hygienisierung des Triebes – z. B. durch die Bekämpfung der Masturbation, durch die Behandlung »hysterischer« Frauen, durch die Kriminalisierung oder Psychiatrisierung sogenannter »Perverser« – einen »Körper« zu geben, der ihren Anspruch auf Hegemonie dadurch bestätigt, daß er leistungsfähig und überlegen ist.

»Unnatürliche« Sexualität – Sex mit dem »falschen« Geschlecht, Masturbation, empfängnisverhütende Praktiken, Verkehr mit Prostituierten – wird dabei zu einem Problem, was nicht nur die einzelnen betrifft, sondern vielmehr das Wohl der Bevölkerung gefährdet. Es verbreitet sich, so Foucault, eine »Theorie der Degeneration«: Ungezügelte Sexualität führe nicht nur zur Schädigung des Organismus, sondern zur Schädigung des Erbgutes, der Nachkommen, »und zwar für viele Generationen« (Foucault 1992, S. 55). Was letzten Endes gefährdet ist, ist das Leben. Über die Diskurse und Praktiken des »Sexualitätsdispositivs« können sich die neuen Machtformen tief in den Alltag und ins Bewußtsein der Individuen verankern und sie zu ihren getreuen Helfern verpflichten. Machtbeziehungen »verkleiden« sich als Erfordernisse der Natur.

Foucaults Ansatz der Bio-Macht und die Rolle, die er der »Sexualität« für die Einbindung jedes/r einzelnen in die neuen Machtformationen zuweist, stellen meines Erachtens eine fruchtbare

Erweiterung zu Ursula Beers Überlegungen zur »Bevölkerungsweise« dar. Er geht über die Ebene des Ökonomisch-Funktionellen hinaus und kann die subjektiven Motive erfassen, die die einzelnen an die neue Macht ketten, ohne daß dies zu durchschauen wäre. Jedoch läßt sich auch aus Foucaults Ansatz nicht unmittelbar entnehmen, wie sich das *Machtgefälle zwischen den Geschlechtern* in diesem Transformationsprozeß verändert bzw. neu formiert.

Die Naturalisierung von Geschlechterungleichheit

Foucault selbst spart die Veränderungen, die der Übergang in die neuen Machtverhältnisse für das Geschlechterverhältnis mit sich bringt, weitgehend aus. AutorInnen, die Foucaults Ansatz aufgenommen haben, zeigen in historisch angelegten Studien, wie sich im 18. und 19. Jahrhundert das Verständnis von Geschlechterdifferenz, von biologischem und sozialem Geschlecht, von sexuellem Begehren sowie von dem Zusammenleben der Geschlechter verändert hat.[1] Obwohl in diesem Zeitraum eine Reihe sich widersprechender Vorstellungen miteinander konkurrieren, erweist sich die folgende als dominant: Die Geschlechter sind biologisch – aufgrund ihrer leiblichen Konstitution – *fundamental verschieden*, sozial – aufgrund ihrer (erotisierten) Fortpflanzungsverpflichtung – *komplementär aufeinander verwiesen*. Diese Vorstellung löst das »Eingeschlechtermodell« (Laqueur) und die Hierarchisierung der Geschlechter durch ständische Gebundenheit weitgehend ab. Auf der Ebene des sozialen Lebens nimmt der Druck für beide Geschlechter immer mehr zu, sich in legitimen heterosexuellen Verbindungen, der Ehe, zusammenzuschließen. Die verallgemeinerte heterosexuell-monogame Lebensgemeinschaft wird zum zentralen (Über-)Lebensort, sowohl was die generative Reproduktion betrifft als auch die ökonomische Existenzsicherung (vgl. Beer 1990, S. 245 ff.). Scheint dieses komplementäre Arrangement der Geschlechter auf den ersten Blick egalitär, so zeigt sich, daß in der Konstruktion von der leiblich-konstitutionellen Geschlechterdifferenz wie der heterosexuellen Bezogenheit eine tiefgreifende Hierarchisierung der Geschlechter versteckt ist. Der zu dieser Zeit

---

[1] Z. B. Laqueur 1992; Moscucci 1990; Honegger 1991.

allgemein akzeptierten Auffassung vom Organismus folgend, in der jedes noch so kleine Teil die Funktion und Aufgabe des Ganzen bestimmt, wird die sexuelle Differenz zum »sozialen Platzanweiser« in der sich ausdifferenzierenden Gesellschaft: Dem nach außen gerichteten, aktiven, begehrenden Mann gehört nun »natürlicherweise« der Platz im Öffentlichen, in den neu entstehenden Wirtschaftsformen; der verletzlichen, nach innen gerichteten, passiven Frau der Platz im Privaten, im Haus. Das normative Ideal der heterosexuellen Begegnung, der Koitus, wird zum Leitbild der Beziehungen der Geschlechter in der Ehe und im Erwerbsleben: Der Mann, aktiv eindringend, gibt (das Geld, die Arbeit), die Frau, passiv erwartend, empfängt. Der Mann ist »oben«, die Frau »unten« (vgl. Bourdieu in diesem Band).

Nicht alles ist neu in dieser Neucodierung von Geschlecht und Begehren; vieles hat seine Wurzeln in tradierten hierarchischen Vorstellungen von Geschlechterdifferenz, die dem Weiblichen die Rolle des Minderen zuweisen. Neu ist, so der Tenor der Arbeiten, der Ausschluß von ambivalenten Vorstellungen, die bis dahin den Geschlechterdiskurs prägten: z. B. der Vermischung von Weiblichem und Männlichem in einem Körper, von aktivem und passivem Begehren, von gleichgeschlechtlicher und gegengeschlechtlicher Liebe. Neu ist ebenso die Ausweitung des Geltungsbereiches dieser normativen Anforderungen, nicht zuletzt durch die »Verwissenschaftlichung des Lebens«. Jede und jeder ist verpflichtet, ihre/seine Lust zu prüfen zur Bewahrung der eigenen Gesundheit wie zur Wahrung der »Volksgesundheit«. Neu ist auch die Fortpflanzungsanforderung an alle, die nicht allein quantitativ betrachtet wird, sondern die Sorge um das Erbgut in sich birgt.

Die neue heterosexuelle Norm beinhaltet darüber hinaus eine Spannung, die aus ihren paradoxen Effekten gespeist ist: Die heterosexuelle Norm individualisiert und totalisiert zugleich, sie macht die Menschen zu klar unterscheidbaren Subjekten ihrer »Sexualität« mit unwägbaren, unvergleichlichen Geheimnissen, und zugleich schließt sie sie als »Träger« des Erbgutes zusammen. Diese Spannung kann ohne Wissen der Akteure sowohl den Widerstand gegen wie die aktive Unterstützung dieser spezifischen Normierung von Sexualität mobilisieren, sie stellt ein Reservoir für die affektive Unterfütterung solcher Kämpfe dar.

Was hier zunächst weitgehend diskurstheoretisch erschlossen wurde, werde ich im folgenden anhand der Sittlichkeits- und Hygienebewegung, die im wilhelminischen Deutschland entstand, auf der Ebene der sozialen Praxis nachzeichnen.

Reinheit und Vermischung – Die Sorge um die Nation

Aus der Sorge um die Bevölkerung entsteht um die Jahrhundertwende im deutschen Kaiserreich eine bürgerliche Massenbewegung, die sich – obwohl außerhalb des Parteiensystems – als politische und soziale Kraft etabliert. Das Selbstverständnis der bürgerlichen Klasse als Trägerin des »Kulturstaates«, die liberale Idee des Rechts und der Pflicht zur Gesundheit, die konflikthafte Entwicklung der nationalen Einheit und der Industrialisierung, die Selbstbeschränkung des Staates auf Nichteinmischung in die ökonomische Entwicklung und der Aufstieg der Naturwissenschaften bilden die Grundlage einer »Gesundheits-, Hygiene und Sittlichkeitsbewegung«.[2] Eine Vielzahl von Wohlfahrtsverbänden, von Vereinen für soziale und moralische Erneuerung, von Beratungsstellen für Hygiene, Gesundheit, Geburtenkontrolle und richtiges Stillen, von Antialkoholvereinigungen, von Vereinen gegen die Frauenemanzipation wie von Vereinen für die Frauenemanzipation, von Vereinen gegen Unzucht, gegen die Verbreitung von Geschlechtskrankheiten u. v. a. m. belegen das weitgestreute Tätigkeitsfeld dieser Bewegung. Sie überschreitet teilweise politische Grenzen; Konservative, Sozialisten und Feministinnen schließen sich z. B. in Kampagnen gegen Abtreibung zusammen, andere, ebenso bunte Koalitionen engagieren sich für Abtreibung. Obwohl die Wissenschaften für die Argumentation und Praxis der Vereine von größter Wichtigkeit sind, sind es nicht überwiegend professionelle Wissenschaftler, die sich zusammenschließen. Unternehmer, Honoratioren, ja alle, die sich berufen fühlen, ihr Engagement für die deutsche Nation zu bekunden, werden hier tätig – allerdings innerhalb der Klassengrenzen. Diese »soziale Bewegung« trägt erheblich zur Verbreitung eines einheitlichen Lebensstils bei, da die Diskurse und Praxen der Gesundheits-, Sittlichkeits- und Hygienebewegung eine größere Reichweite hatten als die offizielle Politik: Sie dringen in die Häuser und in die Körper der Individuen vor. Für den Bereich der Gesundheitspolitik schreibt Paul Weindling:

---

2 Ich beziehe mich hier und im weiteren auf die Analyse von Weindling 1989.

Öffentliche Gesundheitspflege diente zur Disziplinierung und Mäßigung der industriellen Arbeiterschaft. Es gab ein System der medizinischen Polizei, die das Recht hatte, Quarantäne zu verhängen, zu desinfizieren und, in Fällen bestimmter geistiger oder ansteckender Krankheiten, die Verwahrung in Hospitälern anzuordnen. Neben diesen Überwachungsaufgaben funktionierte die Medizin als Agentur informeller Sozialisationsprozesse. Die Produktion eines gesunden Lebensstils, sanktioniert durch wissenschaftliche »Gesetze«, war das Ergebnis subtiler und informeller Prozesse der Erziehung, der Nachahmung, der Mode und des Konsums. Bürgerlicher Status drückte sich nicht allein durch politische und ökonomische Macht, sondern auch durch einen ordentlichen, selbstdisziplinierenden und vernünftigen Lebensstil aus, ein Lebensstil, der große Akzeptanz erzielte. Gesundheit war ein Mittel, mit dem während der Umwälzungen der Industrialisierung versucht wurde, zu einer geschlossenen und integrierten Gesellschaft zu gelangen. (Weindling 1989, S. 5, Übersetzung C. O.)

In den Diskursen und Praktiken der Gesundheits-, Sittlichkeits- und Hygienebewegung sind Auseinandersetzungen um die »Natur« der Geschlechter, um sexuelle Beziehungen und Praktiken wie auch um die generative Reproduktion zentral. Sexuelle Metaphern und sexuelle Analogien prägen die meisten in dieser Zeit geführten Diskussionen, sie ermöglichen die Verflechtung ganz unterschiedlicher Diskussionen – über nationale Identität, Klassen- und Geschlechterkonflikte, aber auch über »Rassen«. Die »heterosexuelle Matrix« (Butler 1990, S. 219, Fußnote 6) trägt dazu bei, daß sich die heterogenen Praxisfelder verdichten und institutionalisieren können, um schließlich Bestandteil professionalisierter Politik zu werden. Ich möchte dies an zwei Beispielen exemplarisch aufzeigen.

Die Sittlichkeitsfrage

Was wir aber heute sehen, was in unseren Großstädten außerhalb der bürgerlichen Ordnung und Sitte heute sein Wesen treibt, das geht über das erträgliche Maß hinaus; das bedeutet nicht mehr einen notwendigen Abfluß gefahrdrohender Säfte, durch den der Gesellschaftskörper gereinigt wird, das ist selbst eine fürchterliche Krankheit, die das Volkstum zu entnerven und im Kern zu zerstören droht; das ist kein notwendiges und bei der Mangelhaftigkeit alles menschlichen Wesens entschuldbares Übel, sondern wildeste Entartung; nicht mehr unvollkommene, ungeläuterte Natur, sondern selbst üppigste, raffinierteste Kultur, deren gefährlicher Reiz, deren glänzender Schimmer weltmännischer Ungebundenheit Unzählige zur Vergeudung der Mittel verlockt, mit denen sie bei gutem Willen einen eigenen Haushalt sehr wohl hätten gründen können. (Freudenberg 1909, S. 9)

Die »wildeste Entartung«, von der Ika Freudenberg hier spricht, ist der außereheliche Geschlechtsverkehr, vor allem die Prostitution, und ihre Folge: die Geschlechtskrankheiten. Als Vertreterin der konservativen Frauenbewegung greift sie damit ein Thema auf, das das öffentliche Interesse stark bewegt. Die Bekämpfung der Geschlechtskrankheiten, die als schwere Bedrohung des »Gesellschaftskörpers« angesehen werden, wird zum Ausgangspunkt eines Kampfes gegen sogenannte »Unsittlichkeit«. Wird einerseits durch medizinische Versorgung und Vorbeugung, durch Aufklärung und Verhütungsmittel versucht, die Krankheiten in den Griff zu bekommen, etabliert sich andererseits eine breite Sittlichkeitsbewegung, die eher daran interessiert ist, die Angst zu schüren und damit gleichzeitig das Ideal der monogamen, ehelichen Sexualität normativ durchzusetzen. Statt Kondomen empfehlen die Sittlichkeitsvereine Enthaltsamkeit und einzig auf Fortpflanzung bezogene eheliche Sexualität. Geschlechtskrankheiten werden zum Synonym für ungeregelte, naturwidrige, antideutsche Lasterhaftigkeit und so zum Zeichen des Verfalls sittlicher und moralischer Werte. Gesundheit, Hygiene, Fragen des sexuellen Verhaltens und der Zukunft der Nation werden in engster Weise miteinander verknüpft.

John C. Fout stellt in seiner Untersuchung der Sittlichkeitsbewegung im wilhelminischen Deutschland die These auf, daß die Sittlichkeitsvereine eine männerbündische Antwort auf das Erstarken der Frauenbewegung wie auf die steigende weibliche Erwerbstätigkeit sind. Hauptangriffsziel der Sittlichkeitsbewegung sind Fout zufolge die Homosexuellen und die Prostituierten, letztere überwiegend gleichgesetzt mit den proletarischen Frauen.

Zur gleichen Zeit, als es einen deutlichen Wunsch nach Aufrechterhaltung einer patriarchalen Gesellschaft gab, richtete sich die Botschaft der moralischen Reinheit direkt an die Männer. Was wir sehen, ist der Versuch, ein geeignetes männliches Verhalten in einer Zeit »neu zu definieren«, in der die Aktivitäten und Organisationen von Frauen die Männer dazu zwangen, ihre Rolle als Mann zu überdenken. In anderen Worten, die Antwort der Männer auf die Frauenbewegung bestand in der Gründung einer Männerbewegung, die zum Ziel hatte, den Anstrengungen der bürgerlichen Frauen, ihre Einflußsphäre zu erweitern und Gleichheit zu erreichen, entgegenzuwirken. (Fout 1992, S. 284, Übersetzung C.O.)

Aufschlußreich ist Fouts Analyse der Rolle, die die ansteigende Verfolgung und Diskriminierung der Homosexuellen in diesem Zusammenhang einnimmt. Trotz (und wegen) der sich etablierenden Sexualwissenschaften, die die »Perversität« der Homosexuellen wissenschaftlich legitimierte, beginnen sich um die Jahrhundertwende homosexuelle Männer zu organisieren. Mit Aufklärungsschriften und Versammlungen versuchen sie, Homosexualität als normale und »gutartige« Form der Sexualität zu etablieren. Mit anderen Worten, der homosexuelle Mann taucht als eine Variation der Geschlechter auf, als »drittes Geschlecht«. Fout sagt nun, daß die bereits bestehende Homophobie dazu instrumentalisiert wird, diese neu auftauchende männliche Geschlechtsidentität zu diskriminieren und gleichzeitig eine Hypermaskulinität als einzig normale und gesunde Männlichkeit durchzusetzen.

Anwälte der Sittlichkeit wie auch andere hofften, daß der neue Mann den klassischen männlichen Prototyp wieder stärken würde, Männer sollten das dominante Geschlecht im Geschlechterverhältnis bleiben. Der männliche Homosexuelle wurde als kränklich, effeminiert, pervers und unkontrolliert dargestellt, als das genaue Gegenteil des »normalen« Mannes, der körperlich stark und aktiv war, die Rolle des Familienoberhauptes innehatte, der sowohl in der Welt der Politik als auch im Hause wie auch in der Fremde dominant war, der seine Sexualität und Gefühle unter Kontrolle hatte. Der männliche Homosexuelle verkörperte nur weibliche Charakteristika, wie Passivität, physische und emotionale Schwäche. (Ebd., Übersetzung C.O.)

Am so konstruierten »homosexuellen Mann« kann die Gefahr, die von der *Vermischung von Weiblichkeit und Männlichkeit* angeblich ausgeht, »sinnfällig« gemacht werden. »Er« stellt das Person gewordene monströse Produkt der Auflösung »natürlicher« (Geschlechter-)Grenzen durch die steigende Erwerbstätigkeit der Frauen und deren Einforderung gleicher Rechte dar. Das Konstrukt des effeminierten Mannes zeigt aber auch noch einmal deutlich die sich durchziehende Abwertung von Frauen auf: Weit entfernt von der postulierten Gleichwertigkeit, werden weibliche Eigenschaften hier offen als minderwertig bezeichnet.

Während sich die Kampagnen gegen die Homosexualität eher an den Mann wenden, sind die Kampagnen gegen die Prostituierten und gegen die lose Moral der proletarischen Frauen als Warnung an die Mittelschichtsfrauen gerichtet. Ihr Tenor ist, daß das Arbeiten von Frauen außer Haus die Moral und die Volksgesundheit zersetzt. Die Sittlichkeits- und Gesundheitsbewegung ist jedoch nicht nur als bürgerlich-hegemoniale Machtstrategie einzuordnen. Die zunehmende Erwerbstätigkeit von Frauen und das Erstarken der Frauenbewegung werden nicht nur von der bürgerlichen Klasse als Gefahr und Konkurrenz registriert. Selbst die Gewerkschaftspolitik unterstützt den Ausschluß von Frauen, obwohl sie offiziell die Gleichstellung von Frauen fordert. Diskurse über sexuelle Moral und Gesundheit machen es u.a. möglich, diesen Widerspruch zu verschleiern und den Ansprüchen der Frauen, auch im öffentlichen Leben mitgestalten zu wollen, entgegenzutreten. Was hier unter dem Deckmantel der Moral und der Gesundheit verhandelt wird, d.h. die (erneute) Durchsetzung der Geschlechtertrennung und des männlichen Hegemonieanspruchs, formulierte der Deutsche Bund zur Bekämpfung der Frauenemanzipation ganz unverblümt:

> Wir wollen, daß die Arbeitsteilung der Geschlechter, wie sie in geschichtlicher Entwicklung der bisherigen Kultur zu Grunde liegt, zum Segen des Volksganzen bestehen bleibe. Die Frau soll dem Hause und der Familie, ihrem eigentlichen Wirkungskreise, erhalten bleiben, der außerhäusliche Frauenerwerb darf nur als Ausnahme und Notbehelf angesehen und bewertet werden und ist nach Möglichkeit überflüssig zu machen. Der Mann darf in seinem Berufe und in seinem Arbeiten in Gemeinde und Staat durch das Dazwischentreten der Frau keine Behinderung erfahren. (*Monatsblatt des Deutschen Bundes zur Bekämpfung der Frauenemanzipation* 1913, S. 1)

Die Sorge um die Aufrechterhaltung der Geschlechterdifferenz, die Propagierung ehelicher Monogamie und die Diskriminierung Homosexueller legitimieren und naturalisieren heterogene politisch-soziale Diskurse, deren eigentliches Ziel es ist, Grenzen zu reetablieren, die zu erodieren drohen, bzw. neue Grenzen zu etablieren: die Grenzen zwischen den Geschlechtern, zwischen Klassen und Nationen, schließlich auch zwischen der »arischen Rasse« und den anderen »Rassen«. Der ständige Rekurs auf die »Natur« des Sexes ermöglicht es, das Private als Politisches zu artikulieren, um es zugleich zu »privatisieren«, d.h. die machtpolitischen Dimensionen zu verdecken.

Gesundheit, Hygiene und der Erhalt der Bevölkerung

Die vielfältigen Vorschriften, Anregungen und Praxisanleitungen, die der Sorge um Gesundheit und Hygiene entsprangen, sind vor allem an die Frauen gerichtet. Ob es um die Zubereitung gesunden Essens, um die Sauberkeit der Wohnungen, um die medizinische und moralische Beobachtung der Familienmitglieder oder um die gesunde Aufzucht des Nachwuchses geht: es sind die Frauen, die dies mit ihrer (unbezahlten) Arbeit sicherstellen sollen. Die Verteilung der Arbeit auf die Geschlechter kann damit nicht nur neu geregelt, sondern darüber hinaus mit neuen Inhalten gefüllt werden, deren Umfang und Wichtigkeit mehr als nur nahelegen, daß Beruf und Familie für Frauen nicht vereinbar sind. Besonders augenfällig sind hier die Diskurse, die das Wohl der Säuglinge und Kinder zum Gegenstand haben. Im Deutschland der Jahrhundertwende wird die »sinkende Geburtenrate« als Bedrohung für die junge Nation angesehen, obwohl die Bevölkerungziffer kontinuierlich zunahm.[3] Das Nicht-Stillen der Säuglinge wird für die hohe Säuglingssterblichkeit verantwortlich gemacht und mangelnde Versorgung durch die Mutter für die Krankheiten der Kinder. Natürlich werden auch andere Gründe genannt, z. B. die schlechten Wohnverhältnisse, Armut, unsterile Milch. Aber selbst medizinische Abhandlungen über die Säuglingssterblichkeit lassen es sich nicht nehmen, über die Stellung der Frau in der Gesellschaft zu resümieren:

Die sozialen Ursachen der Säuglingssterblichkeit lassen sich also in zwei Hauptgruppen teilen, 1. in solche, welche die Mutter an der Stillung überhaupt oder an hinreichend langer Stillung hindern, 2. in solche, die auf das Flaschenkind einwirken. (Tugendreich 1981, S. 227)

Nachdem der Mediziner Tugendreich die Flaschenstillung als Hauptfaktor der Säuglingssterblichkeit ermittelt hat, was eine höchst einseitige Interpretation der zugrundeliegenden Daten ist[4], widmet er sich den Gründen, aus denen Frauen nicht stillen. Neben ethischen und intellektuellen Gründen ist es die *Erwerbstätigkeit der Frauen*:

[3] »Although the population continued to rise, the birth rate fell by 70% between 1871 and the 1930s. There followed an emotive campaign to raise the birth rate with idealization of motherhood, of large families as ›child rich‹ and of nationalist appeals that Germany was a ›nation without youth‹.« (Weindling 1989, S. 189)

[4] Weindling zeigt, daß es vor allem die mangelnden Verordnungen über die Sterilität von Milch waren, die Flaschennahrung in Deutschland so gefährlich machten. In Frankreich wurden sehr bald nach Entdeckung des Zusammenhangs zwischen Flaschenstillung und Säuglingssterblichkeit Verordnungen über Flaschengrößen und Milchsterilität erlassen. In Deutschland blieb dies aus (ebd., S. 199 f.). Weindling bezeichnet diese staatliche Zurückhaltung als gewollt: »The state sought to impose a nationalist ideology of motherhood by ignoring demands for purer milk while concentrating on breast feeding as a panacea for physical, moral and social ills.« (Ebd., S. 197 f.)

> In dem rücksichtslosen Herausdrängen des jungen Mädchens, der Frau und Mutter aus der Familie liegt vielleicht die schwerste Sünde, die unsere Zeit gegen die Volksgesundheit begeht. Mit der Auflösung der proletarischen Familie fällt für das junge Mädchen die Möglichkeit fort, sich wie ehedem unter Leitung der Mutter auf die schwere, verantwortungsvolle Aufgabe vorzubereiten, die ihrer dereinst im eigenen Haushalt harrt. (Ebd., S. 279)

Der »Zerfall« der proletarischen Familie wird nach Ansicht des Autors durch die sozialen Einrichtungen wie Kinderkrippen u. a. weiter begünstigt, damit aber im Endeffekt die »Volksgesundheit« und der Bestand der Nation gefährdet. Die Angst vor einer »Dezimierung« der Bevölkerung beherrscht nicht nur konservative Kreise, auch die Linke ist besorgt: Der fehlende Nachwuchs wird als bedrohlich für den Sieg des Proletariats angesehen. Die »Rassen«hygieniker konnten sich dieser allgemeinen Sorge bedienen und fügten ihr noch die Sorge um die *Qualität* der Bevölkerung hinzu. Die Verbesserung der Umweltbedingungen, wie die Restabilisierung der Familie, reicht nach den Vorstellungen der »Rassen«hygieniker nicht aus, um das Überleben der deutschen Nation zu sichern. Es gilt ihrer Meinung nach, das Erbgut zu schützen, das durch die unkontrollierte Vermehrung vor allem der unteren Schichten bedroht ist. Auch hier steht an einer der ersten Stellen der Diskurs gegen die berufstätige Frau: allerdings gegen die *bürgerliche berufstätige Frau*. Ist es die Vorstellung der »Rassen«hygieniker, die proletarische Schicht von der Vermehrung weitgehend auszuschließen, so muß die bürgerliche Schicht entsprechend »nachwuchsintensiv« sein. Dem steht aber die zunehmende Erwerbstätigkeit der bürgerlichen Frauen entgegen. In einer mit vielen statistischen Daten angereicherten wissenschaftlichen Abhandlung versucht Fritz Linz[5], die Abträglichkeit des weiblichen Universitätsstudiums für die »Rasse« nachzuweisen. Gerade die Frauen, die die »Auslese der Rasse« darstellten und damit für die Weitergabe qualitativ wertvollen Erbgutes prädestiniert seien, blieben durch das Studium und die Erwerbstätigkeit ehe- und kinderlos. Damit entstehe der »Rasse« ein unermeßlicher Schaden. Durchaus moderat argumentiert Linz gegen die weibliche Erwerbstätigkeit:

5 Fritz Linz war einer der Begründer der Rassenhygiene und Bewunderer der »nordischen« Rasse. Nach Ende des 2. Weltkrieges wurde er bereits 1946 wieder Professor für Humangenetik an der Universität Göttingen, nur kurz beurlaubt im Verfahren der Entnazifizierung.

Ich verkenne durchaus nicht, daß infolge der Gestaltung der wirtschaftlichen Verhältnisse das einzelne Mädchen heute gezwungen ist, einen Beruf zu ergreifen. Der wirtschaftliche Zwang aber ist nicht aus innerer Notwendigkeit der Wirtschaftsentwicklung entstanden, sondern daraus, daß von seiten des Staates und der Gesellschaft nichts Ernstliches zum Schutz der Familie geschehen ist. Die Schuld liegt auch hier in einer Verirrung der *sozialen Moral*. Wie eine wirkliche Lösung der Frauenfrage zu erreichen wäre, soll in der praktischen Rassenhygiene gezeigt werden. (Linz 1932, S. 463, Hervorhebung C. O.)

Das liest sich dann wie folgt:

Besonders schwierig liegt die Berufsfrage für die Töchter gebildeter Familien. Am besten ist es selbstverständlich, wenn gesunde und tüchtige Mädchen möglichst früh heiraten und möglichst viele Kinder aufziehen. Jeder andere Beruf für das weibliche Geschlecht muß im Vergleich zum Mutterberuf als ein unvollkommener Ersatz gelten, und *vereinbar sind beide ja doch nicht*. (...) Die beste Berufsausbildung für das Weib ist die, in deren Verlauf es dazu kommt, daß die Ausübung des Berufes unnötig wird. (...) Die Fortführung eines Berufes durch eine verheiratete Frau unter Verzicht auf Kinder widerstreitet selbstverständlich den Forderungen der Rassenhygiene in hohem Grade. (Ebd.)

In Linz' Ausführungen fehlen auch nicht die Angriffe auf die Frauenbewegung. Quintessenz seiner »Rassen«hygiene ist die kinderreiche Familie derjenigen, die wertvolles Erbgut weitergeben; Familien, in denen die Frau ihre wertvolle Arbeit als Gebärerin und Erzieherin ausübt und der Mann zeugt und arbeitet. »Rassenhygienische« Ratgeber sparen nicht mit Hinweisen für eine »gesunde« eheliche Sexualität und für die Sexualerziehung der Kinder. Homosexualität wird als Beweis für die »Degeneration« der »arischen« Rasse angesehen, die vorgebliche »Effeminierung« der jüdischen Bevölkerung als Beweis für ihre »Minderwertigkeit«. Auch hier wird unermüdlich die »heterosexuelle Matrix« aufgerufen, um Grenzen zu etablieren und gleichzeitig zu naturalisieren.

Diskurstheorie und Gesellschaftstheorie

In meinem Beitrag ging es mir darum, eines der »kulturellen Muster« (Beer) sichtbar zu machen, das die Ungleichheit zwischen den Geschlechtern tradiert und politische Auseinandersetzungen auf die Ebene des »Natürlichen« zurückzuführen und damit zu neutralisieren sucht. Die Untersuchungen über die Verfolgung von

Homosexuellen zeigen, daß mittels eines Diskurses der normativen Heterosexualität weitere gesellschaftliche Grenzen (so z. B. zwischen »Normalen« und »Perversen«, zwischen »hochwertigen« und »degenerierten« Völkern und »Rassen« sowie zwischen den Klassen) gezogen und gesichert werden konnten. Dabei habe ich auf die Ansätze zurückgegriffen, die einen Zusammenhang zwischen normativer Zweigeschlechtlichkeit, heterosexueller Normierung und der Aufrechterhaltung hierarchischer Geschlechterverhältnisse herstellen. Erst wenn wir heterosexuelles Begehren und Geschlechterdifferenz ebenfalls als »gesellschaftlich Gewordenes« begreifen, das – wie die Sicherung des Bevölkerungsbestandes – Ergebnis einer Vielzahl von kulturellen und sozialen Aktivitäten ist, erschließt sich ein Machtkomplex, der, wie zu sehen war, wesentlich zur Aufrechterhaltung von Ungleichheitslagen beiträgt. Um die Wirkungsweise einer »heterosexuellen Matrix« zu erfassen, ist es notwendig, über die sozio-ökonomische Dimension des Geschlechterverhältnisses hinauszugehen. Es zeigt sich, daß dafür ein diskurstheoretischer Ansatz, wie Foucault ihn entwickelt hat, äußerst fruchtbar ist. Die Strukturierungseffekte der hier ausgeführten Diskurse und Praktiken erschließen sich aber nur, wenn eine gesellschaftstheoretische Perspektive herangezogen wird, die die Trennung *und* den hierarchischen Zusammenschluß der gesellschaftlichen Sphären, in denen Frauen und Männer unterschiedlich verortet sind, aufzeigt (vgl. Becker-Schmidt 1990). Erst dann wird deutlich, wie auch mit Hilfe einer »Technologie des Sexes« soziale Verhältnisse – Klassen- und Geschlechterverhältnisse – verdeckt werden. Eine strukturtheoretische Perspektive kann aufzeigen, *wie* Frauen von diesen neuen Machtverhältnissen doppelt betroffen sind: durch den nur partikulären Einschluß in die Erwerbssphäre und durch die Zuständigkeit für die (unbezahlte und deklassierte) reproduktive Arbeit in den Familien. Ebenso ist es notwendig, den Umschlag des »öffentlichen Gemurmels« (Foucault) in rechtliche Kodierungen aufzuzeigen, der die im Fluß befindlichen Machtbeziehungen zum Nachteil der Frauen (und anderer gesellschaftlicher Gruppen) fixiert (vgl. z. B. Gerhard 1978).

Was um die Jahrhundertwende zunächst dezentral und unterhalb institutionalierter Formen den Raum des Sozialen durchzog, wird unter nationalsozialistischer Herrschaft blutige Gewaltherrschaft, die Ernst macht mit den hier bereits angelegten Ausgrenzungen. Wer sich die Programme neofaschistischer und rechtsextremer Parteien ansieht, wird schnell erkennen, daß auch heute wieder die heterosexuelle Norm mit ihren starren, gewaltverherrlichenden Geschlechtsstereotypen, der Verallgemeinerung der reproduktiven Geschlechtsfunktionen und der Ausgrenzung von Homosexualität aufgerufen wird, um rechtsradikale Politik populär zu machen (vgl. Jäger 1992). Wir haben daher allen Grund, der gesellschaftlichen Organisation von Sexualität unsere Aufmerksamkeit zu widmen.

Literatur

Beer, U. (1990): *Geschlecht, Struktur, Geschichte*, Frankfurt am Main.
Beer, U. (1993): »Geschlecht – Klasse – Struktur«, in: Hauch, G. (Hg.), *Geschlecht – Klasse – Ethnizität. 28. Internationale Tagung der Historiker und Historikerinnen der Arbeiterbewegung*, Wien, Zürich, S. 20.
Becker-Schmidt, R. (1990): »Individuum, Klasse und Geschlecht aus der Perspektive der Kritischen Theorie«, in: Zapf, W. (Hg.), *Die Modernisierung moderner Gesellschaften. 25. Soziologentag*, Bd. 1, Frankfurt am Main.
Becker-Schmidt, R. (1993): »Geschlechterdifferenz – Geschlechterverhältnis: soziale Dimensionen des Begriffs ›Geschlecht‹«, in: *Zeitschrift für Frauenforschung* 1 + 2.
Butler, J. (1990): *Das Unbehagen der Geschlechter*, Frankfurt am Main.
Firestone, S. (1975): *Frauenbefreiung und sexuelle Revolution*, Frankfurt am Main.
Foucault, M. (1977): *Der Wille zum Wissen*, Frankfurt am Main.
Foucault, M. (1992): »Leben machen und sterben lassen: Die Geburt des Rassismus«, Vorlesung März 1976, erstveröffentlicht in: *Les temps modernes*, Februar 1991, übersetzt in *diskus* 1, Februar 1992.
Fout, J. C. (1992): »Sexual Politics in Wilhelmine Germany: The Male Gender Crisis, Moral Purity, and Homophobia«, in: ders. (ed.), *Forbidden History. The State, Society, and the Regulation of Sexuality in Modern Europe*, Chicago, S. 284 ff.
Freudenberg, I. (1909): »Moderne Sittlichkeitsprobleme«, in: Bäumer, G., u. a., *Frauenbewegung und Sexualethik*, Heilbronn.
Gerhard, U. (1978): *Verhältnisse und Verhinderungen. Frauenarbeit, Familie und Rechte der Frauen im 19. Jahrhundert*, Frankfurt am Main.
Gerhard, U. (1990): »Patriarchatskritik als Gesellschaftsanalyse. Ein nicht

erledigtes Projekt«, in: Arbeitsgemeinschaft Interdisziplinärer Frauenforschung und -studien (Hg.), *Feministische Erneuerung von Wissenschaft und Kunst*, Pfaffenweiler.

Honegger, C. (1991): *Die Ordnung der Geschlechter*, Frankfurt/New York.

Jäger, M. (1992): »Frauen- und Familienbild im Rechtsextremismus«, in: Jäger, S., Jäger, M., *Aus der Mitte der Gesellschaft*, Diss Texte Nr. 25, Duisburg.

Laqueur, T. (1992): *Auf den Leib geschrieben. Die Inszenierung der Geschlechter von der Antike bis Freud*, Frankfurt/New York.

Linz, F. (1932): *Menschliche Auslese und Rassenhygiene (Eugenik)*, München (1. Aufl. München 1922).

Millet, K. (1977): *Sexus und Herrschaft*, Frankfurt am Main.

Monatsblatt des Deutschen Bundes zur Bekämpfung der Frauenemanzipation. Monatsblatt 1: Frauenbewegung und Frauenbildungsfrage, Januar 1913.

Moscucci, O. (1990): *The science of woman. Gynaecology and gender in England, 1800-1929*, Cambridge History of Medicine, Cambridge.

Rich, A. (1989): »Zwangsheterosexualität und lesbische Existenz«, in: List, E./Studer, H. (Hg.), *Denkverhältnisse. Feminismus und Kritik*, Frankfurt am Main.

Tugendreich, G. (1981): »Der Einfluß der sozialen Lage auf Krankheit und Sterblichkeit des Kindes«, in: Mosse, M., Tugendreich, G., *Krankheit und soziale Lage*, Neuauflage, Göttingen.

Weindling, P. (1989): *Health, race and german politics between national unification and Nazism, 1870-1945*, Cambridge History of Medicine, Cambridge.

Lotte Rose
Körperästhetik im Wandel
Versportung und Entmütterlichung des Körpers in den Weiblichkeitsidealen der Risikogesellschaft

Fragen an ein Bild

Die Frauenzeitschrift *Marie-Claire* wartet mit einem spektakulären Titelbild auf (*Marie-Claire* 12/1991). Zu sehen ist das hochschwangere Top-Model Yasmin Le Bon – im ärmellosen Kleid aus leichtem Stoff, unter dem sich Bauch und Brüste abzeichnen, im Arm ein kleines nacktes Mädchen haltend – ihre Tochter, wie wir später erfahren. Im Innenteil finden sich weitere Fotos der Schwangeren im Stretch-Body mit Netzstrümpfen, im hautengen Minikleid, in knappem Top oder offener Lederweste, unter denen der Bauch nackt bleibt. Die verantwortliche Modeproduzentin erklärt ihr Motiv: »Ich wollte einfach weg von dem Klischee, mit dem sich schwangere Frauen immer noch auseinandersetzen müssen. Ich wollte keine weiten, braven Kittelchen zeigen, in denen Frauen ihre Schwangerschaft kaschieren. Warum sollen sie ihren Bauch verstecken? Ich will mit dieser Produktion ein bißchen das Bewußtsein stärken: Frauen sind auch – oder gerade in der Schwangerschaft – sehr sexy. Das finden auch die Männer!« Großes Lob erntet auch das Fotomodell: »Während der Fotoproduktion war sie im achten Monat. Trotzdem war sie entspannt und locker, hat nicht gejammert oder aufgrund ihrer Schwangerschaft Sonderwünsche angemeldet.«

Was verbirgt sich hinter dieser medialen Inszenierung eines Frauenkörpers? Körper – ihre Ideale und ihre Erscheinungsformen – sind immer kulturelle Produkte, in denen sich soziale Verhältnisse, gesellschaftliche Arbeitsteilungen, Klassenunterschiede und Geschlechterunterschiede mediatisieren (vgl. Boltanski 1976, Bourdieu 1988). Über den Körper-Habitus kommt es zur »Einverleibung der sozialen Ordnung«, wie es Pierre Bourdieu formuliert. Die Verortung des Individuums im gesellschaftlichen Raum wird im eigenen Leib festgeschrieben, in der Art und Weise,

»seinen Körper zu halten, ihn zu bewegen, ihn vorzuzeigen, ihm Platz zu verschaffen« (Bourdieu 1988, S. 739).

Angesichts dessen stellt sich die Frage nach der sozialen Bedeutung des beschriebenen Medien-Bildes. Der gravide Frauenkörper wird öffentlich gemacht, zur Schau gestellt, gefeiert, ästhetisiert und erotisiert. Ein Tabu wird gebrochen, doch warum und wie? Welche Botschaften an Frauenkörper, an den schwangeren Körper werden hier transportiert? Steht diese Idealisierung für eine Renaissance von Mütterlichkeit in der modernen »Risikogesellschaft« (Beck 1986) oder vielleicht gerade auch für ihr Gegenteil? Was sagt uns das produzierte Körperbild über die soziale Verortung der Institution Mutterschaft, was sagt es uns auch über Frauenleben heute?

Daß Frauenleben sich seit geraumer Zeit in einem Umbruch befindet, dafür liegen zahlreiche Indizien vor, die unter dem Begriff der weiblichen Individualisierung verhandelt werden (vgl. Beck-Gernsheim 1983, Beck/Beck-Gernsheim 1990). Frauenleben ist heute herausgelöst aus seinen traditonell-engen Bestimmungen. Es ist nicht mehr reduziert auf die Familiensphäre, auf den Status von Ehe und Mutterschaft. Vielfältige biographische Wahlmöglichkeiten, neue, ehemals ausschließlich Männern vorbehaltene Bewährungsfelder tun sich potentiell auf. Frauen drängen nach Bildung, Berufstätigkeit, Karriere, Führungspositionen, Teilnahme am öffentlichen Leben, an gesellschaftlicher Macht.

Mit diesen Enttraditionalisierungs-, Ausdifferenzierungs-, Individualisierungsprozessen der Frauenrolle in der Risikogesellschaft treten zeitlich parallel auch neue Frauenkörperideale in Erscheinung. »Die Eigenschaften, die eine bestimmte Epoche bei Frauen für ›schön‹ erklärt, stehen (...) symbolisch für die weiblichen Eigenschaften, die die betreffende Gesellschaft für wünschenswert erachtet«, erklärt Naomi Wolf (1991, S. 16), und sie stellt damit einen grundsätzlichen Zusammenhang zwischen weiblichen Körperidealen und gesellschaftlicher Positionierung von Frauen her. Doch die sich wandelnden aktuellen Schönheitsbilder sind dabei mehr als körpersymbolischer Spiegel der veränderten Geschlechteranordnung. Sie sind ästhetische Leitbilder, an denen sich die Individuen bei ihrer freiwilligen Selbsteinfügung in die neue Ordnung orientieren. Mit der Übernahme eines veränderten Schönheitsgeschmacks werden die gewandelten Verhältnisse einverleibt und individuell wie kollektiv reproduziert. Wie geschieht dies nun genau? Mit welchen ästhetischen Idealen haben wir es heute zu tun, und warum? Und: Was wird aus der »weiblichen« Reproduktionsaufgabe Mutterschaft in diesem Umgestaltungsprozeß?

Sportivität als neues weibliches Körperideal

Seit den 80er Jahren läßt sich die Herausbildung eines neuen ästhetischen weiblichen Körperideals beobachten – das Ideal der Sportlichkeit. Dabei gilt: So wie gesellschaftliche Wandlungsprozesse nicht alle Bevölkerungsgruppen in gleicher Weise erfassen, wie schicht- und altersspezifische, regionale und ethnische Faktoren hier zeitliche Verzögerungen oder Beschleunigungen produzieren, so ist auch die Verführungskraft des sportiven Körperideals für verschiedene Frauengruppierungen unterschiedlich stark ausgeprägt, und so überdauern auch für einzelne Gruppierungen weiterhin alte ästhetische Werte – unberührt von dem neuen Ideal.[1] Zu vermuten ist, daß das sportliche Ideal zuerst und am stärksten für den Frauentyps mit einen hohen Individualisierungsgrad attraktiv ist.

»Die ideale Frau der achtziger Jahre (...) ist durchtrainiert wie eine Olympionikin, mit einem harten Bauch, mit muskulösen Armen und einem ausgeformten Oberkörper, mit langen sehnigen Beinen«, heißt es in einem Sonderheft der Zeitschrift *Brigitte* in den 80er Jahren, und in der Zeitschrift *Fitness Trends* ist 1989 nachzulesen: »Die Frau von heute präsentiert sich: selbstbewußt, durchsetzungsfähig, sportlich durchtrainiert, figurbetont – eben mit weiblichen Attributen nicht geizend.«

»Sportivität« ist zu einem neuen und sich immer weiter aufblähenden Leitwert in der modernen Gesellschaft geworden (vgl. Kaschuba 1989), der sich in festen kulturellen Verhaltensmustern des Alltags etabliert und zum modischen Stilelement wird. »Fitness als Synonym für Sportlichkeit ist in unserer Gesellschaft eine sozial höchst erwünschte Eigenschaft oder Fähigkeit« (Mrazek

---

[1] Cornelia Hellferich führt beispielsweise empirische Daten dafür an, daß das Schlankheitsmotiv Schichtdifferenzen aufweist (Hellferich 1989, S. 167). Das Image der fülligen Frau ist in sozial unterprivilegierten Schichten nicht nur positiver als in den höheren, Übergewicht korreliert auch mit niedrigem Sozialstatus.

1986, S. 94). »Körperlich fit zu sein (...) bedeutet, sozial fit zu sein« (Rittner 1986, S. 71). Es bedeutet, den Erfordernissen einer selbstverantwortlichen und konkurrenzfähigen Biographiegestaltung in der modernen individualisierten Risikogesellschaft gewachsen zu sein.

An diesem Entwicklungstrend haben auch Frauen teil. Sportliche Fitneß hat sich auch für sie als eine Lebensmaxime durchgesetzt. »Frauen strömen scharenweise in die Fitneß-Studios, gemischte wie spezielle für Frauen, deren Angebote von Gymnastik und Aerobic über Kraft- und Fitneßtraining an Geräten bis hin zur Wirbelsäulengymnastik und Jazztanz reichen« (Schmidt 1991, S. 80). 65 % der zwei Millionen Aktiven, die in den kommerziellen Fitneßstudios trainieren, sind Frauen (vgl. Kaschuba 1989, S. 156). Die Zahl der sporttreibenden Mädchen und Frauen ist in den letzten Jahrzehnten stetig gestiegen. 1950 lag das Verhältnis zwischen männlichen und weiblichen Mitgliedern im Deutschen Sportbund (DSB) bei 9:1, 1960 bei 4:1, 1977 2:1, mittlerweile liegt es bei 3:2. Während 1950 300000 Mädchen und Frauen im DSB organisiert waren, sind es heute über 7 Millionen. Diesen Wachstumstrend bestätigt auch die Shell-Studie '85. Die Vergleichszahlen aus der Erhebung 1954 und 1984 zeigen: »Der Prozentsatz der mit Sport Befaßten beträgt bei Mädchen und jungen Frauen heute 69% gegenüber 35% Mitte der 50er Jahre« (Zinnecker 1989, S. 137). Während 1954 *und* 1984 der Sport bei etwa der Hälfte der befragten männlichen Jugendlichen in der Skala der bevorzugten Freizeitbeschäftigungen gleichbleibend an erster Stelle rangierte, erfuhr der Sport bei den jungen Frauen einen erheblichen Bedeutungsaufschwung (1954: 19% und 1984: 48%), so daß er gegenwärtig für Mädchen und Jungen eine ähnlich dominante Rolle als Freizeitbeschäftigung spielt. Der Sport hat »einiges von seiner einseitigen geschlechtsspezifischen Zuordnung« verloren, »ohne damit natürlich ›geschlechtsneutral‹ zu werden. (...) Der Unterschied ist nur der, daß Mädchen und junge Frauen in der Vergangenheit ihre spezifische Weiblichkeit dadurch zum Ausdruck brachten, daß sie sich sportiver Praxis enthielten. Heute dagegen konstituiert sich Weiblichkeit innerhalb des sportlichen Handlungssystems« (ebd., S. 140).

Während sich ehemals die weibliche Schönheit gerade im radikalen Kontrast zum Männerkörper definierte und alle Zeichen der Männlichkeit für den weiblichen Körper verpönt waren, werden diese heute offensichtlich für den Frauenkörper »hoffähig« und begehrenswert. Mit dem Einzug der Sportlichkeit als einer weiblichen ästhetischen Norm verschwimmen alte Geschlechtergrenzen. In diesem Wandlungsprozeß taucht die Athletin als weibliches Schönheitsidol neu auf. Sie wird zu einer modischen »Trendsetterin«, in der sich der veränderte ästhetische Geschmack öffentlich manifestiert. Der Frauensport und vor allem auch der Frauenleistungssport erhalten damit einen grundsätzlich veränderten kulturellen Bedeutungsgehalt. Wurde in den Anfängen des Frauensports noch vor den körper-entstellenden Wirkungen des Sports gewarnt (Pfister 1991), waren Sportlerinnen oftmals als häßlich und unweiblich stigmatisiert[2], wird der Athletinnenkörper mittlerweile immer mehr zu einem Inbegriff von Attraktivität und Schönheit.[3] So war es möglich, daß kürzlich die Hochspringerin Heike Henkel als Fotomodell Modekollektionen präsentierte – ein Phänomen, das die erfolgreiche Verschmelzung von Ästhetik und Frauensport versinnbildlicht. Erfolgreiche Athletinnen werden in den Medien als Schönheitsköniginnen gefeiert, ihre Körper werden verführerisch in Szene gesetzt. Immer häufiger nutzt die Werbeindustrie Sportlerinnen und ihre Körper zur Absatzförderung.

Sportlichkeit und weibliche Schönheit stehen somit nicht mehr im Widerspruch zueinander, sondern Sportlichkeit ist zu einem bedeutsamen Stilelement ästhetischer und erotischer Körperinszenierung von Frauen geworden. Dies bedeutet zweierlei: Zum einen heißt dies, daß sich weibliche Sehnsüchte auf das Ideal eines schlanken, straffen, schmalhüftigen, kleinbrüstigen, agilen Körpers richten, an dem sich Muskelkonturen, wenn auch nur dezent, abzeichnen. Zum anderen ist damit die unentwegte Aufforderung an Frauen verbunden, sich sportlich zu betätigen, um genau jenen idealen Körper herzustellen. Das sportive Körperideal transportiert den Mythos seiner Machbarkeit mit.

---

2 Ausgenommen waren hier höchstens Athletinnen ästhetisch-kompositorischer Sportarten wie Eiskunstlaufen, rhythmische Gymnastik und Kunstturnen.
3 Dies gilt jedoch nicht für alle sportlichen Disziplinen gleichermaßen. Von der Ästhetisierung betroffen ist derzeit insbesondere die Leichtathletik – ohne die Wurfdisziplinen.

Vermännlichungstendenzen

Diese beschriebenen Wandlungen der weiblichen Körperideale produzieren für Frauen Widersprüchliches. Einerseits setzen sie frei aus der traditionellen Geschlechterordnung und ihren fesselnden Körpertabus, eröffnen sie Frauen neue körperliche Erfahrungs- und Aktivitätsfelder. Sie erlauben ihnen den Zutritt in das lange heftig verteidigte männliche Territorium des Sports, sie eröffnen neue Bewegungsräume und -möglichkeiten und damit Entwicklungschancen. Andererseits folgen der Freisetzung neue Normierungen, die die Frauenkörper, wenn auch in veränderter Weise, disziplinieren und einem geschlechtlichen Ordnungsschema unterwerfen.

Diese Ambivalenzen hebt Christine Woesler-de Panafieu (1983) hervor. Frauen haben zwar jetzt die Chance, »sich von dem Objektbezug zu ihrem eigenen Körper zu distanzieren, ihre Körperlichkeit aktiv zu erfahren« (ebd., S. 67), doch dieser Umbruch entpuppt sich letztlich als Zwang zur »Vermännlichung«. Die männlichen Körper verändern sich zwar auch im Sinne einer Feminisierung (vgl. ebd.), doch genau besehen geht die Angleichung der Körperbilder von Männern und Frauen stärker in die Richtung der Vermännlichung weiblicher Körper als umgekehrt. Es findet eine »Auflösung der Geschlechterunterschiede unter männlicher Ägide«, die »Produktion eines neutralen, aber doch im männlichen Körperschema gedachten Körpers« statt (ebd.).

Auch Irene Hardach-Pinke (1982) rekonstruiert für den modernen Frauenkörper Vermännlichungsphänomene. Dazu arbeitet sie idealtypisch zwei sich diametral gegenüberstehende männliche und weibliche Körper-Zeitstrukturen heraus, wie sie die Industriegesellschaft hervorgebracht hat. Die Körper-Zeit des Mannes ist dabei als lineare, durch eine relative Konstanz der Schaffenskraft gekennzeichnet. Die Körper-Zeit der Frau ist dagegen durchzogen von den zyklischen Diskontinuitäten der Regelblutungen, Schwangerschaften und Stillzeiten. Während der männliche Körper Kontinuität zeigt, verändert sich der weibliche von Zeit zu Zeit.[4] Was wir nun seit geraumer Zeit beobachten können, ist die

---

4 Mit diesen Polarisierungen soll keinem Biologismus gefrönt werden. Henning Eichberg (1984) betont in seiner Auseinandersetzung mit Hardach-Pinke, daß diese geschlechtsspezifischen Zeitstrukturen keine ursprünglichen Wesensmerkmale sind, sondern die Geschlechter als industriegesellschaftliche Sozialformen charakterisieren (vgl. ebd., S. 11).

systematische Anpassung des weiblichen Körpers an die männlichen Zeitstrukturen.

In den letzten Jahrzehnten sind die wissenschaftlichen Voraussetzungen dafür geschaffen worden, die angeführten Diskontinuitäten des Frauseins zu beseitigen und die Zyklizität des weiblichen Körpers aufzuheben. Es ist möglich, daß eine Frau keine Schwangerschaft mehr zu befürchten hat, keinen Regelblutungen ausgesetzt ist und die Folgen der Menopause nicht zu erleiden braucht. (Ebd., S. 193)

Die Frau kann jetzt »so kontinuierlich leben wie ein Mann« (193). Was sich hier durchsetzt, ist das »kontinuierliche Prinzip männlicher Fruchtbarkeit als das menschliche Prinzip schlechthin« (194). Die besonderen weiblichen Körper-Potenzen müssen angesichts dieser Norm zur Störung werden, die zu kontrollieren und zu beheben ist. »Das kontinuierliche Prinzip männlicher Fruchtbarkeit und die lineare Zeit der modernen Industriegesellschaft entsprechen einander, während die Zyklizität der weiblichen Fruchtbarkeit Frauen in den Bereichen benachteiligt, die durch lineare Zeit strukturiert sind« (ebd., S. 194).[5]

Jene Berechenbarkeit und Leistungsfähigkeit garantierenden Disziplinierungen des Männerkörpers, wie sie die Industriegesellschaft für ihre Prosperität benötigte, werden also zeitversetzt – nämlich mit dem historisch »nachgeschobenen« Zugang der Frauen zur Erwerbstätigkeit – auch für den Frauenkörper wirksam. Die Frauenkörper werden nun auch nach den Erfordernissen industrieller Produktivität ausgerichtet und reglementiert.

Diese Entwicklung geht einher mit einer Veränderung des ästhetischen Geschmacks. Anspielungen auf Insignien des männlichen Körpers werden von den Frauenkörpern nun in Szene gesetzt und für reizvoll erklärt. Nicht mehr der eindeutig zum Männlichen kontrastierende weibliche Körper ist das Schönheitsideal, sondern jener, der Annäherungen zum Männlichen aufweist. So ordnet sich auch das Phänomen ein, daß mit den ersten frauenemanzipatorischen Aufbruchsbewegungen zu Beginn dieses Jahrhunderts die *garçonne* mit männlich-nüchternem Outfit die gesellschaftliche

---

5 Anzumerken ist hierzu, daß nicht nur die weibliche Körper-Zyklizität den linear organisierten gesellschaftlichen Institutionen diametral gegenübersteht, sondern ebenso die kindliche Existenzweise. Diesen Widerspruch zwischen dem undiszipliniert-archaischen Zeiterleben des Kindes und dem linear-strukturierten der Erwachsenenwelt in der modernen Industriegesellschaft hat Barbara Sichtermann (1981) beschrieben.

Bühne betritt: schlank und busenlos, mit Bubikopf und im Herrenkostüm (Woesler-de Panafieu 1983, S. 64).

Auch gegenwärtig lassen sich solche »entweiblichenden« Stilisierungstendenzen beobachten. Ebba D. Drolshagen (1992) weist darauf hin, daß die modernen Schönheitsnormen letztlich all jene Körpermerkmale als häßlich stigmatisieren, die im geschlechterpolaren Modell den weiblichen Körper auswiesen: Begehrt ist heute der »schnurgerade« Körper ohne Rundungen; dem ausgeprägten Fettansatz an Hüfte und Oberschenkeln ist der Kampf angesagt; die Brüste müssen hoch und fest und nicht zu groß sein, die Hüften schmal, die Beine lang. Der Körper darf nicht mehr weich, er muß straff und fest sein. In der amerikanischen Literatur wird dieser neue idealisierte Frauenkörper als »tubular body« etikettiert, den Frauen heute als Variation des »Erfolgsmodells Mann« präsentieren sollen, wollen sie soziales Prestige gewinnen (Müller-Streitbörger 1993, S. 23).

In diesen Körper-Formierungsprozessen erweisen sich die Sportkultur und hier besonders der Leistungssport als unwissentlich, aber effektvoll »zuarbeitende« Institutionen, die die industriellen Prinzipien der »männlichen Körperzeit« kultivieren, die Hardach-Pinke herausgearbeitet hat. »Die männliche Dominanz in der industrie-sportlichen Körperkultur ist (...) nicht zufällig, sondern konfigural zwingend«, stellt Henning Eichberg (1984, S. 11) dazu fest. Der Sportkörper muß berechenbar, kontrollierbar, störungsfrei und unentwegt einsatzfähig sein. Dies gilt grundsätzlich für den männlichen wie für den weiblichen Körper. Doch die auferlegte Disziplinierung bedeutet für beide Geschlechter Verschiedenes.

Für die Athletin ist es primär ihr geschlechtlich assoziierter Körper, gegen den sich die Disziplinierung richtet.[6] Die Menstruation wird negiert, der weibliche Zyklus künstlich auf den Wettkampfkalender abgestimmt. Körperliche Reifungsentwicklungen und die damit verbundenen Veränderungen der Körperproportionen und Gewichtszunahme wirken sich als sportliches Handicap aus und werden von daher unterdrückt, sei es direkt durch medikamentöse Manipulationen, sei es indirekt durch Trainingsbelastungen und Schlankheitsnormen, die geschlechtliche Entwick-

---

6 Dieser Tatbestand wird seit geraumer Zeit von der feministisch orientierten Sportwissenschaft problematisiert (Kröner 1986, Kröner/Pfister 1992, Kugelmann 1991, Palzkill u. a. 1991).

lungsprozesse verunmöglichen. Im Anabolikakonsum erreicht die Vermännlichung schließlich eine weitere Ausdrucksform. Als leistungssportlich trainierter entwickelt der Frauenkörper zunehmend Qualitäten und Konturen, die im klassischen Schema der Geschlechterpolaritäten männlich assoziiert sind. Die Zusammensetzung des weiblichen Körpergewebes, das ansonsten mehr Fett als das männliche enthält, verschiebt sich durch die verstärkte Muskulaturentwicklung. Damit schwindet der weiche und gerundete Frauenkörper, und es ersteht statt dessen ein straffer, sehniger »tubular body«. Die veränderte Gewebezusammensetzung verändert schließlich auch hormonelle Prozesse: Die Menarche verzögert sich, die Menstruation setzt wieder aus (Frisch 1988). Auch die bei Nicht-Sportlerinnen vorfindbare Relation von geringer Schulterbreite zu größerer Beckenbreite verändert sich bei Athletinnen und gleicht sich der männlichen an (Tiedemann 1986, S. 80). Die in der sportiven Kultur stattfindenden Formungen des Frauenkörpers entfernen diesen also einerseits von den traditionellen Weiblichkeitsbildern und nähern ihn andererseits den männlichen Körpern an.

Angleichung der Geschlechter?

Die Ästhetisierung von weiblicher Fitneß und Sportlichkeit entspricht der veränderten sozialen Realität von Frauen. Drolshagen vermutet, das Ideal des athletischen Frauenkörpers vermittle uns, »daß Frauen ihr Recht auf Schutz verwirkt haben. Sie müssen nun allein für sich sorgen« (1992, S. 10). Entlassen aus der ausschließlichen Bindung an das Haus und aus der damit einhergehenden männlichen Versorgung als Gattin und Mutter, hat die moderne Frau nun für sich selbst aufzukommen, und sie will und kann es auch – dies sagt ihr gestählter Körper. Die beschriebenen Androgynisierungstendenzen der Frauenkörper bringen körpersymbolisch die weiblichen Biographieideale jenes aus traditionellen Geschlechtsrollenbestimmungen herausgelösten und nach Autonomie strebenden Frauentypus zum Ausdruck, der sich damit tendenziell einem männlichen Selbstentwurf annähert. Die phänomenologische Breite, in der sich das Ideal des sportiv-vermännlichten Frauenkörpers durchgesetzt hat, beweist optisch das gesellschaftliche Ausmaß der weiblichen Individualisierung. Und nicht nur das: sie beweist auch optisch das Ausmaß der individuellen Zustimmungen zu den modernen Geschlechtsrollenwandlungen.

Was sich gegenwärtig in den Körpern und über sie vollzieht, ist die sukzessive Auflösung des klassischen Modells der polaren, sich komplementär ergänzenden Geschlechtscharaktere. Frauen- und Männerkörper verlieren ihre diametral angeordneten und damit präzisen und markanten Differenzierungsmodi. Geschlechtsspezifische Trennungsmuster nach dem Entweder-Oder-Modell verschwimmen und machen Grenzüberschreitungen, Vielfältigkeiten und Mehrdeutigkeiten Platz. Das Schema der kontrastiv unterschiedenen Frauen- und Männerkörper erübrigt sich zunehmend als sozial inadäquat im Zuge der fortschreitenden Auflösung der gesellschaftlichen geschlechtsspezifischen Arbeitsteilungen und Rollenzuweisungen. Trotz aller Umbrüche kommt es in dieser Prozeßdynamik keineswegs zum Verschwinden des gesellschaftsordnenden Prinzips der Geschlechterdifferenz. Wo Polaritäten schwinden, bleiben Dualitäten dennoch erhalten, werden sie in einer veränderten Qualität produziert. Bei allen Androgynisierungstendenzen bleibt das Geschlecht doch weiterhin eine soziale und körperliche Differenzierungskategorie. Frauen- und Männerkörper werden nicht gleich, so wie der weibliche und der männliche Lebenszusammenhang nicht gleich werden, sondern weiterhin geschlechtsspezifisch verschieden ausgestaltet sind.

Dies spiegelt sich auch in den medienvermittelten Frauenbildern wider. Sidonia Blättler (1992) stellt bei ihrer Analyse von Frauenzeitschriften fest, daß die präsentierten Biographieideale sich zwar verändert haben, ohne jedoch die alten Weiblichkeitswerte außer Kraft zu setzen: »Was die Parameter der Weiblichkeit betrifft, so werden sie um gesellschaftlich zumindest verbal integrierte Eigenschaften wie karrierebewußt, unabhängig, selbstsicher etc. ergänzt« (ebd., S. 113), unverändert erhalten bleibt jedoch das grundsätzliche und althergebrachte weibliche Leitmotiv von Schönheit und erotischer Attraktivität. Es ist nur insofern modifiziert, als nun Erfolg und Schönheit eine wechselseitige Symbiose eingehen. Dies bedeutet: Berufliches Prestige und Karriere erhöhen heutzutage die erotischen Reize von Frauen. »Erfolg macht sexy, so einfach ist das«, verkündet denn auch die Zeitschrift *Petra* (12/1990). »Zwischen erotisch-attraktivem und erfolgreichem Aussehen kann offensichtlich ebensowenig mehr unterschieden werden wie zwischen erfolgreichem Äußerem und dem Erfolg selber« (Blättler 1992, S. 118).

Diese Symbiose bedeutet zweierlei: Zum einen verliert damit Schönheit als weibliches Kapital ihre Macht, wenn die Trägerin nicht parallel hierzu einen sozialen Erfolgsstatus aufweisen kann. Zum anderen bleibt aber auch der soziale Erfolgsstatus einer Frau ohne Wirkungskraft, wenn die Trägerin nicht gleichzeitig über einen schönen Körper verfügt. Das gute Aussehen bleibt also für Frauen eine gesellschaftliche Selektions- und Hierarchisierungskategorie. Diese These verfolgt auch Naomi Wolf (1991), die nachweist, daß der Zwang zu attraktiver Körpererscheinung für Frauen gerade mit ihrem Eintritt in gesellschaftliche Machträume dramatisch gewachsen ist. Fachliche Qualifikationen reichen nicht aus, um Frauen in den öffentlichen Sphären von Beruf, Politik und Kultur konkurrenzfähig werden und aufsteigen zu lassen. Die Attraktivität ihres Körpers besteht als weiteres entscheidendes Eignungskriterium. Die Folge ist, daß die aufstrebende Frau nicht nur fachlich-berufsbezogene Kompetenzen ausbilden, sondern als zusätzliche Leistung ihre körperliche Erscheinung perfektionieren muß. Angesichts dessen kommt Wolf zu dem Schluß: »Der Schönheitskult bildet ein Gegengewicht zur neuen Freiheit der Frauen« (ebd., S. 116), er bindet weibliche Ressourcen, übernimmt die Funktion einer Kontroll- und Strafinstanz und sichert so ein Machtungleichgewicht zwischen den Geschlechtern. Ähnlich argumentiert auch Barbara Sichtermann:

In der Redewendung vom »schönen Geschlecht« ist die Schönheit eine Chiffre für *die* Macht, die die Frauen als einzige besitzen dürfen, für die Reduktion weiblicher Lebensperspektiven auf das Geschlechtliche. Eine Reduktion, die übrigens nicht mal in Hochzeiten des Patriarchats *ganz* gelang, die andererseits aber noch heute, wo Frauen längst wieder mit Männern um Positionen und öffentliche Geltung konkurrieren, als Tendenz spürbar bleibt. (Sichtermann 1992, S. 23)

Die oben beschriebenen Androgynisierungsphänomene des modernen Frauenkörpers sind also nicht eindimensional und eindeutig angelegt, sondern gebrochen, mehrschichtig und vieldeutig. Sie stellen nur *einen* Entwicklungimpuls dar, der wiederum von anderen überformt, umgestaltet und zurückgenommen wird. Die Idealisierung männlicher Züge im Frauenkörper darf somit nicht isoliert als Indiz für den sozialen Bedeutungsverlust der Kategorie Geschlecht in einer individualisierten Gesellschaft verstanden werden. Vielmehr ist davon auszugehen, daß die Vermännlichung gleichzeitig verweiblicht wird und verweiblicht werden *muß*. Das »Mannweib« als – körperlicher – Inbegriff fehlender weiblicher Attribute gilt schließlich weiterhin als abschreckendes Bild. Das heißt: Die männlich assoziierte Körpersymbolik entwickelt im Kontext des Frauenkörpers eine spezifische Variationsform, die sie dann als weibliche ausweist und erotisch auflädt. Auf diese Weise wird die geschlechtliche Grenzüberschreitung der neuen Frauenkörper wieder in ein als weiblich definiertes Muster zurückgebunden. Auf diese Weise bleibt die Geschlechterordnung erhalten, wenn sie auch ohne Zweifel Verschiebungen erfahren hat.

Mutterschaft im modernisierten weiblichen Lebenszusammenhang

Eine Betrachtung der weiblichen Individualisierungsprozesse und der in ihnen produzierten Frauenkörper bleibt unvollständig, widmet sie sich in diesem Zusammenhang nicht auch der Institution Mutterschaft. Kinderkriegen als soziales, biographisches und körperliches Ereignis geschieht in der Risikogesellschaft unter besonderen Vorzeichen, die Folgewirkungen für die Ausformung des Geschlechterverhältnisses haben. Die Hinweise dafür sind zahlreich, daß sich gerade an diesem Fixpunkt die Individualisierungschancen und -risiken von Frauen entscheiden. Die Teilhabe an den neuen Freiheitsgraden ist für Frauen in hohem Maße davon abhängig, in welcher Weise Mutterschaft kulturell und biographisch gestaltet wird.

Daß die Statuspassage des Kinderkriegens oft genug dem weiblichen Autonomieschub wieder Einhalt gebietet, deutet Maria S. Rerrich (1983) an. Sie weist nach, daß sich die neue weibliche Eigenständigkeit genaugenommen bisher nur auf eine kurze Zeitspanne beschränkt, in der junge Frauen nicht mehr in der Abhängigkeit vom Elternhaus stehen, aber – dies ist entscheidend – in der sie auch noch nicht »durch die Geburt eines Kindes in neue Abhängigkeit geraten« (ebd., S. 442) sind. Auch Helga Bilden (1980) hebt die »Geburt des ersten Kindes« als biographische Wendemarke für Frauen hervor, nach der sich die neugewonnenen Freiräume wieder reduzieren. »Die Sorge für ein Baby erfordert eine radikale Umstellung aller Lebensgewohnheiten und der Arbeitsform der Mutter; sie muß entweder zeitweise oder täglich von Berufs- auf Hausarbeit i. w. S. umschalten, d. h. die Widersprüche der beiden Arbeitsformen in ihrer Person vereinen« (ebd., S. 806).

Familienarbeit läßt sich nur schwer mit den Anforderungen der Berufstätigkeit vereinbaren (vgl. Beck-Gernsheim 1989), das »Dasein für andere« steht im Widerspruch zu dem mit der weiblichen Individualisierung entstandenen »Anspruch auf ein Stück ›eigenes Leben‹« (Beck-Gernsheim 1983). Reibungskonflikte, die immer auch individuelles Leid mit sich bringen können, bleiben nicht aus, und sie verschärfen sich noch durch die in den letzten Generationen gewachsenen Qualitätsansprüche an die Kinderaufzucht, die beinhalten, Kindern die besten Startchancen und Entwicklungsmöglichkeiten für einen erfolgreichen Lebensweg zu bieten.

Das Problem wird noch durch folgendes verschärft: Die Mütter beanspruchen dieses »Stück mehr eigenes Leben« gerade zu einem historischen Zeitpunkt, zu dem gleichzeitig stärker als zuvor die Eigeninteressen von Kindern zugestanden werden (…) Dies erfordert in der Praxis paradoxerweise eine stärkere Bereitschaft zum Da-Sein, zum Eingehen auf die Interessen des Kindes, zur Selbstzurücknahme in vielen kleinen Alltagssituationen. (Rerrich 1983, S. 444)

So offenbart sich die weibliche Individualisierung als prekär und ambivalent. Wo sich einerseits neue biographische Entfaltungsmöglichkeiten auftun, wirkt sich andererseits Mutterschaft als Zugangsbarriere zu diesen neuen reizvollen Handlungschancen aus. Mutter zu werden und die damit kulturell zugewiesene Verantwortung zu übernehmen bedeutet im Kontext eines individualisierten Lebensentwurfs immer auch Verlust – den Verlust von biographischen Freiheitsgraden. Die Entscheidung, ein Kind zu gebären, muß von daher eine individuell heftig umkämpfte werden. Sigrid Metz-Göckel und Elke Nyssen (1990) umreißen diese Dramatik wie folgt:

Auf jeden Fall ist die Entscheidung für ein Kind ein harter Einschnitt in einem bereits gewohnten Leben. Es scheint, als ob nun die einzelne Entscheidung schwerer geworden ist, seitdem sie überhaupt ermöglicht wurde. (…) Zwar hat sich die »*Eigenmächtigkeit*« von Frauen erhöht, aber auch gleichzeitig das *Konfliktpotential*, denn die strukturellen Rahmenbedingungen der Vereinbarkeit einer Betreuung von Kleinkindern und außerhäuslicher mütterlicher Erwerbstätigkeit sind sperrig geblieben. (Ebd., S. 159)

Angesichts solcher sozial produzierten, aber persönlich zu bewältigenden Unvereinbarkeiten des Mutterseins erklärt es sich, daß Frauen heutzutage immer weniger und immer später Kinder gebären oder Mutterschaft gänzlich aus ihrer Biographie ausschalten. Auf diese Weise wird das Modernisierungsrisiko »Muttersein« im Sinne einer persönlichen »Schadensbegrenzung« bewußt und gezielt begrenzt. Auf diese Weise wird ebenso versucht, den bestehenden strukturellen Widerspruch zwischen Familienarbeit und Erwerbstätigkeit privat zu »lösen«.

Die zu beobachtende Wandlung von Mutterschaft im weiblichen Lebenslauf resultiert somit aus dem wechselseitigen Ineinandergreifen von zwei gegenläufigen Entwicklungsbewegungen: den weiblichen Freisetzungs- und den mütterlichen Rückbindungsprozessen. Zum einen reduziert sich zwangsläufig die identitätsstiftende Bedeutung von Mutterschaft mit dem Zugang von Frauen zu biographischen Wahlalternativen. Mutterschaft muß jetzt nicht mehr als einziges Sinnelement weiblicher Existenz herhalten, sie wird zu *einem* Sinnelement von vielen. In der Folge verringert sich die Bedeutung des Status Mutterschaft im weiblichen Lebenslauf, sowohl in zeitlicher als auch in identifikatorischer Hinsicht. Zum anderen bringt es jedoch das Überdauern von traditionellen Verantwortungszuschreibungen an Mutterschaft mit sich, daß die individuellen Folgekosten des Mutterseins in der Risikogesellschaft objektiv gestiegen sind, was die Bereitschaft zum Kinderkriegen – im Sinne eine rationalen Realitätsanpassung – dämpft.

Modernisierungsrisiko Mutterschaft im Spiegel der Körper

Diese sich gegenwärtig vollziehende Bedeutungsverschiebung von Mutterschaft findet wiederum ihren symbolischen Niederschlag in den idealisierten weiblichen Körperbildern. Parallel zur Versportung der Frauenkörper ist eine »Verkindlichungstendenz« zu beobachten, d. h. im *Frauen*körper werden zunehmend die Zeichen des *Mädchen*körpers, die Zeichen der Pubertät ästhetisiert. Ebba Drolshagen weist darauf hin (1992, S. 8), daß es der junge Körper *vor* dem endgültigen Übergang zum Frau-Sein ist, der nicht-erwachsene, der nicht-gereifte, der nicht-mütterliche weibliche Körper, der in den letzten Jahren zum Schönheitsideal geworden ist und erotisch aufgeladen wird. Auch Werner Fuchs und Cornelia

Fischer (1989) stellen bei ihrer Auswertung von Fitneß-Ratgebern und Frauenzeitschriften aus den 80er Jahren fest, daß der mädchenhaft-knabenhafte Körper als Schönheitsideal für alle Altersgruppen von Frauen dominiert. Alle Zeichen des Klassen- wie Altersstatus sind gelöscht. »Dieser Mädchenkörper signalisiert die Ablehnung des Mutterseins, oder, noch weitergehend, die Irrelevanz des Mutterseins« (ebd., S. 177). Es handelt sich um den Versuch, eine fortschreitende Lebens- und Körpergeschichte aufzuhalten, einen frühen biographischen Status mit all den Optionen des Jugendalters zu konservieren.

Das neue Frauenkörperbild also setzt auf die Mädchenhaftigkeit fürs ganze Leben, erinnert körperlich an die Lebensjahre vor dem »Ernst des Lebens« (...). In der Latenzzeit war der Möglichkeitsspielraum noch unbegrenzt. Die Zeit vor alledem wird zum fiktiven Terrain weiblicher Selbständigkeit außerhalb der gemeinsamen Welt mit dem Manne: Statt einem Contra ein Prä! (Ebd., S. 177)

Die ästhetische Stilisierung der Kindfrau repräsentiert also die Unvereinbarkeiten des modernisierten Frauenlebens: die Unmöglichkeit, sich die im Zuge der Individualisierung neugewonnen Freiheiten auch als erwachsene Frau und Mutter zu erhalten; die Unmöglichkeit, den Anspruch auf ein Stück »eigenes Leben« mit dem »Dasein für andere« zu synthetisieren; die Unmöglichkeit, mit dem Status als Mutter nicht Verluste an Entwicklungsfreiräumen hinnehmen zu müssen. Sie repräsentiert jedoch gleichzeitig auch eine »Lösung« dieser Unvereinbarkeiten. Die Verewigung des Mädchenkörpers schreibt auf magische Weise den biographischen Status der Jungmädchenzeit mit seinen Freiräumen fest. Der Übergang ins Erwachsenenalter mit seinen Ambivalenzen findet nicht statt. Wo das soziale Erwachsenwerden Individualisierungsrisiken birgt, wird die Devise des »Prä« als Ausweichmanöver propagiert, und es erscheint ein Frauenkörper als schön, der die Statur der Pubertät aufweist, der keinerlei Zeichen von erwachsener Fraulichkeit trägt.

Die Nicht-Symbolisierung von Mütterlichkeit im weiblichen Körper steht dabei letztlich für mehr als die »Ablehnung des Mutterseins, oder, noch weitergehend, die Irrelevanz des Mutterseins« (Fuchs/Fischer 1989, S. 177). Sie zeigt die allgemeinen Auflösungserscheinungen von Mutterschaft als einem sozialen Status für Frauen an. Der Trend, Mutterschaft zu einer »biographischen Randnotiz« (Hardach-Pinke 1982, S. 202) werden zu lassen, artikuliert sich in der Auslöschung von Bildern eines eindeutig konturierten Mutterkörpers, dessen besondere Statusposition durch eigene ästhetische Zeichen sichtbar ausgewiesen und von anderen Positionen deutlich differenziert ist.

In welcher Weise Mutterschaft zu einer »biographischen Randnotiz« werden kann, dies wird gerade in jüngster Zeit auch vom Frauenhochleistungssport vorgeführt: Immer öfter präsentieren uns die Medien die Geschichten der siegreichen Athletinnen, die ein Kind zur Welt bringen und bald danach ihre Erfolgslaufbahn ungebrochen fortsetzen. In immer mehr Variationen werden dem Publikum Bilder von Sportlerinnen geliefert, deren Körper ein Kind »entspringt«, ohne daß dies Spuren hinterläßt, ohne daß sich ihr Leben damit verändert. Die Weitspringerin Heike Drechsler setzt nach der Geburt ihres Kindes ihre Karriere erfolgreich wie zuvor fort. Die Fechterin Anja Fichtel sichert sich im vierten Schwangerschaftsmonat die Deutsche Meisterschaft und tritt sieben Wochen nach ihrer Entbindung siegreich bei den Olympischen Spielen 1992 an. Bei den Nordischen Ski-Weltmeisterschaften 1991 stillt die finnische Olympia-Siegerin Hämäläinen-Kirvesniemi ihren Säugling zwischen den Wettbewerben. Und von Hochspringerin Heike Henkel wird vermeldet, daß sie 1996 ihr zweites Olympia-Gold gewinnen wolle: »Aber dazwischen hätte ich gerne ein Baby« (sid 27. 11. 1992). Ob nun das Phänomen der Hochleistungssportlerin mit Kind tatsächlich quantitativ in der letzten Zeit zugenommen hat oder ob nur das Medieninteresse an diesem Phänomen gestiegen ist, muß hier noch eine offene Frage bleiben. Entscheidend ist, daß offensichtlich ein neues weibliches Idol medial kreiert worden ist, das nun als Weiblichkeitsideal öffentlich gefeiert wird – die Athletin mit Kind. Diese Werte- und Interessenverschiebung spiegelt sich auch darin wider, daß beispielsweise ein relativ unbedeutender Silvesterlauf in Osnabrück eine Meldung in der überregionalen Sportpressse erhält, weil dort eine Läuferin gewonnen hat, die drei Wochen zuvor Zwillinge geboren hat (*Hessische-Niedersächsische Allgemeine*, 2. 1. 1993).

Dieser neue Medienstar der »Athletin mit Kind« verkörpert eine Synthese zwischen sportlicher Spitzenleistung und Mutterschaft – eine Synthese, die als glatt verlaufende präsentiert wird. Mutterschaft wird in diesem Modell als ein biographisches Sinnelement *neben* anderen eingeordnet. Der Leistungssport bleibt als kontinuierliche Lebenslauflinie ungebrochen erhalten. Das sportliche

Training und die Wettkämpfe werden bis weit in die Schwangerschaft hinein fortgesetzt und nach der Entbindung schnell wiederaufgenommen. Ein Sonderstatus wird dem Körper nur in geringem Umfang gewährt, und – dies ist ebenso bedeutsam – der Körper beansprucht diese Schonung auch nicht mehr. Symptomatisch erscheint hier Heike Henkels Antwort auf die Interviewfrage, ob sie nach der WM 1993 eine »Baby-Pause« einlegen werde: »Ein Päuschen könnte mir nicht schaden, ob jetzt deswegen oder wegen des Fußes, ist ja egal« (*Hessische-Niedersächsische Allgemeine*, 11. 7. 1993). Schwangerschaft, Geburt und Wochenbett werden zu einer willkommenen körperlichen Regenerationsmaßnahme erklärt. Der durch den Sport überbeanspruchte Körper, der von einer Fußverletzung geplagt wird, braucht Erholung, um seine Leistungsstärke wiederzugewinnen. Ihn jetzt ein Kind austragen zu lassen verspricht die dringend benötigte Rekonvaleszenzphase. Ähnliches ist von Heike Drechsler bekannt, die ihren Kinderwunsch vor der DDR-Sportführung mit dem Hinweis auf die »regenerative Verschnaufpause für den nach 13 Jahren Hochleistungssport ausgelaugten Organismus« legitimierte (*Sports* 6/1990).

Kinderkriegen verliert in diesen zahlreichen Präsentationen den Charakter einer spezifischen »Frauenleistung« und umfassenden »Frauenaufgabe«. Es ist keine beschwerliche Arbeit mehr, sondern relativ leichtes Tun, das die Frau ohne sonderliche Anstrengung erledigen kann. Es fordert auch keinerlei Verzichte hinsichtlich der bis dahin gelebten Karriere-Biographie. Es erscheint sogar als erquickende Auszeit im unentwegten Streß der sportlichen Erfolgssicherung.

Diese Bilder der famosen »Athletin mit Kind« tragen mit dazu bei, durch die Produktion von widerspruchsfreien und geglätteten Vorbildern einer machbaren und lebbaren Synthese von Mutterschaft und Erfolg den Bedeutungswandel von Mutterschaft weiter voranzutreiben, die Zustimmungen zu vergrößern und letztlich auch neue Weiblichkeitsnormierungen zu installieren. Die exquisiten Vorbilder wirken als Aufforderung für alle Frauen, sich an ihnen zu orientieren. Wo die Individualisierungsprozesse Frauen aus traditionellen Zuschreibungen einerseits freisetzen, entwickeln sich andererseits ebenso schnell andere standardisierende Rollenbilder, die wieder Richtlinien setzen.

Daß das Ideal des »unkomplizierten« Kinderkriegens, wie es über die weiblichen Sportstars transportiert wird, bereits im allgemeinen Frauenalltag greift, dafür lassen sich manche Indizien finden. So läßt sich der Trend nachweisen, daß Schwangere und Wöchnerin auf schonende Sonderbehandlung, Entlastung und Vergünstigungen verzichten – und dies nicht, weil sie müssen, sondern weil sie es wollen. Sie weigern sich, einen Ausnahmezustand, wie er werdenden Müttern gewährt wurde und wird, zu beanspruchen. Sie nehmen als Schwangere unverändert bis zur Entbindung am gesellschaftlichen Leben teil und kehren nach der Entbindung schnell zurück. Die Dauer des Wochenbetts verkürzt sich zunehmend. Immer mehr junge Mütter beanspruchen nicht die angebotenen Kliniktage und kehren vorzeitig nach Hause zurück. Auch das wachsende Interesse an der ambulanten Entbindung bedeutet letztlich die Auflösung der ehemaligen Schonraum-Institution Wochenbett. Mit der Rückkehr nach Hause wird die Wöchnerin zwangsläufig auch sehr viel schneller von den Anforderungen ihres »Normalalltags« wieder eingeholt.

Diese Entwicklungen tragen immer ein Doppelgesicht. Wo die Auflösung alter Schwangerschaftstabus und Geburtshilfezwänge Freiräume eröffnet und Humanisierungen schafft, bleibt nicht aus, daß neue Erwartungsmaßstäbe an Frauen entstehen.[7] Die Reform des Rooming-in beispielsweise, eingeführt als Chance einer größeren Nähe zwischen Mutter und Kind, erhöht gleichzeitig den Druck auf die Mutter zur schnellstmöglichen Normalisierung. Sie soll sich rasch in der Lage zeigen, ihr Kind souverän zu versorgen. Sich dieser Anforderung zu entziehen bedarf mittlerweile einer besonderen Rechtfertigung: »Frauen, die nach einer schweren Entbindung vor allem Ruhe und Erholung brauchen, oder Mütter, die bereits zu Hause mehrere kleine Kinder haben (...), sollten ruhig wie bisher ihr Kind erfahrenen Säuglingsschwestern anvertrauen. Sie sind deshalb sicherlich keine ›schlechteren Mütter‹« (*Mutter und Kind* 1988, S. 35). Nur der Nachweis außergewöhnlicher Belastungsfaktoren erlaubt einen Rückzug vom Rooming-in-Gebot und befreit vom Makel der »schlechten Mutter«, der auf der Wöchnerin liegt, die ihr Baby vom Klinikpersonal versorgen läßt.

Eine Entwicklung geht dahin, die »Auszeit« des Mutterwerdens zu minimieren und gleichzeitig für überflüssig zu erklären. Geblie-

---

7 Am Beispiel der unter dem Begriff »sanfte Geburt« durchgesetzten humanitären Entbindungsreform habe ich nachgewiesen, wie sich auch hier neue Normierungen entwickelt haben, die den Arbeitsaufwand und Verantwortungsdruck für die Gebärende drastisch erhöhten (Rose 1991).

ben sind noch die »Heultage«, doch auch hier wird eine Verharmlosung spürbar: »Die berühmten ›Heultage‹ sind ein Ausdruck des Hormonumschwungs von ›schwanger‹ auf ›nichtschwanger‹. Da helfen nur Gelassenheit und ein großes Paket Allzwecktücher – und hin und wieder ein kühlender Waschlappen für die beanspruchte Augenpartie« (*Elternschule* 1/1989, S. 43). Das untröstliche Weinen der Wöchnerin wird nicht als Symptom einer Krise gedeutet, in der sich die junge Mutter im Übergang in ihren neuen Status befindet. Es veranlaßt nicht zu besonderer Zuwendung und Hilfe. Statt dessen wird der Zusammenbruch zu einer schicksalhaften Begleiterscheinung des Gebärens erklärt, die keiner besonderen Aufmerksamkeit bedarf. Auch hier lassen sich also Bagatellisierungsversuche des Kinderkriegens ausmachen. Kinderkriegen ist einfach – dies ist die verkündete Botschaft. Damit wird die junge Mutter zwar nun nicht mehr als Patientin entmündigt und ausgegrenzt, damit verliert sie aber auch das Recht auf Gewährung eines Schonraums. Kinderkriegen ist einfach – dies wird zur neuen Anforderung. Dies ist wieder die Doppelgesichtigkeit der Umbrüche.

Mutterwerden und Muttersein zu entproblematisieren fügt sich als Modernisierungsbaustein in den Entwicklungstrend ein, Mutterschaft zu einer »biographischen Randnotiz« (Hardach-Pinke 1982, S. 202) werden zu lassen. Kinderkriegen erhält den Charakter einer Zusatzaufgabe, die nun von Frauen »nebenbei« und ohne viel Aufwand bewerkstelligt wird und werden kann. Es bedeutet auch nicht mehr den Eintritt in eine neue Statusposition mit eigenen sozialen Ehren, einen umfassenden Statuswechsel. Für den modernen weiblichen Lebensentwurf ist das Modell der männlichen Berufs- und Aufstiegsbiographie dominant geworden. Mutterschaft hat darin zwangsläufig eine marginale Bedeutung bekommen. Sie ist nur noch eine zureichende, nicht mehr eine ausreichende Bedingung weiblichen Seins.

Die mit diesen Verschiebungen verbundenen Freiheiten haben jedoch ihren Preis. Die Forderung an Frauen ist nun allgegenwärtig, Schwangerschaft, Entbindung, Wochenbett und Stillzeit störungsfrei und ohne viel Aufhebens zu erledigen. Die Berufslaufbahn soll möglichst kaum unterbrochen, schon gar nicht abgebrochen werden. Daß sich dieses Ideal mehr und mehr durchsetzt, spiegeln die zunehmenden Meldungen über bravouröse Karriere-Mütter in den Medien wider. Wenn wir von erfolgreichen Athletinnen erfahren, die ohne Karriereeinbrüche Kinder gebären, wenn – wie eingangs zitiert – mit Hochachtung vermeldet wird, daß das hochschwangere Fotomodell Yasmin Le Bon bereits ein Kind hat und während der Fotoproduktion »entspannt und locker« war, nicht »gejammert oder aufgrund ihrer Schwangerschaft Sonderwünsche angemeldet« (*Marie-Claire* 12/1991) hat – dann verstärkt sich damit der Normierungs- und Erwartungsdruck an alle Frauen, ihre Kinder mit ebensolcher Leichtigkeit und Unkompliziertheit zu tragen, zu gebären und im weiteren auch aufzuziehen.

Daß hierbei jedoch Phantasmen jenseits jeglicher Anforderungsrealität produziert werden, dies beweist der vielzitierte und empirisch nachweisbare »Babyschock«. Untersuchungen zur Lebenssituation junger Mütter belegen, daß die meisten Frauen vor der Geburt ihres ersten Kindes wenig realistische Vorstellungen von den mütterlichen Arbeitsbelastungen hatten. Sie erleben ihre Mutterschaft als wesentlich erschöpfender und kräftezehrender als zuvor vermutet (Beck-Gernsheim 1988, S. 281). Die zu beobachtende Verharmlosung und Beschönigung von Mutterschaft bedeutet demnach für Frauen ein gefährliches Unterfangen: Sie wirkt als eine Irreführung, die verhindert, daß Frauen sich auf die Folgen ihrer Entscheidung für ein Kind realistisch vorbereiten und vor Überlastungen schützen können. Sie nimmt Müttern zudem das Recht, Arbeitsentlastungen privat und gesellschaftlich einzuklagen. Das Scheitern an der Synthese von Mutterschaft und Erfolg wird zur persönlichen Schuld.

Das Schwinden des Mutterkörpers

Mit der Auflösung des Status Mutterschaft im männlich-orientierten weiblichen Lebenslaufmodell verändert sich auch die Ästhetik des Mutterkörpers. »In unserer Gesellschaft, in der Körper und Persönlichkeit kontinuierlich und mit sich selbst identisch sein sollen, muß (...) der schwangere Körper (...) in seiner Veränderung als ›unförmig‹ empfunden werden«, schreibt Hardach-Pinke (1982, S. 202). Disziplinierungsprogramme erfassen deshalb den schwangeren Körper, um die bedrohliche Entwicklung »unförmiger« Massigkeit zu kontrollieren. Die werdende Mutter darf sich nicht zügellos »vergrößern«, sondern nur in den zulässigen, medizinisch, aber auch ästhetisch definierten Grenzen. Der schöne schwangere Körper ist der schlanke. Die Bemühungen gehen also dahin, die Körperwandlung der Schwangerschaft zu reduzieren, die Konturen des nicht-schwangeren Frauenkörpers möglichst weit zu erhalten. So wie die Schwangerschaft das Frauenleben kaum verändern soll, so soll sie auch im Körper nur wenig sichtbar sein.

Dieser Anpassungsdruck an den nicht-schwangeren Körper äußert sich noch einmal mehr nach der Niederkunft. Nun soll der Mutterkörper wieder werden, wie er war. Schon während der Schwangerschaft wird die werdende Mutter deshalb dazu angehalten, durch vorbeugende Massagen, Ölungen und Gymnastik dafür zu sorgen, daß die Überdehnung des Bauches keine Narben und dauerhafte »Deformierung« zur Folge hat. Spezielle Schwangerschafts-BHs sollen die schwerer werdenden Brüste vor einem »Ausleiern« bewahren. Die Botschaft ist hier nicht nur, daß der Frauenkörper durch eine Schwangerschaft an Schönheit einbüßt, sondern auch, daß diese Entstellung durch entsprechende Maßnahmen verhindert werden kann. Der Mutterkörper ohne Zeichen des Mutter-Seins ist machbar: »Durch entsprechende Wochenbettgymnastik unterstützt, straffen sich Becken-, Bauchwand- und Rückenmuskulatur bei gleichzeitiger Festigung von Sehnen und Bändern. Damit gewinnen Sie ihre frühere Figur zurück« (*Mutter und Kind* 1988, S. 34).

Spuren der Schwangerschaft müssen getilgt werden. Um das Geschehene unsichtbar zu machen, die »frühere Figur« ohne Narben, mit straffen Brüsten und flachem Bauch wiederherzustellen, sind anstrengende, zeitaufwendige, kostenintensive Prozeduren und ein hohes Maß an Selbstdisziplinierung notwendig. Die moderne Mutter hat also neue Arbeitsbelastungen zu bewältigen, die Mütter vorhergehender Generationen kaum kannten. Der Frauenkörper darf zwar ein Kind gebären, doch er darf mit diesem Ereignis kein *anderer* werden. Was hiermit passiert, ist letztlich die Auslöschung des Mutterkörpers in unserer Kultur. Frauenkörper werden in dem Phänotyp-Ideal des »jungfräulichen« Mädchenkörpers vereinheitlicht. »Der Wunsch richtet sich auf die Unveränderbarkeit des weiblichen Körpers, dem man weder das Altern noch das Tragen der Kinder ansehen soll« (Woesler-de Panafieu 1983, S. 72).

Dieses Auflösungsphänomen beschreibt auch Dieter Lenzen (1985). Er weist nach, daß die Statuspassage Mutterschaft im Laufe der letzten Generationen zunehmend konturenloser geworden ist: »Die Körpersymbole des Mütterlichen sind (...) im Begriffe zu verschwinden« (ebd., S. 170). Kleidung[8], Frisuren, Schmuckaccessoires, die ehemals die einzelnen Frauengenerationen nach Alter und Mutterschaft sichtbar voneinander schieden und damit den einzelnen Lebenslauf in verschiedene aufeinanderfolgende Abschnitte unterteilten, sind heute unter der Norm des jugendlichen Stils standardisiert. Die Statuspassage Mutterschaft wird nicht mehr durch Initiationsriten und Symbole eindeutig markiert.

Das Modell der kontinuierlichen weiblichen Erfolgsbiographie hat sich durchgesetzt. Es kann und will der Mutterschaft nur wenig Raum zugestehen. Dies spiegeln die gewandelten weiblichen Körperideale wider, in denen die Zeichen der Mütterlichkeit verschwunden sind. Auch das Auftauchen der »Schwangeren-Ikonen«, wie das eingangs beschriebene Bild, ändert daran nichts. Entgegen dem lange und bis in die heutige Zeit zu verzeichnenden Veröffentlichungstabu des schwangeren Körpers wird dieser zwar nun inszeniert, ästhetisiert und erotisiert. Doch er wird in diesen Darbietungen unmißverständlich in die Schablone des weiblichen Karriere-Körpers gepreßt. Er bleibt leistungsfähig, er bleibt straff und schlank, er bleibt verführend. Er verändert sich nicht. Die Haut zeigt keine Pigmentflecken, der Körper kein Fett, das Bauchgewebe keine Risse, die Beine keine Wassereinlagerungen und Krampfadern, die Brüste keine Schwere. Einzig der sich vorwölbende Bauch läßt das Mutterwerden erkennen, hierin wird das Schwanger-Sein konzentriert, reduziert und entschärft. Der solchermaßen stilisierte schwangere Körper sagt uns schon jetzt, daß er wieder der vorherige sein wird, wenn er sein Kind geboren hat. So wird zwar ein Mutterkörper symbolisiert, um ihn gleichzeitig als den »anderen« Frauenkörper endgültig aufzulösen.

In diesen Schwangerschaftsinszenierungen werden die Ambivalenzen des Bedeutungswandels von Mutterschaft in der Risikogesellschaft ästhetisch beantwortet. Weil das Mutterwerden zur Disposition steht, weil Kinderkriegen nicht mehr selbstverständlich ist, erhöht sich sein Reiz als außergewöhnliches Erlebnis. Der

---

[8] Symptomatisch ist, daß auch die typische Schwangerschaftskleidung zunehmend verschwindet. Das Hängerkleid, das jede Frau unabhängig vom Grad des Bauchumfangs als Schwangere auswies, wird kaum mehr getragen. Statt dessen wird – solange es noch möglich ist – die Normalkleidung bevorzugt, die Schwangerschaftsmode imitiert die Normalmode.

Entwertung des Kinderkriegens als Selbstverständlichkeit und Erfüllung weiblichen Daseins steht eine Aufwertung als biographisches »Highlight«, als besonderes persönliches Stilelement gegenüber. Schwangerschaft wird zu einer Kostbarkeit. Das Auftauchen der Bilder schwangerer Frauenkörper reflektiert diese neu entstandenen Sehnsüchte, stilisieren sie doch Schwangerschaft als verführerischen, ästhetisch-attraktiven, begehrlichen und beglückenden Körperzustand. Zusätzlich markieren diese Bilder aber auch die neuen Verhältnisse, in denen Mutterschaft nun stattfindet, und sie wirken so als Ordnungsschemata. Schwangerschaft, Attraktivität und Erfolg in den inszenierten Körpern zusammenzubinden und zu idealisieren transportiert dieses spezifische »Dreieck« als ein Weiblichkeitsideal und errichtet es als biographische Norm für Frauen.

Literatur

Beck, Ulrich (1986): *Risikogesellschaft. Auf dem Weg in eine andere Moderne*, Frankfurt am Main.
Beck, Ulrich/Beck-Gernsheim, Elisabeth (1990): *Das ganz normale Chaos der Liebe*, Frankfurt am Main.
Beck-Gernsheim, Elisabeth (1983): »Vom ›Dasein für andere‹ zum Anspruch auf ein Stück ›eigenes Leben‹. Individualisierungsprozesse im weiblichen Lebenszusammenhang«, in: *Soziale Welt* 34 (1983), S. 307-340.
Beck-Gernsheim, Elisabeth (1988): »Wieviel Mutter braucht ein Kind? Geburtenrückgang und Wandel der Erziehungsarbeit«, in: Hradil, S. (Hg.), *Sozialstruktur im Umbruch*, Opladen, S. 265-286.
Beck-Gernsheim, Elisabeth (1989): *Mutterwerden – der Sprung in ein anderes Leben*, Frankfurt am Main.
Bilden, Helga (1980): »Geschlechtsspezifische Sozialisation«, in: Hurrelmann, Klaus u. a. (Hg.), *Handbuch der Sozialisationsforschung*, Weinheim, Basel, S. 777-812.
Blättler, Sidonia (1992): »Die schöne Frau der Fauenzeitschriften«, in: Akashe-Böhme, Farideh (Hg.), *Reflexionen vor dem Spiegel*, Frankfurt am Main, S. 112-130.
Boltanski, L. (1976): »Die soziale Verwendung des Körpers«, in: Kamper, Dietmar, Rittner, Volker (Hg.), *Zur Geschichte des Körpers*, München, S. 138-183.

Bourdieu, Pierre (1988): *Die feinen Unterschiede*, Frankfurt am Main.
Brettschneider, Wolf-Dietrich u. a. (Hg.) (1989): *Sport im Alltag von Jugendlichen*, Schorndorf.
Drolshagen, Ebba D. (1992): »Wir wollen, was wir sollen. Ein Gespräch mit Ebba Drolshagen«, in: *Psychologie heute Special*, Frauen Schönheit, 4 (1992), S. 6-13.
Eichberg, Henning (1984): »Körperlichkeit, Identität und Entfremdung«, in: *Sportpädagogik* 4 (1984), S. 9-13.
Franke, Elk (Hg.) (1986): *Sport und Gesundheit*, Reinbek.
Freedman, Rita (1989): *Die Opfer der Venus. Vom Zwang schön zu sein*, Zürich.
Frisch, Rose E. (1988): »Fett, Fitneß und Fruchtbarkeit«, in: *Spektrum der Wissenschaft*, Mai 1988, S. 68-75.
Fuchs, Werner/Fischer, Cornelia (1989): »Aerobic, Body-Building, Jogging – ein neues Sinnmuster in der jugendlichen Alltagskultur?«, in: Brettschneider, Wolf-Dietrich u. a. (Hg.), S. 160-178.
Hardach-Pinke, Irene (1982): »Schwangerschaft und Identität«, in: Kamper, Dietmar; Wulf, Christoph (Hg.), *Die Wiederkehr des Körpers*, Frankfurt am Main, S. 193-208.
Hellferich, Cornelia (1989): »Geschlechterverhältnisse und die ›soziale Verwendung des Körpers‹ in der Jugend«, Dissertation, Freiburg (unveröffentlicht).
Kaschuba, Wolfgang (1989): »Sportivität: Die Karriere eines Leitwertes«, in: *Sportwissenschaft* 2 (1989), S. 154-171.
Klein, Michael (Hg.) (1983): *Sport und Geschlecht*, Reinbek.
Kröner, Sabine (1986): »Technik und weiblicher Körper im Sport«, in: Schenk, Sylvia (Hg.), S. 117-129.
Kröner, Sabine/Pfister, Gertrud (Hg.) (1992): *Frauenräume. Körper und Identität im Sport*, Pfaffenweiler.
Kugelmann, Claudia (1991): »Mädchen im Sportunterricht heute – Frauen in Bewegung morgen«, in: *Sportpädagogik* 4 (1991), S. 17-25.
Lenzen, Dieter (1985): *Mythologie der Kindheit*, Reinbek.
Metz-Göckel, Sigrid/Nyssen, Elke (1990): *Frauen leben Widersprüche. Zwischenbilanz der Frauenforschung*, Weinheim, Basel.
Mrazek, Joachim (1986): »Psyche, Gesundheit und Sport – Zur subjektiven Wahrnehmung des Gesundheitsversprechens durch den Sport«, in: Franke, Elk (Hg.), S. 86-97.
Müller-Streitbörger, Wolfgang (1993): »Der Attraktivitätsterror: Die Zurichtung weiblicher und männlicher Körper«, in: *Psychologie heute* 7 (1993), S. 23-25.
Palzkill, Birgit/Scheffel, Heidi/Sobiech, Gabriele (Hg.) (1991): *Bewegungs-(t)räume. Frauen, Körper, Sport*, München.
Pfister, Gertrud (1991): »Zur Geschichte des Diskurses über den weiblichen Körper (1880-1933)«, in: Palzkill, Birgit u. a. (Hg.), S. 15-30.

Rerrich, Maria S. (1983): »Veränderte Elternschaft. Entwicklungen in der familialen Arbeit mit Kindern seit 1950«, in: *Soziale Welt* 34 (1983) 4, S. 420-449.

Rittner, Volker (1986): »Veränderungen der Gesundheitsvorstellungen und des Sports im gesellschaftlichen Kontext«, in: Franke, Elk (Hg.), S. 62-74.

Rose, Lotte (1991): »Gebären als Identitätsaufgabe. Der Boom ›sanfter‹ Geburtskultur im Licht gesellschaftlicher Individualisierungsprozesse«, in: Büttner, Christian u. a. (Hg.), *Aller Anfang ist schwer. Die Bedeutung der Geburt für psychische und historische Prozesse*, Weinheim, Basel, S. 39-66.

Schenk, Sylvia (Hg.) (1986): *Frauen, Bewegung, Sport*, Hamburg.

Schmidt, Doris (1991): »Schöner – schlanker – straffer. Überlegungen zu Gesundheit und Fitness«, in: Palzkill, Birgit u. a. (Hg.), S. 75-85.

Sichtermann, Barbara (1981): »Zeitkämpfe mit Kindern«, in: *Ästhetik und Kommunikation* 45/46 (1981), S. 5-19.

Sichtermann, Barbara (1992): »Über die Schönheit, die Demokratie und den Tod«, in: Akashe-Böhme, Farideh (Hg.), *Reflexionen vor dem Spiegel*, Frankfurt am Main, S. 21-34.

Tiedemann, Petra (1986): »Der Mythos vom schwachen Geschlecht. Sportmedizinische Aspekte im Frauensport«, in: Schenk, Sylvia (Hg.), S. 77-84.

Woesler-de Panafieu, Christine (1983): »Außen- und Innenaspekte weiblicher Körper«, in: Klein, Michael (Hg.), S. 60-74.

Wolf, Naomi (1991): *Der Mythos Schönheit*, Reinbek.

Zinnecker, Jürgen (1989): »Die Versportung jugendlicher Körper«, in: Brettschneider, Wolf-Dietrich u. a. (Hg.), S. 133-159.

III

Pierre Bourdieu
Die männliche Herrschaft

Der Verdacht, den die feministische Kritik häufig von vornherein gegen die Beiträge männlicher Autoren zum Geschlechterunterschied richtet, ist begründet. Denn der Analytiker, der in dem gefangen ist, was er zu verstehen glaubt, gibt, da er, ohne es zu wissen, Rechtfertigungsabsichten gehorcht, nur allzuleicht für Enthüllungen über die Vorannahmen und Vorurteile der Akteure die Vorurteile und Vorannahmen aus, die er selbst an den Gegenstand seiner Überlegungen herangetragen hat. Und da er es mit einer Institution zu tun hat, die seit Jahrtausenden in die Objektivität der sozialen Strukturen und in die Subjektivität der mentalen Strukturen eingeschrieben ist, neigt er vor allem dazu, Wahrnehmungs- und Denkkategorien als Erkenntnismittel zu verwenden, die er als Erkenntnisgegenstände zu behandeln hätte. Ich möchte hier ein Beispiel anführen, das, in Anbetracht des Autors, a fortiori zu argumentieren erlaubt: »Man kann sagen, daß dieser Signifikant [der Phallus] gewählt wird, weil er von dem, was sich am Sachverhalt der Kopulation erfassen läßt, das am meisten Hervorstechende und zugleich das im buchstäblichen (typographischen) Sinne des Wortes Allersymbolischste ist, da er hier gleichbedeutend ist mit der (logischen) Kopula. Man kann auch sagen, daß er in seiner Schwellfähigkeit das Sinnbild des Lebensstroms ist, wie er sich in die Zeugung ergießt.«[1] Man muß kein Anhänger jener Auffassung sein, die die Texte als Symptome lesen will, um hinter dem »Hervorstechenden« (*le saillant*) das Bespringen (*la saillie*), den gebieterischen und tierischen Sexualakt zu gewahren und hinter dem »Erfassen« den naiven männlichen Stolz angesichts der Unterwerfungsgeste, mit der die Frau nach dem Attribut, dem Objekt der Begierde und nicht eines bloßen Wunschs greift. Der Ausdruck Attribut ist hier ganz bewußt gewählt, um daran zu erinnern, wozu die Wortspiele – hier *Kopulation*, *Kopula* – gut sind, an denen die Wissenschaftsmythen oft zu erkennen sind. Diese geistreich-witzigen Worte, die, wie Freud gezeigt hat, immer auch Worte des

---

1 J. Lacan, *Schriften II*, Olten und Freiburg 1975, S. 128 (übersetzt von Ch. Creusot, N. Haas und S. M. Weber).

Unbewußten sind, verleihen den sozialen Phantasmen jene sublimierte Form der logischen Notwendigkeit, ja der Wissenschaftlichkeit, in der allein sie an die Oberfläche treten können.[2] Bemerkenswerterweise wird die Intuition des mit den Merkmalen der mediterranen Ultramaskulinität vertrauten Anthropologen durch die eines Analytikers bekräftigt, der sich in der Tradition des von Sandor Ferenczi und Michael Balint eingeführten Verfahrens der Selbstreflexion dafür entschieden hat, die Techniken der Psychoanalyse auf die Praxis des Analytikers selbst anzuwenden: Roberto Speziale-Bagliaca sieht in Lacan eine beispielhafte Verkörperung der »phallisch-narzißtischen« Persönlichkeit, für die die Neigung charakteristisch ist, »ihre männlichen Aspekte auf Kosten der abhängigen, kindlichen oder weiblichen Aspekte zu betonen« und sich »zum Gegenstand der Anbetung machen zu lassen«.[3] Man mag sich demnach die Frage stellen, ob nicht der Diskurs des Psychoanalytikers bis in seine Konzepte und seine Problematik hinein von einem nicht analysierten Unbewußten durchzogen ist, das, ganz wie bei den Analysanden, sein Spiel mit ihm treibt, und zwar gerade mittels seiner theoretischen Wortspiele. Und ob er folglich nicht – *ohne es zu wissen* – aus den unerkannten Regionen seines Unbewußten die Erkenntnismittel schöpft, die er benutzt, um das Unbewußte zu erkennen.

Offensichtlich müßte man die *anthropologische* Lektüre der psychoanalytischen Texte, ihrer stillschweigenden Voraussetzungen, ihrer Vorannahmen

2 Die Verbindung zwischen dem Phallus und dem Logos ist in diesem für die Logik des wissenschaftlichen Mythos ganz typischen Wortspiel in der Tat verdichtet (gemäß einer Logik, die die des Traumes ist). (Die berühmte Beschreibung des Gegensatzes zwischen dem Norden und dem Süden, in dem der erste Ausdruck des geographischen Determinismus zu sehen ist, erschien mir als ein paradigmatisches Beispiel des wissenschaftlichen Mythos, der dazu bestimmt ist, jenen »Wissenschaftseffekt« zu erzeugen, den ich Montesquieu-Effekt genannt habe – s. P. Bourdieu, »Le Nord et le Midi: contribution à une analyse de l'effet Montesquieu«, in: *Actes de la recherche en sciences sociales* 35 [1980], S. 21-25.) Und ebenfalls im Wortspiel und insbesondere mittels der mit Anspielungen befrachteten Doppeldeutigkeiten konnten die sozialen Phantasmen des Philosophen zum Ausdruck kommen, ohne sich bekennen zu müssen (s. P. Bourdieu, *Die politische Ontologie Martin Heideggers*, Frankfurt am Main 1976 u. 1988).

3 R. Speziale-Bagliaca, *Sulle spalle di Freud. Psicoanalysis e ideologia fallica*, Rom 1982, S. 43 ff. (Ich danke Annina Viacava Migone, der scharfsichtigen Leserin einer ersten Version meines Textes, mich in dieses Werk eingeführt zu haben und mir dabei behilflich gewesen zu sein, die Beziehung zwischen der anthropologischen Analyse der sozialen Ausgestaltung der männlichen und weiblichen Dimensionen der Persönlichkeit und der psychoanalytischen Analyse herzustellen.)

und ihrer Fehlleistungen viel weiter treiben. Ich führe nur zwei Stellen eines wohlbekannten Textes von Freud als Indiz an, an denen sofort ersichtlich wird, wie aus dem biologischen Unterschied ein *Mangel*, ja eine *ethische Minderwertigkeit* gemacht wird: »Es [das kleine Mädchen] bemerkt den auffällig sichtbaren, groß angelegten Penis eines Bruders oder Gespielen, erkennt ihn sofort als überlegenes Gegenstück seines eigenen, kleinen und versteckten Organs und ist von da an dem Penisneid verfallen« (S. Freud, »Einige psychische Folgen des anatomischen Geschlechtsunterschieds«, in: *Gesammelte Werke*, Bd. V, Frankfurt am Main 1972, S. 260). »Man zögert es auszusprechen, kann sich aber doch der Idee nicht erwehren, daß das Niveau des sittlich Normalen für das Weib ein anderes wird. Das Über-Ich wird niemals so unerbittlich, so unpersönlich, so unabhängig von seinen affektiven Ursprüngen, wie wir es vom Manne fordern« (ebd., S. 265). Die theoretische Mehrdeutigkeit der psychoanalytischen Theorie, die die grundlegenden Postulate der männlichen Weltsicht ungeprüft übernimmt und damit Gefahr läuft, unwissentlich als Rechtfertigungsideologie zu dienen, ist nicht geeignet, den von ihr (und sei es negativ) beeinflußten feministischen Theorien die Arbeit zu erleichtern. Da auch sie es ja mit dem in ihnen selbst und ihren Analyseinstrumenten präsenten männlichen Unbewußten zu tun haben, schwanken sie zwischen zwei entgegengesetzten Sicht- und Gebrauchsweisen dieser ungewissen Botschaft. Man hat Mühe zu unterscheiden, ob sie die Botschaft selbst verwerfen und deren essentialistische Sicht des weiblichen Lebenszusammenhangs, die Naturalisierung einer gesellschaftlichen Konstruktion, oder das, was die Botschaft trotz allem von der benachteiligten Stellung enthüllt, die die soziale Welt objektiv den Frauen zuweist.[4]

Um dem Zirkel möglichst zu entgehen, kann man mit einer Art methodologischem Kunstgriff die anthropologische Analyse auf Strukturen der kollektiven Mythologie anwenden, die uns, nahezu frei von jeder halbwissenschaftlichen Reinterpretation, durch eine fremde und gleichwohl vertraute Tradition, die der Berber des kabylischen Berglandes, zugänglich ist, welche über alle Eroberungen und Bekehrungen hinweg und zweifellos in Reaktion auf diese aus ihrer Kultur den Speicher eines alten Fundus mediterraner, um

---

4 Bemerkenswert ist, daß der feministische Diskurs sehr oft in eben den Essentialismus verfällt, den er der »männlichen Erkenntnis« zu Recht vorwirft (s. J. Féral, »Towards a Theory of Displacement«, in: *Sub-stance* 32 [1981], S. 52-64): man käme gar nicht nach mit dem Aufzählen der ununterscheidbar konstatierenden und performativen Aussagen (der Art: die Frau ist plural, unbestimmt usf.), die tief durchherrscht sind von der Logik der Mythologie, gegen die sie Position beziehen (u. a.: L. Irigaray, *Speculum. Spiegel des anderen Geschlechts*, Frankfurt am Main 1980, und *Dies Geschlecht, das keines ist*; J. Kristeva, »La femme, ce n'est jamais ça«, in: *Tel Quel* 59 [1974], S. 19-25).

den Kult der Männlichkeit zentrierter Überzeugungen gemacht haben.[5] Dieses Universum ritueller Reden und Handlungen – allesamt auf die Reproduktion einer sozialen und kosmischen Ordnung gerichtet, die auf einer ultrakonsequenten Affirmation des Primats der Männlichkeit fußt – bietet dem Interpreten ein vergrößertes und systematisches Bild der »phallisch-narzißtischen« Kosmologie, die auch unser Unbewußtes beherrscht. In der Tat lebt die Vergangenheit in der langen Dauer der kollektiven Mythologie fort, die von den Intermittenzen des individuellen Gedächtnisses[6] relativ unbeeinträchtigt bleibt, da sie sich in den sozialisierten Körpern, d. h. den Habitus, und in den rituellen Praktiken niedergeschlagen hat, die aufgrund der Stereotypisierung und der unendlichen Wiederholung der Zeit partiell enthoben sind. Daher gibt sich dieses Prinzip der Di-vision, das diese Vision der Welt strukturiert, nirgends auf so evidente und kohärente Weise zu erkennen wie in diesem extremen und deshalb paradigmatischen Fall eines sozialen Universums, in dem es durch die objektiven Strukturen und durch einen *kollektiven und öffentlichen Ausdruck* in einem fort verstärkt wird. Der freie und wohlgeordnete Ausdruck, den die Rechtfertigungsmythologie in den großen rituellen Zeremonien findet, ist in der Tat weit entfernt von den engumgrenzten und flüchtigen Gelegenheiten, bei denen unsere Gesellschaften ihr, sei es in der dichterischen Freiheit, sei es in der halbprivaten Erfahrung der psychoanalytischen Kur, Raum geben.

5 Die vergleichende Anthropologie, auf die man gleichfalls Bezug nehmen kann (s. F. Héritier-Augé, »Le sang du guerrier et le sang des femmes. Notes anthropologiques sur le rapport des sexes«, in: *Cahiers du Grif*, Paris 1984/85, S. 7-21), läuft Gefahr, die Logik des Systems der wesentlichen Gegensätze zu verfehlen, das sich nur in den geschichtlichen Grenzen einer kulturellen Tradition vollendet und vollständig zu erkennen gibt. Dafür bietet sie die Möglichkeit, das Willkürliche der homologen Gegensätze, in die der Gegensatz von männlich und weiblich eingesenkt (und durch den Effekt der Systemkohärenz *naturalisiert*) ist, in Erscheinung treten zu lassen: so ist bei den Inuit der Mond ein Mann und die Sonne seine Schwester; Eigenschaften, die die mediterrane Tradition der Frau zuschreibt, wie das Kalte, das Rohe und die Natur, werden dem Mann zugesprochen, während das Warme, das Gekochte und die Kultur mit der Frau verknüpft werden – was die Inuit nicht daran hindert, die Frauen in den häuslichen Bereich zu verweisen und ihre Rolle bei der Zeugung bis zum äußersten zu bagatellisieren (s. Saladin d'Anglure, zit. nach F. Héritier-Augé, ebd.).
6 Über den Körper und die rituelle Praxis als Speicher (und nicht als Gedächtnis), mittels deren die Vergangenheit sich forterbt und erhält, s. P. Bourdieu, *Sozialer Sinn*, übersetzt von Günther Seib, Frankfurt am Main 1987, v. a. 1. Teil, 4. Kapitel.

Man kann sich von der kulturellen Einheit der mediterranen Gesellschaften (der Gegenwart oder der Vergangenheit – wie dem alten Griechenland) und dem besonderen Platz, den die kabylische Gesellschaft einnimmt, durch Heranziehen der Untersuchungen überzeugen, die dem Problem der Ehre und der Scham in verschiedenen mediterranen Gesellschaften, Griechenland, Italien, Spanien, Ägypten, Türkei, Kabylei usf., gewidmet sind (s. J. Peristiany [Hg.], *Honour and Shame: The Values of Mediterranean Society*, Chicago 1974, und J. Pitt-Rivers, *Mediterranean Countrymen. Essays in the social anthropology of the Mediterranean*, Paris/La Haye 1963). Und die Zugehörigkeit der traditionellen europäischen Kultur zu diesem Kulturraum scheint mir evident aus dem Vergleich der in der Kabylei beobachteten Rituale mit den von A. van Gennep im Frankreich des beginnenden 20. Jahrhunderts zusammengetragenen (s. A. van Gennep, *Manuel de Folklore français contemporain*, 3 Bde., Paris 1937-1958). Natürlich hätte man in der griechischen Tradition, der, was man nicht vergessen sollte, die Psychoanalyse im wesentlichen ihre Interpretationsschemata entnommen hat, Elemente dieses kulturellen Unbewußten wiederfinden können – wenn man vor allem die einschlägigen Untersuchungen von Page du Bois (s. P. du Bois, *Sowing the Body. Psychoanalysis and Ancient Representations of Women*, Chicago, London 1988) oder von Jaspers Svenbro (s. J. Svenbro, *Phrasikleia: anthropologie de la lecture en Grèce ancienne*, Paris 1988) oder die Forschungsarbeiten über die antiken Religionen von Historikern wie Jean-Pierre Vernant, Marcel Détienne oder Pierre Vidal-Naquet hinzugezogen hätte. Aber direkten und offenen Ausdruck findet dieses kulturelle Unbewußte, das noch immer das unsere ist, in der Bildungstradition des Okzidents niemals (in der z. B. Michel Foucault verharrt, wenn er sich im zweiten Band seiner *Geschichte der Sexualität* dazu entschließt, seine Untersuchung über die Sexualität und das Subjekt mit Platon einsetzen zu lassen, und damit Autoren wie Homer, Hesiod, Äschylus, Sophokles, Herodot oder Aristophanes, nicht zu reden von den vorsokratischen Philosophen, ignoriert, bei denen der alte mediterrane Sockel klarer zutage liegt).

Wenn die Bezugnahme auf ein System, das noch in Funktion und deshalb als solches direkt zu beobachten ist, und zwar mittels der aktiven Untersuchung, die das ganze Universum von Beziehungen methodisch zu prüfen erlaubt, dem vorzuziehen zu sein scheint, dann auch deshalb, weil, wie ich bereits anderswo vermerkt habe (s. P. Bourdieu, »Lektüre, Leser, Gebildete, Literatur«, in: *Rede und Antwort*, Frankfurt am Main 1992, S. 119-131), die Analysen, die einem literarischen Erbe gewidmet sind, dessen Produktion sich über mehrere Jahrhunderte erstreckt, Gefahr laufen, aufeinanderfolgende und unterschiedliche Stadien des Systems zu Zwecken der Analyse künstlich zu *synchronisieren* und vor allem Texten, die den alten mythisch-rituellen Fundus mehr oder minder tiefgehenden Überarbeitungen unterzogen haben, denselben epistemologischen Status zu verleihen: der Interpret, der beansprucht, als Ethnograph zu verfahren, geht das Risiko ein,

Autoren als Informanten zu behandeln, die wie er selbst als Ethnographen verfahren und deren Berichte und Zeugnisse, selbst wenn es sich um die allem Anschein nach archaischsten wie die von Homer und Hesiod handelt, Auslassungen, Umformungen und Umdeutungen beinhalten. Das Hauptverdienst des Werkes von Page du Bois ist es, eine Entwicklung der mythisch-rituellen Themen zu beschreiben, die ihren Sinn erlangt, sobald man sie auf den Prozeß der »Literarisierung« bezieht, der mit ihr einhergeht: Man erfaßt in dieser Perspektive besser, warum die Frau, die zuerst mittels der wohlbekannten Analogien zwischen dem weiblichen Körper und der (vom männlichen Pflug) bearbeiteten Erde oder dem weiblichen Bauch und dem Ofen gedacht wird, am Schluß mittels der typischen belesenen, wenn nicht literarischen Analogie zwischen dem weiblichen Körper und der Tafel, auf die man schreibt, aufgefaßt wird.

Allgemeiner gesagt, was die Benutzung von Dokumenten schwierig macht, die eine mythische Erfahrung des Körpers in eine wissenschaftliche Sichtweise integrieren (wie die chirurgische Abhandlung, die Marie-Christine Pouchelle in *Corps et chirurgie à l'apogée du Moyen-Age*, Paris 1983, analysiert), ist der Umstand, daß sie in ganz besonderem Maße dem Montesquieu-Effekt ausgesetzt sind: so ist es völlig vergeblich, unterscheiden zu wollen, was Autoritäten entlehnt ist (wie Aristoteles, der in wesentlichen Punkten selbst die alte männliche Mythologie reproduziert) und was, ausgehend von den unbewußten Strukturen, neu erfunden und gegebenenfalls durch die Bürgschaft des entlehnten Wissens sanktioniert und bestätigt wird.

Symbolische Gewalt: ein Zwang durch den Körper

Hinreichend abgesichert, bedarf die männliche Herrschaft keiner Rechtfertigung: Es genügt, wenn sie sich in Praktiken und Diskursen niederschlägt, die das Sein im Modus der Evidenz aussprechen und so daran mitwirken, daß es dem Sagen entspricht.[7] Die herr-

---

7 Es wäre gänzlich unangebracht, hier von *Ideologie* zu sprechen. Wenn die rituellen Praktiken und die mythischen Diskurse unbestreitbar eine Legitimationsfunktion erfüllen, so liegt ihnen doch, im Gegensatz zu den Behauptungen mancher Anthropologen, niemals die Absicht, die soziale Ordnung zu legitimieren, zugrunde. Es ist z. B. bemerkenswert, daß die kabylische Tradition, obschon sie in Gänze der hierarchischen Teilung der Geschlechter gemäß aufgebaut ist, praktisch keine rechtfertigenden Mythen dieses Unterschieds bietet (ausgenommen vielleicht den Mythos von der Geburt der Gerste – s. P. Bourdieu, *Sozialer Sinn*, a. a. O., S. 140 – und den Mythos, der die »normale« Stellung des Mannes und der Frau beim Geschlechtsakt zu rationalisieren sucht, über den ich später berichten werde). Bekanntlich hat die Konzeption, die die Legitimationseffekte intentional auf Rechtfertigung der bestehenden Ordnung gerichteten Aktionen zuschreibt,

schende Sicht(weise) der Geschlechtertrennung drückt sich in Diskursen wie den Redensarten, den Sprichwörtern, den Rätseln, den Liedern, den Gedichten oder auch in graphischen Darstellungen wie dem Wandschmuck, den Verzierungen der Töpferwaren oder der Stoffe aus. Aber sie kommt genausogut in technischen Gegenständen oder Praktiken zum Ausdruck: beispielsweise in der Struktur des Raumes, und insbesondere in den Aufteilungen des Innenraums des Hauses oder im Gegensatz zwischen dem Haus und dem freien Feld oder auch in der Einteilung der Zeit, des Tages oder des Agrarjahres, und im weiteren Sinne in allen Praktiken, die fast immer technisch und rituell zugleich sind, und ganz besonders in den Körpertechniken, den Haltungen, Verhaltensweisen, dem Auftreten.[8]

In der »Natur der Dinge« – wie man bisweilen sagt, wenn man von dem reden will, was normal, natürlich, also auch unvermeidlich ist – scheint diese Einteilung deshalb zu liegen, weil sie – objektiviert – in der sozialen Welt und – inkorporiert – in den Habitus präsent ist, wo sie als ein universelles Prinzip des Sehens und Einteilens, als ein System von Wahrnehmungs-, Denk- und Handlungskategorien wirkt. Diese Übereinstimmung zwischen den objektiven und den kognitiven Strukturen macht jene Beziehung zur Welt möglich, die Husserl unter der Bezeichnung der »natürlichen Einstellung« oder der doxischen Erfahrung beschrieb, ohne indes die sozialen Bedingungen ihrer Möglichkeit zu benennen. Dieser Einklang zwischen der Verfassung des Seins und den Formen des Erkennens, zwischen den inneren Erwartungen und dem äußeren Lauf der Welt begründet die doxische Erfahrung. Jeder häretischen Infragestellung enthoben, ist diese Erfahrung die uneingeschränkteste Form von Anerkennung der Legitimität: sie faßt die soziale Welt und ihre willkürlichen Einteilungen, angefangen bei der gesellschaftlich konstruierten Einteilung der Geschlechter, als natürlich gegeben, evident und unabwendbar auf.

selbst für die differenzierten Gesellschaften keine Gültigkeit, in denen die effizientesten Legitimationshandlungen Institutionen wie dem Schulsystem überlassen werden und Mechanismen wie denen, die die Vererbung des kulturellen Kapitals gewährleisten. Sie ist aber niemals so falsch wie in bezug auf Universen, wo, wie in der Kabylei, die ganze Sozialordnung wie eine immense symbolische Maschine funktioniert, die auf der männlichen Herrschaft basiert.

8 Zur Struktur des häuslichen Binnenraums s. P. Bourdieu, *Sozialer Sinn*, a.a.O., S. 468-489; zur Einteilung des Tages ebd., S. 441-450; des Agrarjahres S. 390-439.

Die nicht thetischen »Thesen« der *doxa* sind jenseits oder diesseits der Infragestellung. »Entscheidungen«, die als solche nicht gesehen werden können, werden als selbstverständlich hingestellt und sind vor jedem In-Beziehung-Setzen, das sie in Frage stellen könnte, geschützt: Die faktische Universalität der männlichen Herrschaft[9] schließt praktisch die »Entnaturalisierung« oder, wenn man das vorzieht, die Relativierung aus, die das Zusammentreffen mit anderen Lebensweisen historisch fast immer zur Folge hat. Mit diesen konfrontiert, können die traditionsbestimmten eigenen »Wahlen« als willkürliche, geschichtlich instituierte (*ex instituto*), in der Sitte oder dem Gesetz (*nomos, nomo*) und nicht in der Natur (*physis, physei*) begründete erkannt werden. Der Mann (*vir*) ist ein besonderes Wesen, das sich als allgemeines Wesen (*homo*) erlebt, das faktisch und rechtlich das Monopol auf das Menschliche, d. h. das Allgemeine, hat; das gesellschaftlich autorisiert ist, sich als Träger des menschlichen Daseins schlechthin zu fühlen.[10] Um dies zu verifizieren, genügt es, sich zu vergewissern, was in der Kabylei (und anderswo) die vollendete Form des Menschseins ist. Der Mensch von Ehre ist per definitionem ein Mann im Sinne des *vir*. Alle Tugenden, die ihn kennzeichnen und die in unauflöslicher Verknüpfung zugleich Vermögen, Gaben, Fähigkeiten, Pflichten oder Befugnisse sind, sind genuin männliche Attribute (die *virtus* ist die Quiddität des *vir*). Dies ist der Fall des *nif*, des »point d'honneur«, dessen Zusammenhang mit der heroischen Gewalt, dem kriegerischen Mut und ganz unmittelbar mit der sexuellen Potenz evident ist.

Das mythisch-rituelle System wird von eben den Praktiken, die es selbst bestimmt und legitimiert, unausgesetzt bestätigt und legitimiert. Denn es steckt ebenso in den Einteilungen der sozialen Welt oder, genauer, in den zwischen den Geschlechtern instituier-

---

9 Obschon nicht alle Gesellschaften untersucht sind und die, die es sind, nicht unbedingt so, daß die Natur der Geschlechterbeziehungen vollständig aufgeklärt wäre, kann man davon ausgehen, daß aller Wahrscheinlichkeit nach die männliche Suprematie weltweit verbreitet ist (s. F. Héritier-Augé, a. a. O.).

10 Das ist das, was die Sprache sagt, wenn sie mit »un homme« (= »ein Mann« und »ein Mensch« im Französischen) nicht nur das männliche menschliche Wesen bezeichnet, sondern das menschliche Wesen im allgemeinen, und wenn sie das Maskulinum benutzt, um vom Menschlichen zu reden. Und die Macht der der *doxa* eigenen Evidenz zeigt sich in der Tatsache, daß diese heute erkannte grammatikalische Monopolisierung des Universellen sich in ihrer Wahrheit erst im Gefolge der feministischen Kritik herausgestellt hat.

ten sozialen Herrschafts- und Ausbeutungsverhältnissen wie, in Form von Prinzipien der Vision und der Division, in den Köpfen; was zur Folge hat, daß alle Gegenstände der Welt und alle Praktiken nach Unterscheidungen klassifiziert werden, die auf den Gegensatz von männlich und weiblich zurückgeführt werden können. Von der offiziellen Einteilung auf die Seite des Drinnen, des Feuchten, des Gekrümmten, des Kontinuierlichen gestellt, sind den Frauen alle häuslichen, d. h. privaten und verborgen bleibenden, ja unsichtbaren und schimpflichen Arbeiten zugewiesen, wie die Aufzucht der Kinder und der Tiere, und ein gut Teil der Arbeiten außer Haus, vor allem jene, die mit dem Wasser, dem Gras und dem Grünzeug (wie das Jäten und die Gartenarbeit), der Milch, dem Holz zu tun haben, und ganz besonders die schmutzigsten (wie das Mistkarren), die monotonsten, die mühseligsten und die niedrigsten. Die Männer, die auf der Seite des Draußen, des Offiziellen, des Öffentlichen, des Aufrechten, des Trockenen, des Hohen, des Diskontinuierlichen stehen, beanspruchen alle kurz dauernden, gefährlichen und spektakulären Tätigkeiten für sich. Also alle jene, die wie das Schlachten des Rindes, das Pflügen oder das Ernten, nicht zu reden vom Töten und vom Kriegführen, Unterbrechungen im gewöhnlichen Lauf des Lebens sind und bei denen mit Feuer hergestelltes Werkzeug benutzt wird.

Für sich genommen willkürlich, wird die Einteilung der Dinge und der Tätigkeiten nach dem Gegensatz von männlich und weiblich zur objektiv und subjektiv notwendigen durch ihre Einreihung in ein System homologer Gegensätze: hoch/tief, oben/unten, vorne/hinten, rechts/links, gerade/krumm (und hinterlistig), trokken/feucht, hart/weich, scharf/fade, hell/dunkel usf. Da diese Gegensätze einander ähnlich sind im Unterschied, sind sie konkordant genug, um sich in und durch das unerschöpfliche Spiel von Umschreibungen und Metaphern gegenseitig zu stützen; und divergent genug, um jedem von ihnen eine Art semantischer Dichte zu verleihen, die aus der Überdeterminierung durch die Harmonie, die Konnotationen und die Entsprechungen hervorgeht.[11] Diese auf alles anwendbaren Denkschemata scheinen stets in der Natur der Dinge liegende Unterschiede zu registrieren (das gilt vor allem für den Geschlechtsunterschied); und sie werden durch den Lauf

---

11 Eine detaillierte Aufstellung der Verteilung der Tätigkeiten zwischen den Geschlechtern s. P. Bourdieu, *Sozialer Sinn*, a. a. O., S. 380.

der Welt, insbesondere der biologischen und kosmischen Zyklen, geradeso wie durch die Übereinstimmung aller Köpfe, in denen sie sitzen, unablässig bestätigt. Es ist daher nicht zu sehen, wie das gesellschaftliche Herrschaftsverhältnis je zutage treten sollte, das ihnen zugrunde liegt und das, in einer vollständigen Verkehrung von Ursache und Wirkung, als eine Folge unter anderen eines von Kräfteverhältnissen gänzlich unabhängigen Systems von Sinnbeziehungen erscheint.

Die fortschreitende Somatisierung der fundamentalen, für die soziale Ordnung konstitutiven Beziehungen führt schließlich zur Institution von zwei unterschiedlichen »Naturen«, d. h. von zwei Systemen naturalisierter sozialer Unterschiede. Beide sind gleichermaßen in die körperliche *hexis* – in Form von zwei entgegengesetzten und komplementären Klassen von Körperhaltungen, Gangarten, Weisen des Auftretens, Gesten usf. – und in die Köpfe eingelassen. Und diese nehmen sie ihrerseits gemäß einer Reihe von dualistischen Gegensätzen wahr, die auf wundersame Weise auf die von ihnen selber mitproduzierten Unterschiede abgestimmt sind. Wie den Unterschied zwischen dem Geraden oder dem Aufgerichteten und dem Krummen oder dem Gekrümmten, von dem aus sich alle in den Gebrauch des Körpers oder in die ethischen Dispositionen eingespeicherten Unterschiede wieder reproduzieren lassen.

Die symbolische Effizienz des *negativen Vorurteils*, in der sozialen Ordnung gesellschaftlich institutionalisiert, rührt zum großen Teil daher, daß es sich aus eigener Kraft bestätigt. Vermittelt durch den *amor fati*, der die Opfer dazu bringt, sich dem Schicksal, das ihnen gesellschaftlich zubestimmt ist, zu weihen und zu opfern, wirkt es als *self-fulfilling prophecy* (und das gleiche gilt offensichtlich für das positive Vorurteil, bei dem, auf den ersten Blick verständlicher, ein »Noblesse-oblige«-Effekt wirksam wird). Den kabylischen Frauen ist das Kleine, das Alltägliche und das Gebeugte zuteil geworden. Sie sind es, die, zum Boden gebeugt, die Oliven oder das Reisig aufsammeln, während den Männern, mit der Stange oder der Axt bewaffnet, das Abschneiden und Herunterholen zusteht. Und sie sind es, denen die gewöhnlichen Tätigkeiten der alltäglichen Haushaltsführung obliegen und die daher auch Gefallen zu finden scheinen an den Nichtigkeiten unserer Ökonomie des Kalküls, des Fälligkeitsdatums, des Zinses. Indes der Mann von Ehre für diese Arbeit, deren Früchte er genießt, Geringschätzung zeigen muß.¹² Daher entsprechen die kabylischen Frauen in Verhaltensweisen, die die Männer mit Hochmut oder Nachsicht betrachten, dem ihnen durch die männliche Sicht vermittelten Selbstbild. Und sie verleihen damit einer Identität, die ihnen gesellschaftlich aufgezwungen worden ist, den Anschein, in Natur fundiert zu sein. Die Antizipationen des im Zentrum der sozialen Ordnung verankerten negativen Vorurteils und die von ihnen geförderten Praktiken, die jene nur bestätigen können, verstärken sich gegenseitig. Männer und Frauen werden dadurch in einen Zirkel von Spiegeln eingeschlossen, die antagonistische, aber zur wechselseitigen Bestätigung geeignete Bilder unendlich reflektieren. Weil sie den Sockel geteilten Glaubens, der das Fundament des ganzen Spiels bildet, nicht freilegen können, können sie nicht sehen, daß die negativen Eigenschaften, wie die List, aber auch günstigere, wie die Intuition¹³, die die herrschende Sicht den Frauen zuschreibt, ihnen in Wirklichkeit durch ein Gewaltverhältnis aufgezwungen worden sind, das sie eint und entzweit. Das gleiche trifft auf die – stets negativen – Tugenden zu, die die Moral für sie verbindlich macht. Als ob aus dem Gekrümmten das Listige notwendig folgte, kann die Frau, symbolisch zu Unterwerfung und Resignation verurteilt, in den häuslichen Auseinandersetzun-

12 Die Gespräche und Beobachtungen im Rahmen unserer Untersuchungen über den Häuser- und Wohnungsmarkt boten uns häufig Gelegenheit zu der Feststellung, daß heute noch und ganz in unserer Nähe die Logik der Aufgabenteilung zwischen den Geschlechtern in noble oder triviale oft zu einer Rollenverteilung führt, die es den Frauen überläßt, die undankbaren Schritte zu unternehmen, wie das Prüfen der Rechnungen, das Erfragen der Preise und Rabatte usf. (s. P. Bourdieu, »Un contrat sous contrainte«, in: *Actes de la recherche en sciences sociales* 81-82 [1990], S. 34-51).

13 Diese »weibliche Intuition« ist zweifellos nur ein besonderer Fall der speziellen Hellsichtigkeit der Beherrschten, die selber mehr sehen, als man von ihnen sieht; nach Art jener niederländischen Frauen, die sich, wie man es nennt, die Interessen der Herrschenden zu eigen machen und diese besser erfassen als jene selbst und die in der Lage sind, von ihrem Mann mit vielen Detailkenntnissen zu sprechen, während die Männer ihre Frauen nur mittels ganz allgemeiner Stereotypen beschreiben können, die auf »die Frauen im allgemeinen« zutreffen (s. A. van Stolk und C. Wouters, »Power changes and self-respect: a comparison of two cases of established-outsiders relations«, in: *Theory, Culture and Society* 4 [1987], 2/3, S. 477-488). Dieselben Autoren verweisen darauf, daß die Homosexuellen, die, da als Heterosexuelle aufgezogen, den herrschenden Standpunkt verinnerlicht haben, diesen sich selber gegenüber einnehmen können (was sie zu einer Art kognitiver und Bewertungs-Dissonanz verurteilt, mit der man ihre spezielle Hellsichtigkeit erklären kann) und die folglich die Sicht der Herrschenden besser verstehen als diese die ihre.

gen ein wenig Macht nur dadurch erlangen, daß sie sich einer unterworfenen Kraft, wie der List, bedient, die gegen den Starken dessen eigene Kraft zu wenden vermag. Indem sie z. B. als graue Eminenz handelt, die es hinnehmen muß, sich zurückzunehmen und als Machthaberin zu verleugnen, um Macht per Vollmacht auszuüben. Und wie ließe sich übersehen, daß die ihnen zuteil gewordene, gänzlich negative, folglich durch Verbote (mit ebenso vielen Gelegenheiten zur Übertretung) definierte Identität die Frauen vorab dazu verurteilte, beständig den Beweis für ihre Bösartigkeit zu liefern und damit wiederum die Verbote und das symbolische System, das ihnen eine unheilvolle Natur zuschreibt, zu rechtfertigen?[14]

Es ist klar, daß man diese besondere Form von Herrschaft nur unter der Bedingung adäquat zu erfassen vermag, daß die naive Alternative von Nötigung und Einwilligung, von Zwang und Zustimmung überwunden wird. Symbolische Gewalt übt einen Zwang aus, der durch eine abgepreßte Anerkennung vermittelt ist, die der Beherrschte dem Herrschenden zu zollen nicht umhinkann. Verfügt er doch, um jenen und sich selbst zu denken, nur über Erkenntnismittel, die er mit ihm teilt und die nichts anderes als die inkorporierte Form des Herrschaftsverhältnisses sind. Daran liegt es, daß die verkappten oder, besser, die (im Freudschen Sinne) *verleugneten* Formen der Herrschaft und der Ausbeutung für jede Art von Ökonomismus ein unüberwindliches Hindernis darstellen. Das gilt vor allem für diejenigen Formen, die wie die Beziehung zwischen den Eheleuten oder zwischen dem Ältesten und dem Jüngsten (oder der Jüngsten)[15], aber auch die Beziehung zwischen dem Herrn und dem Knecht oder dem sogenannten paternalistischen Unternehmer und dem Arbeiter, ihre Wirksamkeit zu einem Teil aus der spezifischen Logik der Verwandtschaftsbe-

[14] Man mag sich fragen, ob nicht, wie die Definition der Wörterbücher es nahelegt, heute noch die Tugend, sobald es sich um Frauen handelt (»speziell ›Frauen‹«, sagt der *Robert*...), mit der »Keuschheit« oder der »Gefühls- bzw. ehelichen Treue« identifiziert wird. Wie immer ist die Beziehung zwischen Herrschenden und Beherrschten nicht symmetrisch: den Männern wird die Sexualkraft und deren legitime Betätigung um so mehr zuerkannt, je mächtiger sie sozial sind (ausgenommen vielleicht, wie einige neuere Skandale gezeigt haben, in den Vereinigten Staaten); während in den meisten Gesellschaften die Tugend der Frauen faktisch und rechtlich um so stärkeren Kontrollen unterliegt, je höher der soziale Rang ist, den sie einnehmen.
[15] Zu dieser Beziehung und ihren Funktionsbedingungen s. P. Bourdieu, *Sozialer Sinn*, a. a. O., S. 297-301.

ziehungen erlangen, d. h. aus der Erfahrung und der Sprache der Verpflichtung und des Gefühls (die oft in der Logik der affektiven Aufopferung vereint sind). In diesen Fällen ist eine andere Art von Ökonomie im Spiel, die der Kraft des Symbolischen, die sich, *wie durch Magie*, jenseits allen physischen Zwangs und – in ihrer scheinbaren Zweckfreiheit – im Widerspruch zu den gewöhnlichen Gesetzen der Ökonomie auswirkt. Dieser Schein löst sich indes auf, sobald man erkennt, daß die Wirkkraft des Symbolischen die Bedingungen ihrer Möglichkeit und ihr (in einem erweiterten Sinne des Wortes) ökonomisches Gegenstück in der immensen vorgängigen Arbeit der Prägung und fortdauernden Transformation der Körper findet, die zur Erzeugung der bleibenden, dauerhaften und übertragbaren Dispositionen notwendig ist, auf die sich die symbolische Aktion tatsächlich stützt und die sie wachruft oder auslöst.

Alle Macht hat eine symbolische Dimension: Sie muß von den Beherrschten eine Form von Zustimmung erhalten, die nicht auf der freiwilligen Entscheidung eines aufgeklärten Bewußtseins beruht, sondern auf der unmittelbaren und vorreflexiven Unterwerfung der sozialisierten Körper. Die Beherrschten wenden auf jeden Sachverhalt der Welt, insbesondere aber auf die Machtverhältnisse, denen sie unterliegen, und auf die Personen, die deren Träger sind, mithin auch auf sich selbst, nicht reflektierte Denkschemata an, die das Produkt der Inkorporierung dieser Machtbeziehungen sind. Unter der verwandelten Form eines Ensembles von als Wahrnehmungskategorien fungierenden Gegensatzpaaren (hoch/niedrig, groß/klein usf.) konstruieren diese Schemata die Machtverhältnisse, indem sie sie vom Standpunkt derjenigen aus als natürliche erscheinen lassen, die in ihnen ihre Herrschaft behaupten. So nimmt z. B. ein Beherrschter jedesmal, wenn er, um sich zu beurteilen, eine der für die herrschende Einteilung konstitutiven Kategorien (wie brillant/ernsthaft, distinguiert/vulgär, einmalig/ gewöhnlich) verwendet, in bezug auf sich selbst, ohne es zu wissen, den herrschenden Standpunkt ein und übernimmt damit in gewissem Sinne für die Selbstbewertung die Logik des negativen Vorurteils. Und noch die Sprache der Kategorien verbirgt aufgrund ihrer intellektualistischen Konnotationen nur allzu leicht, daß symbolische Herrschaft ihre Wirkung nicht in der reinen Logik des erkennenden Bewußtseins, sondern im Dunkel der praktischen Schemata des Habitus entfaltet, wo, dem Zugriff der Selbstreflexion und der Willenskontrolle oftmals entzogen, die Herrschaftsbeziehung verankert ist.

Die Somatisierung der Herrschaftsverhältnisse

Daher ist es nicht möglich, der symbolischen Gewalt, die eine Dimension aller Herrschaft ist und das Essentielle der männlichen Herrschaft ausmacht, auf die Spur zu kommen, ohne den Habitus einzuführen. Und man muß zugleich nach den sozialen Bedingungen seiner Produktion fragen, da diese, wie die Analyse letztlich erweist, die verborgene Voraussetzung für die reale Wirksamkeit dieses scheinbar magischen Vorgangs sind. Man muß daher die Bildungs- und Formungsarbeit beschreiben, in der, sei es durch Eingewöhnung in eine symbolisch strukturierte Welt, sei es durch einen mehr impliziten als expliziten kollektiven Prägungsprozeß (zu dem vor allem die großen kollektiven Rituale gehören), eine dauerhafte Transformation des Körpers und der üblichen Umgangsweise mit ihm erzielt wird. Dieser Vorgang, der in seiner Grundstruktur allen praktischen oder diskursiven Therapieformen sehr ähnlich ist, reduziert sich nicht auf die Einprägung von Wissen und Erinnerungen. Vom Habitus reden heißt einen Modus des Festhaltens und des Hervorrufens der Vergangenheit erfassen, den die alte Bergsonsche Alternative von Bildgedächtnis und Gewohnheitsgedächtnis, »geistig« das eine, »mechanisch« das andere, schlicht und einfach nicht zu denken erlaubt. Der Boxer, der einem Schlag ausweicht, der Pianist oder der Redner, der improvisiert, oder ganz einfach der Mann oder die Frau, die gehen, sich setzen, die ihr Messer (in der rechten Hand...) halten, ihren Hut lüften oder den Kopf zum Gruß neigen, rufen nicht eine Erinnerung wach, ein geistiges Bild, in dem z. B. die erste Erfahrung der Handlung, die sie soeben ausführen, festgehalten ist; und genausowenig setzen sie lediglich materielle Mechanismen, physische oder chemische, in Gang. Es ist ja kein Zufall, daß es heute so große Schwierigkeiten bereitet, einen Sprecher (durch Roboter) nachzuahmen, der *einen* der einfachen, aber wirklich angemessenen Sätze sagt, die in jeder Situation möglich sind – jedenfalls (ganz im Gegensatz zu der von Bergson implizit aufgestellten Hierarchie) größere, als das *Bild* eines selbst so komplexen Ereignisses wie einer Theateraufführung oder einer politischen Kundgebung zu reproduzieren. All diese Akteure verwenden globale Formen, generative Schemata, die, entgegen der Alternative, auf die Mechanizismus und Intellektualismus sie bringen wollen, weder die Summe mechanisch aggregierter lokaler Reflexe noch das kohärente Ergebnis eines rationalen Kalküls sind. Diese Schemata mit einem ganz generellen Anwendungsbereich erlauben es, und zwar durch eine praktische, gleichsam körperliche Antizipationsleistung, die Situation als eine sinnhafte Totalität zu konstruieren und eine adäquate Antwort hervorzubringen, die sich, ohne jemals die einfache Ausführung eines Modells oder Plans zu sein, als ein integriertes und unmittelbar verständliches Ganzes präsentiert.

Dieser Exkurs war notwendig, um mißverständlichen Lesarten vorzubeugen, zu der die Anwendung von Gegensätzen auf meine Analyse führen könnte, die bis heute und wohl noch für lange Zeit im akademischen Gedächtnis und Habitus mitgeschleppt werden. Sicherlich weil sie durch die Bildungsinstitutionen eingeprägt werden, aber auch aufgrund ihrer Affinität zu den Hauptgegensätzen der gesellschaftlichen Arbeitsteilung (Theorie/Praxis, Konzeption/Ausführung, geistig/körperlich usf., d.h. vornehm/vulgär). Nun aber kommt es darauf an, die eigentümliche Wirkungsweise des vergeschlechtlichten und vergeschlechtlichenden Habitus und die Bedingungen seiner Ausbildung herauszuarbeiten. Der Habitus erzeugt gesellschaftlich vergeschlechtlichte Konstruktionen der Welt und des Körpers, die zwar keine geistigen Repräsentationen, doch darum nicht weniger aktiv sind. Desgleichen bringt er synthetische und passende Antworten hervor, die, obschon sie keineswegs auf dem expliziten Kalkül eines das Gedächtnis mobilisierenden Bewußtseins basieren, in keiner Weise das Produkt eines blinden Wirkens physischer oder chemischer Mechanismen sind, die den Geist zu beurlauben vermöchten. Durch eine permanente Formierungs-, eine *Bildung*sarbeit[16], konstruiert die soziale Welt den Körper als vergeschlechtlichte Wirklichkeit und in eins als Speicher von vergeschlechtlichenden Wahrnehmungs- und Bewertungskategorien, die wiederum auf den Körper in seiner biologischen Realität angewendet werden.

Die soziale Welt behandelt den Körper wie eine Gedächtnisstütze.[17] Sie prägt in ihn, vor allem in Form sozialer Einteilungs-

---

16 *Bildung* im Original deutsch. [A.d.Ü.]
17 Ich habe diesen Punkt bereits in *Entwurf einer Theorie der Praxis*, Frankfurt am Main 1979, insbesondere S. 198-202, und *Sozialer Sinn*, insbesondere S. 126-129,

prinzipien, die die Umgangssprache in Gegensatzpaare verdichtet, die fundamentalen Kategorien einer Weltsicht (oder, wenn man das vorzieht, eines Wert- oder Präferenzsystems) ein. Indem sie ihm auferlegt, zum Tier zu werden, zu »verdummen«, wie Pascal es einschärfte, bietet sie ihm eine gewisse Chance, zum Engel zu werden oder, stets mehr oder weniger gegen die (biologische) Natur, jede kulturelle Identität anzunehmen, die sie ihm abverlangt. Das Tier sozialisieren, die Natur kultivieren in und durch die Unterwerfung des Körpers unter die oft impliziten, weil unsäglichen oder unaussprechlichen Imperative der sozialen Ordnung, heißt dem Tier Gelegenheit bieten, seiner eigenen Logik gemäß zu denken. Und die ist nicht diejenige, die wir nach zwei Jahrtausende lang verbreitetem Platonismus mit der Idee des Denkens verbinden. Es bedeutet, ihm die Fähigkeit zu verleihen, *sich* zu denken, den Körper und die Praxis in einer Perspektive, der der Praxis nämlich, zu denken, die zu denken wir Mühe haben. Schon weil es von der Sache her schwierig ist, aber auch weil wir in unseren Köpfen oder unseren gebildeten Habitus als Erbteil der von Descartes begründeten Tradition eine ganz spezielle Vorstellung von Reflexion mitschleppen, eine Vorstellung von der Handlung der Reflexion, die die Möglichkeit der Reflexion beim Handeln ausschließt.

Der Gewaltstreich aber, den die soziale Welt gleichwohl gegen jedes ihrer *Subjekte* ausführt, besteht eben darin, daß sie in seinen Körper ein regelrechtes Wahrnehmungs-, Bewertungs- und Handlungsprogramm prägt (die Metapher des Charakters[18] wird hier in ihrem ganzen Sinn erhellt). Ein Programm, das in seiner vergeschlechtlichten und vergeschlechtlichenden Dimension, wie in allen anderen auch, wie eine (zweite, kultivierte) Natur funktioniert, d. h. mit der gebieterischen und (scheinbar) blinden Gewalt des (sozial konstruierten) Triebes oder Phantasmas. Indem es auf alle Dinge in der Welt angewendet wird, angefangen bei der biologischen Natur des Körpers (die alten Gascogner sprachen von »Na-

>   entwickelt: »(...) das Erstlernen (...) das den Leib in typisch Pascalscher Logik wie eine Gedächtnisstütze, wie einen Automaten, ›der den Geist mitzieht, ohne daß dieser daran denkt‹ und wie einen Speicher zur Aufbewahrung der kostbaren Werte behandelt...«
>   Gedächtnisstütze in frz. *pense-bête*, wörtlich: Denktier und zugleich denkdumm. In den nächsten Sätzen folgen unübersetzbare Wortspiele mit diesen beiden Bedeutungen des Wortes »bête«. [A.d.Ü.]
> 18 Die ursprüngliche Bedeutung von Charakter ist: eingraviertes Schriftzeichen. [A.d.Ü.]

tur« zur Bezeichnung des weiblichen Geschlechts...), konstruiert – oder instituiert – dieses naturalisierte gesellschaftliche Programm den Unterschied zwischen den biologischen Geschlechtern den Einteilungsprinzipien einer mythischen Weltsicht entsprechend; Prinzipien, die wiederum das Produkt der willkürlichen Beziehung der Herrschaft der Männer über die Frauen sind, die als die fundamentale Struktur der sozialen Ordnung in die Realität der Welt eingeschrieben ist. Dadurch läßt sie den *biologischen* Unterschied zwischen dem männlichen und dem weiblichen Körper und ganz besonders den *anatomischen* Unterschied zwischen den Sexualorganen, der, wie jedes andere Ding in der Welt auch, für mehrere Konstruktionsarten (in bestimmten Grenzen) offen ist, als unanfechtbare Rechtfertigung des gesellschaftlich konstruierten Unterschieds zwischen den Geschlechtern *erscheinen*.

Der Sexismus ist ein Essentialismus: wie der ethnische oder der Klassenrassismus will er geschichtlich instituierte gesellschaftliche Unterschiede einer biologischen Natur zurechnen, die als eine Essenz fungiert, aus der unerbittlich alle Daseinsakte sich ableiten. Und unter allen Formen von Essentialismus ist er vermutlich am schwersten zu überwinden. Denn in diesem Fall findet die Transformation eines willkürlichen Produktes der Geschichte in Natur eine scheinbare Grundlage ebenso in den Erscheinungsformen des Körpers wie in den sehr realen Effekten, die, in den Körpern und in den Köpfen, d. h. in der Wirklichkeit und in den Vorstellungen von der Wirklichkeit, die jahrtausendealte Arbeit an der Vergesellschaftung des Biologischen und der Biologisierung des Gesellschaftlichen erzeugt hat. Diese Arbeit läßt, indem sie die Beziehung zwischen Ursache und Wirkung umkehrt, eine naturalisierte gesellschaftliche Konstruktion (die unterschiedlichen Habitus, produziert durch die gesellschaftlich konstruierten unterschiedlichen gesellschaftlichen Bedingungen) als die natürliche Rechtfertigung der willkürlichen Vorstellung von der Natur erscheinen, die sowohl der Realität wie der Vorstellung von der Realität zugrunde liegt.

Der Wissenschaftler, der darauf bedacht ist, das, was ist, nicht unter dem Anschein wissenschaftlicher Beschreibung zu *bestätigen*, sieht sich hier vor einer ganz großen Schwierigkeit. Im Falle der Frauen und allgemeiner aller ökonomisch und symbolisch beherrschten Gruppen (deren Grenzfall die Ethnien bilden, die aufgrund ihrer ethnischen oder religiösen Herkunft, ob an einem Zug ihrer körperlichen Erscheinung – wie z. B. der

Hautfarbe – erkennbar oder nicht, stigmatisiert sind) kann er im Namen eines populistischen Humanismus bestimmte gesellschaftlich konstituierte und instituierte Unterschiede mit Schweigen übergehen. So verfahren z. B. einige amerikanische Anthropologen, die solche Unterschiede, mit Bezug auf die Schwarzen, unter den Begriff »Kultur der Armut« subsumierten, und das machen mehr oder minder bewußt auch diejenigen, die aus einem Rehabilitierungsbemühen heraus unbedingt von »Volkskultur« sprechen wollen. Sie befürchten, andernfalls dem Rassismus Waffen zu liefern, der eben diese kulturellen Unterschiede in der Natur der Akteure (der Armen) festzumachen pflegt, da er die Existenzbedingungen (die Armut), deren Produkt sie sind, ausklammert. Wodurch er dann in der Lage ist, »den Opfern die Schuld zuzuschieben« (wie man es auch beim Sexismus sieht, besonders wenn er, wie im Fall der Kabylei, gesellschaftlich instituiert ist).

Als Produkte der Einschreibung eines Herrschaftsverhältnisses in den Körper sind die strukturierten und strukturierenden Strukturen des Habitus das Prinzip praktischer Erkenntnis- und Anerkennungsakte der magischen Grenzlinie, die den Unterschied zwischen den Herrschenden und den Beherrschten, d. h. ihre soziale Identität erzeugt, die vollständig in dieser Beziehung enthalten ist. Dieses vom Körper vermittelte Wissen bringt die Beherrschten dazu, an ihrer eigenen Unterdrückung mitzuwirken, indem sie, jenseits jeder bewußten Entscheidung und jedes willentlichen Beschlusses, die ihnen auferlegten Grenzen stillschweigend akzeptieren oder gar durch ihre Praxis die in der Rechtsordnung bereits aufgehobenen produzieren und reproduzieren.

Daran liegt es, daß die Befreiung der Opfer symbolischer Gewalt nicht per Dekret geschehen kann. Es ist sogar zu beobachten, daß die inkorporierten Grenzen dann besonders deutlich werden, wenn die äußeren Zwänge beseitigt und die formalen Freiheiten (das Wahlrecht, das Recht auf Bildung, der Zugang zu allen Berufen, die politischen eingebriffen) erworben sind: der Selbstausschluß und die (negative wie positive) »Berufung« bzw. »Bestimmung« treten dann an die Stelle des ausdrücklichen Ausschlusses. Analoge Vorgänge lassen sich bei allen Opfern symbolischer Herrschaft beobachten. Etwa bei den Kindern ökonomisch und kulturell benachteiligter Familien, denen der Zugang zur Sekundarstufe oder zur höheren Bildung formell und real offensteht, oder bei den Angehörigen der an kulturellem Kapital ärmsten Schichten, wenn sie aufgefordert werden, von ihrem formellen Recht auf Bildung Gebrauch zu machen. Und auch bei so vielen Revolutionen mit der Verheißung eines »neuen Menschen« war zu sehen, daß die Habitus der Beherrschten häufig dazu tendieren, die zeitweilig revolutionierten Strukturen, deren Produkt sie sind, zu reproduzieren.

Das praktische Erkennen-Anerkennen der Grenzen schließt selbst die Möglichkeit der Überschreitung aus; sie wird spontan in den Bereich des Undenkbaren verwiesen. Und die einer starken Zensur unterworfenen Verhaltensweisen, die den Frauen, insbesondere in Gegenwart der Männer und an öffentlichen Plätzen, auferlegt sind, sind keine für die jeweilige Gelegenheit zurechtgelegten und zur Schau gestellten Posen und Haltungen. Es handelt sich vielmehr um habituelle Konstanten, von denen nur schwer auszumachen ist, ob sie die sie begleitenden subjektiven Erlebnisqualitäten, Scham, Bescheidenheit, Schüchternheit, Zurückhaltung, Ängstlichkeit, hervorrufen oder ob sie aus diesen resultieren. Diese körperlichen Emotionen, die auch in Situationen entstehen können, die sie nicht fordern, sind gleichermaßen Formen antizipierter Anerkennung des negativen Vorurteils, der, sei es auch unfreiwilligen, Unterwerfung unter das herrschende Urteil und der untergründigen, bisweilen zum inneren Konflikt und der Ichspaltung führenden Komplizenschaft eines Körpers, der sich den Direktiven des Willens und des Bewußtseins entzieht, mit der gesellschaftlichen Zensur.

Die Beharrungskräfte des Habitus lassen sich nicht durch eine einfache, auf die befreiende Bewußtwerdung gegründete Willensanstrengung aufheben. Wer sich der Schüchternheit nicht erwehren kann, der wird von seinem Körper verraten, der dort hemmende Verbote und Ordnungsrufe anerkennt, wo ein anderer Habitus, Produkt anderer Bedingungen, eher ausdrückliche Aufforderungen oder stimulierende Anregungen sähe. Und der Ausschluß von öffentlichen Plätzen, der, wenn er explizit ist wie bei den Kabylen, die Frauen in separierte Räume verbannt und zu einer unerbittlichen Zensur aller Formen öffentlichen – sei es verbalen, sei es körperlichen – Ausdrucks verurteilt und damit aus der Durchquerung eines den Männern vorbehaltenen Raums, wie der Eingänge zum Versammlungsort (*thajmaâth*), eine schreckliche Prüfung macht, kann auch anderswo beinah ebenso wirksam sein. Er nimmt dann die Form einer Art von gesellschaftlich aufgezwungener *Agoraphobie* an, die die Aufhebung der sichtbarsten Verbote lange Zeit überdauern kann und die Frauen dazu bringt, sich selbst von der *agora* auszuschließen.

Man weiß, daß Frauen auch heute noch bei Meinungsumfragen zu öffentlichen Angelegenheiten häufiger als Männer die Antwort verweigern (wobei der Abstand mit sinkendem Bildungsgrad wächst). Die einem Akteur gesellschaftlich zuerkannte Kompetenz ist ausschlaggebend für seine Neigung, die entsprechende fachliche Kompetenz zu erwerben, und damit die Chancen, diese tatsächlich zu besitzen. Wobei er vor allem Bereitschaft, sich diese Kompetenz *zuzusprechen*, zeigen muß, die von der offiziellen Anerkennung des Rechts auf deren Besitz hervorgerufen wird. Daher sind die Frauen in der Regel seltener als die Männer geneigt, sich die legitimen Kompetenzen zuzurechnen. So wollten bei den Befragungen zum Museumsbesuch viele Frauen, besonders unter denen mit niedrigerem Bildungsniveau, die Beantwortung der Fragen lieber ihren Männern überlassen. In dieser Selbstüberantwortung spielt immer auch Angst mit, was die Blicke der Frauen bezeugen, die für die Dauer des ganzen Gesprächs zwischen dem eigenen Mann und dem Interviewer hin und her gingen. Man müßte aber generell all die Verhaltensweisen erfassen, die die gleichsam physischen Schwierigkeiten belegen, die es den Frauen bereitet, in der Öffentlichkeit selbst zu handeln und sich von der Unterwerfung unter den Mann als Beschützer, Entscheidungsbefugten und Richter zu befreien (ich könnte hier, um a fortiori argumentieren zu können, an die Beziehung zwischen Simone de Beauvoir und Jean-Paul Sartre erinnern, wie sie Toril Moi in einem unveröffentlichten Text analysiert). Und in der Art der kabylischen Frauen, die die Prinzipien der herrschenden Sicht in eben den magischen Riten anwenden, die gerade die Umkehrung ihrer Effekte bewirken sollen (wie die Schließungs-Riten, die beim Mann Impotenz hervorrufen, oder die Riten der Liebesmagie, den Geliebten ergeben und gefügig machen sollen), verraten noch die von der phallozentrischen Denkweise emanzipiertesten Frauen häufig die Unterwerfung unter deren Prinzipien dadurch, daß sie ihnen bis hinein in die Handlungen und Reden, die deren Auswirkungen bestreiten wollen, gehorchen (indem sie etwa so argumentieren, als ob bestimmte Eigenschaften an und für sich weiblich oder nicht weiblich seien).

Auch im Fall derjenigen, die zur Einnahme der herrschenden Positionen ausersehen sind, ist die Vermittlung der Habitus, die den Erben dazu disponieren, sein Erbe (des Mannes, des Ältesten, des Adligen) anzutreten, d. h. sein soziales Schicksal anzunehmen, unerläßlich; und im Gegensatz zur Illusion des gesunden Menschenverstands verstehen sich die Dispositionen, die dazu führen, diese oder jene Form von Herrschaft zu beanspruchen oder auszuüben, wie die männliche *libido dominandi* in einer phallozentrischen Gesellschaft, keineswegs von selbst. Sie müssen vielmehr erst in einer langwierigen Sozialisationsarbeit aufgebaut werden, die ebenso unerläßlich ist wie die, die zur Unterwerfung bereitmacht. Daß »Adel verpflichtet«, besagt nichts anders, als daß der Adel, der in den Körper des Adligen in Form eines Ensembles von Dispositionen mit dem Anschein des Natürlichen (eine Haltung des Kopfes, eine Körperhaltung, eine Art zu gehen, ein aristokratisch genanntes Ethos etc.) eingeschrieben ist, den Adligen jenseits allen äußeren Zwangs beherrscht. Diese übergeordnete Macht, die ihn Akte als unvermeidlich oder selbstverständlich, d. h. ohne Überlegung oder Prüfung, hinnehmen läßt, die anderen als unmöglich oder undenkbar erscheinen, ist die Transzendenz des Sozialen, die Körper geworden ist und als *amor fati* wirkt, als körperliche Neigung, eine Identität zu verwirklichen, die als eine soziale Essenz konstituiert und damit in Schicksal verwandelt wurde. Der Adel im Sinne eines Ensembles von Dispositionen, die in einem bestimmten sozialen Universum als adlig gelten (Ehrgefühl, körperlicher und geistiger Mut, Großzügigkeit, Hochherzigkeit usf.), ist das Produkt einer sozialen Benennungs- und Einprägungsarbeit, in deren Verlauf eine soziale Identität, instituiert durch einen dieser allen bekannten und von allen anerkannten magischen Einschnitte, die die soziale Welt vornimmt, sich in eine biologische Natur eingräbt und zum Habitus wird.

Ist erst einmal die willkürliche Grenze gezogen, der *nomos*, der die beiden Klassen in der Objektivität instituiert, dann läuft alles so ab, als handle es sich darum, die dauerhaften Bedingungen für die Akzeptanz dieses *nomos* zu schaffen. Das heißt, dafür zu sorgen, daß er sowohl in den Köpfen – in Form von Wahrnehmungskategorien, die sich auf jedes Ding in der Welt, angefangen bei den Körpern unter ihrem im eigentlichen Sinne sexuellen Aspekt, anwenden lassen – als auch in den Körpern – in Form von sozial vergeschlechtlichten Dispositionen – instituiert wird.[19] Der willkürliche *nomos* nimmt die Erscheinungsformen eines Naturgesetzes (man spricht gemeinhin von einer »widernatürlichen« Sexualität) nur nach der *Somatisierung gesellschaftlicher Herrschaftsverhältnisse* an. Nur mittels einer ungeheuren kollektiven Sozialisationsarbeit inkarnieren sich die unterschiedlichen Identitäten, welche der kulturelle *nomos* instituiert, in Form von Habitus, die sich dem herrschenden Einteilungsprinzip gemäß klar unterscheiden und die imstande sind, die Welt diesem Einteilungsprinzip entsprechend wahrzunehmen. (In unseren sozialen Universen z. B. in Form der »natürlichen Distinktion« und des »Sinnes für Distinktion«.)

---

19 Zur Instituierung eines schulischen Adels durch den Einschnitt, den die Prüfung bewirkt, und zur Aufzwingungs- und Einprägungsarbeit, die die Schule leistet, s. P. Bourdieu, *La noblesse d'État*, Paris 1989.

Die gesellschaftliche Konstruktion des Geschlechts

Man käme zu keinem Ende, wollte man die geschlechtlich differenzierten Handlungen geschlechtlicher Differenzierung erfassen, die darauf abzielen, an jedem einzelnen die am unmittelbarsten der gesellschaftlichen Definition seiner Geschlechtsidentität entsprechenden äußeren Merkmale zu betonen oder ihn zu den seinem Geschlecht entsprechenden Praktiken zu ermutigen und zugleich von den insbesondere in der Beziehung zum anderen Geschlecht unpassenden abzuhalten. Selbst wenn sie nur oberflächliche Aspekte der Person berühren, bewirken diese Handlungen durch eine regelrechte *psychosomatische Aktion* den Aufbau der Dispositionen und Schemata, die die unkontrolliertesten Haltungen und Gewohnheiten der körperlichen *Hexis* und die dunkelsten Triebe des Unbewußten, wie die Psychoanalyse sie enthüllt, organisieren. So zeigt sich z. B. die Logik des ganzen sozialen Prozesses, in dem der Fetischismus der Männlichkeit entsteht, in aller Klarheit bei den Institutionsriten. Diese sollen ja nicht, wie ich anderswo gezeigt habe, eine sakralisierende Trennung vornehmen und auf Dauer stellen zwischen denen, die sie *bereits* hinter sich haben, und denen, die ihnen *noch nicht* unterzogen wurden – wie es der Begriff der von einem Vorher zu einem Nachher führenden Übergangsriten nahelegt –, sondern zwischen denen, die sie zu durchlaufen sozial für würdig befunden werden, und denen, die von ihnen auf immer ausgeschlossen sind: den Frauen.[20]

Der männliche und der weibliche Körper, und ganz speziell die Geschlechtsorgane, die, weil sie den Geschlechtsunterschied verdichten, prädestiniert sind, ihn zu symbolisieren, werden gemäß den praktischen Schemata des Habitus wahrgenommen und konstruiert. Damit werden sie zu privilegierten symbolischen Stützen derjenigen Bedeutungen und Werte gemacht, die mit den Prinzipien der phallozentrischen Weltsicht in Übereinstimmung stehen.

---

20 Über die Gründe, die mich dazu bewogen haben, den Begriff des Übergangsritus, der seinen unmittelbaren Erfolg zweifellos der Tatsache verdankt, daß er nichts als eine in ein Konzept mit wissenschaftlichem Anstrich verwandelte Vorstellung des gesunden Menschenverstandes ist, durch den Begriff des Institutionsritus zu ersetzen (ein Wort, das gleichzeitig im Sinne dessen, was instituiert ist – die Institution der Ehe –, und des Aktes der Instituierung – die Einsetzung des Erben – zu verstehen ist), s. P. Bourdieu, »Die Einsetzungsriten«, in: *Was heißt sprechen? Die Ökonomie des sprachlichen Tauschs*, übersetzt von Hella Beister, Wien 1990, S. 84-93.

Nicht der Phallus (oder seine Abwesenheit) ist das generative Prinzip dieser Weltsicht. Sondern diese Weltsicht kann umgekehrt, da sie, aus noch zu erhellenden *gesellschaftlichen* Gründen, der Einteilung in *relationale Arten*, männlich und weiblich, gemäß organisiert ist, den zum Symbol der Männlichkeit, des genuin männlichen *nif*, gemachten Phallus als Unterscheidungsgrund zwischen den Geschlechtern (im Sinne von Arten) einführen und den sozialen Unterschied zwischen zwei hierarchisierten Essenzen auf die Objektivität eines natürlichen Unterschieds zwischen den biologischen Körpern gründen.

Der Vorrang des Männlichen (in der legitimen Definition der Teilung der geschlechtlichen Arbeit und der geschlechtlichen Arbeitsteilung, in denen der Mann beidemal »den oberen Part« einnimmt, während die Frau »unten« ist, wird er offenbar) drängt sich – vermittels des Systems konstitutiver Schemata des Habitus – nahezu unausweichlich auf als Matrix aller Wahrnehmungen, Gedanken und Handlungen sämtlicher Mitglieder der Gesellschaft und als unangefochtenes, weil außerhalb der Bewußtwerdung und der Überprüfung gelegenes Fundament einer androzentrischen Vorstellung von der biologischen und der sozialen Reproduktion. Es ist keineswegs so, daß die Notwendigkeiten der biologischen Reproduktion die symbolische Organisation der geschlechtlichen Arbeitsteilung und nach und nach der ganzen natürlichen und sozialen Ordnung determinieren. Vielmehr liefert eine willkürliche Konstruktion des Biologischen und insbesondere des – männlichen und weiblichen – Körpers, seiner Gebrauchsweisen und seiner Funktionen, namentlich in der biologischen Reproduktion, der männlichen Sicht der Teilung der geschlechtlichen Arbeit und der geschlechtlichen Arbeitsteilung und damit der gesamten männlichen Weltsicht ein scheinbar natürliches Fundament. Ihre besondere Kraft zieht die männliche Soziodizee daraus, daß sie zwei Operationen in eins vollzieht: sie legitimiert ein Herrschaftsverhältnis, indem sie es in etwas Biologisches einschreibt, das seinerseits eine biologisierte gesellschaftliche Konstruktion ist.

Die Definition des Körpers selbst, der leibhaftigen Stütze der Naturalisierungsarbeit, ist, vor allem was die sexuelle Dimension betrifft, in der Tat das Produkt einer umfassenden gesellschaftlichen Konstruktionsarbeit. Die hohe Bewertung des »point d'honneur«, des Prinzips der Wahrung und Vermehrung der Ehre, d. h. des symbolischen Kapitals, der, zusammen mit dem sozialen

Kapital von Verwandtschaftsbeziehungen, in dieser Welt wichtigsten (wenn nicht einzigen) Akkumulationsmöglichkeit, führt bei den Kabylen dazu, daß sie der männlichen Virilität ein unumstrittenes Privileg einräumen. Gerade auch in ihrem ethischen Aspekt bleibt diese nun stets, zumindest stillschweigend, mit der physischen Virilität – über die vom vollendeten Mann erwarteten Kraft- bzw. Potenzbeweise (Deflorierung der Braut, zahlreiche männliche Nachkommenschaft usf.) – sowie mit dem Phallus verknüpft, der zum Träger der kollektiven Phantasmen von der Zeugungskraft wie gemacht scheint.[21]

Der Phallus mit seiner – Lacan so am Herzen liegenden – Schwellfähigkeit ist das, was (an)schwillt und das, was (an)schwellen läßt. Der gebräuchlichste Ausdruck dafür, daß der Penis *abbuch* ist – wovon das Femininum, *thabbuchth*, die weibliche Brust bezeichnet –, während der »angeschwollene« Penis *ambul*, dicke Blutwurst[22], genannt wird. Das Schema des *(An-)Schwellens* ist das generative Prinzip der Fruchtbarkeitsriten, zumal der bei der Zubereitung von Speisen praktizierten. Mit Hilfe von aufgehenden und auftreibenden Nahrungsmitteln (wie in unserer Tradition den Krapfen) soll das Anschwellen zu all den Anlässen mimetisch erzeugt werden, bei denen die Manneskraft ihre Befruchtungsaktion ausüben muß, wie bei der Heirat etwa, und der Aufnahme der Pflugarbeit, einer homologen Aktion des Öffnens und Deflorierens der Erde.[23] Und dieselben Assoziationen, die in der Lacanschen Rede (Schwellfähigkeit, vitaler Strom) herumgeistern, finden sich in den Wörtern für das Sperma, *zzel* und vor allem *laâmara*, wieder, das mit seiner Wurzel – *aâmammar*, d. h. füllen, gedeihen usf. – auf die Fülle hinweist, auf das, was voll Leben und was mit Leben gefüllt ist; wobei sich das Schema des Anfüllens (voll/leer, fruchtbar/steril usf.) bei der mimetischen Aktion der Fruchtbarkeitsriten[24] regelmäßig mit dem Schema des Anschwellens verbindet.

21 Die europäische Tradition, die im zeitgenössischen männlichen Unbewußten lebendig bleibt, verknüpft den physischen oder moralischen Mut mit der Virilität (»en avoir...« usf.), und wie die Tradition der Berber stellt sie eine ausdrückliche Beziehung zwischen der Größe der Nase (*nif*), Symbol des »point d'honneur«, und der mutmaßlichen des Phallus her.
22 Die auf den ersten Blick überraschende morphologische Verbindung zwischen *abbuch*, dem Penis, und *thabbuchth*, der Brust, mag sich daraus erklären, daß sie beide Ausdrücke der lebendigen Fülle sind, des Lebendigen, das Leben spendet, durch das Sperma und die Milch. (Die gleiche Relation besteht zwischen *thamellalts*, dem Ei, dem Symbol *par excellence* der weiblichen Fruchtbarkeit, und *imellalen*, den Hoden.)
23 Siehe P. Bourdieu, *Sozialer Sinn*, a. a. O., S. 437-439 (über die Nahrungsmittel, die anschwellen, wie die *ufthyen*, und die anschwellen lassen).
24 Siehe P. Bourdieu, ebd., S. 480-484 (über die Schemata voll/leer und über das Anfüllen) und auch S. 422 (über die Schlange).

Die Wahrnehmung der Sexualorgane und mehr noch die der sexuellen Aktivität wird von Wahrnehmungskategorien strukturiert, die um Gegensätze zentriert sind, welche letztlich alle auf die Teilung der geschlechtlichen Arbeit verweisen, die ihrerseits gemäß diesen Gegensätzen organisiert ist. Wie es der soziale Umgang mit dem phallischen »Schwellen« schön zeigt, der den Phallus mit der vitalen, dem ganzen natürlichen Prozeß der Fortpflanzung (Keimung, Schwangerschaft usf.) immanenten Dynamik des Schwellens identifiziert, verdanken die kollektiven Vorstellungen ihre symbolische Kraft dem Umstand, daß die gesellschaftliche *Konstruktion* der Wahrnehmung der Sexualorgane und des Sexualaktes die »Trächtigkeit« der objektiven Formen, wie das Anschwellen und die Erektion des Phallus, *registriert* und *ratifiziert.*[25] Der Umstand, daß die kulturelle »Selektion« der semantisch passenden Züge bestimmte gänzlich unanfechtbare natürliche Eigenschaften symbolisch übernimmt, trägt so – zusammen mit anderen Mechanismen, deren wichtigster, wie man gesehen hat, ohne Zweifel das Einfügen jeder Relation (voll/leer z. B.) in ein System homologer und untereinander verbundener Relationen ist – dazu bei, das Willkürliche des sozialen *Nomos* in Notwendigkeit der Natur (*physis*) zu verwandeln. Diese Logik der *symbolischen Konsekration* objektiver, namentlich kosmischer und biologischer Prozesse ist in dem ganzen mythisch-rituellen System am Werk. Etwa wenn das Keimen des Korns zur Auferstehung wird, einem Ereignis, das der Wiedergeburt des Großvaters im Enkel, beglaubigt durch die Wiederkehr des Vornamens, homolog ist. Es ist diese Logik, die diesem Vorstellungssystem und damit dem durch seine Einhelligkeit noch verstärkten Glauben, dessen Gegenstand es ist, ein gleichsam objektives Fundament verleiht.

Es versteht sich von selbst, daß – wie eindeutig die Entsprechung zwischen den Tatsachen oder den Vorgängen der natürlichen Welt und den auf sie angewandten Visions- und Divisionsprinzipien und wie wirksam der zirkuläre Verstärkungsprozeß wechselseitiger Bestätigung auch sein mag – immer Raum bleibt für die *kognitive Auseinandersetzung* um die Bedeutung der Dinge und insbesondere der sexuellen Realitäten. Wenn die Beherrschten auf die Mechanismen oder die Kräfte, von denen sie beherrscht werden,

---

[25] Man sieht, daß man die alltägliche Wahrnehmung in ihrer Wahrheit nur unter der Bedingung erfaßt, daß man die Alternative von idealistischem Konstruktivismus und realistischem Objektivismus überwindet.

oder ganz einfach auf die Herrschenden Kategorien anwenden, die das Produkt der Herrschaft sind, oder wenn, mit anderen Worten, ihr Bewußtsein und ihr Unbewußtes den Strukturen der ihnen aufgezwungenen Herrschaftsbeziehung konform strukturiert sind, dann sind ihre Erkenntnisakte unvermeidlich Akte der Anerkennung der doppelten, objektiven wie subjektiven, Aufzwingung von Willkürlichem, deren Objekt sie bilden. Das besagt, daß die partielle Unbestimmtheit gewisser Elemente des mythisch-rituellen Systems, was die seiner Symbolik zugrundeliegende Unterscheidung zwischen dem Männlichen und dem Weiblichen betrifft, als Ansatzpunkt antagonistischer Umdeutungen dienen kann, mit denen die Beherrschten eine Art Revanche für den symbolischen Aufzwingungseffekt üben.[26] Zum Beispiel können so die Frauen die männlichen Attribute, indem sie andere grundlegende Schemata der mytho-poïetischen Sichtweise (hoch/tief, hart/weich, aufrecht/gekrümmt) auf sie anwenden, in Analogie zu Dingen auffassen, die kraftlos herabhängen (*laâlaleq*, *asâàlaq*, auch für Zwiebeln oder aufgespießtes Fleisch verwendet, oder *acherbub*, bisweilen mit *ajerbub*, Lappen, assoziiert).[27] Und obwohl – und gerade weil – ihr Blick von den herrschenden Wahrnehmungskategorien geprägt bleibt, können sie aus diesem minderen Status Nutzen ziehen, um die Überlegenheit des weiblichen Geschlechts zu behaupten, und damit daran erinnern, daß die sozialen Eigenschaften der beiden Arten ein Produkt von Herrschaft sind und im Kampf der Geschlechter stets ins Spiel gebracht werden können. (Wie in der Redensart: »Du, dein ganzes Gerät – *laâlaleq* – hängt, sagt die Frau zum Mann, aber ich, ich bin ein zugeschweißter Stein«.) Diese Analysen – das sei nebenbei gesagt – gelten für jede Beziehung symbolischer Gewaltverhältnisse. Daher macht nichts weniger Sinn als etwa die symbolische Herrschaft, die die legitime Kultur ausübt, und den *Widerstand* einander entgegenzustellen, den ihr die Beherrschten oftmals dadurch entgegenzusetzen vermögen, daß sie sich, wie in der Parodie, dem Spott oder der karnevalesken Umkehrung, oft mit den Kategorien der legitimen Kultur wappnen.

26 Zur Unbestimmtheit und der Logik des Verschwommenen s. P. Bourdieu, *Sozialer Sinn*, v. a. S. 454 f.
27 All diese Worte sind offensichtlich mit einem Tabu belegt, genau wie scheinbar so harmlose Worte wie *duzan*, die Sachen, die Werkzeuge, *laqlul*, das Geschirr, *lah'wahl*, das Zubehör, oder *azaâkuk*, der Schwanz, die ihnen oft als euphemistische Substitute dienen.

Ohne sicher zu sein, ob nicht meine Schlüsse an die Grenzen meiner Information stoßen, glaube ich behaupten zu können, daß das Geschlecht der Frau einer ähnlichen Konstruktionsarbeit unterliegt. Deren Aufgabe besteht darin, aus ihm eine Art negativer Entität zu machen, die wesentlich durch den Mangel an männlichen Eigenschaften bestimmt ist und mit abwertenden Merkmalen, wie dem Klebrigen (*achermid*, eines der Berberworte für die Vagina, übrigens eines der pejorativsten, bedeutet auch klebrig), versehen.

Wie sollte man hier nicht an ein außergewöhnliches *anthropologisches Dokument*, die in der feministischen Literatur häufig angeprangerte Sartresche »Analyse« des weiblichen Geschlechts als klebriges Loch, denken: »Die Obszönität des weiblichen Geschlechts ist die alles *Klaffenden*: es ist ein *Ruf nach Sein* wie übrigens alle Löcher; das Weib ruft in sich nach einem anderen Körper, der es durch Auflösung und Durchdringung zur Seins*fülle* verwandeln soll. Und umgekehrt empfindet die Frau ihre eigene Seinsverfassung wie ein Rufen, eben weil sie ›durchlöchert‹ ist (...). Zugegeben, das Geschlechtsorgan ist ein Mund, ein gefräßiger Mund, der den Penis verschlingt – daraus kann sehr wohl der Gedanke der Kastration entstehen: der Geschlechtsakt ist Kastration des Mannes – jedoch ist das Organ vor allem Loch« (J.-P. Sartre, *Das Sein und das Nichts*, übersetzt von Karl August Ott, Hamburg 1976, S. 768). Und diese unbewußte Objektivation des männlichen Unbewußten setzt sich in der Analyse des Klebrigen fort. Diese »weiche«, diese »fügsame« Substanz, die »zunächst den Eindruck eines Seienden (macht), das man *besitzen* kann«, ist eine »zweideutige« Realität, die »besitzt«, die »klebt«, »auspumpt«, »ansaugt«: »sie ist eine Art weicher, teigiger, weibischer Aktivität des Aufsaugens, es lebt verborgen unter meinen Fingern, und ich fühle eine Art Schwindel, es zieht mich in sich, wie der Grund einer Schlucht mich anziehen könnte. Es gibt eine Art Berührungsfaszination des Klebrigen. Ich vermag es nicht mehr, den Vorgang der Aneignung aufzuhalten. Er setzt sich fort. In einem Sinn ist es wie die höchste Fügsamkeit des Besessenen, wie die Treue eines Hundes, der *sich anbietet*, selbst wenn man nichts von ihm wissen will, und in anderem Sinn gibt es unter dieser Fügsamkeit eine versteckte Aneignung des Besitzenden vom Besessenen« (S. 762 f., Hervorhebungen von P. Bourdieu). Und die letzte, zweifellos verräterischste Metapher, die der »Wespe, die in der Marmelade hängenbleibt und erstickt« (763), Symbol für den »süßen Tod des Für-sich« und für die »fade, weibische Rache des An-sich« (ebda.), umschließt auf wunderbare Weise die Vorstellung der grundlegenden Gegensätze der männlichen Mythologie (männlich/weiblich, Penis/Vagina, rein/schmutzig, hart/weich, trocken/feucht, voll/leer, salzig/zuckrig usf.) und der Formen, die sie, transformiert, im philosophischen Diskurs annehmen (Für sich/An sich, Bewußtsein/Materie usf.). Und man kann sogar den Punkt sehen, an dem der kollektive Mythos in eine *private Phantasie*, eine sehr sonderbare Vorstellung vom Geschlechtsakt, abdriftet, die unmittelbar sublimiert wird zu einer *Basisintuition* des philosophischen Systems: »Nun ist diese Auflösung schon an sich selbst erschreckend, weil sie ein Aufsaugen des Für-sich vom An-sich darstellt, ebenso wie die Tinte vom Löschblatt aufgesaugt wird. (...) für ein Bewußtsein ist es an sich schrecklich, *klebrig zu werden*« (S. 764).

Auch die Vorstellung von der Vagina als umgekehrtem Penis, die Marie-Christine Pouchelle in den Schriften eines Chirurgen aus dem Mittelalter entdeckt, folgt denselben grundlegenden Gegensätzen zwischen dem Positiven und dem Negativen, der Glanzseite und der Kehrseite, die sich aufdrängen, seit das männliche Prinzip zum Maß aller Dinge gemacht worden ist.[28] Weit davon entfernt, eine schlichte Auflistung natürlicher, unmittelbar für die Wahrnehmung vorhandener Eigenschaften zu sein, ist die gesellschaftliche Definition des Geschlechts als Organ das Resultat aus einer Reihe von Akzentuierungen oder Unterschlagungen von Unterschieden oder Ähnlichkeiten, die in Abhängigkeit von dem dem Mann und der Frau zugewiesenen Status, und wie um die herrschende Vorstellung von der weiblichen Natur zu rechtfertigen, vorgenommen werden.[29] Um das bestätigt zu finden, würde es genügen, die Geschichte der »Entdeckung« der Klitoris zu verfolgen, wie sie Thomas Laqueur bis hin zur Freudschen Theorie der Verlagerung der weiblichen Sexualität von der Klitoris in die Vagina referiert[30], ein anderes Beispiel für den Montesquieu-Effekt, die mit wissen-

---

28 M.-C. Pouchelle, *Corps et chirurgie à l'apogée du Moyen-Age*, Paris 1983. Wie M.-C. Pouchelle, die zeigt, daß der Mann und die Frau zwei Varianten, die höhere und die niedere, derselben Physiologie sind, stellt Thomas Laqueur fest, daß man bis zur Renaissance nicht über anatomische Begriffe zur detaillierten Beschreibung des weiblichen Geschlechts verfügt, das man sich als aus denselben Organen zusammengesetzt vorstellt, die aber anders angeordnet sind. (Siehe Th. Laqueur, »Orgasm, Generation and the Politics of Reproductive Biology«, in: C. Gallagherand, Th. Laqueur [Hg.], *The Making of the Modern Body: Sexuality and Society in the Nineteenth Century*, Berkeley 1987.)

29 Yvonne Knibiehler zeigt, wie die Anatomen des 19. Jahrhunderts, namentlich Virey, in Fortsetzung des Diskurses der Moralisten wie Roussel im weiblichen Körper die Rechtfertigung für den sozialen Status der Frau zu finden suchen, den sie ihnen im Namen der traditionellen Gegensätze zwischen Innerem und Äußerem, Sinnlichkeit und Vernunft, Passivität und Aktivität zuweisen (s. Y. Knibiehler, »Les médecins et la ›nature féminine‹ au temps du Code civil«, in: *Annales* 31 [1976], 4, S. 824-845).

30 Th. W. Laqueur, »Amor Veneris, Vel Dulcedo Appeletur«, in: M. Feher/R. Naddaf/N. Tazi (Hg.), *Zone*, Part III, New York 1989.

schaftlichem Gestus auftretende Verklärung eines gesellschaftlichen Mythos.

Der Körper als Ganzes wird gleichfalls mittels der basalen kulturellen Gegensätze wahrgenommen. Er hat sein Oben und Unten, deren Grenze vom Gürtel bezeichnet wird, dem Trennungszeichen und der symbolischen Schranke, zumindest bei der Frau, zwischen dem Reinen und dem Unreinen. Er hat sein Vorne, den *Ort des Geschlechtsunterschieds* (der als solcher von einem System logisch privilegiert wird, das stets aufs Unterscheiden abhebt), und sein sexuell undifferenziertes Hinten, das potentiell weiblich, d. h. unterworfen ist. Woran, durch Gesten oder Worte, die Verhöhnung der Homosexualität in den Mittelmeerländern erinnert. Aus der Verbindung der beiden Schemata entsteht der Gegensatz zwischen den edlen und öffentlichen Teilen, Stirn, Augen, Schnurrbart, Mund, den Organen der Selbstpräsentation – in denen sich die soziale Identität, die soziale Ehre, der *nif* kondensiert, der die Stirn zu bieten und den anderen ins Gesicht zu sehen verlangt –, und seinen privaten, verhohlenen oder schimpflichen Teilen, welche die Ehre zu verbergen gebietet.

Die obere, männliche Partie des Körpers und ihre legitimen Gebrauchsweisen: die Stirn bieten, herausfordern (*qabel*), ins Gesicht, in die Augen sehen, *öffentlich* das Wort ergreifen usf., sind das ausschließliche Monopol der Männer. Folglich ist die von den Psychoanalytikern hergestellte Verbindung zwischen dem Phallus und dem Logos durch die geschlechtliche Teilung der legitimen Gebrauchsweisen des Körpers vermittelt. Das belegt etwa der Umstand, daß die Frau, die in der Kabylei, immer verschleiert zu sein, den Blicken verborgen bleibt, gewissermaßen darauf verzichten muß, von ihrem Blick und ihrer Sprache Gebrauch zu machen (in der Öffentlichkeit senkt sie den Blick zu Boden, und das einzige Wort, das sich für sie schickt, ist *wissen*[31], ich weiß nicht, die Antithese zur Sprache des Mannes, der entschiedenen, bündigen und zugleich überlegten, besonnenen Rede).

Und wie sollte man nicht sehen, daß der Geschlechtsakt selbst, obschon er wie eine Art Urmatrix unausgesetzt dazu dient, alle Vereinigungsformen der beiden entgegengesetzten Prinzipien Pflugschar und Furche, Himmel und Erde, Feuer und Wasser zu konstruieren, nach dem Prinzip des Primats der Männlichkeit konzipiert ist? Wie die Vagina ihren verderblichen, unheilvollen Charakter ohne Zweifel dem Umstand schuldet, daß sie Loch ist, hohl, unausgefüllt, aber auch *Umkehrung* des Phallus ins Nega-

31 Kabylisch: vielleicht, kann sein. [A. d. Ü.]

tive, genauso wird die Stellung beim Liebesakt, bei der die Frau sich auf den Mann setzt, womit die als normal betrachtete Beziehung, wo der Mann »den oberen Part« einnimmt, umgekehrt wird, in zahlreichen Zivilisationen explizit verurteilt.[32] Obschon die Kabylen, was Rechtfertigungsdiskurse betrifft, wenig verschwenderisch sind, beziehen sie sich auf eine Art Ursprungsmythos, um die Positionen zu legitimieren, die den beiden Geschlechtern in der Teilung der geschlechtlichen Arbeit und darüber hinaus, vermittelt durch die geschlechtliche Teilung der biologischen und vor allem der gesellschaftlichen Produktions- und Reproduktionsarbeit, in der gesamten sozialen und darüber hinaus kosmischen Ordnung zugewiesen sind. »Am Brunnen (*tala*) traf der erste Mann auf die erste Frau. Sie schöpfte gerade Wasser, als der Mann, anmaßend, auf sie zutrat und zu trinken begehrte. Aber sie war zuerst angekommen, und auch sie hatte Durst. Ungehalten stieß der Mann sie an. Sie tat einen falschen Schritt und fiel zu Boden, und der Mann sah, daß ihre Schenkel anders waren als seine. Vor Verblüffung regungslos, blieb er stehen. Aber die Frau, gewitzter als er, brachte ihm vieles bei. ›Leg dich hin, ich zeige dir, wozu deine Organe gut sind.‹ Er streckte sich auf dem Boden aus, sie streichelte seinen Penis, der doppelt so groß wurde, und legte sich auf ihn. Der Mann empfand großes Vergnügen. Er folgte der Frau überallhin, um dasselbe wieder zu tun, denn sie wußte mehr als er, wie das Feuer angezündet wird usf. Eines Tages sagte der Mann zur Frau: ›Ich möchte dir auch was zeigen; ich weiß auch etwas. Leg dich hin, und ich lege mich auf dich.‹ Die Frau legte sich auf den Boden, und der Mann legte sich auf sie. Er empfand dasselbe Vergnügen und sagte zur Frau: ›Am Brunnen bist du es (die zu sagen hat), im Haus bin ich es.‹ Im Kopf des Mannes sind es immer die letzten Worte, die zählen, und seither lieben es die Männer, auf die Frauen zu steigen. So kam es, daß sie die Ersten wurden und daß sie regieren müssen.«[33]

Die Absicht der Soziodizee zeigt sich hier ohne Umschweife: der Gründer-Mythos instituiert den konstitutiven Gegensatz zwischen der Natur und der Kultur, zwischen der natürlichen »Sexua-

---

32 Nach Charles Malamoud verwendet das Sanskrit zu ihrer Qualifizierung das Wort *Viparita*, verkehrt, das auch zur Bezeichnung der verkehrten Welt dient, des Drunter und Drüber, des Durcheinanders (mündliche Mitteilung).
33 Dieser Mythos wurde 1988 von Frau Tassadit Yacine aufgenommen (ich danke ihr nachdrücklich dafür, mich mit ihm bekannt gemacht zu haben).

lität« und der kulturell geprägten »Sexualität«[34] (der in Wirklichkeit etwa mit dem Gegensatz von Brunnen und Haus schon in den Gründen in Anspruch genommen wird, die zu seiner Rechtfertigung dienen) am Ursprung einer vom männlichen Prinzip beherrschten Sozialordnung. Dem anomischen Akt, am Brunnen, dem weiblichen Ort *par excellence*, und auf Initiative der Frau, der perversen, von Natur aus mit den Angelegenheiten der Liebe vertrauten Lehrmeisterin, vollzogen, wird der dem *nomos* konforme Akt, der domestizierte und häusliche, entgegengesetzt. Dieser wird der Ordnung der Dinge, der grundlegenden Hierarchie der sozialen und kosmischen Ordnung entsprechend auf Verlangen des Mannes und im Haus ausgeführt, dem Ort der kultivierten Natur, der legitimen Herrschaft des männlichen Prinzips über das weibliche, symbolisiert durch das Hinausragen des Hauptbalkens (*asalas alemmas*) über den vertikalen Pfeiler (*thigejdith*), die zum Himmel hin offene Gabel.

Was aber die mythischen Diskurse auf letztlich ganz naive Weise eingestehen, das verwirklichen die Institutionsriten, die in Wirklichkeit symbolische Unterscheidungsakte sind, auf schleichendere und symbolisch zweifellos wirksamere Weise. Man braucht nur an die Beschneidung zu denken, den Institutionsritus der Männlichkeit *par excellence*, der den Unterschied zwischen denen bekräftigt, deren Männlichkeit er mit der symbolischen Vorbereitung auf ihre Ausübung bestätigt, und denen, die sich der Initiation nicht unterziehen können und die gar nicht umhinkönnen zu entdecken, daß ihnen fehlt, was den Anlaß wie die Stütze des Bekräftigungsritus der Männlichkeit bildet. Und die *psycho-somatische Arbeit*, die beständig, insbesondere mittels des Rituals, vonstatten geht, ist nirgends so augenfällig wie in den sogenannten »Ablösungs«-Riten, deren Funktion es ist, den Jungen von der Mutter zu emanzipieren und sein fortschreitendes Mannwerden dadurch zu garantieren, daß sie ihn dazu anhalten und darauf vorbereiten, der äußeren Welt gegenüberzutreten.

34 Der bloße Gebrauch des Wortes Sexualität kann zu einer ethnozentrischen Lesart führen. Es ist in der Tat sicher, daß in dieser Welt, die man als insgesamt sexualisiert bezeichnen könnte, nichts im modernen und säkularisierten Sinne des Wortes sexuell ist: unter anderem, weil die sexuellen Realitäten nicht in separatem Zustand, für sich, konstituiert sind (wie z. B. in der erotischen Intention), sondern mit dem System von Gegensätzen verflochten sind, die den ganzen Kosmos organisieren.

Diese objektive »Intention«, den weiblichen Anteil am Männlichen zu leugnen (eben jenen, den nach Melanie Klein die Analyse in einem umgekehrten Verfahren zu dem des Rituals wiederherzustellen hätte) und die Bindungen und Zuneigungen zur Mutter, zur Erde, zum Feuchten, zur Nacht, zur Natur, in einem Wort: zum Weiblichen, aufzuheben, zeigt sich auf besonders eklatante Weise in den Riten, die im Augenblick der sogenannten »Trennung im ennayer« (*el âazla gennayer*) vollzogen werden, wie das erste Haareschneiden der Jungen. Und bei allen Zeremonien, die das Überschreiten der *Schwelle* zur Männerwelt markieren und die in der Beschneidung ihren krönenden Abschluß finden. Diese Riten gehören in die lange Reihe von Akten, die darauf abzielen, den Jungen von seiner Mutter zu lösen, indem sie mittels des Feuers hergestellte und zur Symbolisierung des Schneidens geeignete Gegenstände, wie das Messer, den Dolch, die Pflugschar usf., einsetzen. So wird das Kind nach seiner Geburt zur Rechten (männliche Seite) der Mutter gelegt, die selbst auf der rechten Seite liegt, und man plaziert zwischen ihnen typisch männliche Gegenstände, wie einen Wollkamm, ein großes Messer, eine Pflugschar, einen der Steine des Herds. Ebenso hängt die Bedeutung des ersten Haareschneidens damit zusammen, daß das Haar, weiblich, eines der symbolischen Bande ist, das den Jungen mit der mütterlichen Welt verbindet. Dem Vater obliegt es, diesen inauguralen Schnitt mit dem Rasiermesser, dem männlichen Werkzeug, am Tag der »Trennung im ennayer« kurz vor dem ersten Betreten des Marktes, d. h. zwischen dem 6. und 10. Lebensjahr, vorzunehmen. Und beim ersten Betreten des Marktes, dieser Einführung in die Welt der Männer, des point d'honneur und der symbolischen Kämpfe, findet die Arbeit an der Vermännlichung ihre Fortsetzung. Das Kind, neu eingekleidet und mit einem Seidenband im Haar geschmückt, erhält einen Dolch, ein Vorhängeschloß und einen Spiegel, während seine Mutter ein frisches Ei in die Kapuze seines Burnus legt. Am Tor zum Markt zerbricht es das Ei, öffnet das Schloß und schaut sich nach diesen männlichen Deflorationsakten im Spiegel an, einem Operator der Umkehrung, wie die Schwelle. Sein Vater führt ihn zum Markt, dem exklusiv männlichen Ort, und stellt ihn den einen und den anderen vor. Auf dem Rückweg kaufen sie einen Ochsenkopf, wie die Hörner ein mit dem *nif* assoziiertes phallisches Symbol.

Dieselbe psychosomatische Arbeit, die die Jungen dadurch vermännlichen soll, daß sie ihnen alles abstreift, was ihnen, wie den »Söhnen der Witwe«, noch an Weiblichem anhaften sollte, nimmt, auf die Mädchen angewandt, eine radikalere Form an: Da die Frau als ein negatives, einzig durch Privation, durch Mangel bestimmtes Wesen konstituiert ist, können auch ihre Tugenden nur aus einer doppelten Negation resultieren, nur verneinte oder überwundene Laster sein oder das geringere Übel. Folglich kann die ganze Sozialisationsarbeit nur darauf abzielen, daß Grenzen, die vor allem den

Körper betreffen – weil das Geheiligte, *h'aram*, an Gebrauchsweisen des Körpers rührt –, verinnerlicht und in die Körper eingeschrieben werden. Die junge kabylische Frau erlernte die grundlegenden Prinzipien der weiblichen Lebensform, der untrennbar körperlichen und moralischen Haltung, indem sie die ihrem jeweiligen Status – des kleinen Mädchens, der heiratsfähigen Jungfrau, der Ehefrau, der Familienmutter – entsprechenden Kleidungstücke zu tragen lernte. Und indem sie sich unmerklich, sowohl durch unbewußte Mimesis wie durch ausdrücklichen Gehorsam, die richtige Art zu eigen machte, ihren Gürtel oder ihre Haare zu knüpfen, beim Gang diesen oder jenen Teil des Körpers zu bewegen oder still zu halten, ihr Gesicht zu zeigen und den Blick zu richten.[35] Diese Lehrzeit, die im wesentlichen unhinterfragt verläuft, da die Institutionsriten ihre Wirkung dadurch erzielen, daß sie diejenigen, die sie durchmachen, von denen isolieren, die von ihnen ausgeschlossen sind, dient dazu, die antagonistischen Prinzipien der männlichen und der weiblichen Identität in den Tiefen des Unbewußten zu verankern, diese habituellen Bereitschaften, die heute noch nach Teilungen ähnlich denen der geschlechtlichen Arbeitsteilung bei den Kabylen entscheiden, wozu man sich berufen fühlt.

Unbeschadet der Veränderungen, die es durch die industrielle Revolution erfahren hat und von denen die Frauen je nach ihrer Stellung innerhalb der Arbeitsteilung in unterschiedlicher Weise betroffen waren, hat sich das System der grundlegenden Gegensätze erhalten. So hat die Trennung zwischen männlich und weiblich ihr organisierendes Zentrum weiterhin an dem Gegensatz zwischen dem Inneren und dem Äußeren, zwischen dem Haus, mit der Aufzucht der Kinder, und der Arbeit. Ihre kanonische Form hat sie im Bürgertum gefunden mit der Trennung zwischen dem Universum des Unternehmens, das auf die Produktion und den Profit gerichtet ist, und dem Universum des Hauses, das der biologischen, sozialen sowie symbolischen Reproduktion gewidmet ist, also der scheinbaren Unentgeltlichkeit und Bedeutungslosigkeit des Aufwands an Geld und Zeit, deren Zweck es ist, das symbolische Kapital zur Schau zu stellen und es durch Vorzeigen zu

---

35 Wie Yvette Delsaut in einem unveröffentlichten Text schön zeigt, zielte die schulische Institution durch eine ganz ähnliche Bildungs- oder, besser, Umbildungsarbeit des Körpers und der Gebrauchsweisen des Körpers, der ästhetischen Wahlen, vor allem in Sachen Kleidung und Kosmetik, darauf ab, den aus den »einfachen« Klassen abstammenden Mädchen, die zum Lehrerinnenberuf bestimmt waren, Ambitionen aufzuzwingen, die zugleich ihre eigene Schranke enthielten (vgl. auch Y. Delsaut, »Carnets de socioanalyse 2: Une photo de classe«, in: *Actes de la recherche en sciences sociales* 75 [1988], S. 83-96).

vermehren. Es versteht sich von selbst, daß die Grenze sich mit dem Eintritt der Frauen in den Arbeitsmarkt verschoben hat; ohne daß sie aufgehoben wäre, da sich innerhalb der Arbeitswelt abgeschirmte Segmente herausgebildet haben. Vor allem aber werden die tradierten Prinzipien der Vision und Division in ihrer Geltung ständig bestritten, was zu partiellen Infragestellungen und Revisionen der Verteilung von Attributen und Attributionen führt.

Da die Sexualität eine gesellschaftlich zu bedeutende Angelegenheit ist, um den Zufällen individueller Improvisation überlassen zu werden, schlägt und schreibt die Gruppe eine offizielle Definition der legitimen Verwendungsweisen des Körpers vor. Wobei sie, sowohl was die Vorstellungen als auch was die Handlungen betrifft, all das ausschließt, was, speziell bei den Männern, zur Ausbildung der statusmäßig der anderen Kategorie zugeschriebenen Eigenschaften führen könnte. Die symbolische Konstruktionsarbeit, die sich in einer Arbeit praktischer Konstruktions-, einer *Bildungs*-[36] und einer Erziehungsarbeit vollendet, verfährt logisch gesehen durch Unterschiedsbildung in bezug auf das gesellschaftlich konstituierte andere Geschlecht. Folglich ist sie bestrebt, all das aus dem Bereich des Denkbaren und Machbaren auszuschließen, was die Zugehörigkeit zum entgegengesetzten Geschlecht kennzeichnet – und insbesondere alle biologisch bedingten Virtualitäten der »polymorph perversen Anlage« eines, wenn man Freud glauben will, jeden kleinen Kindes –, um dieses gesellschaftliche Artefakt: ein männlicher Mann oder eine weibliche Frau, zu erzeugen.

Der gesellschaftlich geformte biologische Körper ist also ein politisierter Körper oder, wenn man das vorzieht, eine inkorporierte Politik. Die grundlegenden Prinzipien der androzentrischen Weltsicht werden in Form von Positionen und Dispositionen des Körpers naturalisiert, die als natürliche Ausdrucksformen natürlicher Tendenzen wahrgenommen werden. Die ganze Moral der Ehre kann deshalb in einem Wort, das tausendfach von den Informanten wiederholt wird, *qabel* (der Gefahr ins Auge blicken, ins Gesicht sehen), und in der mit ihm bezeichneten körperlichen Haltung zusammengefaßt werden.[37] Die Unterwerfung wiederum scheint eine natürliche Übersetzung in der Handlung des Sichunterwerfens, Sichunterordnens, Sichbeugens, Sicherniedrigens, Sichdemü-

36 *Bildung* im Original deutsch. [A. d. Ü.]
37 Zu dem Wort *qabel*, das selbst mit den fundamentalsten Orientierungen der ganzen Weltsicht verknüpft ist, s. P. Bourdieu, *Sozialer Sinn*, a. a. O., S. 190.

tigens usf. zu finden. Und wenn sich die Rechtschaffenheit mit einer aufrechten Haltung verbindet, die das Monopol des Mannes ist, dann gelten die biegsamen und schmiegsamen Haltungen und die entsprechende Fügsamkeit als schicklich für die Frauen.[38]

Deshalb ist die Grunderziehung grundlegend politisch: sie zielt auf die Einprägung von Haltungsweisen ab – des Körpers als ganzen oder dieses oder jenes seiner Teile, der rechten, männlichen oder der linken, weiblichen Hand, der Art zu gehen, den Kopf zu halten oder den Blick zu richten, ins Gesicht, in die Augen oder im Gegenteil auf die eigenen Füße usf. –, die eine Ethik, eine Politik und eine Kosmologie enthalten. Und das wesentlich deshalb, weil sie fast alle geschlechtlich unterschieden sind und durch diese Unterschiede die grundlegenden Gegensätze der Weltsicht praktisch zum Ausdruck bringen. Die körperliche Hexis, unterstützt und verstärkt durch die ihrerseits geschlechtlich differenzierte Kleidung, ist eine ständige unauslöschliche Gedächtnisstütze, in der sich auf sichtbare und fühlbare Weise all die möglichen Gedanken und Handlungen, all die praktischen Möglichkeiten und Unmöglichkeiten eingeschrieben finden, die einen Habitus definieren. Die Somatisierung des Kulturellen ist Konstruktion des Unbewußten.

Die Illusio und die soziale Genese der Libido dominandi

Wie aber die Frauen einer Sozialisationsarbeit unterworfen werden, die auf ihre Herabsetzung und Verneinung zielt und in deren Verlauf sie die negativen Tugenden der Selbstverleugnung, der Resignation und des Schweigens erwerben, so sind auch die Männer Gefangene und auf versteckte Weise Opfer der herrschenden Vorstellung, die gleichwohl so perfekt ihren Interessen entspricht. Sobald es dem mythisch-rituellen System gelingt, sich in der Objektivität der sozialen Strukturen und in der Subjektivität der mentalen Strukturen, die die Wahrnehmungen, die Gedanken und die Handlungen der ganzen Gruppe organisieren, vollständig zu etablieren, funktioniert es wie eine selbsttätige Vorstellung; und

---

38 Die ganze Ethik (von der Ästhetik nicht zu reden) enthält insgesamt fundamentale Adjektive (erhaben/niedrig, gerade/gewunden, hart/biegsam usf.), von denen ein gut Teil auch Positionen oder Dispositionen des Körpers oder von einem seiner Teile bezeichnet (z. B. »die hohe Stirn«).

trifft weder in sich noch außerhalb seiner auf das mindeste Dementi. Die fanatische Exaltierung der männlichen Werte findet ihre düstere Ergänzung in den Ängsten, die die Weiblichkeit hervorruft und die der argwöhnischen Behandlung der Frauen, wegen der Gefahr, die sie für den männlichen »point d'honneur« darstellen, zugrunde liegen. Weil sie die Verwundbarkeit der Ehre verkörpert, der *h'urma*, die verflixte linke Seite (*sacré gauche*), die stets der Beleidigung ausgesetzt ist, und weil ihr die Möglichkeit der diabolischen List, *thah'raymith*, stets innewohnt, die Waffe der Schwäche, die die Mittel des Verrats und der Magie den Mitteln der Stärke und des Rechts entgegensetzt, stellt die Frau ein Potential an Schande und Unglück dar.[39] Und so findet das Privileg sein Komplement in der permanenten, bisweilen ins Absurde getriebenen Spannung und Anspannung, in denen die Pflicht, seine Männlichkeit zu bestätigen, jeden Mann hält.[40]

Der Mann ist also, wie es der Umstand zeigt, daß es, wenn man ihn loben will, zu sagen genügt: »Das ist ein Mann«[41] – ein Wesen, dessen Sein ein Sein-Sollen impliziert, das im Modus dessen, was sich fraglos von selbst versteht, auferlegt ist: Mann zu sein heißt, von vornherein in eine Position eingesetzt zu sein, die Befugnisse und Privilegien impliziert, aber auch Pflichten, und alle Verpflichtungen, die die Männlichkeit als Adel mit sich bringt. Und es heißt

39 Wie man es im Ursprungsmythos hat sehen können, wo er mit Verblüffung das Geschlecht der Frau und das Vergnügen (ohne Reziprozität), das es ihm bereitete, entdeckte, verortet sich der Mann in dem System der Gegensätze, die ihn mit der Frau vereinen, auf der Seite der Gutgläubigkeit und der Naivität (*niya*), der vollkommenen Antithesen der diabolischen List (*thah'raymith*).

40 Und das vor allem, zumindest in den nordafrikanischen Gesellschaften, im physischen Bereich, wie es die von einem Apotheker aus Algier 1962 bezeugte sehr häufige und verbreitete Zuhilfenahme von Aphrodisiaka durch die Männer attestiert – die im übrigen immer sehr stark im Arzneibuch der traditionellen Pillendreher vertreten sind. Die Männlichkeit ist in der Tat einem mehr oder minder verschleierten Kollektivurteil ausgesetzt, etwa anläßlich der Deflorationsriten der Braut, aber auch in den Gesprächen der Frauen, die, wie es die für mich in den 60er Jahren gemachten Aufzeichnungen bezeugen, den sexuellen Angelegenheiten und den männlichen Heldentaten oder Fällen von Versagen großen Platz einräumen. In den differenzierten Gesellschaften, in denen die geschlechtliche Differenzierung mit steigendem Rang in der sozialen Hierarchie (oder zumindest doch in den beherrschten Regionen des Feldes der Macht) an Bedeutung verliert, drückt das Gewicht der männlichen Last vor allem auf die Beherrschten, die sich immer häufiger unmöglichen Anforderungen gegenübersehen.

41 Die ganze Moral der Ehre ist nur die Entfaltung dieser fundamentalen Formel der männlichen *illusio*.

nicht, sich von der Absicht leiten zu lassen, die Verantwortlichkeiten umzukehren (wie es eine gewisse oberflächlich feministische Lektüre nahelegen könnte), sondern zu versuchen, sich Klarheit darüber zu verschaffen, was diese besondere Herrschaftsform impliziert, daß man dem Ursprung des männlichen Prinzips nachgeht, das auch eine Falle ist. Die Frau von der Agora und allen öffentlichen Plätzen auszuschließen, wo sich die Spiele abspielen, die, wie die der Politik oder des Krieges, gemeinhin als die ernstesten der menschlichen Existenz angesehen werden, bedeutet, ihr in der Tat zu untersagen, sich die Dispositionen anzueignen, die durch die Frequentierung dieser Plätze und Spiele erworben werden, wie den point d'honneur, der den Mann dazu treibt, mit seinesgleichen zu rivalisieren.

Das ursprüngliche Teilungsprinzip, das die menschlichen Wesen in Männer und Frauen unterteilt, weist den ersteren die Spiele zu, die einzig es wert sind, gespielt zu werden, und hält sie zum Erwerb der Disposition an, die sie die Spiele ernst nehmen läßt, die die soziale Welt als ernste konstituiert. Diese Ur-*illusio*, die den Mann wahrhaft zum Mann macht und die als Sinn für die Ehre, als Männlichkeit, *manliness* oder, im Wortschatz der Kabylen, radikaler als »Kabylität« (*thakbaylith*) bezeichnet werden kann, ist die unumstrittene Basis aller Pflichten gegen sich selbst, der Motor oder die treibende Kraft aller Handlungen, die man *sich schuldig ist*, d. h., deren Vollzug man sich schuldet, um mit sich selbst im reinen zu sein, um in den eigenen Augen einer (herkömmlichen) Vorstellung des Mannes würdig zu bleiben. Die agonalen Investitionen der Männer und die Tugenden der Frauen, allesamt solche der Enthaltung und der Enthaltsamkeit, definieren sich in der Relation zwischen einem Habitus, der entsprechend der grundlegenden Einteilung in gerade und gekrümmt, aufgerichtet und gebeugt, voll und leer, kurz: männlich und weiblich konstruiert ist – und einem sozialen Raum, der derselben Einteilung unterliegt. Und der in Gänze beherrscht wird von dem Gegensatz zwischen den Männern, darauf präpariert, in die Kämpfe um die Akkumulation des symbolischen Kapitals einzutreten, und den Frauen, darauf präpariert, sich von ihnen auszuschließen oder an ihnen nur – anläßlich der Heiraten – als mit einer hohen symbolischen Funktion versehene *Objekte des Austauschs* teilzunehmen.

So ist auch der Herrschende beherrscht, aber durch seine eigene Herrschaft – was offensichtlich einen großen Unterschied macht.

Um diese paradoxe Dimension der symbolischen Herrschaft zu untersuchen, die von der feministischen Kritik fast immer übersehen wird, muß man sich in einem bruchlosen Übergang von einem Extrem des kulturellen Raums zum anderen, von den kabylischen Bergbauern zur Bloomsbury-Gruppe, auf Virginia Woolf berufen. Aber weniger auf die Verfasserin der immer wieder zitierten Klassiker des Feminismus, wie *A Room of One's Own* (*Ein Zimmer für sich allein*) oder *Three Guineas* (*Drei Guineen*), als auf die Romanautorin, die zweifellos dank der spezifisch schriftstellerischen Arbeit und der von dieser begünstigten Anamnese Dinge enthüllt, die den Blicken der Angehörigen des herrschenden Geschlechts durch das verborgen geblieben sind, was sie »die hypnotische Macht der Herrschaft« nennt.[42] *Die Fahrt zum Leuchtturm* (*To the Lighthouse*) gibt eine Darstellung der Beziehungen zwischen den Geschlechtern, die von allen Klischees und Slogans über den Sex und das Geld, die Kultur oder die Macht frei ist, mit denen die mehr theoretischen Texte noch befrachtet sind. Sie enthält eine unvergleichliche Analyse dessen, was der weibliche Blick vermag, wenn er sich auf die verzweifelte und in ihrer triumphierenden Bewußtlosigkeit reichlich pathetische Anstrengung richtet, die jeder Mann unternehmen muß, um auf der Höhe seiner kindlichen Idee vom Manne zu sein.

Kurz zusammengefaßt ist *Die Fahrt zum Leuchtturm* die Geschichte der Familie Ramsay, die auf einer der Hebrideninseln mit Freunden in der Sommerfrische ist. Mrs. Ramsay hat dem jüngsten ihrer Kinder, dem sechsjährigen James, versprochen, am kommenden Morgen mit ihm eine Spazierfahrt zum Leuchtturm zu machen, den man alle Abende blinken sieht. Mr. Ramsay aber kündigt an, daß am nächsten Tag mit Sicherheit schlechtes Wetter herrschen werde. Es kommt zu einer Auseinandersetzung über dieses Thema. Die Zeit vergeht. Mrs. Ramsay stirbt. Zurückgekehrt in das für lange Zeit verlassene Haus, holt Mr. Ramsay mit James die seinerzeit ausgefallene Spazierfahrt nach.

Es ist wahrscheinlich, daß, im Unterschied zu Mrs. Ramsay, die befürchtet, daß ihr Mann nicht gehört worden ist, der Großteil der Leser, zumal der männlichen, bei der ersten Lektüre die seltsame

---

42 Virginia Woolf hatte ein Bewußtsein von dem Paradox, das nur die erstaunen wird, die von der Literatur und deren eigenen Wegen zur Wahrheit ein simplifiziertes Verständnis haben: »I prefer, where truth is important, to write fiction« (V. Woolf, *The Pargiters*, New York 1977, S. 9). Oder auch: »Fiction here is likely to contain more truth than fact« (V. Woolf, *A Room of one's own*, London 1935, S. 7; dt. *Ein Zimmer für sich allein*, Frankfurt am Main 1981, S. 8).

Situation nicht begreift, die der Anfang des Romans beschreibt: »Plötzlich zwang sie ein lautes Schreien, wie das eines halb geweckten Schlafwandlers, etwas wie *Bomb' und Kartätsche traf*, das ihr mit äußerster Heftigkeit ins Ohr klang, besorgt aufzublicken, um zu sehen, ob jemand ihn hörte.«[43] Und es ist wahrscheinlich, daß sie nicht mehr verstehen, wenn Mr. Ramsay einige Seiten später von anderen Personen, Lily Briscoe und ihrem Freund, überrascht wird: »Zum Beispiel, daß Ramsay jetzt gestikulierend und Verse aus Tennysons *Angriff der Leichten Brigade* grölend einherkam, das verstand Miss Briscoe sicherlich. *Jemand verpfuschte was.*« (S. 25) Erst nach und nach, durch die verschiedenen Sichtweisen der verschiedenen Personen auf das Verhalten von Mr. Ramsay, bekommt dieses einen Sinn (auf den Seiten 31-33, 40-47): »Und seine Gewohnheit, laut mit sich selbst zu reden oder sich Gedichte vorzusagen, wurde leider immer stärker; denn manchmal war es peinlich« (S. 88). So wird derselbe Mr. Ramsay, der auf den ersten Seiten des Romans als eine formidable männliche Persönlichkeit, als Vaterfigur, erschienen war, in flagranti bei einer Kinderei ertappt.

Die ganze Logik der Figur liegt in diesem offensichtlichen Widerspruch. Mr. Ramsay ist, wie der archaische König, den der Benveniste des Vokabulars der *Indo-Europäischen Institutionen* anführt, derjenige, dessen Worte *Verdikte* sind. Derjenige, welcher mit einem Satz die »außerordentliche Freude« seines ganz auf die Spazierfahrt zum Leuchtturm eingestellten Sohnes zunichte machen kann (»›Aber‹, sagte sein Vater, und blieb draußen, vor der offenen Glastür stehen, ›es wird nicht schön sein.‹«, S. 8). Seine Voraussagen haben die Macht, sich selbst zu bestätigen, zu bewahrheiten, sei es, daß sie wie Befehle, wie Segen oder Flüche wirken, die das auf magische Weise eintreten lassen, was sie zum Ausdruck bringen, sei es, daß sie, mit einem unendlich viel furchtbareren Effekt, einfach das aussprechen, was sich ankündigt, was in den Zeichen geschrieben steht, die einzig der Voraussicht des gleichsam göttlichen Sehers zugänglich sind. Imstande, der Welt Vernunft zu verleihen, die Kraft der Gesetze der natürlichen oder der gesellschaftlichen Natur zu verdoppeln, durch deren Verwandlung in Gesetze der Vernunft und der Erfahrung, in zugleich rationale und vernünftige Aussagen der Wissenschaft und der Weisheit. Voraus-

---

43 V. Woolf, *Die Fahrt zum Leuchtturm*, Frankfurt am Main 1979, S. 23.

sage der Wissenschaft, überantwortet die imperative Feststellung der väterlichen Prophetie die Zukunft der Vergangenheit; Vorhersage der Weisheit, trifft sie diese noch irreale Zukunft mit der Sanktion der Erfahrung und des absoluten Konformismus, den diese impliziert. Bedingungslose Zustimmung zur Ordnung der Dinge und eifrige Ratifizierung des Realitätsprinzips, stellt sie sich dem mütterlichen Verständnis entgegen, das dem Gesetz des Wunsches und der Lust eine auf seine Evidenz gestützte Zustimmung, eingeschränkt aber durch eine zweifache bedingte Konzession an das Realitätsprinzip, entgegenbringt: »Ja, gewiß, wenn es morgen schön ist. Aber du wirst mit den Hühnern auf sein müssen«, fügte sie hinzu.[44] Und es genügt, diesen Satz[45] mit dem väterlichen Verdikt zu vergleichen, um zu sehen, daß das »Nein« des Vaters weder ausgesprochen noch gerechtfertigt zu werden braucht; wobei das »Aber« (»Aber es wird nicht schön sein«) zu verstehen geben soll, daß es für ein vernünftiges Wesen (»Sei vernünftig«, »später wirst du das verstehen«) keine andere Wahl gibt, als sich der höheren Macht der Dinge umstandslos zu beugen. Es ist dieser Realismus, der sich zum Spielverderber und Komplizen des Weltlaufs macht, der den Haß auf den Vater entfesselt. Ein Haß, der, wie in der Jugendrevolte, weniger gegen die Notwendigkeit gerichtet ist, die die väterliche Rede aufzuzeigen beansprucht, als gegen die freiwillige Zustimmung, die der Vater ihr zollt, der damit seine Schwäche beweist. Eine Schwäche der resignierten Komplizenschaft, die ohne Widerstand einwilligt; eine Schwäche der Willfährigkeit, der das grausame Vergnügen, zu *desillusionieren*, d.h. den anderen die eigene Desillusionierung, die eigene Resignation, die eigene Niederlage teilen zu lassen, eitle Genugtuung bereitet.[46]

44 Das väterliche Wort stellt sich spontan in die Logik der beschwörenden oder prophylaktischen Vorhersage, die die befürchtete Zukunft voraussagt, um sie zu vereiteln, stellt aber auch eine Drohung dar (»mit dir wird es schlecht enden«, »du wirst uns alle entehren«, »du wirst nie dein Abitur machen« usf.), deren Bestätigung durch die Tatsachen Gelegenheit zu einem retrospektiven Triumph bietet (»ich habe es dir immer gesagt«), einer entzauberten Kompensation des Leidens, das aus der Enttäuschung herrührt, nicht eines Besseren belehrt worden zu sein (»ich hatte gehofft, du würdest mich Lügen strafen«).
45 Und ebenso, wenn man will, die Antwort von Mrs. Ramsay, die dem väterlichen Verdikt eine Bestreitung der Notwendigkeit oder eine Behauptung der Kontingenz entgegensetzt, die auf einen bloßen Glaubensakt gegründet sind: »Aber es könnte vielleicht doch – ja, ich glaube, es wird schön sein« (S. 8).
46 »Wenn eine Axt zur Hand gewesen wäre, ein Schüreisen oder irgendeine andere Waffe, die seinem Vater eine klaffende Wunde in die Brust hätte schlagen können

Die radikalsten Revolten der Kindheit und der Jugend sind weniger gegen den Vater gerichtet als gegen den unwillkürlichen Gehorsam gegenüber dem Vater, gegen den Umstand, daß die erste Regung des Habitus dahin geht, ihm zu folgen und sich seinen Gründen zu beugen.

An dieser Stelle findet dank der Unbestimmtheit des freien, indirekten Stils ein unmerklicher Übergang vom Standpunkt der Kinder gegenüber dem Vater zum Standpunkt, den der Vater sich selbst gegenüber einnimmt, statt, und an dem in Wirklichkeit nichts Persönliches ist. Ist er doch als herrschender und legitimer Standpunkt nichts anderes als die hohe Meinung von sich, die derjenige zu haben berechtigt und verpflichtet ist, der in seinem Sein das Sein-Sollen realisieren will, das ihm die soziale Welt zubestimmt hat, hier das Ideal des Mannes und des Vaters, das zu verwirklichen er *sich schuldet*: »Was er sagte, war wahr. Es war immer wahr. Der Unwahrheit war er gar nicht fähig; deutete nie an einer Tatsache herum; änderte nie ein unangenehmes Wort irgendeinem Sterblichen zur Freude oder zu Gefallen, am allerwenigsten seinen eigenen Kindern, die, seinen Lenden entsprossen, sich von Anfang an bewußt sein sollten, daß das Leben schwierig war; Tatsachen keine Zugeständnisse machten; und die Überfahrt in jenes sagenhafte Land, wo unsre strahlendsten Hoffnungen ausgelöscht werden, unsre zerbrechlichen Schiffchen im Dunkel zerschellen (hier *straffte* Mr. Ramsay *den Rücken und richtete* die zusammengekniffenen kleinen blauen Augen *auf den Horizont*), vor allem Mut, Wahrheitsliebe und Ausdauer erforderte« (S. 8, Hervorhebung von P. Bourdieu). Unter diesem Blickwinkel ist die grundlose Härte Mr. Ramsays nicht mehr der Ausdruck einer so egoistischen Triebregung, wie die Lust zu desillusionieren, es ist. Sie ist vielmehr die freie Bekundung einer Wahl, der Entscheidung für die Geradheit, die Richtigkeit und auch für die wohlverstandene väterliche Liebe, die sich weigert, in die sträfliche Leichtfertigkeit einer weiblichen und blind mütterlichen Nachsicht zu verfallen, und sich statt dessen dazu verpflichtet, sich zum Ausdruck der Notwendig-

und ihn auf der Stelle töten können, James hätte sie ergriffen. So auf die Spitze getrieben waren die Gefühle, die Mr. Ramsay durch seine bloße Anwesenheit in den Herzen seiner Kinder erregte; wenn er, so wie jetzt, dastand, messerschmal, dünn wie eine Klinge, und sarkastisch lächelte, nicht nur vor Vergnügen, seinen Sohn aus allen Himmeln zu stürzen und seine Frau lächerlich zu machen, die in jeder Hinsicht zehntausendmal besser war als er (dachte James), sondern sich auch heimlich etwas auf die Richtigkeit seines Urteils einbildete« (S. 8).

keit der Welt noch in deren unerbittlichstem Aspekt zu machen. Zweifellos dafür steht die Metapher des Messers oder der Klinge, die durch eine naiv freudianische Interpretation verflacht würde und die, wie bei den Kabylen, die männliche Rolle – dieses eine Mal drängen sich hier das Wort und die Metapher aus der Welt des Theaters auf – auf die Seite des Bruchs, der Gewalt, des Totschlags stellt, d. h. auf die Seite einer kulturellen Ordnung, die gegen die ursprüngliche Verschmelzung mit der mütterlichen Natur und die Preisgabe an das laisser-faire, laisser-aller, an die Triebe und Impulse der weiblichen Natur errichtet wurde. Man beginnt zu ahnen, daß der Henker auch Opfer ist und daß das väterliche Wort gerade aufgrund seiner Macht in Gefahr ist, das Wahrscheinliche in eben dem Bemühen, es durch Benennen zu beschwören und zu bannen, in Schicksal zu verwandeln.

Und dieser Eindruck kann sich nur verstärken, wenn man erfährt, daß der unbeugsame Vater, der eben noch mit einem unwiderruflichen Satz die Träume seines Sohns zerstört hat, dabei überrascht wurde, als er gerade spielte wie ein Kind. Und der damit anderen, Lily Briscoe und ihrem Freund, die sich so »in jemandes Privatbereich hineingezogen« sahen, »etwas, das nicht für sie bestimmt war«, preisgab: die Phantasmen der *libido academica*, die in den Kriegsspielen metaphorisch zum Ausdruck kommen. Indes muß man Mr. Ramsays langen Traum, in dem die Erinnerung an das Kriegsabenteuer, den Angriff im Tal des Todes, die verlorene Schlacht und den Heldenmut des Anführers (»Doch er wollte nicht *liegend* sterben; er würde einen Felszacken finden, und da, dem Sturm *entgegenblickend*…, wollte er *aufrecht* sterben«), mit dem angstvollen Ausblick auf das postume Schicksal des Philosophen (»Z wurde nur einmal in einem Menschenalter von einem einzigen Mann erreicht.« »Er werde niemals bis R gelangen«) aufs engste verwoben ist, in Gänze zitieren: »Wie viele unter tausend Millionen, fragte er sich, erreichten schließlich Z? Der Anführer einer aussichtslosen Unternehmung durfte sich das doch gewiß fragen und, ohne einen Verrat an den andren Expeditionsteilnehmern hinter sich zu begehen, antworten: ›Einer vielleicht.‹ *Einer in einem Menschenalter*. Konnte man dann ihm einen Vorwurf daraus machen, nicht dieser eine zu sein? Vorausgesetzt, daß er sich redlich bemüht hatte zu geben, was er vermochte, bis ihm nichts mehr zu geben verblieb? Und sein *Ruhm* – wie lange würde der dauern? Sogar einem sterbenden Helden war es erlaubt, sich angesichts des Todes zu fragen, was die Menschen dereinst von ihm halten würden. Sein Ruhm mochte an die zweitausend Jahre dauern. (…) Wer könnte also den Anführer dieses todgeweihten Häufleins tadeln, das immerhin hoch genug hinaufgeklettert ist, um die Wüstenei der Jahre und das Erlöschen von Sternen zu sehn, – wer könnte ihn tadeln, wenn er, bevor der Tod seine Glieder erstarren macht und er sie nicht mehr zu bewegen vermag, ein wenig absichtlich seine fühllos gewordenen Finger an die Stirn hebt und *die Schultern strafft*, damit er, wenn die Rettungsmannschaft kommt, auf seinem Posten aufgefunden werde, tot, aber das *Musterbild eines Soldaten*? Mr. Ramsay *straffte die Schultern* und stand *sehr aufrecht* da, neben der steinernen Urne. Wer wollte ihn tadeln, wenn er, einen Augenblick so dastehend, in Gedanken bei *Ruhm* verweilte, bei Rettungsexpeditionen, bei Steinmalen, von *dankbaren Nachfolgern* über seinen Gebeinen aufgehäuften? Letztlich, wer wollte den Führer des dem Untergang geweihten Trupps tadeln…« (S. 46-47, Hervorhebungen von P. Bourdieu).

Die von Virginia Woolf so geschätzte Technik der Überblendung vollbringt hier ein wahres Wunderwerk. Da das Kriegsabenteuer und der Ruhm, der es krönt, eine Metapher für das intellektuelle Abenteuer und das mit ihm erstrebte symbolische Kapital der Berühmtheit sind, erlaubt die *illusio* des Spiels es, auf einer höheren Ebene der Derealisierung und mithin zu einem geringeren Preis, die *illusio* des Alltagsdaseins mit ihren vitalen Einsätzen und ihren leidenschaftlichen Investitionen zu reproduzieren – all das, was die Streitgespräche von Mr. Ramsay und seinen Schülern entfacht. Sie gestattet die Arbeit der partiellen und kontrollierten Desinvestition, die notwendig ist, um die Desillusionierung auf sich zu nehmen und zu überwinden (»Er war nicht genial; darauf erhob er keinen Anspruch«, S. 45) und dabei doch die Basis-*illusio* zu erhalten, die Investition in das Spiel selbst, die Überzeugung, daß das Spiel es trotz allem verdient, bis zu Ende – und zwar den Regeln gemäß – gespielt zu werden (weil schließlich noch der letzte derer ohne Rang »aufrecht sterben« kann …). Diese »aus dem Bauch heraus« getätigte Investition, deren Ausdruck wesentlich einer der *Haltung* ist, verwirklicht sich in körperlichen Posen, Stellungen oder Gesten, die alle in Richtung Rechtschaffenheit, Geradheit, gerade Aufrichtung des Körpers oder seiner symbolischen Substitute, der steinernen Pyramide, der Statue, weisen.

Die *illusio*, die für die Männlichkeit konstitutiv ist, liegt allen

Formen der *libido dominandi* zugrunde, d. h. allen spezifischen Formen von *illusio*, die in den verschiedenen Feldern entstehen. Diese ursprüngliche *illusio* bewirkt, daß Männer (im Gegensatz zu Frauen) gesellschaftlich so bestimmt sind, daß sie sich, wie Kinder, von allen Spielen packen lassen, die ihnen gesellschaftlich zugewiesen werden und deren Form *par excellence* der Krieg ist. Wenn er sich bei einem Wachtraum überraschen läßt, der die kindliche Eitelkeit seiner profundesten Investitionen verrät, dann enthüllt Mr. Ramsay plötzlich, daß die Spiele, denen er sich wie die anderen Männer hingibt, Kinderspiele sind, die man deshalb nicht in ihrer Wahrheit erfaßt, weil die kollektive *collusio* ihnen die Notwendigkeit und Wirklichkeit allgemein geteilter Evidenzen verleiht. Weil unter den für die soziale Existenz konstitutiven Spielen diejenigen, die für ernst gehalten werden, für die Männer reserviert sind – während die Frauen für die Kinder und die Kinderei[47] bestimmt sind –, vergißt man, daß der Mann auch ein Kind ist, das Mann spielt. Die allgemeine Entfremdung liegt dem spezifischen Privileg zugrunde: weil der Mann dazu erzogen ist, die gesellschaftlichen Spiele und Einsätze anzuerkennen, bei denen es um Herrschaft geht, hat er hier das Monopol; weil er sehr früh schon, besonders durch die Institutionsriten, zum Herrschenden bestimmt und in dieser Eigenschaft mit der *libido dominandi* ausgestattet wird, hat er das zweischneidige Privileg, daß er sich den Spielen um die Herrschaft hingeben darf und diese Spiele ihm *de facto* vorbehalten bleiben.

Der Scharfblick der Ausgeschlossenen

Die Frauen haben das (gänzlich negative) Privileg, von den Spielen, bei denen um Privilegien gestritten wird, nicht getäuscht zu werden und zumindest nicht unmittelbar, in eigener Person in sie involviert zu sein. Sie vermögen sogar deren Eitelkeit zu durchschauen und, solange sie nicht über andere in sie hineingezogen sind, mit amüsierter Nachsicht die verzweifelten Anstrengungen des »Kind-Mannes«, den Mann zu spielen, und die Anfälle von Verzweiflung, in die ihn sein Scheitern stürzt, zu betrachten. Noch so ernsten Spielen gegenüber können sie den distanzierten Stand-

---

47 »(...) daß sie wie geblendet und ertaubt den Kopf neigte, als wollte sie den Schauer (...) widerspruchslos über sich ergehen lassen. Es gab da nichts zu sagen« (S. 42).

punkt des Betrachters einnehmen, der das Unwetter vom sicheren Ufer aus beobachtet – was sie in den Ruf bringen kann, leichtfertig zu sein und unfähig, sich für die ernsten Dinge wie etwa die Politik zu interessieren. Da aber diese Distanz ein Herrschaftseffekt ist, sind sie zumeist dazu verurteilt, *über andere* teilzunehmen, durch eine emotionale, solidarische Verbundenheit mit dem Spieler, die keine wirkliche intellektuelle und affektive Beteiligung am Spiel impliziert und die aus ihnen oft bedingungslose, aber mit der Realität des Spiels und seiner Einsätze wenig vertraute Anhänger macht.[48]

So begreift Mrs. Ramsay sofort die peinliche Situation, in die sich ihr Mann dadurch gebracht hat, daß er lauthals den »Angriff der Leichten Brigade« sang. Sie fürchtet für ihn den Schmerz, den es ihm bereiten könnte, bei seinem lächerlichen Treiben überrascht worden zu sein, aber auch und vor allem jenen Schmerz, der sein seltsames Benehmen verursacht hat und dessen wahren Grund sie auf der Stelle erfaßt. Ihr ganzes Verhalten verrät das, sobald der gestrenge Vater, der eben noch seiner (kompensatorischen) Neigung gefrönt hatte, »seinen Sohn zu desillusionieren und seine Frau lächerlich zu machen«, jetzt, verletzt, und so auf seine Wahrheit, die eines großen Kindes, reduziert, um ihr Mitgefühl (S. 48) für einen aus der *illusio* und der Desillusion entstandenen Schmerz nachsucht: »Sie strich James über den Kopf; sie übertrug auf ihn, was sie für ihren Mann empfand« (S. 40). Durch eine dieser Verdichtungen, die die Logik der Praxis gestattet, identifiziert Mrs. Ramsay mit einer Geste liebevollen Schutzes, zu der ihr ganzes soziales Dasein sie bestimmt und präpariert[49], den kleinen Mann, der gerade die unerträgliche Negativität der Realität entdeckt hat, mit dem reifen Mann, der bereit ist, ihr die ganze Wahrheit der scheinbar unangemessenen Verwirrung zu enthüllen, in die ihn

48 Dies zeigt sich besonders deutlich in der Anteilnahme, die die jungen Frauen der Volksklassen den sportlichen Passionen »ihres« Mannes entgegenbringen – und die aufgrund ihres willkürlichen und gefühlsbetonten Charakters den Männern nur als frivol, ja absurd erscheinen kann, genauso übrigens wie die entgegengesetzte, häufiger nach der Heirat anzutreffende Haltung, d. h. die eifersüchtige Feindseligkeit gegenüber einer Passion für Dinge, zu denen sie keinen Zugang haben.
49 An die Beschützerfunktion von Mrs. Ramsay wird wiederholt erinnert, vor allem durch das Bild der Henne, die mit den Flügeln schlägt, um ihre Küken zu beschützen (S. 28, 29, 30): »Sie hatte das ganze andere Geschlecht unter ihren Schutz genommen, aus Gründen, die sie nicht näher hätte erklären können« (S. 10, s. a. S. 49).

sein »Desaster« gestürzt hat (S. 40).⁵⁰ Selbst wenn sie sich bemüht, zweifellos um die Würde ihres Mannes zu schützen, ihren Klarblick zu verbergen, weiß Mrs. Ramsay genau, daß das mitleidlos ausgesprochene Urteil von einem bemitleidenswerten Wesen stammt, das selbst ein Opfer der unerbittlichen Urteile der Realität ist und das des Mitleids bedarf.⁵¹ Aber vielleicht erliegt sie einer allerletzten Strategie: der des unglücklichen Mannes, der sicher sein kann, dadurch, daß er das Kind spielt, die Dispositionen mütterlichen Mitgefühls wachzurufen, die den Frauen statusmäßig zugewiesen sind.

Hier müßte man den bemerkenswerten, doppelbödigen Dialog zitieren, in dem Mrs. Ramsay ihren Mann fortwährend schont; zuallererst, indem sie auf den scheinbaren Gegenstand des Ehekrachs eingeht, statt sich etwa das Mißverhältnis zwischen Mr. Ramsays Wut und deren erklärtem Grund argumentativ zunutze zu machen. Mit dem scheinbar harmlosen Satz der beiden Sprecher werden viel weitreichendere, viel grundlegendere Dinge ins Spiel gebracht. Und jeder der beiden Gegner-Partner weiß das aufgrund seiner intimen und quasi perfekten Kenntnis seines Gegenübers, die es um den Preis eines Minimums an Komplizenschaft in der Böswilligkeit erlaubt, sich mit ihm im Streit um *Nichtigkeiten* auf letzte Konflikte ums *Ganze* einzulassen. Diese Logik des Alles *und* Nichts läßt den Sprechern in jedem Augenblick die Freiheit der Wahl zwischen dem absoluten Unverständnis, das die Sätze des Gegners dadurch *ad absurdum* führt, daß es sie auf den scheinbaren Gegenstand (das Wetter von morgen) bezieht, oder dem gleichfalls absoluten Verständnis, das die stillschweigende Voraussetzung für den Streit in Anspielungen wie die Versöhnung ist. »Es bestehe doch nicht die geringste Aussicht, daß sie morgen zum Leuchtturm fahren könnten, schnauzte Mr. Ramsay sie gereizt an. Wie er das wissen könne? fragte sie. Der Wind drehe sich oft. Das außerordentlich Irrationale ihrer Bemerkung,

50 Indem er explizit auf das Verdikt bezüglich der Fahrt zum Leuchtturm zurückkommt und Mrs. Ramsay um Verzeihung bittet für die Brutalität, mit der er es erteilt hat (er kitzelt neckend, »nicht ohne eine gewisse Schüchternheit, die bloßen Beine seines Sohnes«; er schlägt »sehr unterwürfig« vor, sich bei der Küstenwache zu erkundigen), verrät Mr. Ramsay ganz deutlich, daß diese Abfuhr mit der lächerlichen Szene und mit dem Spiel der *illusio* und der Desillusionierung in Zusammenhang steht.
51 Man wird später sehen, daß sie den wunden Punkt genau kannte, an dem ihr Mann jederzeit getroffen werden konnte: »›Ah, aber wie lange noch, glauben Sie, werden die gelesen werden?‹ fragte jemand. Es war so, als besäße sie zitternd ausgestreckte Fühler, die gewisse Sätze auffingen, sie ihrer Aufmerksamkeit aufzwangen. Dieser war einer von ihnen. Sie witterte Gefahr für ihren Mann. Eine solche Frage müßte fast gewiß dazu führen, daß jemand etwas sagte, was ihn an sein eigenes Versagen erinnern würde. Wie lange werde er selbst gelesen werden? – dächte er sogleich« (S. 132 f.).

das Törichte weiblichen Denkens erzürnte ihn. Er war durch das Todestal geritten, war zerschmettert worden und zagte; und da stürmte sie gegen Tatsachen an, entfachte in ihren Kindern die Hoffnung auf etwas, das gar nicht in Betracht kam, *erzählte geradezu Lügen*. Er stampfte auf die Steinstufe. ›Hol dich der Teufel!‹ schnauzte er. *Aber was habe sie denn gesagt? Bloß*, daß es morgen schön sein werde. Und das würde es vielleicht sein. Nicht, wenn das Barometer so falle und der Wind genau aus Westen komme.« (S. 41, Hervorhebungen von P. Bourdieu)

Woher hat Mrs. Ramsay ihren außergewöhnlichen Scharfblick, der es ihr, beispielsweise wenn sie einem dieser Männergespräche über so belanglos ernste Themen wie Quadrat- oder Kubikwurzeln, Voltaire und Madame de Staël, Napoleons Charakter oder das französische System der Landpacht zuhört, gestattet, »alle diese Menschen zu enthüllen« (S. 132)? Weil ihr die männlichen Spiele und die von ihnen auferlegte Glorifizierung des eigenen Ich und seiner sozialen Triebe fremd sind, sieht sie ganz einfach, daß den nach außen hin so lauter und leidenschaftlich wirkenden Stellungnahmen für oder gegen Walter Scott oft nur der Wunsch zugrunde liegt, »sich in den Vordergrund zu drängen« (noch eine dieser fundamentalen, dem »Die-Stirn-Bieten« der Kabylen verwandten Körperregungen), wie dies bei Tansley, einer weiteren Inkarnation des männlichen Egoismus, der Fall ist: »So würde es immer mit ihm sein, bis er seine Professur bekäme oder eine Frau fände und dann nicht mehr immerzu ›Ich-ich-ich‹ sagen müßte. Denn darauf lief seine Kritik an dem armen Sir Walter, oder war es Jane Austen? hinaus: Ich-ich-ich. Er dachte nur an sich selbst und den Eindruck, den er machte, wie sie am Klang seiner Stimme erkennen konnte und an seiner Nachdrücklichkeit und seiner Unsicherheit. Erfolg zu haben wäre gut für ihn« (S. 132).

Und Virginia Woolf benennt andererseits die krasse Entfremdung, die dieser Herrschaft implizit ist: »Wenn man in einem Beruf Erfolg hat, stehen höchstwahrscheinlich die Worte ›Für Gott und Vaterland‹ auf einem Medaillon, das einem um den Hals baumelt, wie dem Hund die Adresse vom Hundehalsband. Und wenn diese Worte einen Sinn haben sollen, was wohl anzunehmen ist, wird man diesen Sinn akzeptieren müssen und alles tun, um ihn zu verteidigen.«[52] Sie sieht die Falle, die die geregelten Spiele darstellen, in denen sich die männliche *illusio* bildet, die die Männer zwingt, das zu tun, was sie tun müssen; das zu sein, was sie sein müssen. Und sie bringt sogar ausdrücklich die *Segregation der Frauen* und die »mystischen Demarkationslinien«, die für diese verantwortlich sind, mit jenen Institutionsriten

---

52 V. Woolf, *Drei Guineen*, München 1977, S. 97.

in Zusammenhang, von denen die Frauen logischerweise ausgeschlossen sind, weil es deren Funktion ist, sie auszuschließen. »Unweigerlich betrachten wir Gesellschaften als Verschwörungen, die den privaten Bruder, den viele von uns mit Recht schätzen, plötzlich in den Hintergrund treten lassen. Statt dessen bläht sich vor uns ein monströses, lautstarkes männliches Wesen mit harten Fäusten auf, das kindisch darauf beharrt, den Boden der Erde mit Kreidezeichen zu markieren, um innerhalb dieser mysteriösen Grenzen die Menschen, voneinander isoliert und künstlich fixiert, festzuhalten; wo er in rotem und goldenem Putz, wie ein Wilder mit Federn dekoriert, die mythischen Riten durchläuft, und zweifelhafte Freuden der Macht und der Herrschaft genießt, während wir, ›seine‹ Frauen, im privaten Heim eingesperrt sind, ohne Anteil zu haben an den vielen Gesellschaften, aus denen sich seine Gesellschaft zusammensetzt.«[53]

Tatsächlich sind die Frauen, wenn nicht was die Spiele, so doch was die Männer, die diese Spiele spielen, betrifft, nur selten frei genug von jeder Abhängigkeit, um die Entzauberung bis zu dieser Art ein wenig herablassenden Mitleids mit der männlichen *illusio* zu treiben. Ihre ganze Erziehung bereitet sie im Gegenteil darauf vor, am Spiel durch Stellvertretung, d.h. aus einer zugleich außenstehenden und untergeordneten Position, teilzunehmen. Und darauf, daß sie, wie Mrs. Ramsay, der männlichen *Sorge* zärtliche Aufmerksamkeit und vertrauensvolles Verständnis entgegenbringen, was ihnen *auch* ein tiefes Gefühl der Sicherheit vermittelt. Von den Machtpositionen ausgeschlossen, sind sie darauf vorbereitet, an ihnen über die Männer, die sie innehaben, sei es der Ehemann, sei es, wie bei Mrs. Ramsay, der Sohn, teilzuhaben.[54]

Diese affektiven Dispositionen haben ihren Ursprung in dem Status, der den Frauen in der Arbeitsteilung der Herrschaft zugebilligt wird und den Kant in einer fälschlich konstatierenden Sprache beschreibt, die in Wirklichkeit die einer als Wissenschaft von den Sitten verkleideten theoretischen Moral ist: »Können die Frauen doch, so wenig es ihrem Geschlecht zusteht, in den Krieg zu ziehen, eben so wenig ihre Rechte persönlich verteidigen, und staatsbürgerliche Geschäfte für sich selbst, sondern nur vermittelst eines *Stellvertreters* treiben, und diese gesetzliche Unmündigkeit in Ansehung öffentlicher Verhandlungen macht sie in Ansehung

---

53 V. Woolf, ebd., S. 146 f.
54 »(...) seine Mutter, während sie ihn die Schere säuberlich um den Kühlschrank herumführen sah, sich ihn ganz in Rot und Hermelin auf der Richterbank vorstellte oder als Leiter einer ernsten und folgenschweren Maßnahme in einer Staatskrise« (V. Woolf, Die *Fahrt zum Leuchtturm*, a.a.O., S. 7 f.).

der häuslichen Wohlfahrt nur desto vermögender; weil hier das Recht des Schwächeren eintritt, welches zu achten und zu verteidigen sich das männliche Geschlecht durch seine Natur schon berufen fühlt.«[55] Der Verzicht und die Fügsamkeit, die Kant der weiblichen Natur zuschreibt, sind wohl verankert in den Tiefen der für den Habitus konstitutiven Dispositionen, einer zweiten Natur, die niemals so sehr den Anschein von Natur und Instinkt bietet wie in einem Fall, wo sich, wie hier, die gesellschaftlich instituierte *libido* in einer besonderen Form des Wunsches, der *libido* im üblichen Wortsinn, realisiert. Da die auf Geschlechtsdifferenzierung gerichtete Sozialisation die Männer dazu bestimmt, die Machtspiele zu lieben, und die Frauen dazu, die Männer, die sie spielen, zu lieben, ist das männliche Charisma zu einem Teil der Charme der Macht, der verführerische Reiz, den der Besitz der Macht von selbst auf Körper ausübt, deren Sexualität politisch sozialisiert worden ist.[56] Weil die Sozialisation politische Dispositionen in Form von körperlichen Dispositionen einschreibt, ist die sexuelle Erfahrung selbst politisch ausgerichtet. Es läßt sich nicht leugnen, daß es eine Verlockung der Macht oder, wenn man das vorzieht, ein Verlangen nach oder eine Liebe zu den Mächtigen gibt, einen naiven und arglosen Effekt, den die Macht ausübt, sobald sie von Körpern wahrgenommen wird, die gesellschaftlich darauf präpariert sind, sie anzuerkennen, sie zu begehren und sie zu lieben, nämlich als Charisma, Charme, Anziehungskraft, Ausstrahlung oder ganz einfach als Schönheit. So findet die männliche Herrschaft eine ihrer stärksten Stützen in der Verkennung, der der Umstand Vorschub leistet, daß auf den Herrschenden aus der Herrschaftsbeziehung selbst

---

55 I. Kant, *Anthropologie in pragmatischer Hinsicht*, in: *Werke* in 6 Bänden, hg. v. W. Weischedel, Darmstadt 1964, Bd. VI, S. 522.
Mit einer dieser »Überblendungen«, die die Assoziationen des Unbewußten verraten, leitet Kant dann von den »Frauen« zum »großen Haufen« über, von dem Verzicht, der der Notwendigkeit zu delegieren eingeschrieben ist, zur »Lenksamkeit«, die die Völker dazu bringt, zugunsten von »Landesvätern« abzudanken.

56 Dies gegen die Tendenz, alle sexuellen Beziehungen der Welt des Büros, insbesondere die zwischen Chefs und Sekretärinnen (s. R. Pringle, *Secretaries Talk. Sexuality, Power and Work*, London, New York 1988, besonders S. 84-103), auf die Alternative von »sexual harassment« (zweifellos noch von den »radikalsten« Anprangerungen unterschätzt) und dem zynischen und instrumentellen Einsatz weiblichen Charmes als Machtinstrument zu reduzieren. Es ist gerade der Effekt des der Macht inhärenten Charmes, zu verhindern, daß bei einer emotionalen (oder sexuellen) Beziehung zwischen Personen verschiedener Status-Rangs der Anteil an Zwang und der an Verführung unterschieden werden können.

stammende Denkkategorien (groß/klein, stark/schwach usw.) angewandt werden. Sie bringt jene Grenzform des *amor fati*, die Liebe zum Herrschenden und seiner Herrschaft, die *libido dominantis* hervor, die den Verzicht impliziert, *libido dominandi* in der eigenen Person auszuüben.

Kant hat recht, wenn er an einer anderen Stelle des oben zitierten Textes sagt: »Sich selbst unmündig zu machen, so herabwürdigend es auch sein mag, ist doch sehr bequem« (a. a. O., S. 522). Der Herrschende sieht die Interessen der Beherrschten stets sehr gut – was nicht heißt, daß nicht gleichwohl jede Artikulation dieser Interessen diskreditiert oder zurückgewiesen wird. Tatsächlich gewinnt man, wie V. Woolf unablässig betont, durch den Ausschluß von der Teilnahme an den Machtspielen, dem Privileg und der Falle, sowohl die Ruhe, die einem die Gleichgültigkeit gegenüber dem Spiel verschafft, als auch die Sicherheit, die durch die Delegation an diejenigen, die an ihm teilnehmen, garantiert wird. Eine im übrigen sehr trügerische Sicherheit, die stets der schrecklichsten Bedrängnis Platz zu machen droht, weil man die wirkliche Schwäche der großen beschützenden Figur niemals ganz kennt und man, wie faszinierte Zuschauer einer gefährlichen Übung, durch eine geliebte Person emotional in die Handlung verstrickt ist, ohne dieser wirklich Herr zu sein. Das Männerbild hat immer etwas von der Vaterfigur, deren unwiderrufliche Urteile, auch wenn sie tödlich verletzend sein können, dennoch eine enorm beruhigende Wirkung haben.[57] Mrs. Ramsay weiß zu gut, und die Verwirrung, die sie empfindet, als sie die Verwirrung ihres Mannes entdeckt, macht ihr das noch einmal deutlich bewußt, welche Sicherheit die Delegation an die väterliche Vorsehung bietet und welcher Preis für die Vernichtung der Vaterfigur zu zahlen ist, um zum Mord am unfehlbaren Propheten zu ermutigen: sie möchte ihren Sohn vor der Gewalt des väterlichen Urteils schützen, jedoch ohne das Bild des allwissenden Vaters zu zerstören.

Die psychosomatische Aktion, die zur Somatisierung des Politischen führt, wird hauptsächlich durch den vollzogen, der das Monopol der legitimen symbolischen Gewalt (und nicht nur der Äußerung der Sexualkraft) innerhalb der Keimzelle der Gesell-

---

[57] »Und dann sagte er: Hol dich der Teufel! Er sagte: Es wird regnen; er sagte: Es wird nicht regnen; und sogleich öffnete sich ein Himmel der Geborgenheit vor ihr. Es gab niemand, den sie so sehr verehrte.« (V. Woolf, *Die Fahrt zum Leuchtturm*, a. a. O., S. 42.)

schaft innehat. Wie *Die Verwandlung* von Kafka zeigt, haben die Worte des Vaters einen magischen Konstitutions-, einen schöpferischen Benennungseffekt, weil sie den Körper unmittelbar ansprechen, der Freud zufolge die Metaphern wörtlich nimmt (»du bist nichts als ein kleines Ungeziefer«). Und wenn die von ihnen bewirkte differentielle Verteilung der sozialen *libido* so erstaunlich den Plätzen angepaßt erscheint, die den einen und den anderen (dem Geschlecht, dem Geburtsrang und manch anderen Variablen entsprechend) in den verschiedenen sozialen Spielen zugewiesen werden, dann liegt das zweifellos zu einem Großteil daran, daß die väterlichen Urteile, selbst wenn sie nur der Willkür von Lust und Laune zu gehorchen scheinen, von einer Person ausgehen, die, da sie durch und für die Zensuren der Notwendigkeit der Welt geprägt worden ist, das Realitätsprinzip zum Lustprinzip hat.

Die Frau als Objekt

Konstruiert und vollendet wird der männliche Habitus nur in Verbindung mit dem den Männern vorbehaltenen Raum, in dem sich, *unter Männern*, die ernsten Spiele des Wettbewerbs abspielen. Handle es sich um die Spiele der Ehre, deren Grenzfall der Krieg ist, oder um Spiele, die in den differenzierten Gesellschaften der *libido dominandi* in all ihren Formen, der ökonomischen, politischen, religiösen, künstlerischen, wissenschaftlichen usf., mögliche Handlungsfelder eröffnen. Von diesen Spielen rechtlich oder faktisch ausgeschlossen, sind die Frauen auf die Rolle von Zuschauerinnen oder, wie Virginia Woolf sagt, von *schmeichelnden Spiegeln* verwiesen, die dem Mann das vergrößerte Bild seiner selbst zurückwerfen, dem er sich angleichen soll und will; womit sie seine narzißtische Besetzung eines idealisierten Bildes seiner Identität verstärken.[58] In dem Maße, wie sie sich an die Person in ihrer Einmaligkeit (und gerade auch in ihren Wunderlichkeiten und Unzulänglichkeiten) wendet oder zu wenden scheint oder gar an den Körper, d. h. an die Natur in ihrer Faktizität, den sie dadurch der Kontingenz entreißt, daß sie sie als *Grazie*, Charisma, Freiheit konstituiert, führt die weibliche Unterwerfung zu einer unersetz-

---

58 «Frauen haben über Jahrhunderte hinweg als Spiegel gedient mit der magischen und köstlichen Kraft, das Bild des Mannes in doppelter Größe wiederzugeben» (V. Woolf, *Ein Zimmer für sich allein*, Frankfurt am Main 1981, S. 43).

lichen Form von Anerkennung. Eine Anerkennung, die denjenigen, der ihr Gegenstand ist, in seiner Existenz rechtfertigt und darin, so zu existieren, wie er existiert. Und es ist wahrscheinlich, daß der Vermännlichungsprozeß, zu dem die ganze soziale Ordnung sich verschworen hat, nur mit dem insgeheimen Einverständnis der Frauen ganz zu vollenden ist, d.h. in und durch die aufopferungsvolle Unterwerfung, bezeugt durch die Opfergabe des Körpers (man spricht vom »Sich-Hingeben«), die zweifellos die höchste Form der Anerkennung bildet, die der männlichen Herrschaft in dem, was sie am spezifischsten ist, zuteil wird.

Nun ist aber das fundamentale Gesetz aller ernsten Spiele, namentlich allen Ehrentauschs, das Isotimieprinzip (*isotimia*)[59], das Prinzip gleicher Ehre. Die Herausforderung, weil sie zur Ehre gereicht, zählt nur, wenn sie sich an einen Mann von Ehre richtet, der imstande ist, eine Erwiderung zu geben, die, insofern sie auch eine Form von Anerkennung einschließt, Ehre macht. Anders gesagt, wirklich Ehre machen kann nur die Anerkennung, die von einem Mann (im Gegensatz zu einer Frau) gezollt wird, und zwar von einem Ehrenmann, d.h. von einem Mann, der als ein Rivale im Kampf um die Ehre akzeptiert werden kann. Die Anerkennung, auf die die Männer in den Spielen Jagd machen, in denen das symbolische Kapital erworben und eingesetzt wird, hat desto größeren symbolischen Wert, je reicher derjenige, der sie zollt, selbst an symbolischem Kapital ist.

So sind die Frauen buchstäblich aus dem Spiel.[60] Die magische Grenze, die sie von den Männern trennt, fällt mit der »mystischen

59 Griechisch: Gleichheit der Ehre, des Ranges. [A.d.Ü.]
60 Es versteht sich von selbst, daß diese Darstellung der weiblichen Sicht der männlichen Rolle in dem Maße, wie sie sich von der Intention leiten läßt, mit den oberflächlichen Impressionen zu brechen, indem sie »den Spieß umdreht«, einem Stand der Arbeitsteilung zwischen den Geschlechtern entspricht, der in vielen Punkten überwunden ist. Namentlich mit der Aufhebung der geschlechtlichen Segregation an der Schule und manch anderem Ort der Öffentlichkeit; und mit dem Zutritt eines immer bedeutenderen Teils der weiblichen Bevölkerung zum höheren Unterrichtswesen und zum Berufsleben (bisweilen auch zu traditionell für männlich erachteten Positionen). Alles Veränderungen, die den Untergang des traditionellen Modells der Frau am häuslichen Herd und des häuslichen Lebens nach sich ziehen. Ganz zu schweigen von dem allerdings sehr stark sozialer Differenzierung ausgesetzten Effekt der feministischen Kämpfe, die ja die naturalisierten Unterschiede der alten Ordnung als politische, d.h. als anfechtbare und aufhebbare, konstituieren. In der Übergangssituation überlebt der hier beschriebene archaische Zustand freilich weithin in den Praktiken und den unbewußten Dispositionen.

Demarkationslinie« zusammen, von der Virginia Woolf spricht und die die Kultur von der Natur, das Öffentliche vom Privaten scheidet, wobei sie den Männern das Monopol auf die Kultur, d. h. die Humanität und das Universelle verleiht.

Auf die Seite des Privaten verwiesen, ausgeschlossen also von allem, was öffentlichen, offiziellen Rang hat, können sie nicht als Subjekte, in der eigenen Person, in die Spiele eingreifen, in denen die Männlichkeit ihre Bestätigung und Vollendung durch die Akte gegenseitiger Anerkennung erfährt, das Implikat aller vom Isotimieprinzip geprägten Akte des Austauschs von Herausforderungen und Erwiderungen, von Geschenken und Gegengeschenken, deren obersten Rang der Austausch von Frauen einnimmt.

Die Grundlage dieses ursprünglichen Ausschlusses, den das mythisch-rituelle System ratifiziert und bis zu dem Punkt erweitert, wo es aus ihm das Teilungsprinzip des ganzen Universums gemacht hat, ist – wie man sieht – nichts anderes als die fundamentale Asymmetrie, die zwischen Mann und Frau auf dem Gebiet des symbolischen Tauschs hergestellt wird: die von Subjekt und Objekt, Akteur und Instrument. Das Feld der Produktions- und Reproduktionsverhältnisse des symbolischen Kapitals – wovon der Heiratsmarkt eine paradigmatische Realisierung ist – basiert auf einer Art ursprünglichem Gewaltstreich. Dessen Folge ist es, daß die Frauen dort nur in Gestalt von Objekten oder, besser, von Symbolen in Erscheinung treten können, deren Sinn außerhalb ihrer selbst konstituiert wird und deren Funktion es ist, zum Fortbestand und zur Mehrung des im Besitz der Männer befindlichen symbolischen Kapitals beizutragen.

Die Frage nach den Fundamenten der Geschlechtertrennung und der männlichen Herrschaft findet so ihre Lösung. Die Erklärung für den Primat, den die kulturellen Taxinomien weltweit der Männlichkeit zusprechen, liegt in der Logik der Ökonomie des symbolischen Tauschs und, genauer, in der gesellschaftlichen Konstruktion der Verwandtschafts- und Heiratsbeziehungen. Sie weist den Frauen *universell* ihren sozialen Status als Tauschobjekte zu, den männlichen Interessen konform (d. h. wesentlich als Töchter oder Schwestern) definiert und dazu bestimmt, zur Reproduktion des symbolischen Kapitals der Männer beizutragen. Das Inzest-Tabu, in dem Lévi-Strauss den Gründungsakt der Gesellschaft sieht, als einen Imperativ des Austauschs, gedacht in der Logik der egalitären Kommunikation unter Männern – was es auch ist –, ist tatsächlich die Kehrseite des Inauguralaktes symbolischer Gewalt, durch den die Frauen als Subjekte des Austauschs und der Heiratspolitik negiert werden, die durch sie zustande kommen, aber nur, indem sie sie auf den Objektstatus reduzieren. Frauen werden als *symbolische Instrumente* behandelt, die, indem sie zirkulieren und treuhänderische Zeichen von sozialer Bedeutung zirkulieren lassen, symbolisches Kapital produzieren und reproduzieren; und die, indem sie Beziehungen herstellen und instituieren, soziales Kapital produzieren und reproduzieren. Wenn sie von der Politik ausgeschlossen und in die Welt des Privaten verwiesen werden, dann deshalb, weil es so sein muß, damit sie zu Instrumenten der Politik werden können, zu Mitteln, die die Reproduktion des sozialen und symbolischen Kapitals sicherstellen.

Es ist bemerkenswert, daß die bedeutsamen Institutionsriten, mit denen die Gruppen eine oft in einem *Namen* enthaltene *distinktive Identität* zuweisen, fast immer eine Bekräftigung des magischen Einschnitts zwischen den Geschlechtern implizieren. Das gilt für die großen kollektiven und öffentlichen Zeremonien, die, wie die Taufe, zur Zuschreibung eines Eigennamens, d. h. eines Titels, dienen, der ein Recht auf Teilhabe am symbolischen Kapital einer Gruppe verleiht und die Respektierung der Gesamtheit der vom Willen, es zu erhalten und zu vergrößern, diktierten Pflichten erzwingt. Und es gilt für all die von den legitimen Trägern bürokratischer Autorität vollzogenen offiziellen *Nominierungsakte*. (In derselben Logik wäre die Namensänderung zu sehen, die der Frau bei der Heirat fast immer aufgezwungen wird.)

Man versteht so, daß der den Frauen auferlegte Ausschluß niemals so brutal und rigoros ist, wie wenn der Erwerb symbolischen Kapitals die einzig wirkliche Art der Akkumulation bildet – wie das in der Kabylei der Fall ist. Die soziale Ehre, d. h. der Wert, der einer Gruppe durch ein kollektives, gemäß den fundamentalen Kategorien der gemeinsamen Weltsicht gebildetes Urteil gesellschaftlich zuerkannt wird, ist hier in ihrem Fortbestand abhängig von der Fähigkeit der betreffenden Gruppe, Bündnisse zu schließen, die zur Sicherung von sozialem und symbolischem Kapital geeignet sind. In dieser Perspektive sind die Frauen nicht bloß Zeichen; sie sind auch vor Beleidigungen und Verdächtigungen zu schützende Werte. In den Austausch investiert, vermögen sie Bündnisse herzustellen, d. h. soziales Kapital zu produzieren, und Verbündete mit Prestige zu gewinnen, d. h. symbolisches Kapital zu produzieren. In dem Maße, wie der Wert dieser Bündnisse, mithin der aus ihnen erzielbare symbolische Profit, zu einem großen Teil vom symbolischen Wert und der entsprechenden potentiellen symbolischen Profitträchtigkeit der für den Austausch verfügbaren Frauen abhängt, ist das Ehrgefühl der Brüder oder der Väter, das zu einer ebenso *eifersüchtigen*, ja paranoiden Wachsamkeit wie das der Ehemänner führt, eine Form wohlverstandenen Eigeninteresses.

Zweifellos weil sie ihre Grundlage und ihre gesellschaftlichen Reproduktionsbedingungen in der relativ autonomen Logik der Tauschakte findet, mittels deren die Reproduktion des symbolischen Kapitals sichergestellt wird, ist die männliche Herrschaft imstande, die Veränderungen der ökonomischen Produktionsweisen zu überdauern. Die industrielle Revolution hat deshalb auch die traditionelle Struktur der Arbeitsteilung zwischen den Geschlechtern relativ unberührt gelassen:[61] der Umstand, daß die großen bürgerlichen Familien zur Behauptung ihrer Position im sozialen Raum heute noch stark von ihrem symbolischen und sozialen Kapital abhängen, erklärt, daß sie, mehr als man es erwarten könnte, die fundamentalen Prinzipien der männlichen Weltsicht aufrechterhalten.[62]

Das entscheidende Gewicht der *Ökonomie der symbolischen Güter*, die durch das fundamentale Di-visionsprinzip die Wahrnehmung der sozialen Welt in Gänze organisiert, macht sich für das ganze soziale Universum geltend, d. h. nicht nur für die Ökonomie der materiellen Produktion, sondern auch für die Ökonomie der *biologischen Reproduktion*. Daraus läßt sich erklären, daß im Fall der Kabylei und noch in manch anderer Tradition das weibliche Werk von Schwangerschaft und Geburt zugunsten der männlichen Befruchtungsarbeit für nichtig erklärt wird. Im Fortpflanzungszyklus wie im agrarischen Zyklus privilegiert die mythisch-rituelle Logik den männlichen Eingriff, der stets – bei der Heirat wie beim Beginn der Bodenbearbeitung – durch öffentliche, offizielle, kollektive Riten hervorgehoben wird, auf Kosten der Schwangerschaftsperioden der Frau wie der winterlichen Erde, die nur für unverbindliche und gleichsam verstohlene Äußerungen Raum bieten. Auf der einen Seite ein diskontinuierlicher und außergewöhn-

---

61 Siehe J. Thomas, »Women and Capitalism: Oppression or Emancipation? A Review Article«, in: *Comparative Studies in Society and History* 30 (1988), 4, S. 543-549.
62 Siehe P. Bourdieu, M. de Saint Martin, »Le patronat«, in: *Actes de la recherche en sciences sociales* 20-21 (1978), S. 3-82.

licher Eingriff in den Lauf des Lebens, eine riskante und gefährliche Eröffnungsaktion, die feierlich und bisweilen, wie bei der ersten Bearbeitung, öffentlich, im Angesicht der Gruppe, ausgeführt wird. Auf der anderen Seite eine Art von natürlichem und passivem Prozeß des Anschwellens, für das die Frau oder die Erde den Ort, die Gelegenheit, die Stütze, den Behälter bilden (z. B. mit der Metapher des Ofens oder des Kochtopfs). Ein Prozeß, der lediglich technische oder rituelle, logisch den Frauen zugeschriebene Begleitpraktiken und »schlichte und einfache« Akte erfordert, wie das Auflesen des Grases für das Vieh oder das Jäten, die der Natur bei ihrer Arbeit nur zu assistieren brauchen, und von daher zweifach verurteilt sind, ignoriert zu werden, und zwar vor allem von den Männern. Vertraut, kontinuierlich, gewöhnlich, repetitiv und monoton, werden sie zum Großteil ungesehen, in der Verborgenheit des Hauses oder in den toten Zeiten des Agrarjahres, verrichtet.[63]

Und wie sollte man übersehen, daß die mit der biologischen und sozialen Reproduktion des Familiengeschlechts verknüpften Tätigkeiten auch in unseren Gesellschaften sehr stark abgewertet sind, selbst wenn sie anscheinend anerkannt und manchmal sogar rituell zelebriert werden? Sie können ausschließlich den Frauen zugeteilt werden, weil sie als solche gleichsam verleugnet werden und weil sie den Produktionstätigkeiten untergeordnet bleiben, die allein eine wirkliche ökonomische Bestätigung und soziale Anerkennung zu erlangen vermögen. Man weiß in der Tat, daß der Eintritt der Frauen ins Berufsleben einen eklatanten Tatsachenbeweis dafür geliefert hat, daß die häusliche Tätigkeit gesellschaftlich

---

63 Man sieht, daß die These von Mary O'Brien – der gemäß die männliche Herrschaft aus dem Bemühen der Männer resultiert, ihre Entfremdung von den Reproduktionsmitteln der Gattung zu überwinden und den Primat der Vaterschaft dadurch wiederherzustellen, daß sie die wirkliche Arbeit der Frauen beim Gebären verschleiern (s. M. O'Brien, *The Politics of Reproduction*, London 1981) – zwar etwas Wesentliches berührt, sie indes vergißt, diese »ideologische« Arbeit auf ihre Grundlagen zu beziehen, d. h. auf die Zwänge des Marktes der symbolischen Güter und, genauer, auf die notwendige Unterordnung der biologischen Reproduktion unter die Erfordernisse der Reproduktion des symbolischen Kapitals. (Man kann in dieser Logik die Kunstgriffe analysieren, die die Kabylen zur Auflösung des Widerspruches anwenden, der entsteht, sobald eine Familie ohne männlichen Nachkommen ihre Tochter, um das Aussterben des Geschlechts zu verhindern, einem Mann, dem *awrith* gibt, der wie eine Frau, d. h. wie ein Objekt zirkuliert: »er macht die Braut«, sagen die Kabylen. siehe P. Bourdieu, *Sozialer Sinn*, a. a. O., S. 316).

nicht als eine wirkliche Arbeit anerkannt wird. Denn die Hausarbeit, die gerade aufgrund ihrer Evidenz negiert oder verleugnet wird, muß jetzt von den Frauen, denen sie nach wie vor obliegt, noch obendrein erledigt werden. Großartig analysiert Joan Scott die symbolische Transformationsarbeit, die die »Ideologen«, selbst die der Sache der Frauen gewogensten, wie Jules Simon, das ganze 19. Jahrhundert hindurch zu leisten hatten, um diese undenkbare Tatsache, die die »Arbeiterin« darstellt, in ein erneuertes Vorstellungssystem zu integrieren; und vor allem, um dieser *öffentlichen Frau* den sozialen Wert vorzuenthalten, den ihr die Tätigkeit in der Welt der Ökonomie hätte sichern müssen. Indem man durch eine seltsame *Verschiebung* ihren Wert und ihre Werte auf das Gebiet der Geistigkeit, der Moral und des Gefühls, d. h. das außerhalb der Sphäre der Ökonomie und der Macht Gelegene, transferierte, vermochte man sowohl ihrer öffentlichen Arbeit wie ihrer nicht wahrnehmbaren häuslichen Arbeit, der durch Überhöhung ihr Wirklichkeitscharakter genommen wurde, die von nun an einzig wirkliche Anerkennung, die ökonomische Bestätigung, zu verweigern.[64] Um auf die Auswirkungen dieser Verleugnung sozialer Existenz zu treffen, braucht man in der Zeit und im sozialen Raum gar nicht einmal so weit zu gehen. Als ob berufliche Ambitionen den Frauen stillschweigend versagt würden, brauchen Forderungen, die Männern ganz selbstverständlich bewilligt werden – in diesen Zeiten, in denen die männlichen Werte der Selbstbestätigung derart hochgehalten werden – nur von Frauen gestellt zu werden, um sie mit Ironie oder sanft herablassender Freundlichkeit als irreal abzutun. Und nicht selten werden, selbst in den von männlichen Werten am wenigsten dominierten Regionen des sozialen Raumes, die Frauen, die Machtpositionen innehaben, unterschwellig verdächtigt, der Intrige oder der sexuellen Gefälligkeit, mithin männlicher Protektion Vorteile zu verdanken, die so offensichtlich ungebührlich sind, daß sie doch nur unlauter erworben sein können.

Die Verneinung oder die Verleugnung nicht nur des von den Frauen zur Produktion, sondern auch des zur biologischen Reproduktion geleisteten Beitrags geht einher mit der Verherrlichung der Funktionen, die ihnen eher als Objekten denn als Subjekten in der

---

64 S. J. W. Scott, »›L'ouvrière, mot impie, sordide‹. Le discours de l'économie politique française sur les ouvrières (1840-1890)«, in: *Actes de la recherche en sciences sociales* 83 (1990), S. 2-15 (v. a. S. 12).

Produktion und Reproduktion des symbolischen Kapitals zugewiesen sind. Genauso wie sie in den weniger differenzierten Gesellschaften als Tauschmittel behandelt wurden, die es den Männern ermöglichten, soziales Kapital und symbolisches Kapital durch Heirat zu akkumulieren, diese veritablen mehr oder minder riskanten und produktiven Investitionen, die mehr oder minder weitreichende und prestigeträchtige Bündnisse zu schließen gestatten, genauso sind sie auch heute in der Ökonomie der symbolischen Güter zuallererst als symbolische Objekte vertreten, die zur symbolischen Zirkulation prädisponiert und mit ihr betraut sind. Als Symbole, in denen sich das symbolische Kapital einer häuslichen Gruppe (eines Haushalts, einer Familie etc.) manifestiert und zur Schau stellt, sollen sie das symbolische Kapital der Gruppe in allem zur Darstellung bringen, was mit ihrem äußeren Erscheinungsbild zusammenhängt, Kosmetik, Kleidung, Auftreten usf. Aufgrund dessen werden sie – und das noch mehr als in den archaischen Gesellschaften – auf der Seite des Scheinens, des Wahrgenommenwerdens, des Gefallens eingeordnet, und es gehört zu ihren Aufgaben, sich durch kosmetische Arbeit verführerisch zu machen, die in bestimmten Fällen, insbesondere im Repräsentations-Kleinbürgertum, einen bedeutenden Teil ihrer häuslichen Mehrarbeit ausmacht.

Sozial darauf eingestimmt, sich selbst als ästhetische Objekte zu behandeln, die Bewunderung und Verlangen hervorrufen sollen und dementsprechend allem, was mit der Schönheit, der Eleganz, dem Stil des Körpers, der Kleidung, des Auftretens zu tun hat, eine beständige Aufmerksamkeit entgegenzubringen, übernehmen sie in der häuslichen Arbeitsteilung ganz selbstverständlich alles, was zur Ästhetik gehört, darüber hinaus aber auch alle Tätigkeiten, die mit dem öffentlichen Bild und mit dem gesellschaftlichen Erscheinungsbild der Familienmitglieder zu tun hat, selbstredend der Kinder, aber auch des Ehemanns, der ihnen sehr oft die Entscheidung in seinen Kleidungsangelegenheiten überläßt. Sie sind es auch, die Sorge tragen für die Pflege und Ausschmückung des Alltags, des Hauses und seiner Innenausstattung, den Teil an Zweckfreiheit und Zweckmäßigkeit ohne Zweck, für den dort stets Raum ist, selbst bei den Benachteiligtsten (wie die bäuerlichen Gemüsegärten früher einen für die Zierblumen reservierten Winkel enthielten, haben die ärmlichsten Wohnungen der Arbeitersiedlungen ihre Blumentöpfe, ihre Nippsachen und ihre billigen Farbdrucke).

Und schließlich sind sie es, die für die Gestaltung des rituellen und zeremoniellen Familienlebens durch die Organisation der Einladungen, der Feste und Zeremonien sorgen (von der Erstkommunion über die Heirat bis zu Geburtstagsessen und das Einladen von Freunden), die der Aufrechterhaltung der sozialen Beziehungen dienen und der Familie ihre Ausstrahlung bewahren sollen.

Mit der Verwaltung des symbolischen Kapitals der Familien beauftragt, sind sie ganz folgerichtig dazu berufen, diese Rolle auch in den Unternehmensbereich zu übertragen. Dort werden sie fast immer mit den Tätigkeiten der Präsentation und der Repräsentation, der Aufnahme und des Empfangs betraut, aber auch mit der Gestaltung der großen bürokratischen Rituale, die wie die häuslichen Rituale zur Erhaltung und Vermehrung des sozialen Kapitals an Beziehungen und des symbolischen Kapitals beitragen. Es versteht sich von selbst, daß diese Tätigkeiten symbolischer Ausstellung, die für die Unternehmen dieselbe Bedeutung haben wie die Selbstdarstellungsstrategien für die Individuen, um ihrer angemessenen Ausführung willen eine extreme Aufmerksamkeit für die äußere Erscheinung und Dispositionen zur Verführung verlangen, die der traditionell der Frau zugewiesenen Rolle entsprechen. Und so kann man den Frauen durch einfache Ausdehnung ihrer traditionellen Rolle Funktionen in der Produktion und Konsumtion der symbolischen Güter und Dienstleistungen oder, genauer, der *Distinktionszeichen*, von den kosmetischen Produkten und Dienstleistungen (Friseurinnen, Kosmetikerinnen, Manikürn usf.) bis hin zu den kulturellen Gütern im engeren Sinne zuweisen. Allerdings sind diese Funktionen zumeist untergeordneter Art, obschon der kulturelle Sektor einer der wenigen ist, wo Frauen Führungspositionen offenstehen.

Die Frauen sind – zumindest innerhalb des Hauses – (mit Tätigkeiten wie der Ausstattung des Hauses, dem Kauf kultureller Güter [Möbel, Bilder usf.], der Gestaltung der Riten und Zeremonien, die den sozialen Rang der Familie zum Ausdruck bringen sollen und deren typischste zweifellos *der literarische Salon*[65] ist) die privilegierten Agenten der Umwandlung des ökonomischen Kapitals in symbolisches Kapital. Als solche spielen sie eine entscheidende Rolle in der Dialektik von Prätention und Distinktion, die der Motor des ganzen kulturellen Lebens ist. Es ist kein Zufall,

---

65 Man müßte zumindest in bezug auf die vornehmsten und vermögendsten Frauen all die Wohltätigkeits- und karitativen Aktivitäten hinzufügen.

daß durch die Frauen oder, besser, durch den Sinn für Distinktion, der die einen dazu bringt, von den durch Verbreitung entwerteten Kulturgütern Abstand zu nehmen, oder durch die Prätention, die die anderen dazu bringt, sich jeweils die gerade sichtbarsten Distinktionszeichen anzueignen, diese Art infernalischer Maschine in einem fort in Gang gesetzt wird, in welcher es keine Aktion gibt, die nicht Reaktion auf eine andere Aktion wäre, und keinen Akteur, der wirklich das Subjekt der Handlung wäre, die ganz unmittelbar auf die Bestätigung seiner Singularität gerichtet ist. Die Frauen des Kleinbürgertums, von denen man weiß, daß sie die Aufmerksamkeit für die Körperpflege oder die Kosmetik[66] und im weiteren Sinne die Sorge um die ethische und ästhetische Respektabilität ins Extrem treiben, sind die auserkorenen Opfer der symbolischen Herrschaft, aber auch die ausersehenen Agenten, um deren Effekte in Richtung beherrschter Klassen zu übertragen. Zutiefst durchdrungen von dem Bestreben, sich mit den herrschenden Mustern zu identifizieren – sie sind es, die, wie man weiß, am meisten zur sprachlichen Überkorrektheit neigen –, sind sie in besonderem Maße bereit, sich um jeden Preis, d. h. zumeist auf Kredit, die distinguierten, weil distinktiven Eigenschaften der Herrschenden anzueignen und sie mit dem Bekehrungseifer des Neukonvertierten und mit Hilfe der jeweiligen symbolischen, aus ihren Positionen im Produktions- und Zirkulationsapparat der kulturellen Güter resultierenden Macht durchzusetzen.[67] Man müßte hier in ihrer ganzen Detailliertheit die Analyse der symbolischen Herrschaftseffekte, die die unerbittlichen Mechanismen der Ökonomie der kulturellen Güter ausüben, wiederaufnehmen, um sichtbar zu machen, daß die Frauen, die zumeist ihre (mehr oder minder scheinbare) Emanzipation nur von einer mehr oder weniger aktiven Beteiligung an dem Wirken dieser Mechanismen erwarten können, nicht umhinkönnen zu entdecken, daß sie ihre wirkliche Befreiung zweifellos nur von einem Umsturz der grundlegenden Strukturen des Produktions- und Zirkulationsfeldes der symbolischen Güter zu erwarten haben. Denn es sieht ganz danach aus, als ob dieses ihnen

---

66 Siehe P. Bourdieu, *Die feinen Unterschiede*, übersetzt von Achim Russer und Bernd Schwibs, Frankfurt am Main 1982, S. 328-330; ders., *Was heißt sprechen?*, a. a. O.

67 Siehe P. Bourdieu unter Mitarbeit von S. Bouhedja, R. Christin, C. Givry, »Un placement de père de famille. La maison individuelle: Spécificité du produit et logique du champ de production«, in: *Actes de la recherche en sciences sociales* 81-82 (1990), S. 6-33.

die Scheinformen von Freiheit nur gewähren würde, um von ihnen um so sicherer ihre eifrige Unterwerfung und aktive Beteiligung an einem System von Ausbeutung und Unterdrückung zu erlangen, dessen erste Opfer sie sind.[68]

Eine Libido zur Institution

Das Bemühen um die Wahrheit zwingt dazu, zumal bei einem Gegenstand, der, wie die Beziehungen zwischen den Geschlechtern, in besonderem Maße einer mystifizierenden Verklärung ausgesetzt ist, Dinge zu sagen, die oft verschwiegen werden und die alle Aussichten haben, mißverstanden zu werden; vor allem wenn sie zum herrschenden Diskurs zurückzufinden oder ihn zu bestätigen scheinen. Und wenn die *Entschleierung* auch denjenigen, die es mit den herrschenden Interessen halten, als parteiische und interessenbedingte *Denunzierung* erscheinen muß und von anderen, die sich als kritisch verstehen, um so leichter als *Ratifizierung der bestehenden Ordnung* zurückgewiesen werden kann, so deshalb, weil die gewöhnlichste Form des Beschreibens oder Registrierens oft von der (subjektiven oder objektiven) Rechtfertigungsabsicht beeinflußt ist und die Anweisungen des konservativen Diskurses oft in Gewand bloßer Feststellungen daherkommen.[69] Die wissenschaftliche Erkenntnis einer politischen Realität hat notwendig politische Effekte, die aber von entgegengesetzter Bedeutung sein können: das von der Forschung bereitgestellte Wissen über eine Herrschaftsform, hier die männliche Herrschaft, kann einen sie verstärkenden Effekt haben, vor allem in dem Maße, wie die Herrschenden es dazu zu benutzen verstehen, die fortbestandssichernden Mechanismen gewissermaßen zu »rationalisieren«. Es kann aber auch eine destabilisierende Wirkung haben, ein wenig in der

---

68 Man könnte zeigen, daß eine ganze Reihe der von der feministischen Bewegung vorgeschlagenen Subversionsstrategien (wie die Verteidigung des *natural look* oder das Anprangern der Benutzung der Frau als symbolisches Ausstellungsmittel vor allem in der Öffentlichkeit) sich auf ein intuitives Erfassen der hier dargestellten Mechanismen stützt. Aber diese partielle Intuition müßte sich auch auf Situationen erstrecken, in denen es ganz so scheinen kann, als ob die Frauen die Verantwortlichkeiten eines handelnden Akteurs besäßen, obschon sie ganz Gefangene einer instrumentellen Beziehung bleiben.
69 Der oben zitierte Text von Kant bietet ein bemerkenswertes Beispiel für diesen rhetorischen Effekt.

Art der Verbreitung eines Staatsgeheimnisses, indem es die Bewußtwerdung und die Mobilisierung der Opfer fördert. Genau wie man, um der Schule eine reale Möglichkeit zur »emanzipatorischen Schule« zu eröffnen, wie man damals sagte, und nicht, um die Dinge im bestehenden Zustand zu erhalten, zu anderen Zeiten den konservativen Charakter der Schule aufdecken mußte, genauso muß man heute das Risiko eingehen, den Anschein zu erwecken, man rechtfertige, was die Situation der Frau betrifft, den gegenwärtigen Zustand, indem man zeigt, inwiefern und wie die Frauen, so wie sie sind, d. h., so wie die soziale Welt sie gemacht hat, zu ihrer eigenen Unterdrückung beitragen können.

Man weiß, welchen Gefahren jedes wissenschaftliche Projekt unweigerlich ausgesetzt ist, das sich in bezug auf einen präkonstruierten Gegenstand definiert. Zumal dann, wenn es sich um eine beherrschte Gruppe und somit um eine »gerechte Sache« handelt, die als solche jede epistemologische Rechtfertigung zu erübrigen und von der eigentlich wissenschaftlichen Arbeit der Gegenstandskonstruktion zu dispensieren scheint. Und die *women's studies*, *black studies*, *gay studies*, gegenwärtig im Begriff, unsere populistischen Studien über die »Volksklassen« abzulösen, sind zweifellos um so weniger gegen die Naivität der »wohlwollenden Gefühle« gefeit – die im übrigen das wohlverstandene Interesse an den mit der »guten Sache« verknüpften Profiten nicht unbedingt ausschließt –, als sie ihre sachliche Berechtigung nicht nachzuweisen brauchen und denen, die sich ihrer bemächtigen, ein faktisches (oft noch als rechtmäßig beanspruchtes) Monopol verleihen; womit sie diese aber dazu bringen, sich in eine Art wissenschaftliches Ghetto einzuschließen. Übersetzt man das durch eine beherrschte soziale Gruppe gestellte soziale Problem umstandslos in eine soziologische Fragestellung, dann verurteilt man sich dazu, von vornherein das zu verfehlen, was gerade die Realität des Gegenstandes ausmacht. Denn man ersetzt in diesem Fall ein soziales Herrschaftsverhältnis durch eine substantielle Entität, eine als an und für sich seiend gedachte Essenz, ganz wie es (und das ist mit den *men's studies* bereits eingetroffen) mit der komplementären Entität geschehen kann. Das bedeutet, einfacher gesagt, auch, sich einem Isolationismus zu überantworten, der nur ganz verhängnisvolle Auswirkungen haben kann, so wenn er zum Beispiel dazu führt, daß in gewissen »militanten« Produktionen den Begründerinnen der feministischen Bewegung »Entdeckungen« zugeschrieben werden, die zum ältesten und unumstrittensten Wissensbestand der Sozialwissenschaften zählen, wie die Tatsache, daß die Geschlechtsunterschiede zu Naturunterschieden hypostasierte gesellschaftliche Unterschiede sind. Wenn es nicht darum geht, aus der Wissenschaft im Namen ich weiß nicht welcher utopischen *Wertfreiheit* die individuelle oder kollektive Motivation auszuschließen, die durch die Existenz einer politischen und intellektuellen Bewegung hervorgerufen wird (und deren Fehlen ausreicht, die relative Dürftigkeit der *men's studies* zu erklären), bleibt festzuhalten, daß die beste politische Bewegung dazu verurteilt ist, schlechte Wissenschaft zu treiben und am Ende schlechte Politik, wenn es ihr nicht gelingt, ihre subversiven Antriebe in kritische Inspiration umzusetzen, und das zuerst in Beziehung auf sich selbst.

Diese Entschleierungsaktion hat um so größere Aussichten auf symbolische und praktische Wirksamkeit, als sie sich auf eine Herrschaftsform bezieht, die fast ausschließlich auf symbolischer Gewalt, d. h. auf dem Verkennen beruht, und die als solche durch die Enttrivialisierungseffekte, die von einer befreienden Sozio-Analyse ausgehen, verwundbarer ist als andere Herrschaftsformen, allerdings nur innerhalb bestimmter Grenzen. Einmal, weil diese Dinge Angelegenheit nicht des Bewußtseins, sondern des Körpers sind und die Körper die Sprache des Bewußtseins nicht immer und in keinem Fall sehr schnell verstehen. Und dann auch deshalb, weil es nicht leicht ist, die Kette der kontinuierlichen unbewußten Lernvorgänge zu zerbrechen, die von Körper zu Körper und mit ihren eigentlichen Sinn verdeckenden Worten in der oft sich selber dunklen Beziehung zwischen den aufeinanderfolgenden Generationen verlaufen.

Einzig eine kollektive Aktion zur Organisation eines *symbolischen Kampfes*, der imstande wäre, all die stillschweigenden Voraussetzungen der phallo-narzißtischen Weltsicht praktisch *in Frage zu stellen*, kann den Bruch der gleichsam unmittelbaren Übereinstimmung zwischen den inkorporierten und den objektivierten Strukturen herbeiführen. Dieser Bruch ist die Bedingung für eine wirkliche kollektive Umkehrung der mentalen Strukturen nicht bloß bei den Angehörigen des beherrschten, sondern auch bei denen des herrschenden Geschlechts, die ihrerseits nur dadurch zur Befreiung beitragen können, daß sie sich vom Privileg, das in eins eine Falle ist, befreien.

Es ist die Größe und das Elend des Mannes, im Sinne von *vir*, daß seine *libido* gesellschaftlich als *libido dominandi* konstituiert ist, als Wunsch, die anderen Männer zu dominieren, und sekundär, als Instrument des symbolischen Kampfes, die Frauen. Daß die symbolische Gewalt die Welt regiert, liegt daran, daß die sozialen Spiele, von den Ehrenkämpfen der kabylischen Bauern über die Kriegsspiele, den exemplarischen Grenzfall aller anderen Spiele, bis zu den wissenschaftlichen, philosophischen und künstlerischen

Rivalitäten der Mr. Ramsays aller Zeiten und aller Länder, so angelegt sind, daß man (*der Mann*) an ihnen nicht teilnehmen kann, ohne von diesem Wunsch, zu spielen, affiziert zu werden, der auch ein Wunsch ist, zu triumphieren oder zumindest auf der Höhe der Idee oder des Ideals des durch das Spiel angesprochenen Spielers zu sein. Diese *libido* zur Institution, die auch die Gestalt eines Über-Ichs annimmt, kann, und das oft in derselben Bewegung, ebenso zu extremen Gewalttätigkeiten des virilen Egoismus wie zu äußersten Opfern der Hingabe und der Uneigennützigkeit führen: das *pro patria mori* ist nie etwas anderes als das Extrem aller mehr oder minder edlen und anerkannten Weisen, für Sachen oder Ziele zu sterben oder zu leben, die allgemein als edel, d. h. allgemein, anerkannt sind.

Man hat übersehen, daß die Frauen, weil sie gemeinhin von den großen männlichen Spielen und der aus ihnen hervorgehenden sozialen *libido* ausgeschlossen sind, oft zu einer Sicht dieser Spiele neigen, die der entschiedenen Gleichgültigkeit, die alle Weisheitslehren predigen, nicht so fern ist. Aber diese distanzierte Sicht, die sie zumindest schlaglichtartig den illusorischen Charakter der *illusio* und ihrer Einsätze erkennen läßt, hat keine sonderlichen Aussichten, sich gegen die Zustimmung zu behaupten, die zumindest die Identifikation mit Angelegenheiten, die die ihrer Männer sind, von ihnen erheischt. Und der Krieg gegen den Krieg, den ihnen die Lysistrata des Aristophanes empfiehlt und in dem sie die übliche Übereinstimmung von *libido dominandi* (oder *dominantis*) und *libido* schlechthin aufbrechen, ist ein so offensichtlich utopisches Programm, daß es lediglich als Komödienstoff taugt.

Die Bedeutung einer symbolischen Revolution, die darauf zielt, die fundamentalen Prinzipien der männlichen Weltsicht in den Köpfen wie in der Wirklichkeit umzustürzen, sollte man dennoch nicht unterschätzen; denn die männliche Herrschaft ist das Paradigma (und oft das Modell und der Gegenstand) aller Herrschaft. Ultramaskulinität geht fast immer einher mit politischem Autoritarismus, während sich das soziale Ressentiment, das aufs offensichtlichste mit politischer Gewalt geladen ist, von untrennbar sexuellen und sozialen Phantasmen nährt (wie z. B. die sexuellen Konnotationen des Rassenhasses oder die so häufige Denunzierung der »Pornokratie« bei den Anhängern autoritärer Revolutionen bezeugen). Gleichwohl kann man von einer bloßen, selbst kollektiven Sozio-Analyse und einer verallgemeinerten Bewußtwerdung eine dauerhafte Umkehrung der mentalen Dispositionen und eine wirkliche Umgestaltung der sozialen Strukturen so lange nicht erwarten, wie die Frauen in der Produktion und Reproduktion des symbolischen Kapitals weiterhin die benachteiligte Stellung einnehmen, die die wirkliche Grundlage der Statusinferiorität ist, die ihnen das symbolische System und über es die ganze soziale Organisation zuteil werden lassen. Alles veranlaßt in der Tat zu der Annahme, daß die Befreiung der Frau eine wirkliche kollektive Kontrolle jener gesellschaftlichen Herrschaftsmechanismen zur unabdingbaren Voraussetzung hat, die verhindern, daß die Kultur, d. h. die Askese und die Sublimation, in und durch die die Humanität sich bildet, anders begriffen wird denn als ein soziales *Distinktions*verhältnis, behauptet gegen eine Natur, die nie etwas anderes ist als das naturalisierte Schicksal beherrschter Gruppen (Frauen, Arme, Kolonisierte, stigmatisierte Ethnien usf.). Es ist in der Tat klar, daß die Frauen, wenn auch nicht mehr alle und jederzeit gänzlich gleichgesetzt mit der als eine Art Kontrastfolie fungierenden Natur, dem negativen Bezugspunkt aller kulturellen Spiele, in die Dialektik von Prätention und Distinktion eher als Objekte denn als Subjekte eintreten.

Aus dem Französischen von Jürgen Bolder

Ein sanfte Gewalt
Pierre Bourdieu im Gespräch mit
Irene Dölling und Margareta Steinrücke
(März 1994)

F: In Ihren soziologisch-empirischen Untersuchungen spielen Geschlechterverhältnisse und symbolische Geschlechterordnungen eine Rolle. Sie haben diese Begriffe aber kaum in Ihre systematisch-theoretischen Überlegungen einbezogen. Zu Beginn des Interviews möchten wir Sie nach Ihren Motiven fragen, sich zu diesem Zeitpunkt – d. h. Ende der achtziger Jahre – mit dem Thema der »männlichen Herrschaft« zu befassen und die Kategorie Geschlecht in Ihre Theorie einzubauen.

B: Ich interessiere mich seit langem für dieses Problem, und es gibt auch in meinen früheren Schriften Ausführungen zum Problem der Geschlechtertrennung. So haben wir uns beispielsweise in *Les héritiers*[1] intensiv mit dem unterschiedlichen Bildungserfolg von Jungen und Mädchen und den dafür ausschlaggebenden Faktoren befaßt. Wir hatten uns die Frage gestellt, ob die mit der Klassenzugehörigkeit und die mit dem Geschlecht verbundenen ungünstigen Faktoren im gleichen Sinne wirken. Wir hatten eine ganze Reihe von Fragen gestellt, aber als solches war das Problem in der Tat nicht formuliert worden. Und wenn ich dazu gebracht wurde, mich explizit damit auseinanderzusetzen, dann deshalb, weil ich mit der feministischen Literatur bekannt wurde und den Eindruck hatte, ich könnte hierzu etwas beitragen. Ich hatte den Eindruck, daß die Idee der symbolischen Gewalt etwas war, das in der theoretischen Begründung der feministischen Kritik noch fehlte. Nicht, daß ich gedacht hätte, die feministische Kritik sei nicht von Interesse, weit entfernt. Je mehr Arbeiten von Historikerinnen, Soziologinnen, Ethnologinnen usf. ich lese, desto mehr denke ich, daß es mit der feministischen Kritik eine gänzlich neue, enorme empirische Arbeit gibt, die einen bedeutenden Schritt voran in den Sozialwissenschaften darstellt. Aber mir scheint,

---

[1] Pierre Bourdieu, Jean-Claude Passeron, *Les héritiers*, Paris 1964. Dieser Text liegt in deutscher Übersetzung vor als Teil I von Pierre Bourdieu, Jean-Claude Passeron, *Die Illusion der Chancengleichheit*, Stuttgart 1971. [A. d. H.]

daß eine systematische und kohärente theoretische Konstruktion fehlt, die alle diese Ergebnisse empirischer Forschung begründen könnte. In meinem Artikel habe ich eine solche Konstruktion versucht. Er ist aber – das ist einer der Gründe, weshalb ich sehr gezögert habe, ihn auf deutsch veröffentlichen zu lassen – zwar interessant, aber schlecht konstruiert. Der Zweck dieses Textes war zu zeigen, daß man die männliche Herrschaft als einen besonderen Fall eines ganz allgemeinen Modells von Herrschaft, das sich als symbolische Herrschaft bezeichnen läßt, konstruieren kann; ein anderer Sonderfall ist z. B. die sprachliche Herrschaft. Der Großteil der Analysen, die ich zur Herrschaft auf sprachlicher Basis vorgelegt habe[2], läßt sich auf die männliche Herrschaft übertragen. Anders gesagt, ich glaube, es ist sehr wichtig zu sehen, daß es sich um ein allgemeines Modell handelt. Daraus folgt unter anderem, daß die Konstitution der women's studies als separates Spezialgebiet etwas sehr Gefährliches hat: Man löst einen besonderen Gegenstand heraus und trennt ihn von einer ganzen Klasse von Gegenständen ab, die theoretisch gesehen zur selben Kategorie gehören.

F: Bisher haben sich vor allem feministische Wissenschaftlerinnen mit Themen beschäftigt, die in den Wissenschaften traditionell kaum oder keine Aufmerksamkeit finden. Beziehungsweise diese werden aus einer Perspektive behandelt, die die Tatsache ausblendet, daß die Positionen und Positionierungen von Frauen und Männern im sozialen Raum gendered sind. Bis heute ist die feministische Perspektive im wissenschaftlichen Feld keineswegs allgemein akzeptiert. Meinen Sie, daß sich das ändern könnte, wenn so bekannte Wissenschaftler wie Sie Themen wie »männliche Herrschaft« zu ihrem Gegenstand machen?

B: Das ist ein weiterer Grund, warum ich es für nützlich hielt, diese Arbeit über die männliche Herrschaft zu machen. Freilich mit der Befürchtung, meine Arbeit könnte als eine Art unzulässiger Einmischung verstanden werden: Schon wieder ein Mann, der das Problem des Feminismus unter männliche Herrschaft bringen will. Aber zur gleichen Zeit denke ich, es ist wichtig, dieses Problem wiederaufzugreifen und zu sagen, daß es wichtig ist. Dies insbesondere zu einem Zeitpunkt, an dem der Feminismus nach allgemeinem Dafürhalten im Niedergang begriffen ist. In Frankreich

---

2 Vgl. z. B. Pierre Bourdieu, *Was heißt sprechen?*, Aus dem Französischen von Hella Beister, Wien 1990. [A. d. H.]

jedenfalls ist es zu einem Gemeinplatz geworden zu sagen: »Mit dem Feminismus ist es vorbei.« Die männliche Herrschaft ist ein besonderer Fall, aber ein besonders interessanter, um diese ganz allgemeine Form von Herrschaft, nämlich die symbolische Herrschaft, zu verstehen. Heute sind die Phänomene symbolischer Herrschaft politisch ebenso wichtig, wenn nicht wichtiger, wie die Phänomene ökonomischer Herrschaft. Zum Beispiel gibt es derzeit auf dem Gebiet des Rechts ökonomische Auseinandersetzungen, die in Form von Kämpfen zwischen den angelsächsischen lawyers und den europäischen – französischen, deutschen usf. – Juristen ausgetragen werden, symbolische Kämpfe, die außerordentliche ökonomische Folgen haben. Der Internationale Währungsfonds, der gegenwärtig eines der bedeutendsten Instrumente des Imperialismus ist, operiert ebensosehr mit symbolischen Waffen wie mit ökonomischen Waffen. Folglich ist es politisch äußerst wichtig zu begreifen, was symbolische Herrschaft ist, zu begreifen, wie sie ausgeübt wird. Ich denke, daß die Dominanz des Nordens über den Süden zu einem großen Teil in Gestalt der sprachlichen, literarischen, intellektuellen Dominanz ausgeübt wird. Und die männliche Herrschaft ist in gewissem Sinne der geeignetste Gegenstand, um diese modernen Herrschaftsformen zu begreifen. Die Konstruktion einer allgemeinen Theorie der symbolischen Herrschaft ist heute vielleicht das politisch Allerdringlichste.

F: In der feministischen Diskussion spielt der aus der Ethnomethodologie stammende Begriff des doing gender eine Rolle. Gemeint ist damit, daß wir Geschlecht nicht »sind« oder »haben«, sondern Geschlecht als Ordnungs- und Wahrnehmungsmuster in unseren Praxen immer erneut, bezogen auf konkrete Situationen, hervorbringen und so die kulturellen Normen einer hierarchischen Geschlechterordnung reproduzieren.

Die Frage ist, wie können wir in der wissenschaftlichen Arbeit methodisch damit umgehen, daß wir – auch als WissenschaftlerInnen – Geschlecht konstruieren und zugleich diese Konstruktion zum Erkenntnisgegenstand machen wollen?

B: Das ist ein ganz allgemeines Paradox: Als soziale Akteure haben wir dieses Problem dauernd, und daran sieht man wieder, daß gender ein besonders interessanter besonderer Fall ist. Was Sie über gender gesagt haben, kann man auch von den sozialen Klassen und ebenso von der akademischen Stellung sagen. Jedes unserer Worte ist eine soziale Konstruktion, die bereits sozial konstruierte Konstruktionsinstrumente benutzt. Die einfache Tatsache des Sprechens ist ein sozialer Konstruktionsakt, der präkonstruierte Worte verwendet. Das ist der Grund, warum die Sozialwissenschaften so schwierig sind. Wir haben es also mit einem besonderen Fall zu tun, bei dem wir besonders aufpassen müssen. Wir müssen wissen, daß die Instrumente, die wir zum Denken verwenden, mit ziemlicher Wahrscheinlichkeit sozial konstruiert sind. Eine ganze Reihe von Problemen, die die Psychologen zum Geschlechterunterschied aufgeworfen haben, eine ganze Reihe von Konzepten, die sie benutzt haben, um die Unterschiede zu beschreiben, sitzen in Wirklichkeit dem Alltagswissen auf. Und mit der Psychoanalyse ist es das gleiche. Alles, worüber wir zum Denken verfügen, ist bereits gendered, geschlechtsstrukturiert. Für mich ist das daher der bei weitem interessanteste Fall, weil meine Arbeit im Grunde immer der Versuch war, die Erkenntniswerkzeuge zum Erkenntnisgegenstand zu machen und die mit den Erkenntniswerkzeugen gegebenen Grenzen der Erkenntnis zu erkennen. Es gibt ethnomethodologische Analysen des gender, die in diese Richtung gehen; man muß aber weiter gehen, da die ethnomethodologische Tradition in meinen Augen individualistisch und subjektivistisch ist und die kollektive Konstruktion der Erkenntniswerkzeuge vergißt. Sie vergißt beispielsweise, daß unsere auf die geschlechtliche Arbeitsteilung bezogenen mentalen Strukturen – in einem Land wie Frankreich ist das ganz klar – zum Großteil vom Staat produziert sind. Die Ethnomethodologen vergessen, daß die Familie eine Konstruktion des Staates ist, daß sie durch staatliche Entscheidungen produziert wird, durch die Sozialversicherung, den Personalausweis, das Familienstammbuch usf.

F: Der Begriff des Habitus ist zentral in Ihrem Werk. In »Die männliche Herrschaft« sprechen Sie von vergeschlechtlichten und vergeschlechtlichenden Habitusformen. Würden Sie also sagen, es gibt einen Geschlechtshabitus, wie es einen Klassenhabitus gibt?

B: In *Die feinen Unterschiede*, wie in allen Arbeiten, die ich gemacht habe, stellte sich heraus, daß statistisch die Frauen immer – unter sonst gleichen Umständen – in einer im Verhältnis zu den Männern niedrigeren Position sind. Anders gesagt, wenn man eine Verteilung einer Population, die Männer und Frauen umfaßt, nach den Hauptvariablen vornimmt, die man bei der Konstruktion des sozialen Raumes berücksichtigen muß, wie ich es in *Die feinen Unterschiede* gemacht habe, dann sieht man, daß die Frauen ebenso wie die Männer durch die Hauptvariablen, d.h. das ökonomische Kriterium, das kulturelle Kriterium, die Besitzdauer des ökonomischen, des kulturellen Kapitals definiert sind, daß sie aber stets weiter unten stehen. Diese Feststellung reicht allerdings nicht, weil die verwendeten Klassifikationskriterien, genauer besehen, zu einem Teil an die Zugehörigkeit zum öffentlichen Raum gebunden sind. Und ein beträchtlicher Teil der Frauen ist vom öffentlichen Raum, z.B. der Berufsarbeit, ausgeschlossen. Was aber bei der Konstruktion des Raumes, die ich in *Die feinen Unterschiede* vorgestellt habe, nicht gesagt wird, ist, daß es sich um einen öffentlichen, d.h. männlichen Raum handelt. Man weiß dann nicht, wo man die Frauen sozial plazieren soll, die im Haus arbeiten. Nach allgemeiner Konvention werden Frauen den sozialen Positionen zugeordnet, die ihre Ehemänner einnehmen. Diese Konvention ist nicht gänzlich ungerechtfertigt, da die Frauen in dem Maße, wie es Klassenhomogenität gibt, in etwa die gleichen Eigenschaften wie ihre Männer haben. Sie ist zugleich aber gefährlich, weil sie vergessen läßt, daß die Frauen nicht in diesem Raum sind. Einer der statistisch gesehen bedeutenden Unterschiede ist die Wahrscheinlichkeit des Zugangs zum öffentlichen Raum, die Männer und Frauen radikal voneinander trennt. Ein gesellschaftliches Individuum, Mann oder Frau, ist durch die Wahrscheinlichkeit charakterisiert, im öffentlichen Raum zu sein, einen Beruf, eine sozial anerkannte Stellung zu haben usf. Hier liegt der primäre Unterschied zwischen den Männern und den Frauen. Und erst danach kann man sie durch die bedingte Wahrscheinlichkeit charakterisieren, sich im öffentlichen Raum oben oder unten zu befinden, und hier sieht man wieder, daß die Frauen systematisch unter den Männern stehen.

Zweiter Punkt, das Problem des Habitus. Das Geschlecht ist eine ganz fundamentale Dimension des Habitus, die, wie in der Musik die Kreuze oder die Schlüssel, alle mit den fundamentalen sozialen Faktoren zusammenhängenden sozialen Eigenschaften modifiziert. Das Problem ist, herauszubekommen, wie dieser systematische Unterschied in der Sozialisation ausgebildet wird. Ich neige zu der Annahme, daß man lernt, eine Frau zu sein, aber man lernt immer zugleich, Tochter oder Frau eines Arbeiters, Tochter oder Frau eines leitenden Angestellten zu sein… Die Geschlechtssozialisation ist von der Sozialisation für eine soziale Position nicht zu trennen… Selbst wenn es Invarianten gibt, wie die Disposition zur Unterordnung (das versuche ich in »Die männliche Herrschaft« zu beschreiben), wird diese Disposition gewiß ganz verschiedene Formen annehmen, je nachdem ob es sich um Frauen handelt, die den beherrschten Klassen oder den herrschenden Klassen angehören. Beispielsweise wird sich die Disposition zur Dienstleistung (die Frauen sind in allen sogenannten sozialen Berufen statistisch überrepräsentiert) bei einer Frau aus der Aristokratie und einer Arbeiterfrau in sehr unterschiedlichen Formen artikulieren. Daß es sich um Dienste handelt, wird bei letzterer viel deutlicher sein. Sie wird solche Funktionen in einer weniger verschleierten, weniger beschönigenden, weniger veredelten Form ausüben. Dasselbe gilt für die sozial konstituierte Disposition zur Aufrechterhaltung der Familienbeziehungen: Ein sehr schöner Aufsatz über den Gebrauch des Telefons in den Vereinigten Staaten zeigt z. B., daß es in den Mittelklassen Aufgabe der Frauen ist, die sozialen Beziehungen in der Familie aufrechtzuerhalten, die Beziehungen zur Familie der Frau, zu ihrem Vater, ihrer Mutter, ihren Brüdern, ihren Cousins, ihren Cousinen usf., aber auch die zur Familie ihres Mannes. In der Aristokratie sieht das so aus, daß die Hausherrin die Anzeigen verschickt, die Empfänge organisiert, den Salon führt usf. Man findet also die gleichen Herrschaftsstrukturen wieder, aber so stark modifiziert, daß die unterlegenen Dispositionen in den herrschenden Klassen oft als überlegene erscheinen können. Sie sind unterlegene Dispositionen, wenn man sie auf die Dispositionen der Männer desselben Milieus bezieht, aber überlegene, wenn man sie mit denen der Frauen anderer Milieus vergleicht. Als historisches Beispiel kann man die Salons nehmen, in denen sehr oft die Frauen herrschten – sie trugen auch die Namen von Frauen. Dort fanden die Wahlen zur Akademie statt, wurde über die Vergabe der Literaturpreise entschieden usf. In Wirklichkeit herrschten die Frauen über etwas Unterlegenes, das im Bereich des Zweckfreien, des Unnützen, des Unernsten liegt (die Männer hatten die Herrschaft über die ernsten Dinge), und sie herrschten auch durch und für die Männer, weil sie zur Ausstrahlung des »Hauses« beitrugen. Mir scheint, man muß die Frauen immer in dieser doppelten Relation sehen, im Verhältnis zu den Männern derselben Position und im Verhältnis zu den Frauen anderer Positionen. Und man darf nicht vergessen, daß es eine dominierende Weise gibt, dominiert zu sein. Und um die eingeschlagene Argumentation bis zum Ende zu verfolgen: Ich denke erstens, daß die sozialen Teilungen unter den Frauen zu Unterschieden in ihrer Sicht der Lage der Frau und der männlichen Herrschaft führen, die für das Zusammengehen aller Frauen in ein und derselben feministischen Bewegung ein Hindernis bilden. Und ich denke zweitens, daß die Frauen, die von der Emanzipations- oder Befreiungsbewegung am meisten hatten, zumeist strukturell untergeordnet bleiben, da die Positionen, die sie errungen haben (mögen es auch bisweilen Machtpositionen sein), in den untergeordneten Regionen des sozialen Raumes liegen, wie in der symbolischen Produktion.

F: Sie ziehen es also vor, statt von einem Geschlechtshabitus von einem vergeschlechtlichten Klassenhabitus zu sprechen?

B: Das ist schwierig, sehr schwierig. Mir scheint, die Klassensozialisation ist grundlegend, selbst wenn sie zutiefst von der Geschlechtssozialisation beeinflußt wird. Ich denke z. B. daran, daß man zwischen Männern, die aus einer beherrschten Klasse stammen, und Frauen immer wieder Affinitäten findet, insbesondere ein intuitives Verstehen weiblicher Erfahrungen – Schwierigkeiten, in der Öffentlichkeit das Wort zu ergreifen, Schwierigkeiten in allen Situationen der Körperpräsentation usf. – bei diesen Männern. Diese Situationen sind für Personen mit niedriger sozialer Herkunft schwieriger als für Personen aus den oberen Klassen, und es gibt wohl Erfahrungen bei Männern einfacher Herkunft, die zur Folge haben, daß sie die weiblichen Erfahrungen intuitiv verstehen können – in einer Art Affinität über die Geschlechter hinweg.

F: Sie würden also bei Ihrer Feststellung in *Die feinen Unterschiede* bleiben, daß Geschlecht ein sekundäres Merkmal sozialer Strukturierung ist? Das ist ein großer Unterschied zu feministischen Positionen, die Geschlecht, wenn nicht als primäres, so doch als grundlegendes Differenzierungsprinzip verstehen.

B: Ich denke, es ist sehr gefährlich, aus dem Geschlecht die Hauptvariable zu machen; das kann mystifizierende Effekte haben. Und es kann den Frauen in sozial höheren Positionen die Möglichkeit geben, im Namen der Einheit des gender, Frauen mit niedrigerem sozialen Status zu dominieren. Etwas Analoges geht in der sehr heterogenen Kategorie der Bauern vor sich: Die soziale Konstruktion einer Bauern-»Klasse« ermöglicht es den in dieser – meines Erachtens schlecht konstruierten – Klasse Dominierenden, die Unterlegenen dieser Klasse zu beherrschen und sie zu benutzen, um die eigenen Interessen – die von Privilegierten in der

Klasse – zu verteidigen. Es besteht diese Gefahr, daß die gesellschaftlich dominierenden Frauen ihre partikularen Interessen auf Kosten der dominierten Frauen verallgemeinern. Daher meine Zurückhaltung... Aber vielleicht müssen wir dieses Problem schlicht und einfach fallenlassen, weil wir nicht die Mittel haben, es zu entscheiden: Was wir beobachten, das sind immer gesellschaftlich und geschlechtlich konstruierte Habitus. Es ist ein wenig so wie mit dem »Angeborenen« und dem »Erworbenen«: Man kann wissenschaftlich nicht auseinanderhalten, was der Klasse und was dem gender zukommt. Das ist eine Frage, die ideologische Interessen ins Spiel bringt. Was in der Sozialisation, d. h. in einer vergeschlechtlichen, geschlechtlich bestimmten sozialen Position erworben wird, das ist eine vergeschlechtlichte, geschlechtlich spezifizierte soziale Disposition.

F: Sie schlagen vor, die symbolische Ordnung männlicher Suprematie dort zu studieren, wo sie gewissermaßen in Reinform vorkommt – in der kabylischen Gesellschaft. Meinen Sie, daß dies ausreicht, um Geschlechterverhältnisse in komplexen modernen Gesellschaften zu analysieren?

B: Es ist wahr, daß ich eher dazu neige, auf Kontinuitäten zu insistieren, im Unterschied zu denen, die – sowohl bei den Frauen, besonders bei den Feministinnen, wie bei den Männern und dort vor allem bei den Neo-Machos – glauben, daß schnelle Veränderungen möglich sind. Vielfach wird so getan, als ob die feministische Revolution eine vollendete Tatsache sei. Man zählt die Errungenschaften der Frauen auf, die ihnen bislang verwehrten Positionen, die sie nunmehr einnehmen. Man gibt sich über die Bedrohung beunruhigt, die diese neue Macht für die Männer darstelle, und man geht sogar daran, Bewegungen zur Verteidigung der männlichen Interessen zu gründen. Die Herrschenden haben stets die Tendenz, die Errungenschaften der Beherrschten zu überschätzen und sich selbst das Verdienst daran zuzuschreiben, selbst wenn sie ihnen abgezwungen worden sind. Was die Lage der Frau betrifft, so überschätzt der heutige Neo-Machismo die Veränderungen und unterschätzt die Kontinuitäten; er macht sich sogar die Veränderungen zunutze, um die Konstanten zu verstärken. So wird beispielsweise die »sexuelle Befreiung« zu einem Argument oder Instrument, das den Widerstand gegen eine Verführung hinwegfegen soll (die Psychoanalyse wird auf den Plan gerufen, um der »Zivilisation«, ohne jede weitere Präzisierung, die Unterdrückung eines Wunsches nach Lustgewinn anzulasten, der als universell und angeboren unterstellt wird, ebenso wie die »Desexualisierung« der Frauen, d. h. die Passivität und die Frigidität, von denen man sie befreien müsse). Und die Intellektuellen, die sich so gerne als Befreier sehen, sind nicht die letzten, wenn es darum geht, die Ideologien der Befreiung in den Dienst neuer Herrschaftsformen zu stellen. Ich denke da z. B. an den Ästhetizismus der »Überschreitung« der Bataille, Klossowski, Robbe-Grillet oder Sollers, der sich zwar als radikal subversiv versteht, aber doch nur – begünstigt durch die von der literarischen Fiktion gewährten Entlastungen von Wirklichkeit und Verantwortung – die männlichen Omnipotenzphantasien reproduziert, die sich in der totalen Verfügung über passive weibliche Körper offenbaren. Und man wäre sicher überrascht, würde man wissen, in wie vielen Fällen die Gewaltakte bürokratischer Willkür es diesen Phantasien ermöglichen, Wirklichkeit zu werden.

Was hat es also mit diesen Veränderungen in den zwischengeschlechtlichen Beziehungen auf sich? Es steht außer Frage, daß sich die männliche Herrschaft nicht mehr mit der Evidenz des Selbstverständlichen durchsetzt. Heute ist sie etwas, das man verteidigen oder rechtfertigen muß, etwas, wofür man sich verteidigen oder rechtfertigen muß. Das, was man die »Befreiung« der Frauen nennt – und die »sexuelle Befreiung« fällt dabei nur am meisten auf –, hat zweifellos tief in den Bereich der Repräsentationen hineingewirkt. Und mit der Infragestellung der Selbstverständlichkeiten gehen tiefgreifende Veränderungen in der Lage der Frau einher, die sich z. B. in der gestiegenen Bildungsbeteiligung im weiterführenden Schulwesen und im Hochschulsektor, im Zugang zur Erwerbsarbeit und damit zur öffentlichen Sphäre zeigen. Damit hängt auch eine gewisse Distanz zu den Reproduktionsaufgaben zusammen, die sich am deutlichsten am späteren Beginn der Generativität und der verkürzten Unterbrechung der Berufstätigkeit nach der Geburt eines Kindes ablesen läßt.

Aber diese sichtbaren Veränderungen verbergen Kontinuitäten sowohl in den Strukturen wie in den Repräsentationen. So ist es zwar richtig, daß im öffentlichen Dienst Frauen immer stärker vertreten sind, aber vor allem in den niedrigsten und unsichersten Positionen (sie sind besonders zahlreich bei den Beschäftigten mit befristeten Verträgen und bei den Teilzeitkräften; auf kommunaler Ebene werden ihnen die subalternen Hilfs- und Pflegepositionen zugewiesen – Aufwartefrau, Kantinenhilfe, Tagesmutter usf.). Und unter sonst gleichen Umständen haben sie fast immer und auf allen Ebenen der Hierarchie Positionen und Einkommen, die niedriger als die der Männer sind. Auch die Herrschaftspositionen, die sie immer zahlreicher einnehmen, sind im wesentlichen in den untergeordneten Regionen des Feldes der Macht, d. h. im Bereich der Produktion und Zirkulation der symbolischen Güter (wie dem Verlagswesen, dem Journalismus, den Medien, dem Unterrichtswesen usf.) angesiedelt.

F: Sie sprechen in Ihrem Artikel von einer notwendigen Revolution der symbolischen Ordnung. Gleichzeitig betonen Sie, daß dies nicht ausreicht, um die männliche Herrschaft zu brechen. Können Sie das noch etwas erläutern?

B: Das Wichtigste ist, daß eine Revolution der symbolischen Ordnung, um erfolgreich zu sein, die Weltsichten verändern muß, d. h. die Prinzipien der Vision und Division (der Einteilung und Aufteilung) der natürlichen und der sozialen Welt. Diese bleiben, da sie in Form körperlicher Dispositionen von großer Wirkungskraft existieren, dem Zugriff des Bewußtseins und der rationalen Argumentation entzogen. Viele Untersuchungen zeigen, daß sich der männliche Standpunkt weiterhin in den Repräsentationen und vor allem in den Praxen durchsetzt – selbst wenn die jungen Leute sich für weniger »sexistisch« halten als die Älteren. Das belegt z. B. der Umstand, daß der Altersvorsprung des Mannes bei den Ehepaaren erhalten bleibt und die Frauen zum großen Teil erklären, daß sie sich einen Mann wünschen, der größer und älter ist als sie.

Man braucht nur auf die scheinbar unbedeutenden Details des Alltagsverhaltens zu achten, um zu sehen, daß die traditionelle Arbeitsteilung immer wieder reaktiviert wird, weil sie sich in den unbewußten Dispositionen der Männer und ebenso der Frauen niedergeschlagen hat. So werden etwa beim Fernsehen die Frauen fast immer in die kleineren Rollen gesteckt, die im wesentlichen nur Varianten der traditionell dem »schwachen Geschlecht« zufallenden »Hostessen«-Funktion sind. Wenn sie nicht einfach »die Frau an seiner Seite« sind, die durch ihre Existenz den Mann besser zur Geltung bringen soll, einen Mann, der dann nur allzu oft in mehr oder weniger deutlichen Anspielungen und Scherzen mit den Doppeldeutigkeiten der Paarbeziehung spielt, haben sie Mühe, sich zu behaupten und sich Gehör zu verschaffen, und bleiben beschränkt auf die hergebrachte Rolle der Moderatorin oder der Ansagerin. Wenn sie an einer Diskussion teilnehmen, müssen sie ständig darum kämpfen, zu Wort zu kommen und die Aufmerksamkeit auf sich zu lenken, und die Diskriminierung, der sie ausgesetzt sind, ist um so unerbittlicher, als sie nicht aus böser Absicht, sondern in der vollkommenen Unschuld der Unbewußtheit erfolgt: Man schneidet ihnen das Wort ab, man wendet sich an einen Mann, um die kluge Frage zu beantworten, die sie gerade gestellt haben (so als ob diese per definitionem nicht von einer Frau stammen könne). Man läßt ihnen durch diese Art der Leugnung ihrer Existenz schließlich keine andere Wahl, als, um sich durchzusetzen, auf die Waffen der Schwächeren zurückzugreifen: den Eklat, der nur als Laune oder hysterischer Ausbruch erscheinen kann, die Koketterie, die in dem Maße, wie sie auf einer Art Anerkennung der Herrschaft beruht, bestens dazu geeignet ist, die bestehende Beziehung symbolischer Herrschaft zu stabilisieren. Dadurch werden alle Stereotype bestätigt. Es wären auch all die Fälle aufzuzählen, in denen Männer mit den besten Absichten (die symbolische Gewalt operiert gerade nicht auf der Ebene der bewußten Intention) diskriminierende Akte begehen, Frauen von Autoritätspositionen ausschließen, ohne sich auch nur die Frage zu stellen, weshalb; oder Forderungen von Frauen auf Launen reduzieren, die ein besänftigendes Wort oder ein Tätscheln auf die Wange verdienen usf. Das sind lauter Mini-»Entscheidungen« des Unbewußten, aber in ihrer Häufung führen sie zu der zutiefst ungerechten Situation, die die Statistiken über die Vertretung der Frauen in Machtpositionen, vor allem in denen der Politik, regelmäßig dokumentieren.

Diese sanfte, unsichtbare, unmerkliche Diskriminierung ist nur mit der abgepreßten und gleichfalls unbewußten Komplizenschaft der Frauen möglich. Die männliche Herrschaft trifft auf eine Unterwerfungsbereitschaft, die allein mit den Waffen des Bewußtseins um so schwerer abzubauen ist, als sie sich in den Gewohnheiten des Körpers niedergeschlagen hat. Auf die Gefahr hin, daß es als Übertreibung erscheint, möchte ich, um Dinge wahrnehmbar und begreiflich zu machen, die gerade aufgrund ihrer Selbstverständlichkeit verborgen bleiben, auf die Aussagen jener Männer verweisen, die unter einer Folter, die sie »feminisieren« sollte, nämlich durch sexuelle Demütigungen, Homosexualitätsbezichtigungen usf., eine extreme Variante der weiblichen Erfahrung entdeckt haben. Diese Männer haben zum ersten Mal begriffen, was es heißt, sich unablässig seines Körpers bewußt zu sein, beständig der Demütigung oder der Lächerlichkeit preisgegeben zu sein und dann einen gewissen Trost in den häuslichen Tätigkeiten oder dem Schwatz zu finden.[3]

Die männliche Herrschaft, die die Frau als symbolisches Objekt konstituiert, dessen Sein (esse) ein Wahrgenommen-Sein (percipi) ist, hat den Effekt, daß die Frauen in einen Zustand ständiger körperlicher Unsicherheit oder besser symbolischer Entfremdung versetzt sind. Ihr Sein ist ein Erscheinen, und so werden sie ohne explizite Aufforderung dazu gebracht, sich mit der Art, wie sie ihren Körper halten und präsentieren (Aufmachung, Kleidung, Kosmetik usf.), den Männern gegenüber als disponibel (in vergeschlechtlichter und eventuell sexueller Hinsicht) zu zeigen. Den Beweis a contrario für die Richtigkeit dieser Analyse, die übertrieben scheinen mag, liefert die veränderte subjektive und objektive Erfahrung des Körpers, die Frauen machen, die intensiv Sport treiben: Von der Frau her gesehen verändert der Sport die Beziehung zum eigenen Körper zutiefst. Er hört auf, bloß für andere oder, was auf dasselbe hinausläuft, bloß für den Spiegel zu existieren (anders als man glaubt, ist der Spiegel nicht dazu da, sich zu sehen, vielmehr versucht man im Spiegel zu sehen, wie man gesehen wird); er wird zum Körper für einen selbst, aus einem passiven und fremder Aktion unterliegenden zu einem aktiven und handelnden Körper. Vom Mann aus gesehen werden diejenigen, die sich in gewisser Weise ihr Körperbild wieder aneignen und so die unterstellte Disponibilitätsbeziehung zerstören, als nicht »feminin«, ja als lesbisch wahrgenommen. Die Behauptung der intellektuellen Unabhängigkeit, die sich ja auch körperlich manifestiert, ist von ähnlicher Wirkung.

Schließlich wäre an das zu erinnern, was feministische Analysen oft als »weiblichen Masochismus« bezeichnen, d. h. jene Art Erotisierung der gesellschaftlichen Herrschaftsbeziehungen, die dazu führt, daß, wie Sandra Lee Bartky sagt, »dominance in men is exciting«.[4] Es ist hier freilich darauf hinzuweisen, daß die verführeri-

---

3 Jean Franco, »Gender, Death, and Resistance, Facing the Ethical Vacuum«, in: J. E. Corradi, P. Weiss Fagen, M. A. Garreton, *Fear at the Edge. State Terror and Resistance in Latin America*, Berkeley 1992.
4 Sandra Lee Bartky, *Femininity and Domination. Studies in the Phenomenology of Oppression*, New York und London 1990.

sche Wirkung, die die Mächtigen und die Macht haben, nicht auf einer Art vorsätzlicher Perversion des Bewußtseins beruht, sondern auf der Unterordnung, die die lautlosen Befehle der sozialen Ordnung, d. h. einer männlichen Ordnung, in Form von unbewußten Dispositionen in die Körper eingetragen haben. Das ist der Grund dafür, daß die Revolution der symbolischen Ordnung, die die feministische Bewegung fordert, sich nicht auf eine Bewußtseinskonversion beschränken kann. Nicht mystifiziertes Bewußtsein bildet das Fundament der symbolischen Gewalt, sondern Dispositionen, die an Herrschaftsstrukturen angepaßt sind, deren Produkt sie sind. Daß die Beziehung der Komplizenschaft aufgebrochen wird, die das Opfer der symbolischen Herrschaft dem Herrschenden zugesteht, kann man daher nur von einer radikalen Umgestaltung der gesellschaftlichen Produktionsbedingungen jener Dispositionen erwarten, die die Dominierten dazu bringen, den Herrschenden und sich selbst gegenüber einen Standpunkt einzunehmen, der kein anderer als der der Herrschenden ist.

Aus dem Französischen von Jürgen Bolder

Petra Frerichs/Margareta Steinrücke
Kochen – ein männliches Spiel?
Die Küche als geschlechts- und klassenstrukturierter Raum

Was heißt Kochen?

Das Kochen ist eine Betätigung, mit der menschliche Grundbedürfnisse befriedigt werden. Wir verstehen landläufig unter »Kochen« die Zubereitung von Nahrung in gegartem Zustand, was neben der Besorgung von Zutaten auch einiges an Zeit und Mühe kostet, um die Zutaten vor- und gemäß Rezeptvorgabe oder unter Rekurs auf Erfahrungswissen zuzubereiten. Die Zubereitung von Nahrung gehört zu den basalen Angelegenheiten menschlicher Existenz, allerdings mit etlichen Variationsmöglichkeiten, was ihre Ausführung betrifft: sie kann profan, einfach oder aber raffiniert ausfallen, »vom Feinsten«, »leicht« oder aber »deftig«, »schwer« sein. In die Wahl der Speisen gehen etliche Voraussetzungen ein: Die Entscheidung für ein bestimmtes Essen oder eine ganze Essensrichtung ist zunächst eine Geschmacksfrage und eine Frage des Geldes, sie kann auch eine der Überzeugung sein; sie läßt Rückschlüsse auf unser Verhältnis zum Körper zu; und dieses Verhältnis wiederum hat etwas mit dem Geschlecht, dem wir angehören, und mit der Klasse oder Klassenfraktion, aus der wir stammen und der wir aktuell zugehören, zu tun.

Gekocht wird tagtäglich – meist von Frauen – in Millionen Haushalten, aber auch in Restaurants, Gaststätten, Kantinen etc., hier im Unterschied zu dort marktvermittelt, in Form von bezahlter Arbeit. Je feiner, gehobener, edler ein Restaurant, je mehr das Kochen einer wahren Kunst gleichkommt, desto größer die (statistische) Wahrscheinlichkeit, daß der Chef de cuisine männlichen Geschlechts ist. Am anderen Ende der Hierarchie sind eher Frauen zu erwarten. Wenn in Restaurants etc. die Arbeitsteilung zwischen den Geschlechtern so organisiert ist, stellt sich die Frage, wie es sich in den vier Wänden der sogenannten Privatsphäre verhält und welche Unterschiede feststellbar sind, wenn wir die geschlechtliche Arbeitsteilung in der Küche sozial differenziert, nach verschiedenen Positionen von Personen oder Haushalten im sozialen Raum, betrachten.

»Die Geschmäcker sind verschieden« und »Liebe geht durch den Magen« – diese Topoi verweisen trefflich auf zwei Dimensionen, denen hier besondere Aufmerksamkeit geschenkt wird: Eine anscheinend so harmlose Verrichtung wie das Kochen soll in der Perspektive von Klassenverhältnissen und Lebensstilen wie zugleich in der des Geschlechterverhältnisses und der geschlechtlichen Arbeitsteilung in den Klassen betrachtet werden.

Klasse und Geschlecht als Forschungsgegenstand

Theoretische Bezüge

Dieser Beitrag geht aus einem empirischen Forschungsprojekt zur Verschränkung von Klassen- und Geschlechterverhältnissen hervor, das die Lebenschancen, Lebenszusammenhänge und Habitusformen von Männern und Frauen aus verschiedenen Klassen im Vergleich zum Gegenstand hat.

Theoretisch verwenden wir einen Klassenbegriff (vgl. Frerichs/ Steinrücke 1992, S. 70ff.), mit dem die sozialstrukturellen Veränderungen, die eine Gesellschaft wie die alte Bundesrepublik kennzeichnen (wie etwa Tendenzen der Individualisierung, Pluralisierung und Entkoppelung von Lage und Mentalität, vgl. Vester u. a. 1993, S. 38f.), angemessen zu erfassen sind; wir beziehen uns auf Bourdieus Modell des sozialen Raumes, in dem sich die »Klassen« (ob als logische, wahrscheinliche oder als reale, soziale Klassen) durch die Struktur der Beziehungen zwischen allen relevanten Merkmalen, also *relational* und nicht substantiell, konstituieren. Die Klassenpositionen bestimmen sich, gemäß der Dreidimensionalität des Sozialraums, *vertikal* nach dem jeweiligen Volumen des Kapitals (im Sinne des insbesondere um kulturelles Kapital erweiterten Kapitalbegriffs) und *horizontal* je nach Zusammensetzung des Gesamtkapitals. Die dritte Dimension ist eine *zeitliche* und bezeichnet die individuelle und kollektive Laufbahn von Menschen, die eine bestimmte soziale Position einnehmen: ihre soziale Herkunft und die Zukunft einer bestimmten sozialen Gruppe im sozialen Raum.

Diese Mehrdimensionalität des Sozialraums macht nun die *Aus-*

differenzierung von Klassenfraktionen aus den drei großen (nach kleinem, mittlerem und großem Volumen des Gesamtkapitals gebildeten) Klassen möglich: In der Oberklasse etwa die Differenzierung zwischen der sogenannten herrschenden Fraktion mit viel ökonomischem, aber nicht unbedingt viel kulturellem Kapital (z. B. Bauunternehmer) und der sogenannten beherrschten Fraktion, die über die höchsten Bildungsabschlüsse, aber nur über Einkommen verfügt, die höchstens die Hälfte derjenigen eines Unternehmers oder Zahnarztes ausmachen (z. B. Hochschullehrer, Gymnasiallehrer), und schließlich den Freiberuflern und Führungskräften in der Mitte der Oberklasse, die über ein hohes Einkommen und akademische Bildung gleichermaßen verfügen. In der Mittelklasse kann zwischen der Fraktion des absteigenden Kleinbürgertums der KleinhändlerInnen, -handwerkerInnen, -bauern/bäuerinnen mit relativ wenig kulturellem Kapital, aber Kleinbesitz, der Fraktion des exekutiven Kleinbürgertums der Angestellten mit ausführenden Tätigkeiten, die über gleichermaßen mittlere Schulabschlüsse und mittlere Einkommen verfügen, sowie der Fraktion des sogenannten »neuen« Kleinbürgertums unterschieden werden, das über relativ viel kulturelles Kapital verfügt, aber es nicht auf die vorgesehene Weise verwerten kann (wie z. B. die Abkömmlinge der Oberklassen, die ihr Studium nicht beendet haben, oder AufsteigerInnen, die mit ihrem Studienabschluß keine adäquate Stelle bekommen und die dann in neue, noch relativ undefinierte Berufsfelder einsteigen – Beratung, Ökologiebereich, Werbefachleute, HeilpraktikerIn etc., vgl. Bourdieu 1982, S. 422 ff., S. 531 ff.).

Während Bourdieu selbst bei der *ArbeiterInnenklasse* keine weitere *Differenzierung* vornimmt (S. 585 ff.), ist es u. E. auch hier sinnvoll, Klassenfraktionen insbesondere nach Bildung und Vergemeinschaftung über soziale Milieus zu unterscheiden; im Anschluß an die empirische Studie von Vester u. a. (1993) differenzieren wir zwischen Angehörigen des traditionellen, des traditionslosen und des sogenannten »neuen« ArbeiterInnenmilieus, wobei letztere sozusagen die Intelligenzschicht der Arbeiterklasse verkörpern; sie verfügen über relativ mehr kulturelles Kapital als ökonomisches und sind in der Regel Angehörige der jüngeren Generation (ebd., S. 16; S. 112).

Erklärungsrelevant ist Bourdieus Klassenmodell für unsere Untersuchung auch deshalb, weil der soziale Raum der Positionen gleichzeitig als Raum der *Lebensstile* konzipiert ist. Jede Klasse und Klassenfraktion hat ihren je spezifischen Lebensstil, der in eins ein bestimmtes System von Präferenzen und Vorlieben, einen *Klassengeschmack*, wie auch ein Kundgabesystem, ein *Ausdrucksmittel* für eine bestimmte Klassenposition und ein Unterscheidungsmittel gegenüber anderen Positionen darstellt.

Annahmen und methodische Umsetzung

Die Untersuchung, die sich auf die alte BRD bezieht, geht zunächst von zwei allgemeinen Hypothesen aus: der *Geschlechtsklassenhypothese*, der zufolge die Angehörigen jeweils eines Geschlechts sozialklassenübergreifend bestimmte Gemeinsamkeiten aufweisen, die sie zu einer *logischen Klasse* im Sinne eines oder mehrerer gemeinsamer Merkmale machen. Und der *Klassengeschlechtshypothese*, der zufolge die soziale Strukturierung qua Geschlecht eine klassenspezifische Brechung erfährt; in jeder Klasse existieren unterschiedliche Vorstellungen von »Weiblichkeit«, »Männlichkeit« und Arbeitsteilung zwischen den Geschlechtern.

Methodisch umgesetzt haben wir die Projektfragestellung im qualitativen Teil[1] mittels soziobiographischer Interviews mit Männern und Frauen in verschiedenen sozialen Positionen. In der ersten Interviewrunde wurden paarweise zusammenlebende Männer und Frauen interviewt, deren Klassenposition von der beruflichen Stellung und sozialen Herkunft *der Frau* aus definiert wurde. Damit sollte offengelassen werden, ob Frauen im konkreten Fall eher gleich oder höher positionierte Männer wählen. Ein weiterer Grund dafür, von der Frau auszugehen, war die in der englischen »Gender and Class«-Debatte geübte Kritik, daß in der Sozialstrukturanalyse systematisch die eigenständige soziale Position der Frau vernachlässigt bzw. unter diejenige des meist männlichen Haushaltsvorstands subsumiert wird. Die Paare wurden getrennt, aber parallel in ihren Privatwohnungen interviewt. Die Interviews dauerten ca. fünf Stunden und umfaßten die Lebensgeschichte und den aktuellen Lebenszusammenhang mit Berufsbereich, familiärem Bereich und seinen aktuellen Beziehungen, unter besonderer Berücksichtigung der Arbeitsteilung zwischen den Ge-

---

[1] Der quantitative Teil besteht aus einer auf die Projektfragestellungen zugeschnittenen Auswertung eines großen repräsentativen Datensatzes (sozioökonomisches Panel), der in diesem Beitrag keine Berücksichtigung findet.

schlechtern. Protokolle der Befragten über ihre Zeitverwendung und ihre Ausgaben im Laufe einer Woche sowie Beobachtungen der Interviewerinnen im Haushalt der Befragten ergänzten die Interviews.

Auf dieser empirischen Grundlage nun machen wir das Kochen zum Gegenstand der folgenden Analyse. Wie neuere Untersuchungen zeigen, ist die Küche zwar immer noch ein vergeschlechtlichter und in der Logik geschlechtlicher Arbeitsteilung strukturierter Raum (vgl. Murcott 1993), aber nicht mehr ungebrochen das Terrain von Frauen. Am Beispiel der von uns interviewten Paare – einem ArbeiterInnenpaar, einem Angestelltenpaar, einem LehrerInnenpaar und einem ManagerInnenpaar – sollen das Kochen und die damit zusammenhängenden Konsum-, Eß- und Trinkgewohnheiten sowie die »Körperverhältnisse« sowohl unter dem Gesichtspunkt einer je spezifischen Organisationsform häuslicher Arbeitsteilung als auch als je spezifisches Medium von Lebensstil betrachtet werden. Gibt es so etwas wie »Klassengeschmack« beim Kochen, Essen, Trinken? (Wie) unterscheiden sich die Individuen danach, was sie »wählen«, bevorzugen, gerne essen? Wenn es stimmt, daß die Liebe durch den Magen geht, was bedeutet das Kochen jeweils für die Befragten? Wer kocht was, wann, für wen, in welcher Absicht und mit welcher Wirkung?

Die Paare und ihr Kochen

Ein Arbeiterpaar: Kochen als Notwendigkeit und Fürsorge

Frau F., 38 Jahre, Volksschule, Lagerarbeiterin ohne Ausbildung, lebt mit ihrem erwachsenen Sohn aus erster Ehe und ihrem Mann, Herrn F., 27 Jahre, mittlere Reife, Lagerverwalter (trotz kaufmännischer Ausbildung als Groß- und Außenhandelskaufmann) im Arbeitsstatus, in dritter Ehe zusammen. Sie bewohnen eine 2-Zimmer-Genossenschaftswohnung von 68m² zur Miete in einem traditionellen Arbeiterviertel. Sie beziehen ein Haushaltsnettoeinkommen von 4 100 DM und besitzen einen Kleinwagen.

Das Arbeiterpaar praktiziert die *traditionelle Arbeitsteilung* in bezug auf das Kochen. Sie ist fürs Kochen zuständig, während er dazu meint: »Dat is nit so mein Ding.« Gleichwohl hilft er ihr bei den einfacheren Zuarbeiten und übernimmt auch das Spülen.

Gekocht wird drei- bis viermal in der Woche und sonntags (samstags nie, da ist Ausgehtag mit Kino, Fußball, Verwandte besuchen etc.). Dabei kocht sie in der Woche nach einem kurzen gemeinsamen Einkauf (ihr Mann holt sie täglich mit dem Auto von der Arbeit ab) einfache Dinge wie »Gehacktes-Sauce mit Nudeln« (ihrer aller Lieblingsessen), Kartoffeln mit Spinat und Eiern oder vom Metzger vorgefertigte Cordons bleus, die schnell gehen. Im Schnitt braucht sie dafür eine dreiviertel Stunde, und sie ist stolz darauf, daß bei ihr *regelmäßig um 17.15 Uhr* das Essen auf dem Tisch steht. Sonntags kocht sie dann etwas Aufwendigeres, z. B. etwas Überbackenes, wofür sie dann auch schon mal anderthalb Stunden braucht.

Gekocht wird mindestens dreimal pro Woche *Fleisch*, viel frisches Gemüse, und jedesmal wird *frisch* gekocht. Frau F. friert grundsätzlich nichts ein. Sie legt großen Wert auf »die Ernährung« insbesondere ihres Sohnes, um den sie sich sofort Sorgen macht, wenn er mal nicht zu Hause warm gegessen hat. Sie hat schon früher, als sie nach der Scheidung mit dem Kind allein war und sehr wenig Geld hatte, immer sehr viel für (ihres Erachtens) gute und gesunde Ernährung ausgegeben. Auch heute machen die *Ausgaben für Lebensmittel* den *größten Posten* im Haushaltsbudget aus, wobei ein gut Teil davon für frisches Obst verwendet wird. Ebenso kaufen die F.s wenn möglich Flaschen- statt Tütenmilch und das Fleisch und die Wurst möglichst frisch beim Metzger. Sie haben eine Abneigung gegen »Verpacktes«. Nur wenn es aus finanziellen Gründen gar nicht mehr anders geht, wird auch schon mal verpackter Aufschnitt bei Aldi gekauft.

Essengehen können die F.s sich nur ein- bis zweimal im Monat leisten (obwohl vor allem sie es gerne öfter täte und es sich auch für den Zeitpunkt, wo ihr Sohn aus dem Haus sein wird, vorstellt). Wenn, dann gehen sie in eine Pizzeria oder zum Griechen (beides relativ preiswerte Möglichkeiten, auswärts essen zu gehen) oder aber zum Jugoslawen bzw. in ein Steakhouse (was beides ordentliche Portionen mit viel Fleisch beinhaltet). Und einmal im Jahr gehen sie »piekfein« essen, wo man »normalerweise nachher wat Richtiges essen muß«. Herr F. findet das »mal ganz interessant, wenn die so aufdecken..., ich find dat toll, wie die sich da, ne (benehmen), dat ist normalerweise Irrsinn«, legt also eine quasi ethnologische Perspektive an das zeremonielle Verhalten in gehobenen Restaurants an, womit er ein wenig zu begründen sucht, warum er an etwas teilnimmt, was er eigentlich ablehnt (»weil ich ja so was Konservatives absolut hasse«).

Insgesamt hat das Kochen in der Familie F. den Charakter einer schlichten *Notwendigkeit*.[2] Es muß häufig gekocht werden, weil der Mangel an ökonomischem Kapital eine Ersetzung der eigenen Kocharbeit durch externe Dienstleistung nur selten zuläßt (auch im Urlaub, ihrem ersten Auslandsurlaub überhaupt bei Arbeitskollegen in der Türkei, hat Frau F. fast täglich gekocht). Gleichzeitig hat das Kochen für Frau F. aber auch einen ganz hohen Stellenwert, nämlich den Stellenwert der *Sorge und Fürsorge* für das leibliche Wohl ihrer beiden Männer. Wichtig ist, daß die beiden, vor allem aber der Sohn, regelmäßig etwas Warmes, Frisches und Kräftiges, möglichst mit Fleisch, bekommen. Frau F. ist der Auffassung, daß nur, wer regelmäßig ordentlich schläft und ißt, in der Lage ist, ordentlich zu arbeiten.

Daß dabei Fleisch selbstverständlich dazugehört (obwohl sich die F.s ansonsten ökologisch verstehen – Auto mit Katalysator, Mülltrennung, keine Kosmetika mit Substanzen von bedrohten Tieren etc.), ist ein Überhang aus dem Lebensstil der körperlich schwer arbeitenden Arbeiter und Bauern, für die Fleisch den Stellenwert der einzig wahren *Kraftnahrung zum Erhalt der männlichen Arbeitskraft* (und Potenz) hat (vgl. Bourdieu 1982, S. 309). Obwohl weder Herr F. (als Lagerverwalter) noch der Sohn (macht eine Lehre als Elektroniker) körperlich schwer arbeiten, scheint diese Geschmacksnorm der unteren Klassen für sie weiterhin verbindlich zu sein (allerdings hat Herr F. bis vor einiger Zeit regelmäßig mehrmals pro Woche Kraftsport getrieben).

Dabei behält das Kochen den Charakter einer alltäglichen, liebevollen Sorge für die Nächsten, es erhält kaum jemals den Charakter einer öffentlichen Angelegenheit, wo für Fremde (Verwandte, Freunde, Bekannte) gekocht würde und damit etwas demonstriert werden müßte. Es ist eine pragmatische Notwendigkeit ohne formelle Zwänge: Frau F. bezeichnet ihre Eßgewohnheiten als »normal«.

Gleichzeitig haben Kochen und Essen für Familie F. auch den Stellenwert einer gern genutzten *Kommunikationsgelegenheit*.[3]

---

2 Zum Lebensstil der unteren Klassen als »Entscheidung für das Notwendige« vgl. Bourdieu 1982, S. 585 ff.
3 Ihr Lebensstil, bei dem Kommunikation und ein reflexiver Umgang miteinander einen hohen Stellenwert besitzen, läßt die F.s dem »Typus der neuen Arbeiterin-

Die Küche (zusammengestellt aus einstmals relativ teuren Einzelstücken – sie haben auf Qualität geachtet –, aber ohne Mikrowelle und ohne Spülmaschine) ist ein viel und gern genutzter Kommunikationsraum. Da die F.s über kein separates Wohnzimmer verfügen, trifft man sich zwangsläufig in der Küche, die Frau F. zufolge »dat Wichtigste überhaupt« an der Wohnung ist. Hier verbringen sie einen Großteil ihrer Zeit gemeinsam, u.a. während Frau F. kocht, wobei Herr F. seiner Frau auch gelegentlich assistiert.

Insgesamt verbringt Frau F. etwa 5 Stunden pro Woche mit Kochen (die meiste Zeit von allen Frauen der von uns befragten Paare) und Herr F. etwa eine Stunde pro Woche mit kleineren Zuarbeiten. Obwohl es sich ja rein quantitativ betrachtet um ein eklatantes Mißverhältnis zu ihren Ungunsten handelt, gibt es zwischen den F.s darüber keine Konflikte. Zum einen wohl, weil sie beide in beiderseitigem Einverständnis eine *komplementäre Arbeitsteilung nach Kompetenzen* haben: Sie kann kochen, er kann hier nur Hilfsdienste leisten und anschließend spülen; aber dafür tut er andere Sachen wie z.B. Staubsaugen und Bügeln. Zudem beteiligt er sich in ungewöhnlichem Umfang (über 15 Stunden pro Woche) an der Hausarbeit, die beide oft zur gleichen Zeit erledigen.

Ein Angestelltenpaar: Kochen nach Lust und Laune

Frau J., 44 Jahre, Volksschule, gelernte Hauswirtschaftsgehilfin, Leiterin der Poststelle einer großen Versicherung, zwei erwachsene Söhne aus erster Ehe, lebt nach zwei gescheiterten Ehen nun mit ihrem Lebensgefährten, Herrn S., 42 Jahre, Abitur, sozialwissenschaftliches Studium ohne Abschluß, Programmierer, z.Z. freigestelltes Betriebsratsmitglied derselben Versicherung, in ihrer 4-Zimmer-Mietwohnung (80 m²) in einem gemischten, leicht kleinbürgerlich dominierten Viertel zusammen; die Wohnung von Herrn S. wird praktisch nicht benutzt. Sie verfügen gemeinsam über ein Haushaltsnettoeinkommen von 6000 DM und besitzen pro Person 1-2 Lebensversicherungen.

> nen und Arbeiter« (Vester u.a. 1993, S. 229ff.) zugehören, der insbesondere über mehr kulturelles Kapital als das traditionelle und das traditionslose Arbeitermilieu verfügt; in unserem Fall beruht dieses auf der sozialen Herkunft (als Facharbeiter-Sohn), schulischer und beruflicher Ausbildung von Herrn F. sowie der Phase politisch-gewerkschaftlicher Aktivität und Bildung in beider Biographie, die konstitutiv für das geteilte Politikinteresse waren.

Frau J. und Herr S. praktizieren einen in so gut wie jeder Hinsicht anderen Umgang mit dem Kochen als Frau und Herr F.[4] Zunächst einmal haben sie keine inhaltliche Arbeitsteilung, sondern jede/r von beiden kocht mal, und der/die andere macht dann die Zuarbeiten. Das entspricht ihrem insgesamt *radikal egalitären Konzept von Hausarbeitsteilung,* dem zufolge jede/r alles können und tun sollte. Sie kann schon allein deshalb kochen, weil sie als junges Mädchen eine Hauswirtschaftslehre absolviert hat; er hat als Junge aus Protest gegen die ihm schrecklich schmeckende Reformkost seiner Mutter zu kochen angefangen. So kocht mal sie und mal er, »wer kochen will, kocht«, wobei es bestimmte Dinge gibt, die er kochen »muß«, weil er das besonders gut kann.

Zweiter grundlegender Unterschied zum Kochen des Arbeiterpaares ist der Umstand, daß Frau J. und Herr S. absolut *unregelmäßig* und wenn, dann nur am Wochenende kochen. Ermöglicht wird ihnen das einerseits durch ihre Betriebskantine, so daß sie abends einfach Butterbrote essen können und trotzdem pro Tag eine warme Mahlzeit gehabt haben (können). Eine weitere Möglichkeitsbedingung dafür ist aber auch ihr *relativ hohes gemeinsames Einkommen,* das es ihnen ermöglicht, jederzeit, wenn sie keine Lust haben zu kochen, essen zu gehen. (Frau J. genießt diese Möglichkeit als Freiheit und empfindet sie als einen überaus angenehmen Unterschied zu früheren Zeiten, als sie mit keinem oder einem viel geringeren eigenen Einkommen und Kindern es sich immer erst dreimal überlegen mußte, ob sie essen gehen konnte.)

Wenn sie kochen, tun sie es am Wochenende, und dann ganz *nach Lust und Laune* und nie nach Kochbuch. Es wird gemeinsam eingekauft, etwas, was ihnen gerade gefällt, und daraus wird dann spontan-kreativ etwas kreiert. Gekocht wird *mediterran,* häufig Nudeln, am liebsten aber *Fisch,* ihrer beider absolutes Lieblingsessen, und immer mit viel *Knoblauch* (Knoblauchschälen ist Herrn S. zufolge die zeitaufwendigste Aufgabe des/der jeweils Zuarbeitenden). Dazu gibt es neben Nudeln häufig Reis; Kartoffeln dagegen praktisch nie. Es gibt nicht »das, was man so als gutbürgerliche Küche bezeichnet. So was gibt's bei uns eigentlich nie.« Auch Fleisch gibt es

---

[4] Es deutet manches darauf hin, daß der Lebensstil des sogenannten »Neuen Kleinbürgertums« (vgl. Bourdieu 1982, S. 561 ff.), zu dem man Frau J. und Herrn S. zählen kann, sich zu einem großen Teil einfach durch die konsequente Negation all der als spießig empfundenen proletarischen und traditionell kleinbürgerlichen Vorlieben und Alltagspraktiken konstituiert.

relativ selten. Wenn, dann kochen Frau J. und Herr S. für sich beide allein (nur ganz selten laden sie Freunde zum Essen ein oder sind umgekehrt bei diesen eingeladen). Ihre Essen, in der Regel von ziemlichen Mengen Rotwein begleitet (sie trinken »am liebsten Rioja«, den er außerdem »am besten verträgt«), gehen häufig in nächtelange Gespräche und Diskussionen über alles, was sie beide bewegt, von persönlichsten Empfindungen bis zu Politik, über. Beide heben sie an der/dem anderen diese Möglichkeit lobend hervor.

So dienen ihre gemeinsamen Essen nicht einfach der profanen Ernährung, sondern auch als *Medium des wechselseitigen Austauschs* und Sich-Verstehens.[5] Befreit auch von der Verantwortung für und Gebundenheit durch ihre Kinder können sie sich ungehindert einander widmen, einem Muster folgend, das man mit »Zweisamkeit und Freiheit« bezeichnen könnte.

So wird bei Frau J. und Herrn S. zum einen gekocht, wenn und weil es Spaß macht, als Akt kreativer Selbstentfaltung[6], zum anderen aus eher psychologischen denn physiologischen Gründen, insofern das in Zweisamkeit hergestellte und verzehrte Mahl eine schöne Gelegenheit zum Sich-ineinander-Versenken bietet.

Im Durchschnitt verbringen Frau J. und Herr S. jede/r etwa 2 Stunden pro Woche mit Kochen. Damit wendet Frau J. von allen Frauen der von uns befragten Paare am wenigsten Zeit dafür auf. Dementsprechend *gehen* Frau J. und Herr S. *relativ häufig essen*, aber auch das unregelmäßig, zwischen zweimal pro Woche und zweimal pro Monat. Wenn, dann gehen sie sozusagen *rund ums Mittelmeer* essen: italienisch, (süd)französisch, türkisch, griechisch, am liebsten aber spanisch, und hier essen sie am liebsten Fisch. Im Urlaub, den sie (mindestens einmal pro Jahr) irgendwo am Mittelmeer verbringen, essen sie sogar »fast täglich« Fisch. Das Essen dient auch der Evokation von Erinnerungen und Zukunftsträumen im Zusammenhang mit dem Mittelmeer als Inbegriff von Sommer, Sonne, Wärme und Lebensgenuß – Frau J. und Herr S. planen auch, sich nach der Verrentung gemeinsam irgendwo am Mittelmeer niederzulassen.

5 Den Kultus der Person und des Austauschs zwischen Personen, die sich als Subjektivitäten auf dem Weg zur Selbstfindung verstehen, bezeichnet Bourdieu (1982, S. 577 ff.) als wesentliches Element des Lebensstils des neuen Kleinbürgertums.
6 Auch »Spaß haben«, »Kreativität« und Spontaneität gehören Bourdieu zufolge zum Lebensstil des neuen Kleinbürgertums. Dieser ist u. a. durch »Pflicht zum Genuß« (1982, S. 573 ff.) gekennzeichnet, die aus der Angst resultiert, nicht genug zu genießen.

Die *Küche* ist eine gemütlich, mit leicht romantischem Touch eingerichtete holzgetäfelte Einbauküche schon etwas älteren Datums, ausgestattet mit Mikrowelle und Spülmaschine. Sie dient außer zum Kochen auch als Aufenthalts- und Kommunikationsraum, was ihre relative Geräumigkeit möglich macht, obwohl es genug andere Zimmer gibt.

Konflikte ums Kochen gibt es zwischen Frau J. und Herrn S. – wie um die Hausarbeit insgesamt – *nicht*. Ein relatives Ungleichgewicht in der Woche zu ihren Ungunsten wird ihrerseits akzeptiert, zum einen, weil sie seine Betriebsratsarbeit (die ihn täglich zwei Stunden länger absorbiert) als politisch wichtig und notwendig schätzt; zum anderen hat er im Prinzip ein radikal egalitäres Konzept von Hausarbeitsteilung, das er am Wochenende auch einlöst. Außerdem hat Frau J. durch ihre früheren Ehen einen Vergleichsmaßstab und weiß an Herrn S. zu schätzen, daß er im Unterschied zu ihrem ersten Mann überhaupt einen Sinn für Hausarbeit hat und auch von selber daran denkt, ohne immer erst dazu aufgefordert werden zu müssen. Zu guter Letzt ist Frau J. so froh darüber, in Herrn S. jemand gefunden zu haben, mit dem sie sich auf allen Ebenen (mit »Kopf und Bauch«) versteht, daß sie das auch manche kleinere Last in Kauf nehmen läßt.

Ein Beamtenpaar: Kochen als Zwang versus Kochen als Hobby

Frau G., 37 Jahre, und ihr Mann, Herr G., 40 Jahre, sind verheiratet. Beide haben Abitur und ein Studium absolviert; sie hat sich als Realschullehrerin für Kunsterziehung und Englisch wegen ihrer gemeinsamen drei Kinder (3, 6 und 10 Jahre) seit einigen Jahren beurlauben lassen, er ist Gymnasiallehrer für Mathematik und Geographie. Familie G. bewohnt ein geräumiges Haus (6 Zimmer, 135 m²) mit großem Garten, das sie vor ein paar Jahren (zum großen Teil von Frau G.s Erbteil) gekauft hat. Das Haushaltsnettoeinkommen in Höhe von DM 5350 setzt sich aus Herrn G.s Gehalt und einer monatlichen Rendite aus Frau G.s Wertpapierbesitz zusammen; außerdem besitzen sie einen Kleinbus und einen Mittelklasse-Wagen.

Auch beim LehrerInnenpaar können beide kochen und tun es auch. Allerdings nicht gemäß einer radikal egalitären Arbeitsteilung, wie sie bei dem Angestelltenpaar herrscht, sondern gemäß einer von (scheinbaren) Zwängen und individuellen Neigungen geprägten *Arbeitsteilung*, die sich im *Ergebnis* als *hierarchisch* erweist.

Frau G. kocht in völliger, nur durch die Ferien unterbrochener Regelmäßigkeit unter der Woche für ihre Kinder und ihren Mann, während ihr Mann am Wochenende zum Kochlöffel greift, wenn Gäste kommen, oder gelegentlich abends, um für seine Frau »etwas Leckeres« zu kochen.

So kocht also *Frau G. tagein, tagaus* jeden Mittag zu wechselnden Zeiten – je nachdem, wie lange die beiden jüngeren Kinder im Kindergarten sind – etwas Warmes, was schnell geht und wenig aufwendig ist. Am liebsten macht sie Aufläufe, die sie nur in den Ofen schieben muß, ohne dabeibleiben zu müssen. Sie fängt nie an zu kochen, bevor sie ihre Kinder abgeholt hat, weil sie »die Zeit vorher einfach nicht fürs Kochen verschwenden will«. Die verwendet sie lieber für diejenige ihrer Tätigkeiten, die sie für wirklich kreativ hält und in der sie Selbstbestätigung findet: die Bildhauerei. Ihr Mann und der ältere Sohn, die beide später aus der Schule kommen, machen sich häufig das Mittagessen in der Mikrowelle warm.

Frau G. kocht nicht gerne, und die ca. 3,5 Stunden, die sie unter der Woche in ihrer mit allen Erleichterungen (Spülmaschine, Mikrowelle, Tiefkühlschrank) ausgestatteten neuen und relativ aufwendigen Einbauküche verbringt, die durch das Herausbrechen einer Zwischenwand nahtlos in ein großes Wohn- und Eßzimmer mit einem ungewöhnlich groben Eßtisch übergeht, sind ihr eigentlich zuviel. Herr G., der ca. 2,5 Stunden pro Woche mit Kochen verbringt (bei einer weit überdurchschnittlichen Beteiligung an Haus- und Familienarbeit seinerseits insgesamt[7]), hat in gewisser Weise ein gutes *Vorbild* in seinem Vater, der regelmäßig abgetrocknet und zum Teil auch das Kochen und Spülen übernommen hat. Umgekehrt hat Frau G. in ihrer Mutter in bezug auf Kochen kein Vorbild: In der Woche kochte eine Haushälterin, weil die Mutter in der Arztpraxis des Vaters mitarbeitete; bzw. ein *Negativvorbild*: Am Wochenende ließ sich der Vater von der Mutter in traditionell patriarchalischer Weise bedienen, was Frau G. schon früh gegen den Strich ging und ihr als Modell dafür diente, wie sie die geschlechtliche Rollenverteilung auf gar keinen Fall haben wollte. Insofern hat Frau G. von zu Hause ein Bild vom Kochen als zwei-

---

[7] Der Durchschnitt aller Männer macht pro Woche 7,3 Stunden Hausarbeit, der Durchschnitt aller Männer mit Studium 8,7 Stunden (Metz-Göckel/Müller 1986, Bd. 2, S. 27).

fach inferiorer Tätigkeit: eine Tätigkeit für Dienstboten und damit Bestandteil einer sozial dienenden Rolle und/oder Bestandteil einer dienenden Rolle der Frau. Dies mag vielleicht miterklären, daß ihre Kochpraxis, die sie ja in gewisser Weise auch in eine dienende Rolle gegenüber ihren Kindern und ihrem Mann zwingt, ihr so wenig liegt.

Ihr *Mann* dagegen kann sich völlig unbelastet von solchen Negativbildern am Wochenende oder auch mal abends seiner Form des Kochens widmen. Im Gegensatz zu seiner Frau, die ihm zufolge gerne Dinge macht, die man »schnell in den Ofen schieben kann«, liebt er es, mit vielen kleinen Töpfchen zu kochen, Saucen zu rühren etc. Er hat, ähnlich wie zu seiner Heimwerkerei am Haus, ein *quasi handwerkliches, bastlerisches Verhältnis zum Kochen*. Er hat es sich in den letzten Jahren zunehmend zum Hobby gemacht und kocht, strikt nach Rezept, Gerichte der klassischen französisch-italienischen Küche, die ihn optisch ansprechen und ihm nicht zu kompliziert erscheinen. Zum letzten Weihnachtsfest hat er sogar einen Kochkurs für gehobene Küche in Straßburg geschenkt bekommen. Mit seinen inzwischen wohl recht fortgeschrittenen Kochkünsten (seine Frau meint, er vergleiche, wenn sie denn mal essen gingen, die Küche immer mit seiner eigenen und der Vergleich falle häufig zu seinen Gunsten aus) beglückt er nun seine Familie regelmäßig am Wochenende, ab und an auch mal abends seine Frau und in regelmäßigen Abständen einen Kreis von losen Freunden bzw. über die Kinder gestifteten Bekanntschaften. Hier erhält sein Kochen den Charakter eines *Mediums* der Pflege nützlicher sozialer Kontakte (vor allem wegen der Kinder), also dessen, was Pierre Bourdieu das *»soziale Kapital«* (Bourdieu 1992, S. 63 ff.) nennt. Gleichzeitig hat es den sicher ganz angenehmen Nebeneffekt, Lob und Anerkennung einzutragen.

Insgesamt scheint Kochen für Herrn G. den Stellenwert einer lustvollen, kreativen, und zwar allwöchentlich stattfindenden, aber doch außeralltäglichen Betätigung zu haben – also genau das Gegenteil der eher langweiligen, zwangsweise ausgeführten alltäglichen Routinetätigkeit, die es für Frau G. bedeutet. So findet sich in der Koch-Arbeitsteilung zwischen Frau und Herrn G. eines der klassischen Muster der traditionell-hierarchischen geschlechtlichen Arbeitsteilung wieder: *den Frauen das Alltägliche – den Männern das Außeralltägliche*; den Frauen das Kontinuierliche – den Männern das Einmalige; den Frauen das Unsichtbare und die

Routine – den Männern das Sichtbare und Spektakuläre (vgl. Bourdieu in diesem Band sowie Bourdieu 1987, S. 380).

Insgesamt sind die *Ernährungsorientierung* und das entsprechende *Einkaufsverhalten* der G.s eine Mischung aus ökologischen und Sparerwägungen. Vor allem Frau G. achtet darauf, daß ganz wenig Fleisch und überwiegend Vollwertprodukte gekauft werden, woran sich ihr Mann und die Kinder erst gewöhnen mußten; Herr G. meint etwas spöttisch: »Selbst Reis ist Vollkorn.« Gleichzeitig kaufen sie aber im Bioladen nicht (mehr) ein, weil das zu teuer ist.

Der relativ sparsame Lebensstil, den ihnen das bei nur einem Verdiener relativ begrenzte Haushaltseinkommen aufzwingt, wirkt sich auch beim *Essengehen* aus. Sie tun dies selten, weil durch das Zusammenkommen von Restaurantrechnung und Bezahlung eines Babysitters für sie eine teure Angelegenheit wird.

Wenn sie allerdings mal essen gehen, dann muß es etwas »Edles«, »Gehobenes«, »Ausgewähltes« sein, d. h. ein Edelrestaurant mit klassischer französischer, deutscher oder italienischer Küche. Was dagegen mit einer gewissen Regelmäßigkeit etwa einmal im Monat vorkommt, ist, daß Herr und Frau G. nach dem Kino oder einem Konzert noch eine Kleinigkeit essen gehen, z. B. einen Salat in einem der städtischen In-Lokale. Es muß »nix Großes sein, aber was – sagen wir mal –, was Ausgewähltes«, etwas mit »Pep«, auf keinen Fall aber so etwas wie »Currywurst« oder »Schnitzel«.

Insgesamt leben die G.s einen *Lebensstil*, der dem sehr nahe kommt, den Bourdieu (1982, S. 442 ff.) als »*asketischen Aristokratismus*« der an kulturellem Kapital und freier Zeit reichsten, an ökonomischem Kapital aber ärmsten Fraktion der Oberklasse beschrieben hat. Sie verfügen über *viel Freizeit* (Herr G. z. B. hat es geschafft, durch Routinisierung seiner Unterrichtsvorbereitungen auf eine Wochenarbeitszeit von unter 30 Stunden zu kommen) und *viel kulturelles Kapital* (Herr und Frau G. haben beide ein abgeschlossenes Hochschulstudium, verfügen beide über künstlerische Neigungen und Kompetenzen – Herr G., der ursprünglich wie seine Frau auch Kunsterziehung studieren wollte, malt gelegentlich, Frau G. hat aus ihrem Elternhaus eine ganze Menge objektiviertes kulturelles Kapital in Form von echten Teppichen, alten Möbeln und eines Klaviers mit in die Ehe gebracht und betreibt Bildhauerei). Gleichzeitig fehlt ihnen aber mangels ökonomischen Kapitals die Möglichkeit, ihre kulturellen Ansprüche in finanziell aufwendigen Formen zu realisieren. Statt dessen greifen sie jeweils zu *preiswerten Ersatzvarianten* des von ihnen für kulturell eigentlich erstrebenswert Gehaltenen: An den Wänden hängen erschwingliche Lithographien statt teurer Gemälde. Urlaub wird abwechselnd ein Jahr in gemeinsam mit »Freunden« (über die Kinder) in Frankreich (Atlantikküste) gemieteten Häuschen und im anderen Jahr in einer Jugendherberge in Deutschland gemacht. Statt essen zu gehen, lädt man sich wechselseitig nach Hause zum Essen ein (in the long run kostenneutral).

Diese Überlebensstrategie wird aber nicht unbedingt als Zwang empfunden, sondern Herr und Frau G. haben die entsprechenden *asketischen Dispositionen* bereits mit in die Ehe gebracht. Herr G. hebt lobend hervor, daß gerade die Habitusaffinität zwischen ihm und seiner Frau, nämlich beider Einstellung: »Man muß nicht, wenn man das Geld hat, alles kaufen, was man sich kaufen kann«, die bei ihnen wie »so 'n Steckmechanismus« funktioniert habe, ein wichtiger Grund dafür sei, daß sie sich verstehen und lieben gelernt haben. So beschränkt sich der Konsum von Alkohol(ähnlichem) bei den G.s konsequent auf ein Gläschen Rotwein für sie und eine Flasche alkoholfreies Bier einmal in der Woche nach der Sauna für beide. Auch in die Kinder wird kulturell erheblich mehr investiert (Klavierunterricht, Flötenunterricht, Ballettstunden) als materiell (vor allem was Essen und Trinken angeht: z. B. nur Wasser statt Saft), hierin das genaue Gegenteil des Sohnes von Herrn und Frau F., des Arbeiterpaares, in dessen gute Ernährung immer das maximal Mögliche investiert wurde.

Mit ihrem Lebensstil haben die G.s – wie der Fuchs in der Fabel von Lafontaine, dem die Trauben zu hoch hängen und deswegen zu sauer sind – *aus der Not eine Tugend* gemacht: Ihre ökonomischen Grenzen haben sie in konsumkritisches und ökologisch wertvolles Verhalten umgemünzt.[8]

---

8 Überhaupt liegt die Vermutung nahe, daß die Verbreitung ganz bestimmter ökologisch begründeter Verhaltensweisen gerade in solchen sozialen Kreisen wie denen der G.s eher der Absicherung und ausgezeichneten Legitimierung erzwungener asketischer Dispositionen dient. Außerdem kann man sich damit hervorragend gegen die gedankenlose Laxheit der unteren Klassen, die weiter Auto fahren, Fleisch essen, Bier trinken und rauchen (die G.s rauchen nicht, während sowohl das Arbeiter- als auch das Angestelltenpaar raucht), abgrenzen, wie umgekehrt gegen die verantwortungslose Verschwendung der ökonomisch potenten Fraktionen der herrschenden Klasse mit Luxuswagen, teuren Kleidern, ständig essen gehen, Urlaub im Hotel etc., die man sowieso nie erreichen kann.

*Ein Managerpaar: Kochen als kompensatorische
Gesunderhaltung versus Kochen als männliches Spiel*

Frau S.-G., 47 Jahre, Verwaltungschefin einer privaten Bildungseinrichtung, verheiratet mit Herrn S.-G., 43 Jahre, Geschäftsführer einer mittelgroßen Computerfirma; beide haben Abitur (sie auf dem ersten, er auf dem zweiten Bildungsweg) und ein Hochschulstudium abgeschlossen; sie bewohnen am Wochenende gemeinsam eine 180-m²-Wohnung im eigenen Haus; in der Woche wohnt er hier allein und sie in einem Appartement an ihrem 100 km entfernt gelegenen Arbeitsort. Sie sind gewollt kinderlos. Ihr monatliches Haushaltsnettoeinkommen beträgt DM 22 500; zu ihrem Besitz gehören neben Geldanlagen noch ein Auto der Spitzenklasse und ein Mittelklassewagen.

Ihren Lebensumständen entsprechend wird bei den S.-G.s nur *ganz selten* gekocht. In der Woche für sich allein kochen weder er noch sie. Beide haben einen sehr langen Arbeitstag und ernähren sich abends zu Hause kalt bzw. er auch des öfteren z. B. durch Frikadellen an einer Autobahnraststätte auf seinem Nachhauseweg. Frau S.-G. beklagt, daß sie in der Woche »so ungesund« lebe, und Herr S.-G. berichtet von sich, daß er »unregelmäßig, aber unbeherrscht« esse. Wenn, dann kocht *sie* für sie beide am Wochenende, im Schnitt einmal pro Wochenende, ansonsten genießen sie »Samstag und Sonntag ein relativ zelebriertes Frühstück« und gehen abends mit Freunden oder allein irgendwo essen. Frau S.-G. bemüht sich, möglichst *Gesundes, Frisches, Ausgewogenes* (»so 'n bißchen vollwertig, so, daß alles dabei ist«) zu kochen, wie gedünstetes Gemüse, Aufläufe, Suppen, aber zunehmend weniger Fleisch, gewissermaßen als Ausgleich für das ungesunde Leben, das sie in der Woche führen. Aus frischen, von Frau S.-G. auf dem nahe gelegenen Markt samstags eingekauften Zutaten bereitet sie dann etwas möglichst Gesundes zu, aber ohne großen Aufwand, wie sie meint, »ohne viel Buhei«. Sie scheint also ein ganz pragmatisch-funktionales Verhältnis zum Kochen zu haben, das vor allem von der Sorge um ihrer beider Gesundheit bestimmt ist.

Herrn S.-G.s Verhältnis zum Kochen ist dagegen ein völlig anderes. Er kocht in ihrer beider Wochenend»alltag« praktisch nie. Dafür bereitet er aber alle paar Monate für eine größere Runde von Freunden (8–10 Personen) ein richtiges 4- bis 5-Gänge-Menü, »als Sozialakt mit vielen Gästen und großem Buhei«, so seine Frau, die über seine Neigungen und Fähigkeiten auf diesem Gebiet mit neidloser Anerkennung berichtet: »Das kann er gut. Er is' wohlorganisiert. Das is er auch beim Kochen.« Während er die exquisiten Menüs (klassischer französisch-italienischer Hochküche) zaubert, geht sie ihm beim Einkauf und den Vorbereitungen zur Hand, »weil sie das irgendwie besser organisieren kann«, wie er meint. Sie spielt den Part der »Trümmerfrau« – so bezeichnet sie ihre Rolle, und er übernimmt diese Sprachregelung. Das anschließende Saubermachen übernimmt die Putzfrau.

So kann sich *Herr S.-G.* also ohne jede Belastung durch die repetitiven und monotonen Vor- und Nacharbeiten voll und ganz der kreativen Kerntätigkeit des Kochens widmen: der Komposition und dem genauen Durchführen der notwendigen Einzelschritte. Dabei folgt er der Devise: »Es ist gar nicht schwierig, gut zu kochen, sondern man muß nur die entsprechenden Kochbücher genau studieren und es ganz genau so befolgen, wie es drinsteht, und nicht versuchen, 'ne Prise extra dranzutun, ne.« Ähnlich wie in seiner Arbeit als EDV-Fachmann, wo er bisher noch jedes Problem durch Sich-Hineinknien und Detailakribie gelöst hat, meistert er mit Engagement und Genauigkeit alle Aufgaben, die ihm die Kochmaterie stellt. Er hat für sich das *Kochen zu einem Feld männlicher Ehre konstituiert*, auf dem er sich und anderen (der durch die Gästeschar gebildeten Partialöffentlichkeit) beweisen kann, daß er mit komplexen Schwierigkeiten fertig wird[9] und dafür öffentlich Lob und Anerkennung erntet. Während Frau S.-G. ganz pragmatisch-funktional für ihrer beider Gesundheit kocht, ohne damit je an die Öffentlichkeit zu treten, tut's Herr S.-G. eigentlich nur, wenn öffentliches Lob und Anerkennung möglich sind. Er muß sich solches zwar hart erarbeiten (für so ein Kochmarathon braucht er »letztlich immer einen ganzen Tag der Vorbereitung«), aber ohne die Chance, öffentliches Lob und Anerkennung dafür zu bekommen, d. h. nur für den Oikos, den häuslichen Herd, tritt er in der Regel gar nicht erst an. So hat Kochen für Herrn S.-G. vor allem auch die Funktion eines *Mediums der (Selbst-)Repräsentation*. Er selbst bezeichnet es auch als »ein sehr festliches Kochen«. Wir treffen hier also wieder auf die an der traditionellen geschlechtlichen Arbeitsteilung orientierte Arbeitsteilung beim Kochen zwischen dem Alltäglichen, Monotonen, fürs Private Produzierten als Part

---

9 Vgl. Bourdieus Analyse der männlichen Spiele am Beispiel von Mr. Ramsey in diesem Band.

der Frau und dem Außeralltäglichen, Spektakulären, für die Öffentlichkeit Zelebrierten als Part des Mannes. Herr S.-G. bringt das einmal selbst ganz unverblümt und selbstironisch auf den Begriff: »Da is' meine Frau fürs Grobe da und ich für die feineren Sachen.«

Diese Form der *hierarchischen Arbeitsteilung*, die Frau S.-G.s Vorstellungen völlig widerspricht[10], aber auch Herrn S.-G.s »eigentlich« egalitären Ansprüchen und ihrer beider ursprünglichem Beziehungsvertrag, findet sich auch in allen anderen Bereichen der Hausarbeit und ist häufig Gegenstand von *Konflikten*, wenn in ihr mal wieder »so der Zorn angewachsen« ist, daß sie ihre »ewige Szene« macht, weil er im Haushalt rein gar nichts tut. Während sie trotz ihrer ja ebenfalls verantwortlichen, zeitlich ausgedehnten (ca. 50-Stunden-Woche) und von ihr mit Engagement ausgeübten beruflichen Tätigkeit doch immer auch an häusliche, außerberufliche Dinge denkt, ist er von seiner Berufsarbeit (60-Stunden-Woche) und zu Hause noch von Derivaten derselben (neueste Computertechnik, Computer-Zeitschriften, Computerspiele) so absorbiert, daß er alles andere schlicht vergißt; seine Frau meint: »Der kann richtig abschalten, viel mehr als ich.« »Durch diese totale Fixierung auf die Arbeit« versinkt bei ihm alles andere »im Nebel«. Er gibt sich also total den männlichen Spielen auf seinem Fachgebiet hin, während alle profanen alltäglichen Tätigkeiten, die nicht zum Gegenstand solcher Spiele konstituiert worden sind, schlichtweg in seinem Wahrnehmungshorizont nicht auftauchen. Das Kochen tut dies dann und sofern es eine für solche männlichen Spiele geeignete Form annimmt.

Dennoch ist das Kochen selbst kaum Gegenstand von Konflikten zwischen Herrn und Frau S.-G. Dazu geschieht es vermutlich einfach zu selten. Die S.-G.s gehen nämlich sehr häufig essen. *Essengehen* stellt für sie eine Normalität dar, die sie sich bei ihrem Einkommen auch ohne weiteres leisten können.

Entgegen den von Herrn S.-G. schon als Zwang empfundenen Arbeitsessen, die er häufig in seinen Ansprüchen nicht genügenden Restaurants zu absolvieren hat, muß es, wenn er »freiwillig« mit seiner Frau allein oder zusammen mit Freunden essen geht, etwas

---

10 Auch ihrem Vorbild: ihr Vater hat der Mutter immer mit den Zuarbeiten zum Kochen (Kartoffelschälen, Spülen etc.) geholfen. Dagegen herrschte bei Herrn S.-G.s Eltern die traditionelle Arbeitsteilung ganz rigide: Sie für Kinder und Küche und er für Reparaturen und Garten.

Besonderes sein: »Dann will ich auch einen Stern oder irgend etwas, was auch spannend ist«, wo das Essen »*zelebriert*« wird und die Bedienung »perfekt« ist. Inhaltlich sind die S.-G.s auf keine bestimmte Richtung festgelegt, Frau S.-G. meint: »Wir essen beide gerne, überhaupt gerne gut, und ... es schmeckt uns alles mögliche.« Neben der klassischen französischen, italienischen oder deutschen Hochküche kann es auch eine gehobene türkische Küche sein oder auch eine gute Salatbar (Herr S.-G. kämpft ständig mit seinem Gewicht). Wichtig ist, daß das ganze Drumherum stimmt (also das »konservative« Getue, wie das Arbeiterpaar seine Beobachtungen bezeichnet, wenn es einmal im Jahr »piekfein« essen geht). Ein solcher Restaurantbesuch kann dann auch schon mal 300 DM pro Person kosten (was in etwa dem entspricht, was das Arbeiterpaar in einer ganzen Woche für Lebensmittel für drei Personen ausgibt).

Hieran zeigt sich auch die große Bedeutung der *Form anstelle der Substanz* für das Eßverhalten der Oberklasse (vgl. Bourdieu 1982, S. 288 ff.). Die Nachrangigkeit der Substanz, d. h. einer guten, kräftigen, den Körper alltäglich regenerierenden Nahrung, zeigt sich bei Herrn S.-G. z. B. auch darin, daß er mittags nichts oder höchstens einen Salat ißt, wenn er nicht ein Arbeitsessen absolvieren muß, was für ihn nur die »Fortsetzung eines beruflichen Prozesses mit anderen Mitteln« ist. Die Anlehnung an Clausewitz' Ausspruch vom »Krieg als Fortsetzung der Politik mit anderen Mitteln« ist sicher kein Zufall und drückt aus, daß auch die Arbeitsessen für Herrn S.-G. nur den Stellenwert eines Mittels für das männliche Spiel haben, in das er voll involviert ist, nämlich seine EDV-Arbeit. Alles, auch der eigene Körper, ist bei Herrn S.-G. seiner Berufsarbeit untergeordnet.

Für beide – wenn auch für Frau S.-G. nicht ganz so radikal – scheint der Körper eine Art Arbeitsinstrument zu sein, der, damit er den Kopf – das eigentliche Zentrum der hochwichtigen Arbeitsvorgänge – richtig versorgen kann, gesund erhalten werden muß (Herr S.-G. macht aus Gesundheitsgründen immer wieder Versuche, abzunehmen; Frau S.-G. bemüht sich beim Kochen, »so bestimmte Sachen zu reduzieren wie Fett und Cholesterin und so«). Ansonsten aber scheint der Körper mit seinen unabweislichen Bedürfnissen eher als eine lästige Unvermeidlichkeit empfunden zu werden, die man auf ein Minimum reduzieren muß, statt wie etwa bei dem Arbeiterpaar Gegenstand alltäglicher Sorge und

Fürsorge zu sein. Ganz entsprechend hat auch die Küche als Ort für das Managerpaar genau den entgegengesetzten Stellenwert wie für das Arbeiterpaar: Sie ist eine perfekt ausgestattete teure Einbauküche mit allen Schikanen und edlem Design (Marmorplatten etc.), aber nur rein funktional nutzbar, da so klein, daß sie als Kommunikationsort gar nicht in Frage kommt (ganz abgesehen von der Seltenheit ihres faktischen Genutztwerdens).

Die von den S.-G.s praktizierte Form des selbstverständlich gehobenen und teuren Essengehens ist Bestandteil eines *Lebensstils*, der durch einen »*Sinn für Luxus*« (vgl. Bourdieu 1982, S. 447) gekennzeichnet ist und der genauso selbstverständlich einen Wagen der Luxusklasse für ihn (seine Leidenschaft) umfaßt wie mal ein Kostüm für 1 200 DM für sie oder Kurztrips in die Metropolen Europas und nach Amerika oder an den Genfer See als Herrn G.s Wunschziel für die Zeit nach der Verrentung.[11]

Kochen als Bestandteil klassenspezifischer Lebensstile

Vergleicht man nun die Kochpraxis der vier Paare miteinander, so zeigen sich gravierende Differenzen in bezug auf das, *was* gekocht wird, aber auch darauf, *wie* gekocht wird bzw. welche Bedeutung dem Kochen überhaupt zukommt. Beim Arbeiterpaar wird sehr oft gekocht, weil es schlichtweg notwendig ist. Und es wird absolut regelmäßig und pünktlich zur selben Zeit gekocht, aus *Sorge* um das leibliche Wohl der Männer, vor allem des Sohnes; aber möglicherweise hat diese Regelmäßigkeit auch die Bedeutung eines Schutzes vor der in der sozialen und räumlichen Nachbarschaft präsenten Gefahr des Abstiegs durch Arbeitslosigkeit, Alkohol etc. und des damit verbundenen Verlustes zeitlicher Strukturiertheit. Gegen solche Formen der Regelmäßigkeit grenzt sich das *Angestelltenpaar*, das völlig unregelmäßig nur nach *Lust und Laune* kocht, objektiv gerade ab, wie es sich in seinem Kochen überhaupt gegen alles »Gut-Bürgerliche«, aber auch gegen alles Schulwissen als Form des Zwangs abgrenzt. So hat das Kochen bei

11 Und der hierin dem Lebensstil der mittleren Fraktion der Oberklasse von Freiberuflern und Führungskräften entspricht, die ihr ökonomisches Kapital anders als klassische Unternehmer in der Regel nicht investieren, sondern zu großen Teilen in den Luxuskonsum stecken können, was für sie als beruflich von Vertrauen und Ansehen bei Klienten, Kunden und Geschäftspartnern sehr Abhängige aber immer auch eine vermittelt gewinnbringende Investition in soziales und symbolisches Kapital bedeutet.

dem Arbeiter- wie bei dem Angestelltenpaar jeweils eine höchstens defensive Distinktionsfunktion in Form der Abgrenzung nach unten, aber keine offensive Distinktionsfunktion in Gestalt der Demonstration des Anspruchs auf oder der wirklichen Zugehörigkeit zu einer exklusiven Klasse von Kennern und Könnern.

Genau diese Funktion hat es nun bei den beiden Paaren aus den verschiedenen Fraktionen der *herrschenden Klasse*, allerdings nur für die Männer. Während die *Frauen* – die Lehrerin unter Zwang, die Managerin im Dienste der Gesundheit – ein ganz *pragmatisches* Verhältnis zum Kochen haben, das nur für den privaten Gebrauch bestimmt bleibt, kochen die beiden *Männer* »öffentlich«, für Gäste außerhalb des engsten Familienkreises, so daß ihr Kochen gleichzeitig die Funktion eines Mediums zur Pflege nützlicher Beziehungen, der Akkumulation von sozialem Kapital, hat. Darüber hinaus hat Kochen die Funktion, spezielle Kenntnisse und ein besonderes Können zu demonstrieren, d.h., es ist *Medium sozialer Distinktion wie des männlichen Spiels.*

Eine Differenz zwischen beiden besteht darin, daß für den Lehrer eher der Aspekt des handwerklichen Könnens vorrangig ist (es ist mehr seine Frau, die auf die u. a. durch sein Kochen unterhaltenen sozialen Kontakte Wert legt), während für den Manager mehr der Aspekt des Zelebrierens, der Repräsentation, der Festlichkeit im Vordergrund steht, d. h. die Demonstration individueller und sozialer Außergewöhnlichkeiten durch Formvollendung. Gemeinsam ist beiden Männern wiederum, daß sie sich ihr Können *schulmäßig* durch Bücher und Kurse angeeignet haben (im Gegensatz zum Erfahrungswissen ihrer Frauen, analog zu ihren [abgeschlossenen] Studien auf den Gebieten Mathematik und EDV) und das Gelingen vom möglichst genauen Befolgen der Rezepte (= Regeln) abhängig machen, also genau von etwas, dessen Negation der Angestellte mit unabgeschlossenem sozialwissenschaftlichem Studium und zwar hochentwickelten, aber autodidaktischen EDV-Kenntnissen gerade zur Bedingung gelingenden Kochens macht.

Als Tendenz läßt sich jedenfalls festhalten, daß *Kochen*, zumal für Männer, um so mehr den Charakter eines *Distinktionsmediums* annimmt, je weiter man in der sozialen Hierarchie nach *oben* steigt. ArbeiterInnen verfügen weder über das kulturelle Kapital (Kenntnis exklusiver Küche) noch über die ökonomischen Mittel, so kochen zu können, gleichzeitig besteht für sie auch keine Notwendigkeit, auf solchen Wegen soziales Kapital zu akkumulieren, womit für sie auch der Zwang zur Förmlichkeit entfällt, der »oben« mit Kochen und Essen verbunden ist. Dagegen besteht für Angehörige des neuen Kleinbürgertums (zu dem man unser Angestelltenpaar rechnen kann) mit ihrer Ideologie der Spontaneität und Kreativität schon fast ein Zwang, alle Förmlichkeiten (der Zeiten, der Rezepte, des Benehmens) im Zusammenhang mit Kochen (wie mit allen möglichen anderen Aspekten der Alltagspraxis) abzulehnen. Und anders als für das Arbeiterpaar hat das Kochen für das Angestelltenpaar auch weniger eine physiologische Funktion, nämlich den Körper zu nähren und bei Kräften zu halten, als eher psychologische Funktionen: Medium zu sein für Spaß, Kreativität, Austausch.

Neben seiner jeweiligen Bedeutung ist für die *Häufigkeit des Kochens* auch ganz einfach die *Höhe des verfügbaren Einkommens* entscheidend, von der abhängt, in welchem Umfang Kochen durch Essengehen ersetzt werden kann; auch wenn das Essengehen eine Frage der Prioritäten und Dispositionen ist, steckt das Einkommen doch den Rahmen der objektiven Möglichkeiten dafür ab.

Des weiteren ist auch der Umstand, ob *Kinder* zum Haushalt gehören, ein wesentlicher Faktor für die Häufigkeit und vor allem *Regelmäßigkeit von Kochen* in einer Familie. Die Sorge um Kinder und ihr leibliches Wohl, für das eine warme Mahlzeit pro Tag als unerläßlich betrachtet wird, zwingt zu regelmäßigem Kochen, unabhängig davon, ob dieses selbst als Zwang (Lehrerin) oder als Fürsorge (Arbeiterin) aufgefaßt wird. Insofern stellt die Existenz von Kindern im Haushalt bis zu einem gewissen Grade ein klassenübergreifendes Element sozialer Strukturierung dar (vgl. Rerrich 1990).

Neben dem »Wie« und der Bedeutung des Kochens gibt es auch markante Unterschiede zwischen den Klassen in bezug auf das, *was gekocht* wird. Zunächst einmal bildet *Fleisch* eine Art *Scheidemarke* zwischen dem Arbeiterpaar und den anderen Paaren. Während für das *Arbeiterpaar* Fleisch als traditionelle Kraftnahrung nach wie vor von großer Bedeutung ist, steht für das *Angestelltenpaar* genau das Gegenteil, nämlich *Fisch*, eine sehr leichte, eher für den Kopf zuträgliche Nahrung mit (in Deutschland) einem leichten Hauch von Exotik, im Zentrum. Dagegen ist bei den beiden Oberklassenpaaren im Alltag bei dem asketischeren Lehrerpaar Vollwertkost und bei dem Managerpaar »gemäßigt vollwert«, d. h. vor allem viel frisches *Gemüse*, angesagt.

Von den Beilagen scheint der *Nudel* wirkliche *Universalität* zuzukommen. Nudeln werden anscheinend in allen Klassen gekocht (allerdings mit verschiedenen Saucen; die Hackfleisch-Sauce, die das Arbeiterpaar dazu macht, dürfte bei dem Lehrerpaar kaum anzutreffen sein). Dagegen scheinen Reis und Kartoffeln sozial stärker zu differenzieren: Während es bei dem Arbeiterpaar kaum je *Reis* gibt, wird er von dem *Angestelltenpaar* öfter gekocht und kommt auch in der Lehrerfamilie (dann aber als Vollwertreis) des öfteren vor. Dagegen sind *Kartoffeln* in der *Arbeiterfamilie* Normalität und werden in der Lehrerfamilie mindestens ab und zu in Aufläufen verwendet, während sie aber von dem Angestelltenpaar praktisch nie gekocht, weil als Symbol der gutbürgerlichen Küche abgelehnt werden. Auch hier wieder (analog zu Fleisch versus Fisch) der Gegensatz von nahrhaft, satt machend, bodenständig versus leicht und ein bißchen exotisch. Das *Managerpaar* dagegen muß sich mit solchen Abgrenzungsanstrengungen gar nicht abgeben, es steht über diesen Dingen und *ißt »alles mögliche«*, wenn es nur in irgendeiner besonderen, »spannenden«, nicht-gewöhnlichen Form verarbeitet ist, kann sich aber auch, wie z. B. Herr S.-G., gelegentlich an einfachen Dingen erfreuen, gewissermaßen im Ausgleich zur Alltäglichkeit von Luxus und Raffinement.

*Klassenspezifische Formen geschlechtlicher Arbeitsteilung
beim Kochen*

Was besonders ins Auge springt, sind die klassenspezifischen Unterschiede in der Form der geschlechtlichen Arbeitsteilung beim Kochen. Während bei dem Arbeiterpaar (vordergründig) die traditionelle geschlechtliche Arbeitsteilung, der gemäß die Frau allein fürs Kochen zuständig ist, herrscht und das Angestelltenpaar eine völlig egalitäre Arbeitsteilung mit gleichmäßiger Zuständigkeit beider praktiziert, existiert bei den beiden Oberklassenpaaren auf der Grundlage von Kochkompetenz bei Mann *und* Frau eine Arbeitsteilung, die auf subtilere Weise sich als hierarchisch erweist.

Obwohl bei dem *Arbeiterpaar* gemäß der traditionellen geschlechtlichen Arbeitsteilung sie für das Kochen zuständig ist und er sich hierin für inkompetent erklärt, ist diese *Arbeitsteilung* zwar *komplementär*, aber im Effekt *nicht hierarchisch*. Es handelt sich hier um ein Modell wechselseitiger Ergänzung, wo keine Tätigkeit wesentlich höher bewertet ist als eine andere und Kooperation auf der Basis komplementärer Kompetenzen ohne geschlechtshierarchische Bewertungen praktiziert wird.

Bei dem *Angestelltenpaar* finden wir dagegen eine *strikt egalitäre Arbeitsteilung*, wo beide gleiches können und tun und nur temporär die Rollen tauschen: mal ist sie Hauptköchin und er Zuarbeiter, mal umgekehrt. Die Rollenverteilung ist abhängig davon, wer von beiden gerade Lust hat zu kochen und ein bestimmtes Gericht besonders gut kochen kann. Hier können sich irgendwelche hierarchischen Bewertungen gar nicht erst einstellen.

Anders dagegen bei dem *Beamten-* und dem *Managerpaar*. Obwohl hier jeweils Mann und Frau kochen können, d. h. vordergründig über die gleichen Kompetenzen verfügen, herrscht in der Realität des Kochalltags bei beiden Paaren doch eine *hierarchische Arbeitsteilung*. Während die Frauen auf der Grundlage von Erfahrungswissen für den alltäglichen bzw. allwochenendlichen Privatgebrauch der Familie eher unaufwendige und gesunde Dinge kochen, bereiten die Männer auf der Grundlage von quasi intellektuell angeeignetem (Koch-)Buchwissen außeralltäglich aufwendige Menüs mit Vorliebe für Gäste zu, d. h. für einen öffentlichen Zusammenhang, in dem sie mit ihrer Kochkunst in einen öffentlichen Konkurrenzkampf treten, sich beweisen und behaupten müssen.

Während also vordergründig auf der Basis gleichmäßiger Kochkompetenz von Mann und Frau alle Chancen für eine nichthierarchische Arbeitsteilung zwischen den Geschlechtern vorhanden sind, verwandelt sich diese durch die Zuweisung des alltäglichen, routinisierten, unöffentlichen Kochens an die Frauen und des außeralltäglichen, spektakulären und öffentlichen Kochens an die Männer unterderhand doch wieder in eine hierarchische. Offensichtlich treibt die von Bourdieu in diesem Band beschriebene »libido dominandi« die *Männer* aus den beiden *Oberklassenpaaren* dazu, sich auf das Feld des Kochens in Form öffentlicher Selbstdemonstration und Selbstbehauptung zu begeben. Sofern Kochen zu einem »männlichen Spiel« konstituiert ist, lohnt es sich für sie, sich daran zu beteiligen. Als Form der alltäglichen, unsichtbaren Mühe für den privaten Oikos verlohnt es die Mühe für sie nicht.

Die beiden *Frauen* dagegen haben zwar die alltägliche Mühe mit dem primär der Gesunderhaltung dienenden Kochen, aber sie haben ein völlig *pragmatisches Verhältnis* dazu und haben es nicht nötig, sich mit ihrem Kochen auf der Höhe irgendeines Ideals

(Sterne-Küche) zu bewegen und sich dafür abzumühen. Ihre Abgeklärtheit erspart ihnen sicher manche Aufregung, allerdings bringt sie ihnen auch keine Ehre. Sie sind »aus dem Spiel«.

Am Beispiel des Kochens bestätigt sich also eher die von uns eingangs so genannte »Klassengeschlechtshypothese« als die »Geschlechtsklassenhypothese« (vgl. auch Frerichs/Steinrücke 1993, S. 241).

Literatur

Bourdieu, Pierre (1982): *Die feinen Unterschiede*, Frankfurt am Main.
Bourdieu, Pierre (1987): *Sozialer Sinn*, Frankfurt am Main.
Bourdieu, Pierre (1990): »La domination masculine«, in: *Actes de la recherche en sciences sociales* 84, S. 2-31.
Bourdieu, Pierre (1992): *Die verborgenen Mechanismen der Macht*, hg. v. Margareta Steinrücke, Hamburg.
Frerichs, Petra/Steinrücke, Margareta (1992): »Klasse und Geschlecht als Medien der Chancenzuweisung«, in: Hansjürgen Daheim/Helmut Heid/Karl Krahn (Hg.), *Soziale Chancen, Forschungen zum Wandel der Arbeitsgesellschaft*, Frankfurt/New York, S. 55-79.
Frerichs, Petra/Steinrücke, Margareta (1993): »Klasse und Geschlecht als Strukturkategorien moderner Gesellschaften«, in: Brigitte Aulenbacher/Monika Goldmann (Hg.), *Transformationen im Geschlechterverhältnis*, Frankfurt/New York, S. 231-245.
Hochschild, Arlie (1990): *Der 48-Stunden-Tag. Wege aus dem Dilemma berufstätiger Eltern*, Wien/Darmstadt.
Metz-Göckel, Sigrid/Müller, Ursula (1986): *Der Mann*, Weinheim/Basel.
Murcott, Anne (1993): »Kochen, Planung und Essen zu Hause«, in: ÖZS 18 (1993) 4, S. 19-28.
Rerrich, Maria S. (1990): »Ein gleich gutes Leben für alle? Über Ungleichheitserfahrungen im familialen Alltag«, in: Peter A. Berger/Stefan Hradil (Hg.), *Lebenslagen, Lebensläufe, Lebensstile*, Göttingen, S. 189-205.
Vester, Michael, u. a. (1993): Soziale Milieus im gesellschaftlichen Strukturwandel, Köln.

IV

Gunter Gebauer
Kinderspiele als Aufführungen von Geschlechtsunterschieden[1]

> »Kein anständiges Spiel ist, wie ich meine, völlig ohne Lehrgehalt.«
>
> *Nikolaus von Kues, De ludo globi*

Kinderspiele sind von tiefgreifenden Geschlechtsunterschieden geprägt. In den einschlägigen Wissenschaften, insbesondere in der Entwicklungspsychologie und in der Soziologie der Geschlechterdifferenz, finden sich zahlreiche Hinweise auf unterschiedliches Spielverhalten von Mädchen und Jungen, fast immer mit dem Unterton des Erstaunens oder Erschreckens, nicht selten begleitet von unverhohlenen Wertungen. Scheint es nicht so, als würde schon im Kinderspiel die spätere Ungleichheit zwischen Frauen und Männern vorbereitet werden? Jungenspiele sind weiträumig, öffentlich, körperbetont, hierarchisch und wettkampfmäßig organisiert. Mädchenspiele sind dagegen wenig raumgreifend, eher privat und kooperativ, auf Beziehungen und Intimität gerichtet (vgl. Thorne 1993, S. 89ff.). Kinderspiele sind nicht unschuldig; psychologische und sozialwissenschaftliche Theorien sind darin einig, daß sie für das Erwachsenenleben folgenreich sind. Die Frage ist allerdings, inwiefern sie über ihre Grenzen hinauswirken und worin die Effekte des Spiels bestehen.

Die empirischen Untersuchungen über die geschlechtsspezifischen Unterschiede im Spielverhalten verwenden in der Regel die gleichen Deutungsschemata und weisen, von wenigen Ausnahmen abgesehen, im Kern ähnliche Tendenzen auf. Überraschend ist, daß in ihnen alltägliche Wahrnehmungs- und Interpretationsmuster ungehindert in die wissenschaftliche Arbeit über das Spiel von Mädchen und Jungen hineinfließen. Ich werde einige Wirkungen

---

[1] Ich danke meiner Kollegin Gertrud Pfister für ihre bereitwillige und großzügige Hilfe bei der Beschaffung der Literatur. Wichtige Hinweise habe ich von Dzintars Seberg erhalten, für die ich ihm dankbar bin. – Zu dem Motto von Nikolaus von Kues bin ich angeregt worden von dem Aufsatz von W. Breidert: »Rhythmomachie und Globusspiel«.

dieser Sichtweisen auf Theoriebildung, Untersuchungsmethode und Interpretation im folgenden kritisch diskutieren.

(1) Die Aktivitäten von Mädchen und Jungen werden einander kontrastiv entgegengestellt, als handele es sich um zwei verschiedene Welten.[2] Diese dichotomische Sichtweise »übertreibt den Geschlechtsunterschied und vernachlässigt innergeschlechtliche Variationen« (Thorne, S. 96). Dabei werden Kinderspiele aus der Perspektive der Erwachsenenwelt betrachtet und oft nach Kategorien geordnet, die aus der Welt der Männer genommen werden.

(2) Das Spiel wird als eine isolierte Lerngelegenheit, insbesondere für den Erwerb sozialer Regeln, betrachtet. Übersehen wird dabei, daß es im Alltagsleben eine Fülle von Situationen des Regellernens *außerhalb* von Spielen gibt. Viele Lerneffekte, die dem Spiel zugeschrieben werden, gehören tatsächlich zu dessen Voraussetzungen. Spiel und Nichtspiel werden wie ein ausschließender Gegensatz angesehen, als handele es sich um zwei streng separierte Sphären. Eine solche Entgegensetzung trifft für viele Spiele nicht zu; Wettkämpfe, Rollen- und Maskenspiele sind so eng mit der alltäglichen sozialen Praxis verzahnt, daß man oft den Übergang von einem zum anderen gar nicht bemerkt.

(3) Spiele werden wie feststehende soziale Institutionen betrachtet. Tatsächlich aber gibt es vielfältige Veränderungen von Spielen. Verändert werden sie von den Kindern in ihrer Spielpraxis (vgl. Eifermann 1971); zum anderen wandeln sie sich im Laufe der Geschichte (vgl. Sutton-Smith/Rosenberg 1971). Spiele veralten und werden aufgegeben, andere werden erfunden, wieder andere werden aus fremden Gesellschaften übernommen und der eigenen Spielsystematik angepaßt.

(4) Kinderspiele sind viel komplexer als in den meisten Untersuchungen dargestellt. Selbst einfache motorische Spiele können eine überraschende innere Vielschichtigkeit besitzen.[3]

---

2 Von Jungenspielen wird beispielsweise behauptet, daß sie mehr Raum als Mädchenspiele brauchen. Dabei wird einfach über die Tatsache hinweggesehen, daß eine der von Mädchen bevorzugten Tätigkeiten, das Radfahren, noch viel mehr Raum in Anspruch nimmt.

3 Ausgelöst werden sie von einer körperlichen oder verbalen Provokation, die ignoriert oder erwidert werden kann. Mädchen und Jungen sind abwechselnd Fänger und Gejagte. Das Spiel endet, wenn der/die Gejagte zu schnell für den Fänger ist oder abgeschlagen wird. Verfolgungsjagden werden durch Benennungen (»Räuber-und-Polizist«, »Catch-and-Kiss«, »Kiss-or-Kill«) zu kleinen Geschichten ausgestaltet (Thorne, S. 68).

Ich habe die Kritik empirischer Untersuchungen von Mädchen- und Jungenspielen an den Anfang meiner Überlegungen gestellt, um auf ein Hauptproblem der Erforschung des Spielverhaltens aufmerksam zu machen: Es ist unklar, was man im Spiel über das Spiel hinaus lernt. Das einzige, was mit Gewißheit behauptet werden kann, ist die Tatsache, daß man im Spiel lernt, ein Spiel zu spielen. Man muß erst einmal begreifen, welche Bedeutung diese Aussage hat. Bevor diese Frage ausführlich diskutiert wird, sollen einige wichtige Untersuchungen von Mädchen- und Jungenspielen vorgestellt werden, an denen sich die Probleme der Spiele *und der Spielforschung* exemplarisch aufzeigen lassen.

Was spielen Mädchen und Jungen?

In der umfangreichsten deutschen Jugenduntersuchung, der Shell-Studie »Jugend 92«, wurden 13- bis 15jährige nach den von ihnen am häufigsten gespielten Spielen zwischen dem 3. und 12. Lebensjahr befragt.[4] Die Ergebnisdarstellung von Todt verfährt nach dem Prinzip der dichotomischen Trennung; schon die Überschrift sortiert nach »Interesse männlich – Interesse weiblich«. Tatsächlich läßt die Befragung eine Reihe geschlechtstypischer Spielvorlieben erkennen. Die von den Mädchen am häufigsten genannten Spiele sind Malen, Zeichnen (82%), die auch von den Jungen, aber mit deutlich geringerer Häufigkeit, genannt werden (52,1%). Dann kommen bei den Mädchen: Vater-Mutter-Kind-Spiele, Kaufladen-Spiele, Phantasiespiele, Kinderküche, Sich-Verkleiden, Theaterspielen, Puppendoktor. In der Erinnerung der Jungen dominieren: Räuber und Gendarm, Cowboy und Indianer, mit Spielzeugpistolen und -gewehren spielen, Krieg/Soldat-Spielen.

Zu den Spielen, die von Mädchen und Jungen sehr oft gespielt werden, gehört auch der Sport; aus anderen Untersuchungen weiß man, daß er außerordentlich stark nachgefragt wird.[5] In Todts Dar-

---

4 Eine eindeutige Interpretation der auf diese Weise erhobenen Daten erscheint mir jedoch problematisch, weil die Untersuchung nicht die wirklich gespielten, sondern die Erinnerung an Spiele erfragt. Nicht zu übersehen ist die Tatsache, daß die erinnernden Personen sich mit dreizehn bis fünfzehn Jahren mitten im Prozeß der Ausbildung von geschlechtstypischem Verhalten befinden, in einem Prozeß also des Suchens, Probierens, Übertreibens, in dem eine von Stereotypen ungetrübte Erinnerung eher unwahrscheinlich ist.
5 In einer repräsentativen Studie bei Jugendlichen in Nordrhein-Westfalen wurde

stellung tritt er überhaupt nicht auf. Hingegen erscheint er in einer Untersuchung des Spielverhaltens von Kindern (vgl. Deutsches Jugendinstitut 1992) mit einer kleineren Anzahl Befragten, mit einem räumlich begrenzten Untersuchungsfeld und detaillierten Beobachtungen. Auch hier läßt sich eine deutlich geschlechtsspezifische Polarisierung erkennen, die sich aber auf der Basis eines etwa gleich großen Interesses an sportlicher Betätigung ergibt. Während Fußball ausschließlich von Jungen gespielt wird, geht »der überwiegende Teil der Mädchen zum Turnen« (Ledig 1992, S. 55). Das Interesse an sportlicher Betätigung ist bei den Mädchen nicht geringer als bei den Jungen, »vorausgesetzt, daß es nicht nur ein jungenspezifisches Angebot gibt« (S. 56). Die freie Zeit am Nachmittag nach der Schule wird von Mädchen anders organisiert als von Jungen. Die Mädchen bevorzugen deutlich »aus dem Gesamt aller nachmittäglichen Freizeitangebote... die als musisch-kreativ zu bezeichnenden Angebote« (S. 160) – die schulische Theatergruppe, den Töpferkurs, den Klavierunterricht, während bei den Jungen eine Beteiligung insbesondere an einem Sportangebot, nämlich Fußball, festgestellt wird.

In Schulen sieht man Mädchen auf Pausenhöfen mit Gummitwist, Hüpfspielen, Ball-an-die-Wand und Singspielen beschäftigt. Jungen betreiben hingegen eher Lauf- und Ballspiele. Wenn Geräte vorhanden sind, turnen Mädchen gern und oft mit beachtlichem Können (Pfister 1993, S. 72). Auf Spielplätzen beschäftigen sich Mädchen mit Tischtennis, Reckturnen, Federball und Seilspringen, die Jungen mit Fußball, Basketball und ihren BMX-Rädern. Von den Pausenaktivitäten der Jungen wird eine »permanente Hierarchiebildung« berichtet (Maeffert-Hoffmann 1994, S. 33).

Auch in diesen Erfahrungsberichten zeigt sich, daß die offenkundigen Differenzen eher als Geschmacksausprägungen im Sinne eines Auseinanderdriftens von einer breiten Basis der Gemeinsamkeiten aus zu interpretieren sind. Mädchen und Jungen spielen, oft auch gemeinsam, Fangen, Tischtennis und fahren Rad. Nicht zu vergessen ist, daß beide Gruppen vorher gemeinsam am Schulunterricht teilgenommen haben.

ermittelt, daß 80 bis 85% der Jugendlichen Sportvereinserfahrung haben (Mitteilung von H. G. Sack). Der Jugendforscher J. Zinnecker (1989) stellt fest: »Es gibt keine Freizeittätigkeit, die so viele Jugendliche auf sich vereint wie der Sport. Und es gibt keine Aktivität, die Jugendliche von älteren Lebensaltern in vergleichbarer Weise unterscheidet.« (S. 136)

Auch in Klassen wird gespielt, aber in einem anderen und weiteren Sinne, in Form von Necken, Ärgern, Rangeln, Prügeln – das ist die Domäne der Jungen (vgl. Oswald et. al. 1986). Meistens hält der Aggressor seine Handlung für ein Spiel. Mädchen lehnen in der Regel solche Formen der Annäherung ab und weigern sich, diese als »Spiel« anzunehmen. Feststellungen dieser Art findet man auf nahezu allen Altersstufen wieder. Die Ausdehnung der Kategorie des Spiels in Zonen, die für Mädchen nicht mehr akzeptabel sind, ist von grundlegender Bedeutung für die Geschlechterdifferenz. Die Frage »Ist dies (noch) ein Spiel?« wird von Mädchen deutlich anders beantwortet als von Jungen; dies gilt insbesondere für Spiele mit starker körperlicher und kämpferischer Betonung.

Was unbestreitbar einen bedeutenden Unterschied zwischen Mädchen- und Jungenspielen ausmacht – auch andere Untersuchungen zeigen dies immer wieder –, ist ein unterschiedliches Interesse an Spielen: Interesse an gestalterischen Spielen haben die Mädchen, an Spielen mit körperlichem Gegeneinander die Jungen. Entsprechend verschieden ist die Weise, wie der Körper eingesetzt und zu einem Medium des Austausches mit den anderen gemacht wird: mimetisch und inszenierend bei den Mädchen, in körperlich ausgetragenen Konflikten bei den Jungen. Das Interesse an verschiedenartigen Spielen verrät etwas darüber, ob sich Kinder in den entsprechenden Situationen wohlfühlen, ob sie eine Herausforderung spüren, ob sie einer besonderen Spielsituation ausgesetzt sein mögen, ob sie beispielsweise ein Vergnügen dabei fühlen, sich spielerisch bedroht zu sehen, oder ob sie Schutz vorziehen, kurz, ob sie Geschmack[6] am Spiel haben oder nicht.

Es gibt offenbar neben vielen Aktivitäten, denen Mädchen und Jungen gemeinsam nachgehen, darunter auch gemeinsam betriebene Spiele, ein Auseinanderdriften des Spielinteresses. Für die Mitglieder einer Geschlechtsgruppe wird das Spielinteresse der jeweils anderen im Laufe von Kindheit und Jugend nicht nur unverständlich, sondern auch unsichtbar. Mädchen und Jungen können zusammen lernen, Hausarbeiten machen, Tischtennis spielen, Musik hören, radfahren, Fangen spielen, aber wenn die Mädchen sich mit Gummitwist, Seilspringen und Singspielen beschäftigen, sind die Fußball spielenden, rangelnden, tobenden Jungen weit

---

[6] Der Begriff des Geschmacks wird hier als soziologische Kategorie im Sinne von Bourdieu (1982) verwendet.

entfernt von ihrem Interesse und ihrer Aufmerksamkeit, während die Jungen ihrerseits die Mädchen nicht einmal zur Kenntnis nehmen.

Die These des Regelerwerbs in Spielen

Was geschieht in Spielen, außer daß man spielt? Haben Spiele tatsächlich Auswirkungen auf das spätere Sozialverhalten? Die traditionelle Antwort ist: Spiele haben Einübungsfunktion; sie nehmen spätere soziale Funktionen in folgenlosen, abgeschlossenen Spielsituationen vorweg. Die modernere Behauptung ist: In Spielen machen Kinder kognitive Erfahrungen; sie lernen intellektuelle und soziale Fähigkeiten und Fertigkeiten (skills), die man für gesellschaftliches Handeln benötigt, insbesondere die Fähigkeit, Regeln zu folgen, deren konventionellen Charakter zu begreifen und soziale Rollen zu erwerben. Diese Konzeption, die insbesondere von anglo-amerikanischen Autoren vertreten wird, ist in der Auffassung fundiert, Sozialverhalten sei grundsätzlich von Regeln geleitet. Soziales Handeln sei nicht nur als regelhaftes zu rekonstruieren, sondern sei Verwirklichung oder Anwendung vorgegebener Regeln. Wenn man eine solche Handlungstheorie zugrunde legt, gegen die erhebliche Vorbehalte vorgebracht werden können[7], erscheinen Spiele als besonders günstige Lerngelegenheiten für Sozialverhalten. Diese sind nach G. H. Mead freilich nur mit solchen Spielen gegeben, die tatsächlich selbst nach Regeln organisiert und durch eine Reihe verschiedener Spielpositionen gekennzeichnet sind, insbesondere Wettkampfspiele.

Diese implizite Annahme Meads legt Janet Lever ihrer Spielforschung zugrunde: Mead bewerte die »Wendung des Kindes vom ziellosen Spiel (play) in den Bereich der strukturierten Spiele (games) als einen entscheidenden Schritt in der Entwicklung der Rollenübernahme« (Lever 1976, S. 471). Kinderspiele könnten gemäß ihren unterschiedlichen Beiträgen, die sie zum Erwerb von sozialen Fertigkeiten (skills) leisteten, differenziert werden. Lever unterteilt Spiele nach einem eigenen, in Anlehnung an Mead entwickelten Bewertungsverfahren entsprechend der »Komplexität der Lernerfahrung« (S. 472). Am meisten lernten Kinder, so meint sie,

---

7 Vgl. meine Kritik an einer solchen Handlungstheorie in Anlehnung an Wittgenstein und Kripke in Gebauer 1989.

in komplexen Spielen, gekennzeichnet durch: mehrere differenzierte Rollen, Interdependenz der Spieler voneinander, im Sinne von Mannschaften organisierte Spielgruppen mit vielen Spielern, ein umfangreiches Regelwerk und explizit angegebene Ziele.

Levers Untersuchung nimmt in der Forschung über Geschlechtsdifferenzen im Spielverhalten aufgrund der Größe der Stichprobe, des Methodeneinsatzes und des langen Beobachtungszeitraums eine Ausnahmestellung ein. Aber ihre Ergebnisse sind, da sie offenkundig die Kategorien zur Einteilung der Spiele aus den von Jungen betriebenen Wettkampfspielen gewonnen hat, vorhersehbar: Es ist nicht überraschend, daß es vor allem die Jungen waren, die Spiele mit dem höchsten Komplexitätsgrad betrieben, dreimal mehr Jungen als Mädchen; 65% der Aktivitäten von Jungen waren Wettkampfspiele, verglichen mit 37% der Aktivitäten von Mädchen. Aber selbst wenn man für beide Geschlechter die Mannschaftssportarten eliminiert, waren immer noch 54% der Aktivitäten von Jungen und 30% der Aktivitäten der Mädchen wettkampfmäßig strukturiert. Hingegen spielten Mädchen bevorzugt Spiele (games) mit Rollenwechseln, die durchaus mit Wetteifer, aber mit einem »indirekten« Wettkampfstil betrieben wurden, insofern als jede Spielerin unabhängig von der anderen handelte. Diese Spielerinnen kämpften beispielsweise beim Seilspringen gegen eine »vorgestellte Zähltafel« (S. 477); sie beteiligten sich wechselweise am Spiel, nachdem die vorherige Spielerin einen Fehler gemacht hatte; es gab kein gleichzeitiges direktes Gegeneinander im Stil der »face-to-face-confrontation« der Jungen. Beim Seilspringen entschied die Spielerin selbst darüber, nicht die Wettkampfsituation, »ob sie einen einfachen oder einen schwierigeren Sprung versuchen wollte« (S. 478).

Levers Konklusion erscheint mir unhaltbar: »Weil Mädchen eher kooperativ als kompetitiv spielen, haben sie weniger Erfahrung mit Regeln per se, so daß wir erwarten können, daß sie ein geringeres Bewußtsein von Regeln haben als Jungen« (S. 479). Es gibt genügend Situationen, in denen Mädchen regelgeleitet handeln und Gelegenheit haben, ein »Regelbewußtsein« (was immer das heißen mag) zu erwerben – ihr Verhalten in der Schule fällt genau unter diese Kategorie. Aber auch die Mädchenspiele selbst sind viel komplexer, als Lever vermutet.[8] Dies erkennt man, wenn man –

---

[8] Vgl. J. Block 1983, der auf die hohe Strukturiertheit von scheinbar so einfachen Mädchenspielen wie Hopse hinweist (S. 1344). Viele dieser Spiele sind organisiert

wie es in anderen Untersuchungen geschieht – den sozialen Kontext der Spiele miteinbezieht. Freilich sind die Regeln, die Ziele, der Gruppenzusammenhang und die Formen des Wettkampfs versteckter als in Jungenspielen. Mädchen sehen sich beim Seilspringen und Turnen gegenseitig zu, wechseln einander ab, stilisieren ihre Bewegungen, variieren die Übungsformen. Ihr Zusammenwirken nimmt manchmal die Form von »Gruppen-Choreographien« an, so beim Springen im gleichen Takt oder Schwingen an der Reckstange, beim Zählen im Gleichklang oder bei den »synchronisierten Körperritualen« von Tanzschritten (Thorne, S. 95). Das Vorherrschen des kooperativen Moments, das in vielen Untersuchungen von Mädchenspielen unterstrichen wird, geht nicht einher mit ungeregelter, planloser Tätigkeit ohne Ziel. Allerdings sind die typischen Mädchenspiele anders organisiert als die Wettkämpfe im Sport.

Als Ergebnis meiner Durchsicht empirischer Untersuchungen von Kinderspielen halte ich fest:

(1) Mädchen spielen deutlich weniger konkurrenzorientierte Spiele; ihre Wettspiele sind anders organisiert als die Sportwettkämpfe der Jungen. Sie bevorzugen einen kooperativen Stil und selbstgesetzte Ziele; sie haben eher geringes Interesse an direkter, physischer Konfrontation. In ihre Wettspiele sind die Zuschauerinnen als potentielle Mitspielerinnen einbezogen.

(2) Jungen haben ein Interesse an geregelten Wettkämpfen mit ausdrücklich festgesetzten Zielen und erklärten Siegern. Ihr beliebtestes Spiel (in Deutschland), das Fußballspiel, ist (auch) ein Männerspiel. Allgemein scheint es so zu sein, daß in den Wettkampfspielen der Jungen eine Nähe zu sozialen Situationen außerhalb des Spiels, die ebenfalls als Wettkämpfe organisiert sind, hergestellt wird. Es besteht ein »realistisches Verhältnis« typischer Jungenspiele (aber nicht aller) zu wettkampfartigen Situationen des Alltags. Damit ist noch nicht gesagt, daß diese Nähe Lerneffekte hervorruft.

als »turn taking games that are regulated by invariable procedural rules, include fewer players, and less often require contingent strategies« (S. 1344). Vgl. R. Eiferman 1971: »Piaget's explicit assumption that all rule-governed games are competitive has been found lacking, both in theory and in observation. There *is* a point in playing multiperson rule-governed but non-competitive games, e.g., of a cooperative type, and there is a definite sense in which a single person can play a game with rules. Children have been observed to play such games.« (S. 296)

Rollentausch versus Überlegenheit

Die positive Auszeichnung des Festgelegten und Schablonenhaften, die Levers Bevorzugung der Wettkampfspiele zugrunde liegt, steht im Widerspruch zu der Beobachtung, daß Kinder im Spiel insbesondere flexibles Handeln lernen. Bateson (1971) nennt diese Fähigkeit »stilistische Flexibilität«; sie wirkt sich im Spiel selbst aus. Ein Kind, das einen Erzbischof spielt, lernt nicht die soziale Rolle eines Erzbischofs und handelt nicht nach für Erzbischöfe geltenden Regeln; es orientiert sich auch nicht an den für diese Würdenträgergruppe typischen Situationen. Es lernt, *daß* es Rollen im Spiel gibt und *daß* diese Rollen *Spiel*rollen sind. Die Flexibilität beginnt damit, daß das Kind einen Übergang vom Nichtspiel zum Spiel erkennt und sein Handeln *innerhalb* des Spiels zu einem Handeln eines anderen Typus umbaut und umbenennt.[9] Das Kind nimmt Bezug auf *anderes* Handeln; es nimmt gesehenes oder vorgestelltes Handeln auf und gestaltet dieses auf seine Weise. Durch sein mimetisches Handeln wird die soziale Praxis nicht verändert; es gehört in einen anderen Kontext, der folgenlos bleibt.

Zum Eintritt vom Nichtspiel in das Spiel gehört neben der stilistischen Flexibilität ein während der Spielzeit wirkender Glaube an die Wirklichkeit des Spiels (vgl. Bourdieu 1987, insbes. das Kapitel »Glaube und Leib«). Das Kind lernt, das Spiel und sich selbst zu verändern, dieses an andere Kontexte anzupassen, es fortzusetzen und zu beenden. Weiterhin lernt es, verschiedene flexible Spielstile voneinander zu unterscheiden und sie auszugestalten. Im Spiel und durch das Spiel erwirbt das Kind einen »*sens du jeu*« (Bourdieu 1987), einen Spielsinn. Es lernt in spezifischen Spielen den *sens du jeu* für dieses besondere Spiel, aber darüber hinaus auch für verwandte Spiele, für eine ganze »Spielfamilie«. Zum Spielsinn gehören Kognitionen (Erkennen von Spielrahmen und von Spielstilen, Antizipation zukünftiger Spielsituationen), Gestaltungsprinzipien, körperliche Fähigkeiten und Fertigkeiten, der Glaube an das Spiel, Bezugnahmen auf Situationen, Personen und Objekte außerhalb des Spiels (z.B. bei Nachahmungsspielen). Stilistische Flexibilität wird eher in Spielen gelernt, die nicht oder wenig von außen reguliert werden. Gerade die typischen Spiele der Mädchen,

---

9 Sutton-Smith 1971 nennt die Fähigkeit, die das Kind beim Wechseln aus dem Spiel in das Nichtspiel und umgekehrt erwirbt, »boundary facility« (S. 105).

auch ihre Wettspiele, sind dafür besonders geeignet, insofern als sie Situationen gestalten, Kooperation favorisieren, Bewegungen stilisieren, rhythmisieren und aufeinander abstimmen.

Die Hervorhebung von Qualitäten der Bewegungsausführung, die Mädchenspiele auszeichnet, sollte nicht vordergründig als diffuses Schönheitsstreben interpretiert werden. Sie hat vielmehr Wirkungen in zwei Richtungen: auf die Zuschauerinnen, die die Tätigkeit von außen beobachten und darauf warten, den Spielpart zu übernehmen, und auf die Spielerin selbst, die ihre Bewegungen propriozeptiv erfährt. Spielbewegungen stellen in Mädchenspielen ein Medium der Vermittlung zwischen den Gefühlen und Erfahrungen der Spielerin und den anderen dar: Den Zuschauerinnen werden Bewegungen dargeboten, die in der Spielerin Propriozeptionen auslösen; im Austausch der Positionen erzeugt die frühere Zuschauerin Erfahrungen und Gefühle, indem sie Bewegungen nachvollzieht, an denen sie vorher über das Sehen beteiligt war. Sie dehnt ihren Erfahrungsraum aus, indem sie die Aufführung der vorherigen Spielerin fortsetzt. Durch den Tausch der Positionen wird die eine zur anderen, aber nicht durch Introspektion, sondern durch sukzessive Gestaltung ein und derselben Bewegungsfolge. Beide Mädchen stellen ein gemeinsames Ergebnis her, das äußerlich sichtbar als »Choreographie« aufgeführt und von den Spielerinnen als gemeinsamer proprizeptiver *und* bühnenartiger Raum erzeugt wird. Im Unterschied zu dem objektiven, räumlich abgegrenzten Feld des Mannschaftsspiels ist dieser ein subjektivierter, verinnerlichter Raum.

Die gemeinsame Konstruktion eines gehandelten, wahrgenommenen, erfahrenen und gefühlten Raumes scheint in Wettspielen zwischen Mädchen mindestens ebenso wichtig zu sein wie das objektivierte Resultat in Punkten und Gewinnkonstellationen in den Jungenspielen. Zum *sens du jeu*, zum Sinn für diese Spiele gehört die Fähigkeit und Bereitschaft, über Zusehen, Positionstäusche und Aufführungen einen bestimmten Spielzustand und, in eins damit, eine Gleichheit zwischen den Teilnehmerinnen herzustellen. Persönliche Gegnerschaft fällt in solchen Spielen nicht ins Gewicht, auch nicht eine scharfe Abgrenzung und Behauptung des eigenen Ichs gegen die anderen, sondern es kommt in erster Linie darauf an – obwohl auch der Aspekt des Wettspiels erkennbar ist –, Gemeinsamkeit zwischen den Spielerinnen herzustellen. Freilich schließt eine solche Gemeinsamkeit nicht aus, daß sich die Spielerinnen gegenüber den anderen darstellen, sich miteinander vergleichen und sich womöglich gegenseitig »ausstechen«.

Wettkämpfe zwischen Jungen haben eine andere Struktur. Zwar beruhen auch sie auf Kooperation, aber das Gemeinsame – dasselbe Ziel, die Anerkennung derselben Regeln, dieselben Wünsche nach Auszeichnung und Abgrenzung – bringt die Teilnehmer gegeneinander. Mit dem Sieg erringt der Spieler eine Besonderheit im Vergleich zu den Unterlegenen, nämlich jene, ein herausragendes Individuum zu sein. Zum Sinn für diese Spiele gehören wesentlich die Überzeugung vom Wert des Siegs, die Wahrnehmung des anderen als Gegner, der Glaube an die im Spielgeschehen errungene Überlegenheit des Gewinners und, damit verbunden, an die Rechtmäßigkeit des Resultats.

Mimetische Bezugnahme im Spiel

Im Spiel lernt man nicht über das Spiel hinaus, und doch können Spiele eine Nähe zur sozialen Praxis haben. Mit einem Ausdruck der traditionellen Spielforschung sind Spiele durch ein Als-ob gekennzeichnet – zwar sind sie keine Wirklichkeit, aber sie sind so, *als ob* sie wirklich wären. Sehr viel genauer gekennzeichnet hat Bateson[10] den Charakter des Wirklich-Unwirklichen des Spiels als eine komplexe Struktur, die gebildet wird aus einem metakommunikativen Rahmen, der die Spielereignisse aus dem Fluß der Alltagswelt herauslöst und als Geschehen eines anderen (sprachlogischen) Typs darstellt. Indem sich dieser Rahmen zur Geltung bringt (durch Zeichen, die angeben, daß jetzt etwas anderes, ein Spiel, beginnt), macht er implizit die metakommunikative Mitteilung: »Dies ist ein Spiel.«

Alles, was man im Spiel lernen kann, findet unter den Bedingungen des Rahmens statt. Wenn man im Spiel etwas lernt, was auch außerhalb des Spiels von Bedeutung ist, muß es *im Spiel* eine homologe Position wie im Alltagsleben haben. Batesons Argument

---

10 In Bateson 1981. In den folgenden Ausführungen wird das Spiel als eine aus einem Handlungskontext hervorgehobene, durch einen Rahmen abgetrennte besondere Handlung dargestellt. Dieser Handlungskontext, dem gegenüber das Spiel herausgehoben ist, wird von mir unterschiedlich bezeichnet, als »Alltagswelt«, »soziale Praxis« oder generell als »Nichtspiel«. Die Verschiedenheit der Bezeichnungen soll keine systematisch verschiedenen Sachverhalte bezeichnen.

besagt, daß die Bedeutungen aller Handlungen, Äußerungen und Gegenstände innerhalb von Spielrahmen nicht im buchstäblichen Sinne verstanden werden, da die semantische Dimension von Spielen die paradoxale Struktur des Als-ob besitzt. Anders verhält es sich mit den die Spiele konstituierenden Prinzipien. Sie gehören nicht zur semantischen Dimension selbst hinzu, sondern organisieren die für ein Spiel typischen Kontexte, in denen dann die besonderen Bedeutungen erzeugt werden. Solche Kontexte werden auch im Alltagsleben mit Hilfe gleichartiger Prinzipien hergestellt. Die Besonderheit dieser konstituierenden Prinzipien ist, daß sie innerhalb *und außerhalb* von Spielen homologe Positionen einnehmen. Während sich die Bedeutungen in Spiel und Alltagswelt nicht gleichen, stellen die Prinzipien eine Vermittlung zwischen beiden Welten dar: Sie sind Transwelt-Elemente. Daher ist es möglich, im Spiel Organisationsprinzipien auch der Alltagswelt zu lernen, mehr noch: an sie zu glauben und sich für sie emotional zu engagieren.

Die These der Einübungs- und Lernfunktion von Spielen wird oft begründet mit der Ähnlichkeit, die zwischen Spielhandlungen und Alltagsgeschehen bestehen kann. Football, so wird gesagt, habe Ähnlichkeit mit Akten der Landnahme. Nur hat kein Akt der Landnahme jemals so ähnlich ausgesehen wie der *home run* eines Footballspielers. Man muß sich von einer Betrachtung lösen, die nur auf Eindrücken von Ähnlichkeit beruht. Es gibt eine tiefere Übereinstimmung zwischen Football und Merkmalen der nordamerikanischen Gesellschaft.[11] Die Beziehung zwischen einem populären Spiel und der Gesellschaft, in der es betrieben wird, ist eine mimetische, aber nicht in dem oberflächlichen Sinn von Imitation, Ähnlichkeit oder Analogie.[12] Spiele bilden Welten, die für sich stehen können und die relative Autonomie besitzen, aber zugleich auch Bezug auf eine (oder mehrere) Welt (oder Welten) außerhalb des Spiels nehmen. Das heißt nicht, daß Spiele einfache Abbilder oder Widerspiegelungen einer sozialen Welt sind; die Bezugnahme ist komplexer. Aufgrund ihrer paradoxalen Grundstruktur des

---

11 Vgl. A. Markovits' (1987) Bemerkungen zur sozio-kulturellen Geschichte des amerikanischen Footballspiels im Vergleich zu Baseball und europäischem Fußball.
12 Zum Mimesis-Konzept vgl. Gebauer/Wulf 1992. »Mimesis« wird hier gedeutet als eine Bezugnahme einer erzeugten Welt auf eine andere (im logischen Sinne) vorgängige Welt.

Als-ob enthalten Spiele keine eindeutigen Aussagen, weder zustimmende noch ablehnende, über die vorgeordnete Welt. Aber es gibt Spiele, deren Organisationsprinzipien denjenigen gleichen, die das Alltagshandeln regeln. In diesem Fall besteht ein realistisches Verhältnis zwischen beiden Welten. Mit einem Ausdruck aus der Literaturwissenschaft will ich es »*effet de réel*« (R. Barthes) nennen.

Bei der Erzeugung von »realistischen« Spielwelten werden dieselben zentralen Prinzipien verwendet wie in der Alltagswelt mit dem Unterschied, daß sie in andersartige Rahmen integriert und zur Erzeugung neuer Kontexte verwendet werden. Sie sind Transwelt-Elemente, die in viele verschiedene mögliche Welten eingezogen sind und diese organisieren. Bevor ich sie genauer kennzeichnen werde, sollen die Veränderungen beschrieben werden, die mit einer Alltagshandlung geschehen, wenn sie in ein Spiel übernommen wird.

Aufführung der Person

Vygotsky (1976) berichtet von einer Beobachtung Sullys: Zwei Schwestern im Alter von fünf und sieben Jahren sagten sich: »Komm, laß uns Schwestern spielen.« Sie spielten etwas, was sie in Wirklichkeit waren. Es sei leicht, fährt Vygotsky fort, ein Kind dazu zu bringen, mit seiner Mutter zu spielen, daß es das Kind und sie die Mutter sei (S. 541). Die Schwestern führen ihr Schwester-Sein auf, ebenso wie das Kind sein Kind-Sein zeigt.[13] Zum Spiel gehören der Glaube, daß man (im Spiel) wirklich *ist*, was man *spielt*, und die Fähigkeit, im Spiel zu *werden*, was man *ist*. Die Schwestern erzeugen die in der Alltagswelt übliche Darstellung ihrer sozialen Rolle noch einmal. Alles, was dazu gehört – soziale Anforderungen, Zumutungen, Erwartungen, Eigenschaften, Verhaltensmerkmale, Beziehungen zu den anderen –, wird Gegenstand von Spiel. Das Spielen der eigenen Person führt auf, wie diese

---

13 »In games of sisters playing at ›sisters‹ ... they are both concerned with displaying their sisterhood ... – What passes unnoticed by the child in real life becomes a rule of behaviour in play« (Vygotsky 1976, S. 542). Mir kommt es hier nicht auf den Regelgedanken an, sondern auf Vygotskys Beobachtung, daß »the child in playing tries to be a sister. In life the child behaves without thinking that she is her sister's sister.« (S. 541)

Person sozial konstituiert wird; wie man es macht, eine bestimmte Person zu sein. Darin liegt weniger ein kognitiver Vorgang als ein Machen von Wirklichkeit.

Die Kinder wissen, daß sie spielen und wie sie zu spielen haben, damit sie zu dieser bestimmten Person werden, die sie sind. Dies haben sie nicht im Spiel gelernt, sondern schon vorher. Ihnen ist die Bezeichnung »Schwester«, »Kind« auferlegt worden; ihnen ist eine Art Titel gegeben worden, der sie im Verhältnis zu den anderen definiert. Die Alltagswelt funktioniert selbst wie ein Spiel, freilich einer anderen Art als das Kinderspiel. Die Kinder sind in dieses Spiel eingeführt worden, sie sind darin eingetreten und haben die Fähigkeit erworben, darin mitzuspielen. Im Spiel der Schwestern wird das implizite Wissen über dieses primäre Spiel aufgeführt, der Spielsinn, der sie dazu befähigt, »mitzuspielen und mitzufunktionieren« (Bourdieu 1985, S. 76).

Das Spiel ist eine Gelegenheit, innerhalb eines vom Kind selbst geschaffenen Spielrahmens die objektiven Elemente, die sein Kind-Sein ausmachen, subjektiv auszuspielen und sie, durch den Glauben an das Spiel intensiviert, zu *eigenen*, dem Subjekt zugehörigen Elementen zu machen. Kinder eignen sich im Spiel sich selbst als soziale Personen an. Sie spielen ihre »originäre Taufe«[14], in der ihnen gesagt wurde: »Du bist der-und-der«, auf *ihre* Weise nach, nämlich so, wie sie sich sehen, empfinden, körperlich verhalten. Der Subjektivierungsprozeß findet nicht im Inneren, sondern in einer Aufführung statt. Das Kinderspiel ist in dieser Sichtweise eine Inbesitznahme einer sozial konstituierten, von der Gesellschaft gegebenen Person in einem äußeren mimetischen Prozeß.

In Mädchen- und Jungenspielen werden typische soziale Personen, die der Mädchen und die der Jungen, in körperlichen Darstellungen gezeigt: wie die einverleibten Fähigkeiten und Fertigkeiten in Form von Körperhaltungen, Einsatz von Kraft und Geschicklichkeit, in Zufallsaktionen oder geduldigem Warten ausgespielt werden, wie sie den Raum gestalten, wie sie die Nähe zu anderen

---

14 Vgl. zu diesem Begriff Gebauer 1989; gemeint ist damit eine Art sozialer Einführung des Kindes in die Handlungskontexte und Sprachgebräuche seiner Gesellschaft. Der Ausdruck macht darauf aufmerksam, daß ein Mensch nicht einer Sozialisationsprozedur unterzogen, sondern von anderen Personen angesprochen, benannt, auf einen bestimmten Platz innerhalb der Sprachspiele, an denen er partizipiert, gestellt wird.

suchen, sich schmücken, miteinander kooperieren oder auf Konfrontation, Überbietung und Vorteil aus sind.

In den typischen Mädchenspielen, die von Jungen gemieden werden, spielen die Mädchen – neben der speziellen Spielthematik – die soziale Person von Mädchen, die Jungen in den für sie typischen Spielen die soziale Person von Jungen.[15] Mädchen und Jungen kann man anhand ihrer Spiele sozial typisieren. In das Spiel einbezogen sind nicht nur die aktuell Aufführenden, sondern auch – als indirekte oder potentielle Teilnehmer – die zuschauenden Kinder und Jugendlichen. Sie haben zwar nicht die körperlichen Erfahrungen der Spieler, aber sie partizipieren an demselben Glauben und besitzen, insofern auch sie die soziale Person »Mädchen« oder »Jungen« verliehen bekommen und, schon früher, primäre Spiele gespielt haben, einen vergleichbaren Spielsinn. Sie kennen die gezeigte soziale Person und nehmen an deren Aufführung teil.

Konstitutive Prinzipien von Spielen

Es leuchtet ein, daß typische Mädchen- und Jungenspiele einen starken *effet de réel* besitzen, insofern in ihnen das Typische des Mädchen-/Jungen-Seins aufgeführt wird. Sie wirken nicht über Ähnlichkeit, sondern dadurch, daß in die Alltagswelt und die Spiele die gleichen Transwelt-Elemente eingezogen sind. Meine zusätzlich in die Argumentation eingeführte Annahme besagt, daß die soziale Person, die ein Mädchen/Junge darstellt, selbst in einer Art von primärem Spiel eingeführt und erworben wurde. Das Spiel organisiert diese Elemente noch einmal, aber anders, indem es den Spielsinn (wozu Glauben und Interesse gehören) *der Alltagswelt* zum Ge-

---

[15] Nach El'Konin 1971 werden in Spielen soziale Beziehungen simuliert. Dies geschieht dadurch, daß Kinder sich zweifach bezeichnen, einmal mit ihrem eigenen und zum anderen mit dem Namen der Person, deren Aktivität sie reproduzieren. Mit Hilfe des Spiels nimmt ein Mädchen soziale Beziehungen zu anderen Mädchen und Frauen, ein Junge zu anderen Jungen und Männern auf. Die doppelte Bezeichnung der eigenen Person ist »an act of identification of his activities with the activities of another person and, thereby, a comparison of them and a reorientation of the activities from the object to the adult« (S. 226). »The play itself, due to this functions, emerges as a powerful means of the child's penetration into reality« (S. 230). Dieser Gedanke wird auch von anderen russischen Psychologen, insbesondere von Leontjew, ausgeführt.

genstand von Aufführung macht. Die Spiel-Person setzt die soziale Person in Form einer subjektiven Aneignung im Spiel fort.[16] Welche der in typischen Mädchen- und Jungenspielen vorkommenden Prinzipien organisieren auch die Alltagswelt und können als Transwelt-Elemente betrachtet werden? Bei meinen Überlegungen werde ich auf Roger Caillois' (1982) Einteilung der Spiele zurückgehen, die auf der Annahme organisierender Prinzipien, die Spiele mit der Alltagswelt gemeinsam haben, beruht. Zuerst soll der Gedanke Caillois' dargestellt werden, dann werde ich einige typische Mädchen- und Jungenspiele möglichst genau analysieren.

Die ersten zwei von insgesamt vier Kategorien der Cailloisschen Einteilung der Spiele organisieren eine Entscheidung: Die erste Kategorie ermittelt den Sieger eines Wettkampfs, die zweite verteilt einen Gewinn mit Hilfe eines Zufallsverfahrens. In der ersten Kategorie hat der Spieler selbst die Verantwortung für den Ausgang und beeinflußt diesen durch seinen Einsatz und seine Leistung, indem er sich in der Konkurrenz gegen seine Gegner durchsetzt; dies ist das Prinzip des »*Agon*«. In der zweiten Kategorie läßt das Spiel den Zufall entscheiden; der Spieler vertraut sich passiv seinem Schicksal an, indem er auf sein Glück setzt – dies ist die Kategorie der »*Alea*« (von lat. Würfel).

Die dritte und vierte Kategorie von Spielen sind jene von nicht-entscheidungsorientierten Spielen. Durch das Spiel wird eine Verwandlung des Spielers, seiner Welt und seines Verhältnisses zu den anderen hervorgerufen. Dies kann auf zwei Weisen geschehen: Er kann sich vorübergehend in einen anderen verwandeln, indem er diesen mit Hilfe von Maske, Kleidung oder Nachahmung darstellt; dies ist die Kategorie der »*Mimikry*«. Zum anderen kann er seinen Zustand verändern und sich in Rausch oder Ekstase versetzen; dies ist die Kategorie der »*Illinx*« (von griech. Wasserstrudel).

Die vier von Caillois herausgearbeiteten Kategorien sind analytisch voneinander unterschieden. Tatsächlich treten sie meistens in Verbindungen auf. In Sportwettkämpfen und anderen spielerischen Konkurrenzen braucht man zum Erfolg neben der persön-

---

16 Vgl. I. Opie und P. Opie 1976, die in ihrer Arbeit über Straßenspiele zeigen, wie das Gefühl, ein Spielkamerad zu sein, dadurch entsteht, daß man dasselbe wie die anderen tut (S. 395). – B. Thorne weist darauf hin, daß Geschlechtsabgrenzungen, wenn sie in Spielen evoziert werden, von »stilisierten Handlungsformen begleitet werden«, die mit einem Sinn für Aufführung (»a sense of performance«, S. 66) vollzogen werden.

lichen Leistung auch den günstigen Zufall (die Tagesform, der gewünschte Gegner, der Startplatz, die »Gunst der Stunde«). Bei der Gewichtung des Einflusses von persönlichem Verdienst einerseits und von Glück andererseits scheinen mir jedoch signifikante Unterschiede zwischen den Geschlechtern zutage zu treten. Es ist auffällig, daß Mädchen ihren eigenen Erfolg in Konkurrenzen bevorzugt als das Ergebnis von Zufall darstellen. Ganz anders wird von Jungen bei der Einschätzung von guten Wettkampfresultaten – häufig entgegen den Tatsachen – der Einfluß des Zufalls meistens unterschlagen. Oft wird sogar dem Sieger das ihn begünstigende Glück als Verdienst zugerechnet.

Caillois' Überlegungen sind an dieser Stelle auf die für Jungen typischen Wettkämpfe eingeschränkt. Die Kategorie des »Agon« kann auch in einer anderen Kombination als mit jener der »Alea« auftreten. In solchen Fällen wird das Agonale andere Ausprägungen erhalten als das Gegeneinander, wie es in ökonomischen Konkurrenzen, Ausscheidungskämpfen, Duellen, Prüfungen, im Rekord- und Leistungsstreben vorkommt. Es ist dann vermutlich nicht mehr Ausdruck der Suche nach Auszeichnung. Von Mädchen werden Wettspiele gespielt, die offenkundig anders organisiert sind als die typischen Wettkämpfe von Jungen.[17]

Die vier Organisationsprinzipien »kommen auch außerhalb der geschlossenen Welt des Spiels zum Ausdruck« (S. 75); auch im Alltagsleben organisieren sie Prozesse der Entscheidungsfindung und

17 R. Eiferman 1976 zeigt, daß Mädchen andere Herausforderungen (»challenges«) suchen als Jungen. – Während Sozialwissenschaftler, Alltagsbeobachter und die Kinder selbst wissen, daß das Attribut »Männlichkeit« dem Wettkampfverhalten zugeschrieben wird (King/Miles/Kniska 1991, S. 618), bleibt es ziemlich unklar, wie »Weiblichkeit« attribuiert wird. Über die Nicht-Zuschreibung von »Weiblichkeit« zum Wettkampfverhalten hinaus scheinen Mädchen eine Tendenz zu haben, sich Handlungen mit explizitem Wettkampfcharakter zu verweigern. Dieser Gedanke läßt sich anhand einer Beobachtung von Steffani Engler (pers. Mitteilung) verdeutlichen: Vor einem Geschäft in Italien stehen zwei Kinder (5 bis 7 Jahre) eines deutschen Urlauberehepaars und schwenken jedes ein Schwert und eine Fahne, die sie gerade erhalten haben. Der Junge rückt kämpferisch auf seine ältere Schwester zu, reißt die Fahne mit der einen, das Schwert mit der anderen Hand hoch und ruft: »Ich erkläre Dir hiermit den Krieg!« Die Schwester reißt ihrerseits Fahne und Schwert hoch und erwidert im selben Ton: »Und ich erkläre Dir hiermit den Frieden!« Der Junge, immer noch in Kampfposition: »Ich hab' Dir aber zuerst den Krieg erklärt.« Das Mädchen, ebenso ihre Kampfposition beibehaltend: »Ich erkläre Dir aber trotzdem den Frieden.« Der Junge senkt langsam seine Fahne, dann sein Schwert, wendet sich ab und kämpft gegen einen unsichtbaren Gegner. Das Mädchen spielt wieder mit ihrer Fahne.

der Zustandsveränderung: als Konkurrenzprinzip (das in Schule, Universität, Beruf ideologisch auf Leistung verkürzt wird) oder als Zufallsverfahren (Lotto, Spielbanken, Preisausschreiben), als soziale Darstellung mit Hilfe von Masken und Rollen (Interaktionsrituale, Präsentationen, Preisverleihungen) und als Erzeugung von außergewöhnlichen, rauschhaften Zuständen (Massenerlebnisse, Konzerte, Kaufrausch, Alkohol). Anders als innerhalb von Spielrahmen haben sie außerhalb nicht die paradoxale Struktur des Als-ob und bleiben nicht folgenlos. Mit Hilfe der vier Prinzipien werden Angebote von unterschiedlich organisierten Spielen und Alltagshandlungen erzeugt. Auf der Seite der sozialen Subjekte entsprechen diesen Angeboten verschiedenartige Ausprägungen des Spielsinns und des Interesses. Wenn eine Person solche Angebote – im Spiel oder in der Alltagswelt – wahrnimmt, bringt sie damit ihren Spielsinn und ihr Interesse an den entsprechenden Prinzipien zum Ausdruck.

Die unterschiedlichen Prinzipien von Mädchen- und Jungenspielen

Übertragen wir die Diskussion der Transwelt-Elemente auf die typischen Mädchen- und Jungenspiele: Nach welchen Prinzipien sind die verschiedenen Spielangebote organisiert? Welchen Anteil haben an diesen Spielen der Wettkampf, der Zufall, die Mimikry und der Rausch? Typische Jungenspiele haben eine deutlich erkennbare agonale Struktur; viele von ihnen (sportliche und außersportliche Spiele) haben die Form des Gegeneinanders, der Adversität, des Überbietens, des Ausscheidungskampfs; es geht in ihnen um die Herstellung von Rangordnungen, Auszeichnungen, Einmaligkeit und um symbolische Macht. Ihre Ergebnisse werden gegliedert in eine positive, hochangesehene und eine negative, geringgeschätzte Seite: der Sieger – die Verlierer, die Guten – die Schlechten, die Gewinner – die Versager. Die Teilnahme an agonalen Spielen setzt die Bereitschaft zur Anerkennung der im Wettkampf etablierten Hierarchie voraus, damit die freiwillige Einordnung, oft auch Unterordnung. In den typischen Mädchenspielen können ebenfalls agonale Züge vorkommen, aber sie funktionieren etwas anders; dies haben wir bereits an der Meidung von Adversität, an der Betonung des Kooperativen und der Herstellung von gemeinsamen verinnerlichten Räumen gesehen. Wenn wir die unterschiedliche Ausprägung des Agonalen in ihnen näher bestimmen wollen, müssen wir untersuchen, mit welchem *zweiten* Prinzip sich der Agon verbindet.

In den Jungenspielen scheint die agonale Kategorie alle anderen zu dominieren; zugleich ist in ihnen das Prinzip der Alea immer präsent. Der Zufall ist ihr untergründiges Thema. Das beliebteste Jungenspiel in Deutschland, der Fußball, wird mit dem unsensibelsten und ungeschicktesten spielfähigen Körperteil und mit einem Spielobjekt gespielt, das sich viel weniger zur Kontrolle und Beherrschung eignet als alle anderen Sportgeräte. Der Ball führt, wie jeder Liebhaber dieses Spiels weiß, ein Eigenleben, das der Spieler unmöglich unter Kontrolle zu bringen vermag. Es ist der Ball, der das Spiel beherrscht, nicht der Spieler den Ball. Fußballer sind durchweg von der Macht des Schicksals überzeugt und ordnen sich diesem ebenso freiwillig unter wie der Hierarchie einer Mannschaft. In jeder Sportart geht es um die Überwindung von Zufall – das ist der Grund, warum Doping systemkonform ist (vgl. Hoberman 1992) –, aber am schwierigsten ist dies im Fußball zu erreichen. Nur ganz wenige »große Männer«, von denen man heute noch spricht, haben dies eine Zeitlang fertiggebracht. Die anderen ordnen sich diesen unter und versuchen, an deren Macht teilzuhaben. Wie in allen Spielen, in denen es um Zufall geht, ist der Einsatz hoch. Im Fußball wird neben dem Geld die Ehre eingesetzt; sie ist das einzige Gut, das in allen Wettkämpfen wirklich zählt. Die Ökonomie der Ehre ist einzigartig, weil man diese nicht durch Addition der Zugewinne vermehrt, sondern dadurch, daß man sie mit großer Geste aufs Spiel setzt.

In den Wettspielen der Mädchen hat der Zufall keine konstitutive Rolle inne. Auch der Einsatz materieller oder immaterieller Güter ist kein wesentliches Merkmal; Ehre ist nicht im Spiel. Bei Hüpfspielen geht es nicht darum, den Spielraum und das Spielobjekt zu beherrschen. Ähnlich wie der Ball ist das Springseil ein Mitspieler, allerdings kein übermächtiger, sondern ein umgänglicher, eher eine Art Partner, mit dem zusammen man die Spielhandlung gestalten kann. Ein Mädchen führt gemeinsam mit dem Seil den zuschauenden anderen Spielerinnen ihre Bewegungen vor, die den Charakter einer gestalteten Darbietung haben. Das Agonale verbindet sich hier, wie auch in anderen beliebten typischen Mädchenspielen, mit dem Prinzip der Mimikry. Die Kategorie der

Alea fehlt fast vollständig und damit auch der Charakter der Prüfung und der Konkurrenz: Obwohl die Hüpfspiele agonal organisiert sind, tendieren sie nicht zu sportlichen Wettkämpfen. Viel stärker ist die Qualität der Aufführung. Die Hüpfspiele stehen mit dem Schauspielhaften des Sich-Verkleidens, mit dem Kleidertauschen und Maskenhaften des Sich-Schminkens in Verbindung; die Mädchen spielen sich selbst als Aufführende. Sie zeigen, wie sie das Spielobjekt, das Sprungseil oder Gummiband, gefügig machen. Gefügig nicht im Sinne von Machtausübung oder »Zurichtung«, sondern als Erzeugung eines antwortfähigen Dings: Das Spielobjekt reagiert genau so, wie die Spielerin es von ihm möchte.

Das Interesse an der Verwandlung eines unbelebten Objekts in eine Art Wesen, das sich den Erwartungen entsprechend verhält, zeigt sich noch viel deutlicher im Puppenspiel. Charakteristisch für das Puppenspiel ist ein kleiner, intimer Raum, der sich nach innen ausdehnt wie eine Art Bühnenraum.[18] Die Puppe wird von der Spielerin mit Leben erfüllt. Sie wird mit Gefühlen, Willen, Absichten ausgestattet, so daß sie auf die Spielerin antworten und das verlangte Verhalten hervorbringen kann. Im Puppenspiel geht es um das Machen einer Person, die wie die Spielerin beschaffen ist und sich ihr gegenüber mimetisch verhält. Sie wird mit Hilfe von Empathie verlebendigt: Diese Fähigkeit besitzt nur die Spielerin; sie bewirkt die Antwortfähigkeit der Puppe. So hat das Puppenspiel zwei Seiten: zum einen den Glauben an die Kraft der Empathie, die bewirkt, daß sich die Spielerin in die Puppe, in den anderen, hineinversetzt; und zum anderen den Glauben, daß man den anderen *machen* kann. Auch die Mädchen gewinnen eine Art

---

18 Erikson (1971) hat Mädchen und Jungen beim Spielen mit Puppen und anderen Spielsachen beobachtet. Nach seinem Ergebnis neigen die Mädchen dazu, ruhige Alltagsszenen, bevorzugt im Haus oder in der Schule, aufzubauen. Die am häufigsten vorkommende »aufregende Szene«, die von Mädchen gebaut wird, ist die einer ruhigen Familienkonstellation in einem Haus ohne Wände, wobei das ältere Mädchen Klavier spielt. Die Jungen hingegen konstruieren mehr Gebäude und Szenen außerhalb des Hauses, insbesondere solche mit wilden Tieren, Indianern oder Autounfällen. Die von ihnen bevorzugte Figur ist der Polizist, während bei den Mädchen diese von dem »älteren Mädchen« eingenommen wird (S. 129). – Erikson deutet die Hinwendung und Nähe zum Haus bei den Mädchen tiefenpsychologisch. Nach einer Bemerkung Freuds ist das Haus die regelmäßig wiederkehrende Repräsentation der menschlichen Gestalt. In dieser Perspektive wäre die Ausgestaltung eines Hauses, eines Puppenhauses, eine metaphorisch vermittelte Beschäftigung, Formung, Gestaltung eines Körpers, dem der Sinn einer menschlichen Gestalt gegeben wird.

Macht; freilich ist diese subtiler beschaffen und versteckter als diejenige, die Jungen in ihren körperlichen Konfrontationen mit Hilfe von Kraft, Technik und List ausüben. *Ihre* Macht liegt in der Weise ihres Sprechens, das viel mehr ist als nur ein Werkzeug.[19] Es ist ein Medium, mit dem sie auf ein Gegenüber einwirken und diesem Züge einer menschlichen Persönlichkeit verleihen. Zweifellos besitzen auch Jungen diese Fähigkeit, aber sie gehört nicht zu den wichtigen Aufführungselementen des Jungen-Seins, ebenso wie umgekehrt die Demonstration der Zufallsbeherrschung nicht zentral für die Aufführung des Mädchen-Seins ist.

Im Unterschied zum öffentlichen ausgedehnten Raum des Fußballs ist der Raum beim Puppenspiel für die Herstellung einer Person von Bedeutung. Er ist auf einen Bühneninnenraum hin angelegt, in dem einem Spielobjekt Leben verliehen wird. Bei den Mädchenspielen sind alle Beteiligten tatsächliche oder potentielle Mitspielerinnen; wenn Zuschauerinnen hinzukommen, beteiligen sie sich am Geschehen durch die gleiche Art der Empathie, die das Puppenspiel ermöglicht. Typische Jungenspiele, wie Fußball, werden gegenüber Zuschauern präsentiert. Sie richten eine *öffentliche Bühne* ein, die sich der Betrachtung darbietet. Selbst wenn niemand zusieht, ist die Unterscheidung von Bühne und Zuschauerraum konstitutiv für diese Spiele. In ihnen kommen zwei Arten von Interesse und in eins damit zwei Formen der Beteiligung, eine des Mitspielens und eine des Zuschauens, zur Geltung.

In den typischen Spielen der Jungen verbindet sich das agonale

19 E. Maccoby 1990 kommt bei ihrer Erforschung des Problems, warum das Spiel in reinen Jungengruppen so stark von jenem in reinen Mädchengruppen abweicht, zu dem Ergebnis, daß in beiden das Sprechen grundsätzlich andere Funktionen erfüllt: Zwischen Jungen dient das Sprechen weitgehend egoistischen Funktionen und wird verwendet »to establish and protect an individual's turf«. Bei den Mädchen ist die Unterhaltung »a more socially binding process« (S. 516). In ihren Interaktionen beeinflussen sich Mädchen gegenseitig mit Hilfe der Sprache; ihr Beeinflussungsstil ist »well adapted to interaction with teachers and other adults« (S. 514). Jungen hingegen, so fand Maccoby in Untersuchungen heraus, »were unresponsive to vocal prohibitions of female partners« (S. 515); sie bevorzugten einen »confrontational style«. Mädchen interagieren in allen Gruppen, auch in gemischten, anders als Jungen: »girls... are more likely than boys to express agreement with what another speaker has just said, pause to give another girl a chance to speak or when starting a speaking turn, acknowledge a point previously made by another speaker« (S. 516). Von Maccobys Beobachtungen über die »responsive« Interaktion zwischen Mädchen ist es nur ein kleiner Schritt zu meiner Vermutung, daß diese in Interaktionen von ihrem Spielpartner, eben auch von Spielobjekten, »responsiveness« erwarten.

Prinzip mit der Alea, in denen der Mädchen mit der Mimikry. Während bei den Jungen der Wettkampf im Vordergrund steht und als Beherrschung des Zufalls organisiert wird, liegt der Schwerpunkt bei den Mädchen ebenso eindeutig auf dem Aspekt des mimetischen Herstellens von »Personen«.[20] Das agonale Element wird bei den Jungen in ungleich stärkerem Maße als bei den Mädchen als Adversität, als ein Gegeneinander verstanden und öffentlich aufgeführt. Einige der Jungenspiele sind auch Männerspiele; sie werden im Erwachsenenalter weitergespielt oder in eine Beteiligung durch Zuschauen verwandelt. Die Kombination von Agon und Alea findet sich nicht nur im Alltagsleben von Jungen, sondern auch in spezifisch agonal organisierten Institutionen, die Prozeduren der Entscheidungsfindung und Herstellung von Rangordnungen auf der Basis von Adversität organisieren. Jungenspiele und soziale Institutionen der Positions- und Statusvergabe haben homologe konstitutive Prinzipien.

Wissen, wie man spielt

In ihren typischen Spielen eignen sich Jungen subjektiv das an, was in der Gesellschaft als Junge-Sein gilt. In Spielen, die nach den Prinzipien von Agon und Alea organisiert sind, wird die soziale Person »des Jungen« aufgeführt, von Spielern und Zuschauern begriffen und in die Glaubensgrundlage des eigenen Handelns übernommen. Es gehört zu dem sozialen Titel »des Jungen«, daß er seinen wettkämpferischen Spielsinn in solchen Situationen ausspielt, die von der Gesellschaft – im Spiel und im Alltagsleben – als Wettkämpfe angeboten werden. In sozialen Situationen, die unter der Verbindung von Agon und Alea deutbar sind, tendieren Jungen dazu, wettkampforientiert zu handeln.

---

20 Unter dem hier entwickelten Gesichtspunkt ist es nicht weiter verwunderlich, wenn Mädchen, unabhängig von ihren sonstigen Präferenzen, sich für typische Mädchenspiele interessieren. St. Engler kommt bei ihren Untersuchungen, in denen sie die Schulfachpräferenzen und Spielvorlieben von Studenten und Studentinnen verschiedener Fächer miteinander vergleicht, zu dem Ergebnis: Die Schulfachpräferenzen trennen die Gruppe der Studentinnen nach Fachzugehörigkeit. Hingegen treten bei der Vorliebe für Kinderspiele, die sie in ihrer Kindheit gespielt haben, Gemeinsamkeiten hervor – die Studentinnen geben unabhängig von ihrem Fach dieselben Spielvorlieben an, nämlich Malen und Puppenspiele (S. 85).

Bei Mädchen ist das Prinzip des Agons anders ausgerichtet; sie handeln auf agonale Angebote hin eher mit Betonung auf dem Prinzip der Mimikry; das bedeutet: nicht nach dem Ritual der Adversität, der Herausforderung und Ehre, sondern mit Bevorzugung von Kooperation und Einbeziehung in einen intimen Raum, mit Ansprechen der anderen und dem Bestreben, Spielobjekte mit Persönlichkeitszügen auszustatten. In den für sie typischen Spielen eignen sie sich die soziale Person »des Mädchens« subjektiv an und in eins damit den entsprechenden Spielsinn, gekennzeichnet durch Fähigkeiten des Gestaltens von sich und anderen, insbesondere mit Hilfe der Sprache.

Dieses Ergebnis besagt nicht, daß Mädchen nicht fähig zu Wett*kampf*handeln, Adversität, Meisterung des Zufalls und Jungen nicht fähig zu Kooperation, Empathie, Erzeugung von Persönlichkeitszügen seien, und schon gar nicht, daß die jeweils typischen Spiele solche Fähigkeiten bewirken würden. Über Ursachen und Fähigkeiten wird in meinen Überlegungen ebensowenig gesagt wie über die Leistungen, die in den verschiedenartigen Spielen vollbracht werden. Worum es mir geht, ist gerade nicht Einübung, Sozialisation, Modellernen. Am besten läßt es sich mit Hilfe der beiden Begriffe »Praktischer Sinn« und »Geschmack« von Bourdieu ausdrücken. Kinderspiele sind lustvolle Gelegenheiten, einen bestimmten Praktischen Sinn, d. h. eine Fähigkeit auszubilden, sich in einem besonderen sozialen Feld (mit spezifischen Feldstrukturen) mit nicht bezweifelbarer Handlungssicherheit, ohne Überlegung »richtig« zu verhalten, als habe man eine »zweite Natur« erworben: den Normen, Regularien und Erwartungen entsprechend, mit einem »Verständnis für die Situation«, einer »untrüglichen« Wahrnehmung (die auch außerhalb des Spiels auf gleiche Weise funktioniert), einem Engagement in das Spiel und einem Glauben an dessen Wichtigkeit und Ernst. – In Kinderspielen erwirbt man, zum zweiten, einen Geschmack an bestimmten Typen von Spielen, eine quasi-natürlich erscheinende Fähigkeit des Wählens, Planens, Aufnehmens und des Wohlgefallens angesichts von sozial erhobenen Anforderungen an die eigene Person. Der Praktische Sinn und Geschmack sind weder naturgegeben oder ansozialisiert noch Resultat von Erkenntnis, sondern entstehen in der Lebensgeschichte aus der sozialen Lage und Stellung sowie aus den Zugangsmöglichkeiten zu solchen Gelegenheiten, die dem Handelnden Gewohnheit, Übung, Orientierung und sinnliche Modelle verschaffen.

Betrachten wir die Art und Weise, wie Entscheidungen über Laufbahn und Karriere, z. B. in Form von Prüfungen, Berufungen, Einstellungen, in unserer Gesellschaft organisiert sind, so sind sie vielfach nach den Prinzipien von Agon und Alea, also wettkampfartig, strukturiert. Insbesondere die Universität ist seit ihrem Bestehen eine agonale Institution mit rituellen Kämpfen in vielen Gestalten – in Prüfungen, Disputationen, akademischer Kritik, öffentlichen Vorträgen, Befragungen, Habilitationen, Diskussionen, akademischen Feindschaften.[21] Der Spielsinn der akademischen Kämpfe betont das Zeremonielle der Agone. Dies macht sie nicht weniger ernst, folgenschwer und erbittert; verlangt wird insbesondere die Anerkennung des Spielrahmens. Wesentlich für das Spiel – und die Anerkennung als kompetenter Spieler – sind Kenntnis und Beachtung der Grenze zwischen Spiel und Nichtspiel. Bateson hat gezeigt, wie wichtig für das Funktionieren eines Spiels ist, daß man alles, was *Not-Play* ist, als nicht zum Spiel zugehörig erkennt.[22] Man muß also für das akademische Leben mit dem entsprechenden Spielsinn ausgestattet sein. Vom versierten Spieler wird verlangt, daß er die paradoxale Struktur des Agons einsehe, den Rahmen respektiere und in eine Haltung des Nicht-Kampfes zurückfinde. Wer dazu nicht fähig ist, verwechselt Spiel und Ernst.

In ihren typischen Spielen lernen Jungen, daß zum Jungen-Sein der rituelle Kampf gehört, daß am Ende des Kampfes Schluß ist mit der Adversität. In den typischen Mädchenspielen kommt dieser Mechanismus selten vor. Die Auseinandersetzungen werden darin anders geführt. Mädchen sind viel weniger bereit, das agonale Spiel so weit wie die Jungen in den Bereich vordringen zu lassen, den sie als Ernstfall definieren. So scheint es ein Problem des Geschlechterverhältnisses zu sein, daß den Mädchen und Frauen in vielen Institutionen unserer Gesellschaft nur die männliche Version der agonalen Spiele angeboten und dann von ihnen verlangt wird, daß sie ihre Sache in *dieser* und nicht in der ihnen vertrauten Form vertreten müssen.

---

21 Erinnert sei an die berühmte Bemerkung Max Webers in seinem Vortrag »Wissenschaft als Beruf« (1919): »Das akademische Leben ist also wilder Hasard« (S. 588).
22 Bateson 1971. In diesem Aufsatz vertritt Bateson die Auffassung, daß zum kulturellen Lernen wesentlich hinzugehört, daß man »›not‹objects«, d. h. zu einer bestimmten Tätigkeit nicht hinzugehörige Dinge, kennen muß.

Literatur

Bateson, G. (1971): »The Message ›This is Play‹«, in: R.F. Herron, B. Sutton-Smith (Hg.), *Child's Play*, New York, S. 261-269.

Bateson, G. (1981): »Eine Theorie des Spiels und der Phantasie«, in: ders., *Ökologie des Geistes. Anthropologische, psychologische, biologische und epistemologische Perspektiven*, Frankfurt am Main, S. 241-261.

Block, G. (1983): »Differential Premises Arising from Differential Socialization of the Sexes: Some Conjectures«, in: *Child Development* 54, S. 1335-1354.

Bourdieu, P. (1982): *Die feinen Unterschiede*, Frankfurt am Main.

Bourdieu, P. (1985): *Sozialer Raum und ›Klassen‹. Leçon sur la leçon. Zwei Vorlesungen*, Frankfurt am Main.

Bourdieu, P. (1987): *Sozialer Sinn*, Frankfurt am Main.

Breidert, W.: »Rhythmomachie und Globusspiel. Bemerkungen zu zwei mittelalterlichen Lehrspielen«, in: *Mitteilungen und Forschungsbeiträge der Cusanus-Gesellschaft* 10, Mainz, o.J.

Caillois, R. (1982): *Die Spiele und die Menschen. Maske und Rausch*, Frankfurt/M., Berlin, Wien.

Deutsches Jugendinstitut (Hg.) (1992): *Was tun Kinder am Nachmittag? Ergebnisse einer empirischen Studie zur mittleren Kindheit*, München.

Di Pietro, J.A. (1981): »Rough and Tumble Play: A Function of Gender«, in: *Developmental Psychology* 17, S. 50-58.

Eiferman, R.R. (1971): »Social Play in Childhood«, in: R.E. Herron, B. Sutton-Smith (Hg.) *Child's Play*, S. 270-297.

Eiferman, R.R. (1976): »It's Child's Play«, in: J.S. Bruner, A. Jolly, K. Sylva (Hg.), *Play*, Harmondsworth, S. 442-455.

El'Konin, D. (1971): »Symbolics and its Functions in the Play of Children«, in: R.E. Herron, B. Sutton-Smith (Hg.), *Child's Play*, S. 221-230.

Engler, St. (1993): *Fachkultur, Geschlecht und soziale Reproduktion. Eine Untersuchung über Studentinnen und Studenten der Erziehungswissenschaft, Rechtswissenschaft, Elektrotechnik und des Maschinenbaus*, Weinheim.

Erikson, E.H. (1971): »Sex Differences in the Play Configurations of American Pre-adolescents«, in: R.E. Herron, B. Sutton-Smith (Hg.), *Child's Play*, S. 126-144.

Gebauer, G. (1989): »Die Unbegründbarkeit der Sprachtheorie und notwendige Erzählungen über die Sprache«, in: G. Gebauer, D. Kamper, G. Mattenklott, Ch. Wulf, K. Wünsche, *Historische Anthropologie*, Reinbeck, S. 127-170.

Gebauer, G./Wulf, Ch. (1992): *Mimesis. Kultur – Kunst – Gesellschaft*, Reinbek.

Hoberman, J. (1992): *Mortal Engines. The Science of Performance and the Dehumanization of Sport*, New York.

King Jr., W. C./Miles, E. V./Kniska, J. (1991): »Boys Will Be Boys (and Girls Will Be Girls): The Attribution of Gender Role Stereotypes in a Gaming Situation«, in: *Sex Roles* 25 (11/12), S. 607-623.

Ledig, U. (1992): »Vielfalt oder Einfalt – das Aktivitätenspektrum von Kindern«, in: Deutsches Jugendinstitut (Hg.), *Was tun Kinder am Nachmittag?*, München, S. 31-74.

Lever, J. (1976): »Sex Differences in the Games Children Play«, in: *Social Problems* 23, S. 478-487.

Maccoby, E. E. (1990): »Gender and Relationships. A Developmental Account«, in: *American Psychologist* 45 (4), S. 513-620.

Maeffert-Hoffmann, V. (1994): »Mädchen- und Jungenspiele«, in: *Pädagogik* 4, S. 32-33.

Markovits, A. (1987): »Why Is There No Soccer in the United States? Variationen zu Werner Sombarts großer Frage«, in: *Leviathan* 4, S. 486-525.

Oerter, R. (1993): *Psychologie des Spiels. Ein handlungstheoretischer Ansatz*, München.

Opie, I./Opie, P. (1976): »Street Games: Counting-out and chasing«, in: J. S. Bruner, A. Jolly, K. Sylva (Hg.), *Play*, Harmondsworth, S. 394-412.

Oswald, H./Krappmann, L./Choudhuri, I./von Salisch, M. (1986): »Grenzen und Brücken. Interaktionen zwischen Mädchen und Jungen im Grundschulalter«, in: *Kölner Zeitschrift für Soziologie und Sozialpsychologie* 3, S. 560-580.

Pfister, G. (1993): »Der Widerspenstigen Zähmung. Raumaneignung, Körperlichkeit und Interaktion«, in: G. Pfister, R. Valtin (Hg.), *Mädchenstärken. Probleme der Koedukation in der Grundschule*, Berlin, S. 67-83.

Sutton-Smith, B. (1971): »Boundaries«, in: R. E. Herron, B. Sutton-Smith (Hg.), *Child's Play*, S. 103-106.

Sutton-Smith, B./Rosenberg, B. G. (1971): »Sixty years of historical change in the Game Preferences of American Children«, in: R. E. Herron, B. Sutton-Smith (Hg.), *Child's Play*, S. 18-50.

Thorne, B. (1993): *Gender Play. Girls and Boys in School*, Buckingham.

Todt, E. (1992): »Interesse männlich – Interesse weiblich«, in: *Jugend '92. Lebenslagen, Orientierungen und Entwicklungsperspektiven im vereinigten Deutschland. Bd. 2: Im Spiegel der Wissenschaften*, Frankfurt a. M., S. 301-317.

Vygotsky, L. S. (1976): »Play and its Role in the Mental Development of the Child«, in: J. S. Bruner, A. Jolly, K. Sylva (Hg.), *Play*, S. 537-554.

Weber, M. (1988): »Wissenschaft als Beruf«, in: ders., *Gesammelte Aufsätze zur Wissenschaftslehre*, hg. v. J. Winkelmann, Tübingen, S. 582-613.

Zeiher, H. J./Zeiher, H. (1994): *Orte und Zeiten der Kinder. Soziales Leben im Alltag von Großstadtkindern*, Weinheim, München.

Zinnecker, J. (1989): »Die Versportung jugendlicher Körper«, in: Brettschneider, Wolf-Dietrich u. a. (Hg.), *Sport im Alltag von Jugendlichen*, Schorndorf.

Christian Baudelot, Roger Establet
Mathematik am Gymnasium: Gleiche Kompetenzen, divergierende Orientierungen

Wenn man Schulleistungen von Mädchen und Jungen betrachtet, zeigt sich, daß die Mädchen im Durchschnitt gleiche (in Mathematik) oder bessere Leistungen (in Französisch) aufweisen als die Jungen, und psychologische Tests zu mathematischen und sprachlichen Fähigkeiten erhärten diesen Befund noch. Um zu erklären, weshalb Mädchen und junge Frauen auf ihrem Bildungsweg dennoch gegenüber den Jungen ins Hintertreffen geraden, vor allem, wenn es um die selektivsten Bildungseinrichtungen Frankreichs geht, die großen Gymnasien mit Vorbereitungsklassen für die Grandes écoles und diese selbst, reicht also eine Analyse der Leistungen und Kompetenzen nicht aus. Vielmehr führt uns dies von einem Gebiet der Psychologie zu einem anderen: von den Fähigkeiten zu den Interessen. Und hier wagt man sich auf rutschigen Boden, selbst wenn man präzisiert, daß es sich um Sozialpsychologie handelt.

Verweilen wir einen Augenblick bei dem Problem; es hängt mit dem Kern unserer Untersuchung zusammen. Wie die Hautfarbe – oft mehr als die Hautfarbe – definiert das Geschlecht eine unmittelbare und evidente soziale Identität. Perecs Beobachter, der auf der Terrasse eines Cafés beschreiben will, was er sieht, ohne irgend etwas zu interpretieren, kann ohne weiteres notieren: »Ein Mann geht über die Straße.« Aber selbst wenn seine Intuition durch Brille, Mappe, Uhrzeit, Tempo und Richtung der Bewegung Anhaltspunkte bekommt, wird er nicht sagen dürfen: »Ein Professor will in die Rue Soufflot.« Die meisten Deskriptoren, anhand deren wir unseresgleichen identifizieren, sind Hypothesen, die sich, wie uns die Erfahrung lehrt, oft als irrig erweisen. Kleider machen keine Leute.

Wenn der Soziologe irgendeine Beziehung zwischen einer Variablen sozialer Zugehörigkeit und Variationen des Verhaltens nachweisen will, bleibt er besser mißtrauisch. Wir haben an anderer Stelle gezeigt, daß die soziale Herkunft der wichtigste Variationsfaktor bei den Leistungen ist (vgl. Baudelot/Establet 1992). Aber man kann das nur als statistischen Befund notieren, weil jeder aus Erfahrung weiß, daß der Schulerfolg meist, *jedoch nicht immer*, eine privilegierte Herkunft anzeigt. Man hat bei der Statistik mit ihren Mittelwerten und Streuungswerten zu bleiben. Das hat eine recht umständliche Ausdrucksweise zur Folge. Es ist eleganter, eine Population durch Kollektivplurale (»die Arbeiter«, »die Künstler«, »die Absolventen der Ecole Polytechnique«) zu kennzeichnen, als mühsam zu gewichten (»63% der Arbeiter«). Man nimmt die sozialen Zugehörigkeiten jedoch besser als das, was sie sind: keine Essenzen, sondern Relationen. Die soziale Herkunft ist, sosehr sie sich auch auswirkt, nur eine Relation: Ein Sohn eines mittleren leitenden Angestellten kann Sohn eines Aufsteigers oder eines Absteigers sein.

Die Abneigung der Mädchen gegen Mathematik: Hypothesen

Obwohl klar ist, daß Identität geschlechtlich bestimmt ist, beginnen wir auch hier mit einem statistischen Befund: Mädchen wählen weniger oft und weniger gern als Jungen mathematisch-naturwissenschaftliche Bildungsgänge. Die Erklärung für diese Differenz haben wir in den aktiven Wirkungen der Sozialisation zu suchen. Es gibt Geschlechterstereotype, und ihre relative Konstanz in Raum und Zeit ist gut belegt. Nichts garantiert uns jedoch, daß die Verinnerlichung der Geschlechterstereotype bei allen Individuen desselben biologischen Geschlechts gleich ist; nichts beweist auch, daß alle Aspekte der Geschlechtermodelle die anziehende oder abstoßende Wirkung der mathematisch-naturwissenschaftlichen Bildungsgänge auf Mädchen oder Jungen gleichermaßen zu erklären vermögen.

Wir haben die (geradezu biblische) Einfachheit der kulturellen Mann/Frau-Gegensätze hervorgehoben. Diese Einfachheit ist auch Quell einer scheinbaren Komplexität, denn nach der Logik des wilden Denkens kann man alle Aspekte der Erfahrung entsprechend dieser grundlegenden Dualität strukturieren.

Das Modell kann beliebig viele Ebenen der Erfahrung einschließen. Ergänzen kann man, wenn man so will, den musikalischen Gegensatz Dur/Moll, den phonologischen Gegensatz Konsonant/Vokal, den gastronomischen Gegensatz rotes Fleisch/weißes

Übersicht 1: Kulturelle Gegensätze von männlich/weiblich

	Männer	Frauen
Vernunft	+	–
Affektivität	–	+
Deduktion	+	–
Effizienz	+	–
Intuition	–	+
Ästhetik	–	+
Industrie	+	–
Tertiärer Sektor	–	+
Etc.	?	?

Fleisch und, nicht zu vergessen, das Yin und das Yang. Mit dieser so souveränen wie willkürlichen Einordnung kann man sich die Illusion verschaffen, daß man die Fakten begreift. Aber es wäre unklug, das Stereotyp und seine Wirksamkeit außer acht zu lassen.

Anhand der Stereotype kann man unterschiedliche Erklärungshypothesen vorschlagen.

1. Seit Adam und Eva schreibt die Tradition den Frauen mehr Intuition als Denkschärfe zu, und das wohl, weil sie dazu gebracht werden sollen, eher den anderen zu verstehen, als die große weite Welt zu erfassen und zu beherrschen.

Auf dieser Basis könnte man *kognitivistische* Hypothesen vorschlagen. Die Interessen, die den Frauen zugedacht werden, und die Kompetenzen, die für die Mathematik oder zumindest für ihre Schulversion erforderlich sind, stünden im Widerspruch zueinander.

2. Man kann auch ein *ethisches* Modell konstruieren. Die Mathematik ist heute nicht nur der Königsweg zur Wissenschaft, sondern auch der Schlüssel zum Erfolg in den am meisten vom Wettkampf geprägten Sektoren der Schule und des sozialen Lebens. Seit jeher gelten die agonalen Tugenden als Mannestugenden *par excellence*. In dem begrenzten Universum des häuslichen Lebens soll die Frau dagegen die Harmonie und Solidarität aller Angehörigen verkörpern. Man könnte annehmen, daß sich die Mädchen, da von klein auf daran gewöhnt, Konflikte und Gewalt abzulehnen, gegen deren euphemisierte Formen in der Schule sträuben. Dagegen fänden die Jungen Vergnügen an dieser sportlichen Seite des schulischen Universums.

3. Man kann an den *institutionellen* Rahmen der Sozialisation

von Jungen und Mädchen denken. Die Familie fördert nach innen gerichtete Aktivitäten bei Mädchen, bei Jungen aber eine Ausstattung, die demiurgische Aktivitäten antizipiert: Bücher für die einen, Kleinrechner für die anderen.

4. Schließlich kann man die Geschlechtszugehörigkeit, statt mit der Herkunft, mit dem *wahrscheinlichen Schicksal* verbinden. Da sie eine soziale Lage antizipieren, die aus lauter schwierigen Balancen zwischen Familienleben und Berufsleben besteht, wollen die Mädchen keinen überhöhten Preis für eine Disziplin zahlen, die sich nur bei Vollzeit-Tätigkeit rentiert.

Diese Hypothesen sind sämtlich plausibel; sie können sich kumulieren oder im Widerspruch zueinander stehen. Man kann sich kumulative Modelle vorstellen, wo kleine Differenzen in jeder Dimension letztendlich einen großen Abstand bei den Endergebnissen erzeugen, oder im Gegenteil ein Modell, wo ein dominantes Element zum einzigen Erklärungselement wird. Hier braucht man gezielte Untersuchungen[1]; sie allein erlauben eine Bewertung der Differenzen. Die Frage nach dem Verhältnis der Mädchen zur Mathematik war daher in aller Welt, besonders in den anglo-amerikanischen Ländern und der Provinz Québec, Anlaß zu einer enormen Anzahl von Studien. Die einschlägigen Aspekte der Frage wurden in der Mehrzahl mit mehreren Verfahren erkundet: Eignungspsychologie, Genetik, soziokulturelle Analysen usw. Die bestimmenden Erklärungsprinzipien liefert heute wohl eher die soziokulturelle Explikation als die Eignungspsychologie.

Von Land zu Land werden verschiedene Gründe herangezogen, um das Phänomen zu erklären – Gründe, die hauptsächlich auf der besonderen Struktur des Bildungssystems in einem Land und den unterschiedlichen Formen der Sozialisation beider Geschlechter seit der frühen Kindheit beruhen. Ansonsten belegen alle Studien, daß die Leistungen innerhalb des gleichen Geschlechts sehr stark variieren. Was die beiden Konstanten angeht, auf die alle Untersuchungen zum Problem stoßen – die Mädchen haben Schwierigkeiten mit Aufgaben, bei denen es um die geistige Rotation von

---

1 Eine systematische Besprechung dieser Arbeiten findet sich bei Duru 1990, S. 221-227. In Frankreich wurde an der Pierre-et-Marie-Curie-Universität in Paris eine Vereinigung »Frauen und Mathematik« gegründet, die alle einschlägigen Studien sammelt und Studientage veranstaltet. In der Provinz Québec hat Roberta Mura an der Universität Laval in einem anderen sozialen und kulturellen Kontext Untersuchungen durchgeführt, die den unseren sehr nahestehen (vgl. Lafortune 1986).

Figuren bzw. um die Vorstellungen von Horizontalität und Vertikalität geht –, so ist man sich heute darin einig, daß die Sozialisation durch das Spiel in den Formen, wie sie Mädchen und Jungen zugedacht werden, eher die Jungen als die Mädchen darauf vorbereitet, sich im Raum zu orientieren.

Zu erklären ist folgendes Rätsel – denn um ein Rätsel handelt es sich: Die Abschlußergebnisse der Tertia ließen, wenn nicht auf Gleichheit, so doch auf sehr geringe Differenzen in den mathematischen Kompetenzen von Mädchen und Jungen schließen. Wie kommt es dann in den folgenden Klassen zu derart stark divergierenden Bildungsverläufen?

Erhebung auf der strategischen Stufe der Sekunda[2]

Die Sekunda hat in diesem Prozeß der Entkopplung der Bildungsverläufe von Mädchen und Jungen eine strategische Stellung. Im Prinzip undifferenziert, spielt sie faktisch die Rolle einer Drehscheibe für unumkehrbare Orientierungen, wo sich die Mädchenkohorten für immer von denen der Jungen trennen. Das nachstehende Schaubild macht das Ausmaß einer Wendung deutlich, die sich durch die vorangegangenen Schulleistungen nicht erklären läßt.

In der Sekunda sind die Mädchen, weil sie den Selektionsmechanismen am Ende der Tertia besser gewachsen sind, noch deutlich in der Mehrheit, danach jedoch verschwinden sie rapide aus jenen Zweigen an Schule und Universität, die ihre wissenschaftliche Zweckbestimmung immer offener hervorkehren.

---

2 Die Sekunda ist im französischen Schulwesen die erste Klasse der Oberstufe; hier werden entscheidende Weichen für das Abitur gestellt. Das Abitur macht man nach 12 Schuljahren, wobei die Verkürzung der Schulzeit – im Verhältnis zum deutschen Schulwesen – in der Mittelstufe stattfindet. Hat man einmal den mathematisch-naturwissenschaftlichen Zweig gewählt und ist von der Sekunda in die mathematisch-naturwissenschaftliche Prima (S-Prima) übergegangen, steht man vor der Entscheidung, ob man für die Abschlußklasse und das Abitur Mathematik und Physik wählt (Abschlußklasse C, Abitur C) oder Biologie und Chemie (Abschlußklasse D, Abitur D). Den Zugang zu den *grandes écoles* ermöglicht in erster Linie das Abitur C. Mit diesem Abitur kann man in die Vorbereitungsklassen zu den *grandes écoles* aufgenommen werden, die es an einigen hochangesehenen Gymnasien Frankreichs gibt. Die Vorbereitungsklassen umfassen zwei Schuljahre und bereiten auf die Aufnahmeprüfung an *grandes écoles* vor. Nach der ersten Vorbereitungsphase mit mathematisch-naturwissenschaftlichem Schwerpunkt gabeln sich die Klassen wiederum in die Klasse M' mit spezieller mathematischer

Abbildung 1: Mädchenanteil in den mathematisch-naturwissenschaftlichen Bildungsgängen

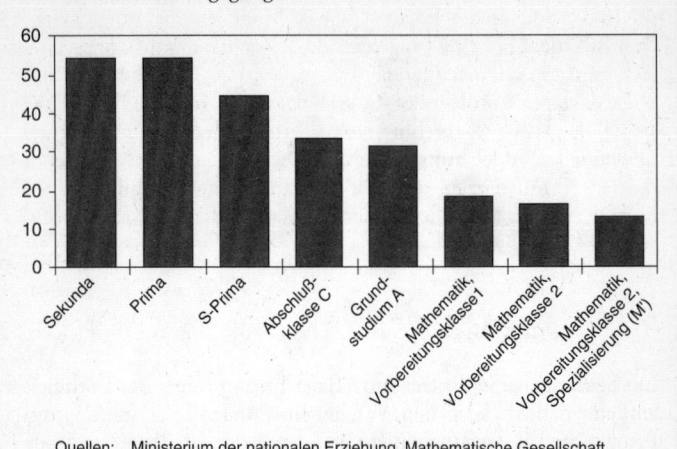

[Balkendiagramm mit folgenden Werten:
- Sekunda: ~54
- Prima: ~54
- S-Prima: ~45
- Abschlußklasse C: ~34
- Grundstudium A: ~32
- Mathematik, Vorbereitungsklasse 1: ~19
- Mathematik, Vorbereitungsklasse 2: ~17
- Mathematik, Vorbereitungsklasse 2, Spezialisierung (M'): ~14]

Quellen: Ministerium der nationalen Erziehung, Mathematische Gesellschaft Frankreichs, <u>Femmes et mathématiques</u>, 1986-1987.

Da das Ausgangsniveau keinesfalls als Erklärungsfaktor gelten kann, wird es wichtig, die Untersuchung stärker qualitativ anzulegen. Insbesondere ist auf das Verhalten und die »kulturellen« oder kognitiven Motivationen einzugehen, anhand deren sich die anziehende oder abstoßende Wirkung speziell der Mathematik und allgemein der Naturwissenschaften auf Jungen und Mädchen würdigen läßt.

Die betont analytische und deskriptive Erhebung, die 1989 bis 1990 in Nantes durchgeführt wurde[3], bringt hier einigen Aufschluß,

Ausrichtung und die Klasse »spezialisierte Mathematik«. Das DEUG A ist das erste Diplom eines Mathematik-Studiums an der Universität (nach zweijährigem Studium). Es ist jedoch weit weniger prestigeträchtig als der Besuch der Vorbereitungsklassen und der *grandes écoles*. [A. d. H.]

3 Diese Erhebung wurde im Rahmen des Einführungskurses in die soziologische Untersuchung von 40 Studierenden des DEUG 2 (Grundstudium 2) der Soziologie-Sektion der Universität Nantes durchgeführt. 999 SchülerInnen der Sekunda von 15 Gymnasien der Départements Loire-Atlantique und Vendée erhielten einen Fragebogen. Die Fragebögen wurden zwischen dem 20. Februar und dem 10. März 1990 ausgefüllt, d. h. zu einem Zeitpunkt des Jahres, in dem die Entscheidung für die Prima anstand, aber noch nicht vollzogen war. Die Entwicklung des Fragebogens, die Auswertung und die statistische Bearbeitung wurden von den Studierenden im Rahmen ihrer Seminararbeiten ausgeführt.

Abbildung 2: Das Leistungsniveau von Jungen und Mädchen im Fach Mathematik

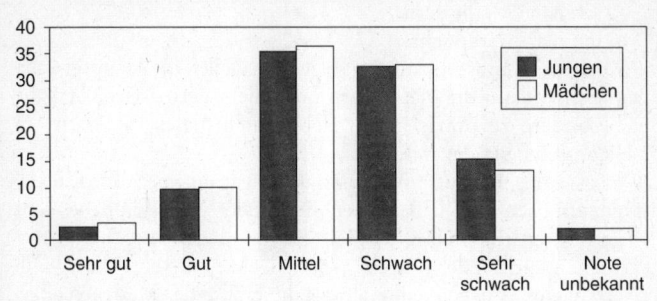

	Sehr gut	Gut	Mittel	Schwach	Sehr schwach	Note unbekannt
Jungen	~2	~10	~35	~33	~15	~2
Mädchen	~4	~10	~36	~33	~13	~2

Quellen: Erhebung „Mädchen und Mathematik", Soziologie-Sektion der Universität Nantes, 1990.

zunächst aber eine Bestätigung: Im Einklang mit den nationalen Tendenzen, die sich bei den Abschlußprüfungen in der Tertia zeigten, weichen die Mathematik-Leistungen der Mädchen und der Jungen während des ersten Halbjahrs der Sekunda nicht merklich voneinander ab. Die Benotung in den Zwischenzeugnissen[4] für September bis Februar erlaubt absolut keinen Schluß auf Überlegenheit der Jungen über die Mädchen in diesem Fach. Wir haben fünf Niveaugruppen nach den erzielten Noten unterschieden: sehr gute (im Durchschnitt zwischen 16 und 20 Punkten), gute (zwischen 13 und 15), mittlere (zwischen 10 und 12), schwache (zwischen 6 und 9) und sehr schwache SchülerInnen (weniger als 6 Punkte).

Auffallend ist die offenkundige Gleichheit im Leistungsstand, dabei noch mit leichtem Vorteil für die Mädchen, die zu 51% einen Durchschnitt von 10 oder mehr Punkten erzielen, gegenüber nur 48,9% bei den Jungen. Das Rätsel bleibt also voll bestehen.

Um das Universum der von den einen und den anderen genannten Gründe für Anziehung oder Abneigung zu erkunden, enthielt der Fragebogen eine offene Frage. Hier der Wortlaut:
»Welche von den folgenden Meinungen kommt deiner Meinung am nächsten?

---

[4] In Frankreich erhalten die Schülerinnen und Schüler zu allen Ferien, also etwa alle zwei Monate, Zwischenzeugnisse. Bei der Wahl prestigeträchtiger, selektiver Bildungswege oder Schulen müssen alle Zwischenzeugnisse der bisherigen Schulzeit bzw. der letzten Jahre vorgelegt werden. [A.d.H.]

1. Ich hasse Mathe.
2. Ich habe Mathe nicht so gern.
3. Ich habe Mathe gern.
4. Ich mag Mathe sehr.

Weshalb? Kannst du auf den folgenden Zeilen die Hauptgründe nennen, weshalb du Mathe gern oder nicht gern hast? Versuche insbesondere zu präzisieren, welche Seiten dieses Fachs dir am meisten gefallen oder mißfallen.«

Insgesamt geben mehr Mädchen als Jungen eine negative Einstellung zum Fach an: Die Rubriken »Ich hasse« und »Ich habe nicht so gern« werden von fast der Hälfte der Mädchen (47%), aber nur von einem Drittel der Jungen (34%) angekreuzt. Trotz dieser Differenz bleibt es dabei, daß mehr als die Hälfte der Mädchen angeben, Mathematik zu mögen, und das ist schon ein nicht unerhebliches Resultat.

Die Logik gegen das Ich

Die Art der gefühlsmäßigen Einstellung der Schüler zum Fach hängt zuerst und vor allem, wie unschwer zu vermuten ist, vom eigenen Leistungsstand in diesem Fach ab. Eine erste Trennlinie verläuft in der Tat zwischen den Antworten der guten und jenen der schlechten SchülerInnen, unabhängig von der Geschlechtszugehörigkeit.

Diejenigen, die Mathematik nicht mögen, verknüpfen ihre Abneigung oft ausdrücklich mit ihren Schwierigkeiten: »... weil es mir schwerfällt, die Aufgaben zu lösen, und weil ich wenig Logik habe«, »da ich nicht wirklich gut in Mathe bin«, »wenn man es schafft und es begreift, hat man es gern, aber wenn man es nicht begreift, ist es hart«, »ich habe Mathe nicht so gern, denn ich habe darin schlechte Leistungen«, »meistens begreife ich es nicht, ich habe dafür zu wenig Logik und Denkfähigkeit. Auch wenn ich lerne, sehe ich nicht, wie ich umfangreiche Aufgaben lösen soll.« Bei den Guten ist es umgekehrt: »Ich habe Mathe gern, denn das ist ein Fach, das mir besonders leicht fällt«, »ich habe Zahlen und das Suchen gern«.

Eine genauere Analyse der Antworten[5] zeigt bedeutsame Unter-

---

[5] Wir haben die Gesamtheit der Antworten einer statistischen Textdatenanalyse unterzogen. Angewandt wurde das SPAD T-Programm der CISIA. Für Beratung

schiede in Vokabular und Syntax zwischen den Antworten der guten und der schlechten SchülerInnen; sie verdienen es, daß man sich einen Augenblick dabei aufhält. Bei ersteren ist der Ausdruck *Logik* sehr im Schwange, während letztere, in der ersten Person redend, viel zum Ich in Verbindung mit den negativen Formen *nicht, kein* greifen.

Bei den guten Schülerinnen und Schülern findet sich das Vokabular der Objektivität und der Distanzierung. Man handhabt hier den nüchternen Wortschatz der intellektuellen Eigenschaften, die die Mathematik »erfordert« und »entwickelt«: Logik, Genauigkeit, Denkfähigkeit, Argumentationsfähigkeit, logisches Denken; man beschreibt die erforderlichen geistigen Operationen: beweisen, folgern, suchen, finden. Ob sie nun Jungen oder Mädchen sind, wer gut ist in Mathematik, übernimmt den offiziellen Wortschatz des Fachs. Dieser Wortschatz erscheint ihnen zwingend wie eine natürliche Realität, die von außen her das Regelverhalten als kategorischen Imperativ vorschreibt. Der Schüler hat sich danach zu richten: »*Man braucht* Logik«, »*man muß* ständig beweisen«, »*man muß* synthetisch denken können«, »*man muß* alles beweisen«, »*man muß* Probleme lösen und Formeln anwenden«, »*man muß* die Lösung finden« usw.

Je höher das Niveau, desto objektiver, genauer und mannigfaltiger der Wortschatz. Mit der Kompetenz wächst auch das Unterscheidungsvermögen. Man redet nicht mehr undifferenziert von Mathematik, sondern von Algebra oder Geometrie. Man unterscheidet Probleme von Problem und Aufgabe im Singular (*Aufgaben* im Plural verweist dagegen auf eine negative Wahrnehmung). Man verwendet Verben und zeigt damit ein aktives Verhältnis zum Fach an. Man sagt »Lösung«, und nicht »Ergebnisse«, wie in der wenig interessierten Vulgärform, wo wissenschaftliche und schulische Ergebnisse zusammengeworfen werden. Man verkehrt hier im ätherischen Universum der reinen Wissenschaft. Die Mathematik gilt zunächst als wissenschaftliche Disziplin und dann erst als Schulfach.

Viel subjektiver ist die Beziehung der (in Mathematik) schlechten Schülerinnen und Schüler zu der Disziplin. Das Trio *ich* –

danken wir Ludovic Lebart und Laurence Haeusler. Die vollständige Fassung dieser Analyse erschien in den *Actes des Journées internationales d'analyse de données textuelles* (Barcelona, 10.-12. 12. 1990) sowie im *Journal de la société de statistique de Paris* 2 (1991).

nicht – kein der Schwächeren zeigt gut, daß man sich hier persönlich in die Angelegenheit verwickelt fühlt, und zwar nicht nur intellektuell (»ich begreife nicht«) oder in der Schule (»ich versage«), sondern auch affektiv (»ich mag nicht«, »ich hasse«) und sogar essentiell (»ich bin Null«).

Das »ich bin« ersetzt hier in der Tat den objektiven Befund, den die guten MathematikerInnen heranziehen (»das ist logisch«, »das ist hart« usw.): »*Ich bin* schwach«, »*ich bin* blockiert«, »*ich bin* Null«, »*ich bin* nicht gut drauf«, »*ich bin* total unlogisch«, »*ich bin* eine Null«, »*ich bin* zu leichtsinnig«, »*ich bin* nicht sehr motiviert«, »*ich bin* erledigt«.

Hervorgehoben werden nicht mehr die Eigenschaften der mathematischen Disziplin, sondern die eigenen Qualitäten oder Mängel, die eigenen Gaben oder Defizite.

Der Wortschatz ist nicht nur subjektiver, sondern auch weniger genau; man geht nicht ins einzelne: Geredet wird von Mathe, von Mathematik, von Zahlen und von Formeln. Und das selten positiv: »… aber ich schaffe es nicht, die Formeln zu behalten«, »wir müssen einfach (blöde) Formeln lernen«, »ich sehe nicht, was es uns nutzt, Formeln zu lernen«, »man hat den Eindruck, daß man bloß eine Maschine ist, die Formeln anwendet«, »ich habe besonders die Algebra nicht gern, denn es gibt zu viele Formeln, die ich durcheinanderbringe«, »es geht, außer bei den Formeln«, »so soll man bestimmte Formeln behalten, die uns überhaupt nichts nutzen«.

Statt etwa die Eigenwerte der Disziplin (Genauigkeit, Logik, Notwendigkeit des Beweisens) herauszustellen, halten die schlechten Schülerinnen und Schüler meist nur deren schulische Aspekte fest, unter denen sie leiden oder die sie nicht mögen. Zuerst die Noten: Wenn auch einige voller Genugtuung von ihren guten Noten sprechen, findet sich die Anspielung auf die »Noten« doch vor allem bei den Schwächeren (»wenn ich glaube, daß ich es begriffen habe, sprechen doch die Noten dagegen«, »ich habe jämmerliche Noten«, »trotz der ganzen Arbeit sind die Noten schlecht«, »ich habe keine sehr guten Noten«, »meine Noten sind eher schlecht«). Ebenso steht es mit dem Wort »Leistungen«, das meist mit den Adjektiven »schlechte«, »dürftige«, »mäßige«, »enttäuschende«, »nicht sehr gute« verbunden wird, oder mit »nicht gleichmäßig«, »könnten besser sein«.

Die Schülerinnen und Schüler, die in Mathematik gut dastehen, haben ein so enges Verhältnis zu der Disziplin, daß sie sie wegen ihrer immanenten Eigenschaften schätzen oder lieben können. Die schwächsten Schüler, die nicht wirklich mit von der Partie sein können, bleiben draußen: Sie nehmen die Mathematik nur über deren soziales und schulisches Umfeld wahr: die Noten, die Ergebnisse, den Unterricht, die Aufgaben, die Schularbeiten – und die Professoren[6], die für die Schwierigkeiten verantwortlich gemacht werden: »Das kommt von den Professoren, die nicht kompetent sind«, »oft sind es die Mathe-Professoren, die mich schwach machen«, »es kommt von den Professoren«, »die Sprache der Professoren liegt mir nicht«, »zuviel Probleme mit den Professoren, so daß wir uns nicht dahinterklemmen können«.

Die »Profs« werden kaum besser bewertet als die Professoren. Manche halten sie in Ehren (»ich mag Mathe wegen meiner Profs«, »ich hatte interessante Profs«), aber die dominante Tonlage bleibt offen negativ (»die Mathe-Profs leben zu sehr in ihrem Universum«, »denn meine Profs am Collège haben mich terrorisiert«, »schlechte Profs, die mir keine Chance gegeben haben«, »die Profs, die ich gehabt habe, sind nie so wild«, »ich bin immer von meinen Mathe-Profs terrorisiert worden«, »außerdem sind die Mathe-Profs zu fanatisch, zu gerade«, »zu viele Profs in diesem Jahr ausgewechselt«, »der Prof macht zu schnell«, »der Prof ist nicht interessant«, »der Prof macht einen schwach«).

Die erste Trennlinie zwischen den aufgezeichneten Äußerungen verläuft also auch hier entlang der Unterscheidung nach dem Leistungsniveau, unabhängig vom Geschlecht der SchülerInnen. Die Differenzen zwischen der Sprache der Mädchen und jener der Jungen ergeben sich erst in zweiter Hinsicht und vor allem in der Gruppe der guten Schülerinnen und Schüler.

Für die Antworten der Jungen ist ein relativ häufiger Gebrauch des *das ist* bezeichnend: »Mathematik, *das ist*« (»*das ist* ein präzises und logisches Fach«, »*das ist* ein Fach, das sich an die Logik wendet«, »*das ist* ein wichtiges Fach«, »*das ist* das Fach, das am meisten zu überlegen verlangt«, »*das ist* theoretisch«, »*das ist* hart«, »*das ist* interessant«, »*das ist* spaßig«, »*das ist* abstrakt«, »*das ist* langweilig«, »*das ist* kompliziert«, »*das ist* blöde, zu beweisen, daß ein Kreis ein Kreis ist«, »*das ist* schwierig«, »*das ist* kein sehr realistisches Fach«).

Die Antworten der Mädchen zeichnen sich dagegen durch häu-

---

6 Die Lehrerinnen und Lehrer des weiterführenden Bildungswesens heißen in Frankreich »Professoren«. [A. d. H.]

Abbildung 3: Zur Kennzeichnung der Beziehung zum Mathematikunterricht verwendete Begriffe

Jungen

Schlußfolgerung Überlegung <u>Überlegen</u> Logiken	Formeln Wissenschaftlich Mathematisch

STARKE — — Strenge — — — — — — — — — — ┼ — — Beweis — — — — — — *SCHWACHE*

Logik | Aufgaben
Forschung | Ergebnis
 | Zahlen

<u>Beweisen</u>

<u>Schlußfolgern</u>

<u>Lösen</u>   Algebra
<u>Finden</u>   Geometrie

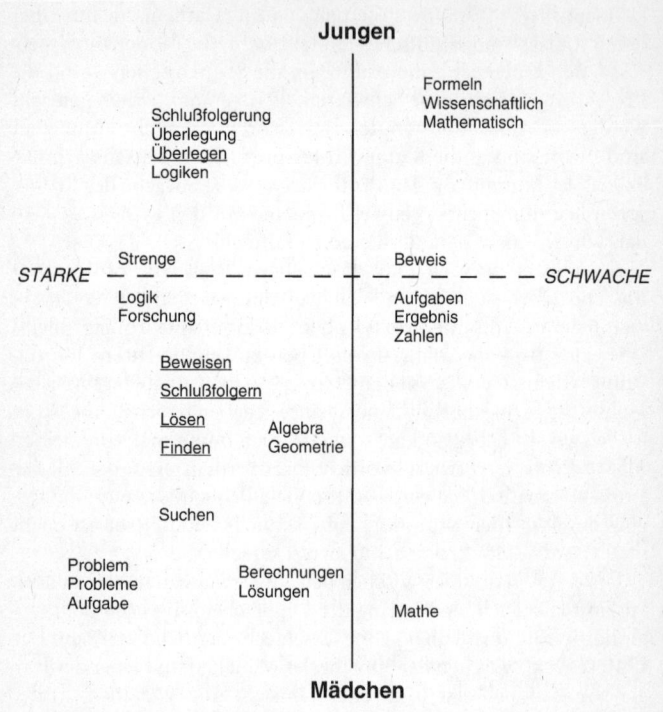

Suchen

Problem   Berechnungen
Probleme   Lösungen
Aufgabe

                         Mathe

Mädchen

figen Rückgriff auf die Personalpronomen der ersten Person (*ich, mir, mich*) in Verbindung mit *mag, habe gern, liebe* aus. Man findet hier wieder den Gegensatz zwischen der objektiven Distanzierung und dem subjektiven – jedoch in diesem Falle eher glücklichen – Verhältnis zur Mathematik.

Einige Belege: »Ich habe Mathe gern, denn mit ihr kann man einiges an sich selbst entdecken«, »ich mag Algebra lieber, aber wir machen mehr Geometrie«, »ich mag Algebra sehr und Geometrie nicht«, »ich überdenke gern ein Problem, aber ich mag nicht die starre Seite der Mathe«, »ich arbeite gern in Mathe, denn das ist eines der Fächer, in denen ich gut drauf bin, nur bin ich in Geometrie ein bißchen schwächer«, »ich habe Mathe gern, aber ich habe

Temposchwierigkeiten, ich wende Formeln Buchstabe für Buchstabe an, und ich verliere Zeit«, »ich mag die Logik der Mathe«, »ich mag Mathe sehr, denn das ist ein logisches, elastisches Fach, das den Verstand schärft«, und vor allem: »Ich habe Algebra lieber als Geometrie«.

Die Jungen, die objektiver sind, können auch »masochistischer« sein. Da der soziale Einsatz, den die Mathematik repräsentiert, für sie höher ist, erklären sie weniger bereitwillig, daß sie sie nicht gern haben, selbst wenn sie auf derartige Schwierigkeiten stoßen, daß die Beziehung zum Leidensweg wird. Daher findet sich bei den Jungen ein wenig häufiger das »Ich habe Mathe gern, aber ich bin Null«, die höchste Form der Verinnerlichung der Norm: »Du sollst die Mathematik hochachten, mein Sohn, selbst wenn du nichts davon begreifst.« »Ich habe Mathe gern, aber ich bin nicht gut«, »ich habe Mathe gern, denn Mathe fordert die Logik, und damit wird der wissenschaftliche Fortschritt beschleunigt. Ich komme bloß nicht auf die Leistungen, die ich in diesem Fach gern hätte, und das motiviert mich nicht«, »ich habe Mathe gern, aber ich habe leider Schwierigkeiten in diesem Fach, denn ich bin unkonzentriert«, »ich habe Mathe gern, denn es gibt immer verschiedene Lösungsmöglichkeiten. Nur schaffe ich es vor einem Blatt Papier nicht, mich zu konzentrieren und logisch zu überlegen«, »ich bin Null (es gibt kein anderes Wort), obwohl ich das interessant finde«, »ich habe Mathe gern, aber der Professor, den ich habe, macht mir für dieses Fach nicht gerade Mut«, »ich habe Mathe gern, aber ich begreife es nicht immer«.

Zwei Schlüsse folgen aus der Lektüre dieser Antworten.

Die fundamentalen Divergenzen in der gefühlsmäßigen Beziehung zur Mathematik (»ich habe gern«/»ich habe nicht gern«) und in den dafür genannten Gründen ergeben sich zwischen guten und schlechten Schülerinnen und Schülern, nicht zwischen Mädchen und Jungen. Mehr als jedes zweite Mädchen erklärt, wie erinnerlich, daß es Mathematik gern hat oder liebt. Und die Mädchen ziehen in unserer Stichprobe mit den Jungen gleich. Die Mathematik als solche hat also keine deutlich abstoßende Wirkung auf die Mädchen.

Ein positives Verhältnis zur Mathematik ist jedoch nicht auf ein einziges Modell zu bringen. Es gibt eine männliche Art, seine Liebe zu dieser Disziplin zu erklären; sie ist distanziert und zuweilen voluntaristisch bis hin zum Masochismus (zwei Drittel erklären,

Übersicht 2: Jungen und Mädchen, gute und schlechte SchülerInnen und ihre schulverwandten Aktivitäten in der Freizeit

	Gute SchülerInnen		Mittlere SchülerInnen		Schlechte SchülerInnen	
	Jungen	Mädchen	Jungen	Mädchen	Jungen	Mädchen
Haben in den letzten großen Ferien Mathematik geübt	54	28	42	32	36	41
Besitzen weitere Mathematikbücher außer den vorgeschriebenen	48	34	47	37	43	40
Programmieren oft ihren Rechner	19	1	13	3	10	1
Programmieren nie ihren Rechner	19	42	31	44	31	44
Lesen oft wissenschaftliche Zeitschriften	19	8	20	5	14	5
Lesen nie wissenschaftliche Zeitschriften	15	45	21	42	22	53
Haben zuhause einen Kleincomputer	63	28	32	23	36	22
Benutzen ihn persönlich	58	17	28	12	30	15
Haben mathematische Spiele und Knobeleien gern	71	59	58	48	46	37
Berichtigen regelmäßig die im Unterricht fehlerhaft gelösten Mathematikaufgaben	15	16	12	21	11	9

daß sie Mathematik gern haben!). Es gibt auch ein weibliches Modell, das stärker subjektiv und affektiv zum Ausdruck kommt. Das beweist, wenn dies denn noch nötig sein sollte, daß Mädchen ein positives Verhältnis zur Mathematik haben und Erfolg im Fach erzielen können, ohne deswegen Haltungen oder Werte ihres Geschlechts aufgeben zu müssen, die ihnen durch die Erziehung vermittelt worden sind.

Unterschiede in den außerschulischen Praktiken

Diese unterschiedlichen Beziehungen zu der Disziplin scheinen sich auch auf die spontanen außerschulischen Praktiken auszuwirken.

Die Differenzen gehen durchaus in die genannte Richtung, und sie sind im allgemeinen bedeutsam. Aber man sollte den Gegensatz der Geschlechter nicht bis zur Karikatur zuspitzen. Die persön-

Übersicht 3: Beliebte und unbeliebte Schulfächer

		Beliebtes Fach		Unbeliebtes Fach	
		Mathe	Physik	Mathe	Physik
Gute SchülerInnen	Jungen	46 %	25 %	2 %	8 %
	Mädchen	39 %	6 %	1 %	22 %
Mittlere SchülerInnen	Jungen	21 %	15 %	8 %	11 %
	Mädchen	6 %	7 %	11 %	30 %
Schlechte SchülerInnen	Jungen	6 %	7 %	11 %	30 %
	Mädchen	6 %	2 %	26 %	35 %

liche Investition, bei der die häufige Lektüre von wissenschaftlichen Zeitschriften *und* die Benutzung des häuslichen PC kombiniert sind, findet sich bei beiden Geschlechtern nur bei einer Minderheit: bei 9% der Jungen und 2% der Mädchen; 26% der Jungen und 11% der Mädchen begnügen sich mit stiller Hingabe *entweder* an den PC *oder* an Zeitschriften. Wenn wir dem Muster der politischen Parteien und der Kirchen folgen und die Anhängerschaft durch Einbeziehen der gelegentlichen Sympathisanten aufblähen wollen, erreichen wir 61% bei den Jungen und 34% bei den Mädchen. Die Kategorie der Unbeugsamen vom Typ »PC? Zeitschrift? Niemals!« umfaßt 12% der Jungen und 28% der Mädchen. Die meisten in der Untersuchung gemessenen Differenzen sind von dieser Art, nämlich bezeichnend, aber schwach ausgeprägt, wenn man die fast ausschließlich männliche Zusammensetzung der mathematisch-naturwissenschaftlichen Vorbereitungsklassen, der C-Abschlußklassen und der Ingenieurschulen bedenkt.

Auf eine Differenz kognitiver Ordnung soll näher eingegangen werden; sie betrifft das Binom Mathematik – Physik.

Man sieht hier, wie die Einstellungen je nach Schulleistungen divergieren: Gute Leistungen in Mathematik entwickeln bei den Jungen die Neigung zur Physik. Bei den Mädchen ist das nicht so; man kann höchstens eine geringere Abneigung bei den Schülerinnen feststellen, die in Mathematik am besten sind. Die Anwendung der Naturwissenschaft auf die Außenwelt findet nur schwer einen Platz in den weiblichen Kulturen.

Das Bild einer Wissenschaftlerin wird jedoch deswegen nicht abgelehnt, desgleichen nicht das Bild eines Literaten: Die Gymnasiasten der 90er Jahre meinen in ihrer großen Mehrheit (68% der Jungen und 75% der Mädchen), Mathematik könne ebenso gut von einer Frau wie von einem Mann gelehrt werden.

Wenn wir so im traditionell den Männern und den Frauen zugedachten Status nach möglichen Erklärungen für das Fortbestehen bestimmter Trennlinien suchen, dann kann es geschehen, daß wir das Ausmaß der Veränderungen nicht bemerken. Beachtlich ist z. B. diese hier: Unter »ferner liefen« (4% der Jungen und 3% der Mädchen) fallen die Nostalgiker der nach Geschlechtern getrennten Pädagogik – Professoren für die Jungen, Professorinnen für die Mädchen –, die vor noch nicht allzu langer Zeit den Alltag an unseren Gymnasien zu einem zweifelhaften Vergnügen machten; selbst das jetzt vorwiegende Modell (Professorinnen für Geisteswissenschaften, Professoren für Mathematik und Naturwissenschaften) findet kaum Anhänger (10% der Jungen und 7% der Mädchen). In den Köpfen, wenn auch nicht in den Sitten, hat sich die epistemologische Koexistenz der Geschlechter durchgesetzt. Mädchen und Jungen haben im übrigen dieselbe Sicht der zum Erfolg in Mathematik nötigen Qualitäten (Genauigkeit, Konzentration, Regelmäßigkeit, Gedächtnis, Schnelligkeit).

Mathematik und Wettbewerb

Einen mathematisch-naturwissenschaftlichen Schulzweig zu besuchen bedeutet nicht, ein besonderes Universum der Erkenntnis aufzusuchen; es bedeutet primär, sich ins Zentrum der schulischen Leistungskonkurrenz zu stürzen. Wir wissen, daß die Jungen darauf schon von klein auf besser vorbereitet sind als die Mädchen. Der spontan oder organisiert ausgeübte Sport und ebenso die Raufereien verlangen und fördern eine aggressive und konflikthafte Form der Selbstachtung. Bei der Beobachtung des Sportunterrichts stellte Marie Donain (1985) fest, daß sich die Jungen beim Volleyballspiel häufig gegenseitig beglückwünschen, während die Mädchen ruhig spielen. Ohne sich dessen bewußt zu sein, legen die Sportlehrer gegenüber Mädchen und Jungen entgegengesetzte Haltungen an den Tag: In der Schwimmhalle feuern sie die Jungen zu Leistung an, aber bei den Mädchen interessieren sie sich nur für den Schwimmstil. Diese tausendundeine Pression, wo die Familie, die Gruppe, die Lehrkräfte auf die naturgegebenen Differen-

Übersicht 4: Mathematik-Leistungen der Schülerinnen und Schüler in der Selbsteinschätzung

		Selbsteinschätzung				
Stand des Schülers/der Schülerin nach Zensuren		Sehr gut und gut	Ziemlich gut	Mäßig	Schlecht	
Gute Leistung	Jungen	**84**	11	6	0	100
	Mädchen	**55**	35	8	1	100
Mittlere Leistung	Jungen	24	**50**	21	5	100
	Mädchen	16	**54**	21	8	100
Schlechte Leistung	Jungen	2	23	**36**	**39**	100
	Mädchen	2	15	34	**49**	100

zen[7] einsteigen, wappnet die Jungen letztlich besser für Situationen, in denen der Ich-Kult unentbehrlich wird. Unsere Untersuchung liefert uns dafür ein schönes und geradezu klassisches Beispiel.

Bei gleichem Schulerfolg sind die Jungen, ihrer eigenen Ansicht nach, immer höherwertig. Ist es wirklich sicher, daß sich diese Prätentionen in einer meritokratischen Schule rentieren? Im Prinzip zielt das Bemühen der Schule darauf ab, diejenigen, die zu ihrer Selbstbestätigung das pädagogische Gelände besetzen, ohne sich um Regeln zu scheren, auf ihren Platz zu verweisen. Und tatsächlich ziehen die Mädchen in den ersten Schuljahren Vorteile aus ihrer Fähigkeit, die Regeln zu verinnerlichen, sich im Rahmen der Schulkonventionen auszudrücken, in ihren persönlichen Strategien Rücksicht auf andere zu nehmen. Weil die Jungen sich zu sehr behaupten wollen, fällt es ihnen sehr schwer, in das Spiel hineinzukommen, das an der Schule gespielt wird. Die erste Runde geht also an die Frauen. In der Zeit jedoch, in der Entscheidungen über den weiteren Verlauf des Bildungsweges anstehen, kippt alles um. Denn in dieser Situation erweisen sich die Überschätzung der eigenen Meriten und das Anmelden der dazugehörigen Ansprüche, mit einem Wort: der Bluff, als rentabel.

Alain Mingat und Marie Duru (1988) haben das für die von den

---

7 Einer der wenigen transkulturellen Aspekte der psychologischen Differenz zwischen den Geschlechtern besteht in einer Neigung der Jungen zu aggressiven Handlungen (vgl. Maccoby/Jacklin 1975).

Abbildung 4: Anteil der SchülerInnen, die eine mathematisch-naturwissenschaftliche Prima besuchen wollen, nach ihren realen Mathematikleistungen und ihrer Selbsteinschätzung (in Prozent)

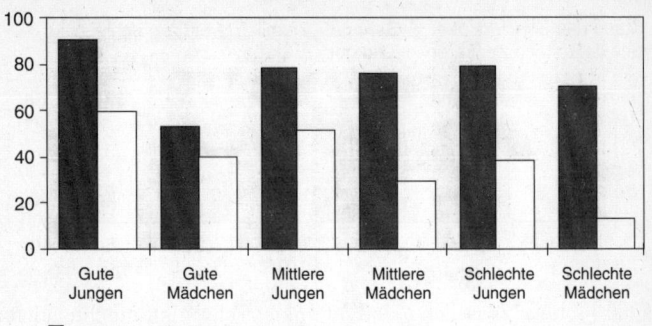

■ Halten sich für gut in Mathematik
□ Halten sich nicht für gut in Mathematik

Eltern verfaßten Orientierungsanträge gezeigt. Die leitenden Angestellten (cadres) vermehren ihre wohlbekannten Vorteile noch darum, daß sie sich zugunsten ihrer Kinder über die Regeln hinwegsetzen. Dort, wo sie zwei Wünsche angeben sollen, formulieren sie nur einen, und zwar einen mit höherem Anspruch, als es den Ergebnissen ihrer Sprößlinge entsprechen würde. Und diese überzogenen Wünsche werden eher erhört als die anderen. Dasselbe gilt für den Eintritt in die anspruchsvollen mathematisch-naturwissenschaftlichen Zweige an den Gymnasien. Die Selbstüberschätzung spricht für eine bessere Anpassung an die bevorstehenden Konkurrenzen. Unsere Untersuchung belegt das: Die Jungen sind sensibel für alles, was Schule und Sport einander ähnlich macht; mehr als die Mädchen sagen sie, daß die Einstufung sie stimuliert; sie vergleichen gern ihre Mathematik-Noten mit dem Durchschnitt der Klasse, lieber noch mit den Noten bestimmter Kameraden, und sie wären besonders stolz auf den ersten Platz in Mathematik. Ob berechtigt oder nicht, das Selbstvertrauen, das sich in der spezifisch männlichen Wettbewerbskultur ausprägt, ist ein sehr realer Faktor für die Entscheidung über den Bildungsweg, wie die Abbildungen 4 und 5 belegen.

Ein gleichgerichteter Abstand ist auch bei den Schwächeren zu beobachten: Fast jeder zweite der Jungen, deren Mathematik-

Abbildung 5: Jungen und Mädchen, die ein mathematisch-naturwissenschaftliches Abitur (Abitur C) anstreben

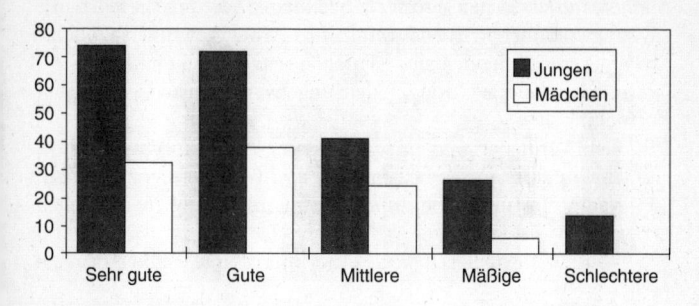

Durchschnitt zwischen 6 und 9 Punkten schwankt, möchte noch in die mathematisch-naturwissenschaftliche Prima eintreten; das gilt nur für jedes fünfte Mädchen.

Vielleicht bringt dieses geringere Selbstvertrauen die Mädchen zu der Ansicht, die wichtigste Qualität eines Mathematik-Professors bestehe darin, »sich aufmerksam zu seinen sämtlichen Schülern zu verhalten«, während die Jungen vor allem wünschen, daß er »interessant« und »kompetent« sei.

Mathematik und berufliche Zukunft

Den mathematisch-naturwissenschaftlichen Bildungsgang einzuschlagen, Lernarbeit in Mathematik zu investieren und für den damit verbundenen Wettbewerb zu trainieren bedeutet, sich mehr oder minder bewußt auf einen besonderen Berufsbereich vorzubereiten. Wozu investieren, wenn nichts herausspringt? In der Sekunda stehen die Berufswünsche noch nicht bei allen fest (52% der Jungen und 55% der Mädchen haben eine genaue Idee von ihrem künftigen Beruf). Werden sie aufgefordert, den Sektor zu kennzeichnen, in den sie gehen wollen, nennen die Mädchen meist den öffentlichen Sektor (56%) und die Jungen den Privatsektor (64%). Aber beide schreiben der jeweiligen Arbeitswelt Eigenschaften zu, die keine Beziehung zum davon jeweils vorherrschenden Bild und auch nicht zur persönlichen Erfahrung haben: Nicht wenige beschreiben den öffentlichen Sektor als ein »dynamisches und leistungsstarkes« Berufsmilieu und den Privatsektor als Domäne der »Sicherheit des Arbeitsplatzes«. Dagegen haben die Gymnasiasten und Gymnasiastinnen genaue Vorstellungen von den Vorteilen, die sie auf persönlicher Ebene durch ihre Arbeit gewinnen wollen.[8] Und hier unterscheiden sich Mädchen und Jungen deutlich.

Die ersten beiden Optionen der Jungen entfallen zu 58% auf vier Formeln:
1. Geld verdienen *und* eine interessante Arbeit machen (30%);
2. eine interessante Arbeit machen *und* Geld verdienen (18%);
3. Verantwortung haben *und* eine interessante Arbeit machen (5%);
4. zeitlich flexibel sein *und* eine interessante Arbeit machen (5%).

Von den Mädchen werden zu 66% bevorzugt:
1. Geld verdienen *und* freie Zeit haben (30%);
2. Kontakt zu anderen haben *und* freie Zeit haben (17%);
3. eine interessante Arbeit machen – ohne zweite Option (12%);
4. Verantwortung haben *und* freie Zeit haben (7%).

Die Vorstellungen vom künftigen Berufsleben und die daraus abgeleiteten Konsequenzen für die Wahl des gymnasialen Bildungsweges richten sich nicht nach den fachlichen, wissenschaftlichen und sozialen Kompetenzen, die das künftige Arbeitsmilieu erfordert. Sie richten sich nach den Erfordernissen der jeweiligen Rolle in der Familie. Das erklärt den Vorrang, den die Jungen dem Geld (63% der ersten und zweiten Optionen, gegenüber 49% bei den Mädchen) und die Mädchen der freien Zeit geben (72% der ersten und zweiten Optionen, gegenüber 11% bei den Jungen).

Einer der stärksten Gegensätze der Untersuchung zeigt sich in Abbildung 6. Ähnlich starke Gegensätze finden sich nur in zwei anderen Fällen: bei der beabsichtigten Wahl der S-Prima (53% der Jungen gegenüber 29% der Mädchen) und – sehr aufschlußreich für unser Anliegen – hinsichtlich der Präferenz, die beim Sporttreiben den Momenten des Wettkampfs (62% der Jungen, gegenüber

---

8 Die Frage lautet: »Stufe unter 1 bis 3 die drei Aspekte aus der folgenden Liste ein, die dir bei der Wahl eines Berufs am wichtigsten erscheinen: Geld verdienen – Im Team arbeiten – Ganz selbständig sein – Kontakte zu den anderen fördern – Freie Zeit haben – Eine interessante Arbeit machen – Verantwortung haben – Zeitlich flexibel sein – Macht haben und anderen befehlen – Mit Spitzentechnologien arbeiten.«
Danach waren die drei Momente aus derselben Liste zu benennen, die der befragten Person am unwichtigsten erscheinen.

Abbildung 6: Von Schülerinnen und Schülern angegebene wichtigste Faktoren bei der Wahl eines Berufes (in Prozent der SchülerInnen, die den Faktor an erster und zweiter Stelle genannt haben)

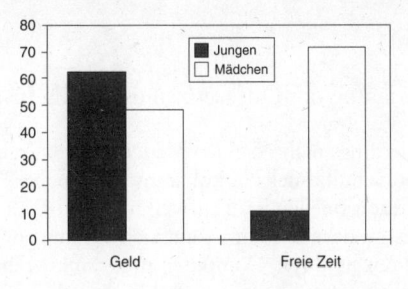

[Balkendiagramm: Geld — Jungen ca. 62%, Mädchen ca. 49%; Freie Zeit — Jungen ca. 11%, Mädchen ca. 72%]

35% der Mädchen) und des Trainings (65% der Mädchen, gegenüber 38% der Jungen) eingeräumt wird. Mit dieser Sichtweise sind zweifellos die Jungen prädisponiert, zeitaufwendige, aber rentable Bildungswege einzuschlagen, wogegen sich die Mädchen eher von einem schulischen Universum abwenden, das so anders aussieht als das sozio-professionelle Universum, das sie vor Augen haben. Die Jungen erweisen sich, stärker als die Mädchen, überzeugt vom Nutzen der Mathematik, um eine Beschäftigung (50% gegenüber 34%) und eine Arbeit zu finden, die interessant (62% gegenüber 49%) und lukrativ (48% gegenüber 36%) ist.

Fassen wir zusammen:

Wir wissen, daß die Entkopplung der Bildungsverläufe von Jungen und Mädchen im wesentlichen ausgangs der Sekunda stattfindet. Wir wissen auch, daß der innere Wert der Mathematik oder die Leistungen in Mathematik praktisch nichts an der schließlich auftretenden Divergenz erklären können. Die Erhebung in Nantes hat uns erlaubt, die black box zu öffnen und eine Anzahl von Erklärungsfaktoren zu identifizieren.

Eine erste Lehre ist eindeutig aus diesen Ergebnissen zu ziehen: Dreizehn Jahre gemeinsamen Schulbesuchs und institutionalisierter Koedukation haben nicht vermocht, die Prägung durch traditionelle Geschlechtermodelle zu tilgen. Bei der Abneigung der Mädchen gegen den mathematisch-naturwissenschaftlichen Bildungsgang spielen die meisten kulturellen Züge eine Rolle, die das traditionell den Frauen zugedachte Modell definieren: geringeres Interesse für die rationale Erkenntnis der Natur, geringere Verinnerlichung der Werte des Wettbewerbs, größere Ungewißheit hinsichtlich der rein beruflichen Investition. Jeder dieser Faktoren hat seinen Anteil an der Erklärung, insbesondere aber die beiden letztgenannten.

Die Vertiefung der Differenzen durch die Institution

Das heißt allerdings nicht, daß die Mädchen nach dreizehn Jahren gemeinsamen Schulbesuchs in kohärenter Form alle Züge des Stereotyps der traditionellen Frau aufweisen oder daß alle Jungen alle Attribute des modernen Mannes auf sich vereinigen. Die Jungen, die in der Freizeit ihren Computer programmieren und naturwissenschaftliche Zeitschriften verschlingen, die zugleich ihren eigenen Leistungsstand überschätzen und so Kurs auf lukrative Leitungspositionen nehmen, kann man an den Fingern abzählen. Desgleichen sind die Mädchen, die sich nur für die Geisteswissenschaften begeistern, ihr eigenes Niveau systematisch unterschätzen, sich aus allen Formen des schulischen Wettbewerbs heraushalten und sich auf eine – womöglich schlechtbezahlte – Halbtagsarbeit einstellen, ebenfalls sehr rar.

Bei jedem dieser kulturellen Merkmale sind die Abstände statistischer Natur, d. h., sie sind häufiger bei Jungen anzutreffen als bei Mädchen oder umgekehrt. Diese Ungleichverteilung bedeutet nicht, daß jedes Individuum oder auch nur die Mehrzahl der Individuen die Totalität dieser Merkmale in Gestalt eines kohärenten Zusammenhangs auf sich vereinigt. Es wäre falsch, zu meinen, unsere Mädchen hätten nach dreizehn Schuljahren das spontane Verhalten verinnerlicht, das sie darauf vorbereitet, vollendete Geisteswissenschaftlerinnen zu werden.

Und dennoch ist die Häufung sehr wohl da. Sie äußert sich in der massiven Ungleichheit bei der Wahl der gymnasialen Bildungsgänge. Der Ursprung dieser Divergenz ist dann weniger in den Prädispositionen der Schülerinnen und Schüler zu suchen als in der Struktur der Institution. Der mathematisch-naturwissenschaftliche Bildungsgang zeigt in der Tat eine Häufung ganz besonderer Merkmale.

Die Mathematik ist immer mit der Physik assoziiert. Das beruht nicht auf der inneren Natur der Disziplin selbst, die ebensowohl zur Literatur, zur Musik oder zur philosophischen Reflexion hin offen sein kann. Diese Assoziation mit der Physik, wiewohl nicht widernatürlich, hängt nur mit der Geschichte des mathematisch-naturwissenschaftlichen Abiturs und mit dessen Sonderbeziehungen zu den Ingenieurwissenschaften zusammen.

Aufgrund der gesellschaftspolitischen Entwicklung, auf die wir nicht näher eingehen wollen, ist der mathematisch-naturwissenschaftliche Bildungsgang zu dem Ort geworden, wo sich die schulische Elite formiert. Damit erfährt das alte Platonische Gebot »Kein der Geometrie Unkundiger soll diesen Ort betreten« eine Umkehrung in »Keiner, der nicht herausragende Leistungen erbringt, soll der Geometrie kundig werden«. Schließlich wurde die Mathematik in ein Netz eingebunden, das die Schüler kanalisieren soll und sie über das C-Abitur, die Vorbereitungsklassen und die Elitehochschulen in die Leitungsfunktionen der privaten Wirtschaft lenkt.

So stehen die mathematisch-naturwissenschaftlichen Zweige im Schulsystem unvergleichlich mehr im Licht als die anderen (die sprachlichen oder wirtschaftswissenschaftlichen). Sie sind zum Objekt sozialen Begehrens und enormer Investitionen seitens der Familien geworden. Dies alles gibt ihnen so viel Kohärenz und Prestige, daß heute jedermann überzeugt ist, man könne diesen Weg nicht beschreiten, ohne einen erheblichen Preis zu zahlen.

Damit wird begreiflich, daß jede Schwäche dort leicht in Eliminierung oder Selbsteliminierung mündet. Nun sind die Mädchen in allen hier hineinspielenden Dimensionen anfälliger als die Jungen. Nicht wegen ihrer bisherigen Schulleistungen – sie sind generell ebenso gut, wenn nicht besser –, sondern wegen der, sei's auch partiellen, Verinnerlichung der Verhaltensmodelle, die traditionell mit dem Status der Frau verbunden werden. Umgekehrt werden die Jungen systematisch begünstigt – soll man darüber erstaunt sein, wenn man weiß, daß sich der Zielpunkt des mathematisch-naturwissenschaftlichen Bildungsgangs, nämlich die Ausübung der ökonomischen Macht im Privatsektor, noch zu mehr als 90 % in den Händen von Männern befindet?

Was am Ende der Sekunda geschieht, ist nicht einfach die Umsetzung von geschlechtsspezifischen Dispositionen in unterschiedliche Schulleistungen. Wir sehen hier, wie geringfügige Verhaltensunterschiede in massive Unterschiede der Bildungslaufbahn umgewandelt werden. An diesem Prozeß, in dem sich die Differenzen vertiefen, läßt sich erahnen, wie der Produktionssektor die Schule überschattet.

Literatur

Baudelot, Christian (1990): »Aimez-vous les maths, un exemple d'analyse statistique de données textuelles«, in: M. Bécue, L. Lebart, N. Rajadell (Hg.), *Actes de les jornades Internationals d'Analisi de Dades Textuals*, Barcelona, 10.-12. Dezember 1990, Paris: Cisia.

Baudelot, Christian (1991): »Les filles et les mathématiques, contribution à l'analyse statistique du discours«, in: *Journal de la Société Statistique de Paris* 2.

Baudelot, Christian/Establet, Roger (1992): *Allez les filles!*, Paris.

Donain, Marie (1985): »L'Éducation physique et sportive: mixité ou coéducation en lycée«, Magisterarbeit in Soziologie, Université de Provence.

Duru, Marie (1990): *L'école des filles*, Paris.

Lafortune, Louise (1986): *Femmes et mathématiques*, Montreal.

Maccoby, Eleanor E./Jacklin, Carol N. (1975): *The Psychology of Sex Differences*, Stanford, Calif.

Mingat, Alain/Duru, Marie (1985/1988): »De l'orientation en fin de cinquième au fonctionnement du collège«, in: *Cahiers de l'Iredu* 42 (August 1985) und 45 (Januar 1988), Iredu, CNRS, Dijon: Université de Bourgogne.

Steffani Engler
Studentische Lebensstile und Geschlecht[1]

Geschlechtlichkeit als Dimension des Habitus

Der Habitus fungiert bei Bourdieu als Erklärungsschlüssel zwischen gesellschaftlichen Strukturen und den Praxen von Individuen, zwischen spezifischen Lebensbedingungen und Lebensstilen. Er ist »*Erzeugungsprinzip objektiv klassifizierbarer Formen von Praxis und Klassifikationssystem (principium divisionis) dieser Formen*« (Bourdieu 1982, S. 277). Der Habitus ist strukturierende Struktur, die die Wahrnehmungen und Einteilungen der sozialen Welt organisiert, und er ist strukturierte Struktur, da in ihn die gesellschaftlichen Verhältnisse eingehen, in denen er entstanden ist (vgl. ebd. S. 277ff.). So fungiert der Habitus als Erzeugungs- und Ordnungsgrundlage für Praxen und Vorstellungen, das heißt aber auch, daß er organisiert, wie das Gesehene wahrgenommen und wie die soziale Welt geordnet wird (vgl. Krais 1993, S. 211).

In vielen Arbeiten hat Bourdieu die Klassenlage als prägend für den Habitus der Individuen dargestellt; beispielsweise hat er gezeigt, wie bei formaler Chancengleichheit im Bildungswesen, vermittelt über den Klassenhabitus, die Strukturen der für eine Gesellschaft charakteristischen Klassengliederung dennoch reproduziert werden (Bourdieu/Passeron 1971; Bourdieu 1980). Seine in Deutschland wohl bekannteste Untersuchung *Die feinen Unterschiede* beschäftigt sich mit der Differenziertheit der Lebensstile in modernen Gesellschaften am empirischen Beispiel Frankreichs. In den unterschiedlichen Lebensstilen, die die Individuen durch ihre soziale Praxis hervorbringen, werden die »objektiven« Merkmale unterschiedlicher Klassenlagen real, im Handeln der Subjekte reproduziert und gelebt. Auch hier geht es – anders als in den meisten deutschen »Lebensstil«-Untersuchungen – um die Mechanismen und Funktionsweise der Reproduktion »sozialer Klassen«. Lebensstile, so Bourdieu, haben Distinktionsfunktion, und »*Di-*

---

[1] An dieser Stelle möchte ich den beiden Herausgeberinnen dieses Bandes für ihre fruchtbaren Anmerkungen danken. Beate Krais hat sich zudem wiederholt viel Zeit genommen, um mit mir den Beitrag zu diskutieren, und dazu beigetragen, ihn in die vorliegende Form zu bringen.

stinktion im Sinne von Unterscheidung ist die in der Struktur des sozialen Raumes angelegte Differenz« (Bourdieu 1985, S. 21). Bourdieu geht es in diesen Analysen auch darum, die herkömmlichen Vorstellungen von »Klassen« als sauber voneinander getrennte, nebeneinander- oder übereinanderstehende gesellschaftliche Gruppen *»außer Kraft zu setzen«* (Bourdieu 1989, S. 25). »Soziale Klassen« stehen als zentrale Dimension sozialer Ungleichheit im Blickfeld. Die Kategorie Geschlecht, die bei einigen Interpretationen durchaus berücksichtigt wird, betrachtet Bourdieu als »sekundäres Teilungsprinzip« bzw. Merkmal (vgl. Bourdieu 1982, S. 182). In seinem Beitrag über die »männliche Herrschaft« (in diesem Band) geht es Bourdieu darum, zu zeigen, daß das Konzept des Habitus auch für die Analyse der Geschlechterverhältnisse in der modernen Gesellschaft fruchtbar gemacht werden kann.

Um die *»Wirkungsweise des vergeschlechtlichten und vergeschlechtlichenden Habitus«* (Bourdieu in diesem Band, S. 167) herauszuarbeiten, bezieht sich Bourdieu auf die kabylische Gesellschaft, eine Gesellschaft, in der der Erwerb symbolischen Kapitals die »wichtigste (wenn nicht einzige) Akkumulationsmöglichkeit bildet« (ebd., S. 176). Anders als in differenzierten Gesellschaften ist die Einteilung der sozialen Welt der kabylischen Gesellschaft primär geordnet entlang einem Teilungsprinzip, dem Klassifikationsschema »weiblich – männlich«, das auf der Arbeitsteilung zwischen den Geschlechtern basiert. Bourdieu beschreibt hier, wie die geschlechtliche Arbeitsteilung, die ebenso wie Geschlecht als soziale Konstruktion zu denken ist, in die Sozialkörper eingeschrieben ist und als natürliche Ordnung erscheint. Doch obgleich es um die »männliche Herrschaft« in der kabylischen Gesellschaft geht, um eine Herrschaftsform, deren zentraler Bezugspunkt nach Bourdieu die Konstruktion der geschlechtlichen Arbeitsteilung bildet, bleibt ungeklärt, *»weshalb diese Arbeitsteilung zugleich ein Herrschaftsverhältnis impliziert«* (Krais 1993, S. 221).

Wichtig an den Ausführungen Bourdieus zur »männlichen Herrschaft« ist hier, daß die Konstruktion der geschlechtlichen Arbeitsteilung und das Klassifikationsschema weiblich – männlich dazu dienen, der Welt eine Ordnung zu geben. *»Ordnung einführen heißt Unterscheidung einführen«* (Bourdieu 1987, S. 369), und nur was unterschieden ist, kann in ein hierarchisches Verhältnis gesetzt werden. Weiterhin ist von Bedeutung, daß dieses Klassifikationsschema nicht auf ein Denkschema zu reduzieren ist, sondern der Körper als sozialer Ort zu begreifen ist, als »*vergeschlechtlichte Wirklichkeit*«, als Aufbewahrer von »*vergeschlechtlichenden Wahrnehmungs- und Bewertungskategorien*« (Bourdieu in diesem Band, S. 167). Auch in modernen Gesellschaften fungiert das Klassifikationssystem weiblich – männlich als System sozialer Unterscheidung und basiert auf der Arbeitsteilung zwischen den Geschlechtern. In den Praxen und im kulturellen Unbewußten hat diese Herrschaftsform »überlebt«, und der Körper dient hierbei als Gedächtnisstütze.

Bourdieu versteht den Habitus von Individuen als eine »*allgemeine Grundhaltung, eine Disposition gegenüber der sozialen Welt*«, die geprägt ist durch die sozialen Verhältnisse, in denen sie entstanden ist. Da ich davon ausgehe, daß in differenzierten Gesellschaften zumindest Geschlecht und Klasse als grundlegende Dimensionen sozialer Ungleichheit anzusehen sind, folgt daraus, daß die Unterscheidung in zwei Geschlechter als eine zentrale Dimension des Habitus zu denken ist (ebenso wie Klasse) und daß diese Dimension auch in die Denk-, Handlungs-, Wahrnehmungs- und Bewertungsschemata von Individuen eingeht. Damit stellt sich aber die Frage – die auch in anderen Diskussionszusammenhängen in der Frauenforschung immer wieder aufgeworfen wurde –, wie sich diese beiden Dimensionen zueinander verhalten, insbesondere welche die »primäre«, »grundlegende« ist. Möglicherweise jedoch ist diese Frage, über die zum Teil sehr heftig und kontrovers diskutiert worden ist, falsch gestellt. Beate Krais (1993) weist darauf hin, daß die Vorstellung, der Habitus sei etwas in sich Konsistentes, Widerspruchsfreies und in diesem Sinne »Logisches«, zumindest in der modernen Gesellschaft abwegig ist. Sie führt vielmehr aus, daß »*unterschiedliche Ordnungsvorstellungen und Verhaltensweisen*« im Habitus angelegt sind.[2]

Ich will im folgenden der Frage nach dem Verhältnis dieser beiden grundlegenden Dimensionen des Habitus anhand der Untersuchung studentischer Lebensstile in der Bundesrepublik nachge-

---

2 Krais geht noch weiter, sie schreibt: »Mit der Komplexität ihrer Strukturen und Kriterien sozialer Differenzierung legt die moderne Gesellschaft – anders als eine traditionale Gesellschaft wie die der Kabylen – zugleich Sprengsätze im Habitus der Subjekte an, Konflikte zwischen unterschiedlichen Ordnungsvorstellungen und Verhaltensweisen, die die Selbstverständlichkeit der Praxen immer wieder ein Stück weit in Frage zu stellen vermögen.« (Krais 1993, S. 220)

hen. Ich greife dabei auf Arbeiten zurück, die im Projekt »Studium und Biographie« durchgeführt wurden.[3] Die leitende Frage des Hochschulforschungsprojektes war, auf welche Weise die sich nach Studienfächern ausdifferenzierende Hochschullandschaft zur Veränderung oder zur Festschreibung von Geschlechter- und Klassenverhältnissen beiträgt.

Sozialer Raum, Fachkulturen und studentische Lebensstile

Methodische Anlage und Daten der Untersuchung

Die Hochschule – und mit ihr die Welt der Studierenden – wird in dieser Untersuchung gefaßt als ein Ort, der in vielfältiger Weise eingebunden ist in gesamtgesellschaftliche Reproduktionsprozesse. Anknüpfend an die Konstruktion des »sozialen Raumes« bei Bourdieu (1982), kann die Welt der Studierenden als Ausschnitt dieses Raumes, d. h. als studentisches Feld, gefaßt werden.[4] Ohne im einzelnen auf die Konstruktion des sozialen Raumes einzugehen, kann für unsere Untersuchung festgehalten werden, daß es einen Zusammenhang gibt zwischen der Position, die jemand im sozialen Raum einnimmt, und seinem Lebensstil. Dieser Zusammenhang ist vermittelt durch den Habitus: »*Als Vermittlungsglied zwischen der Position oder Stellung innerhalb des sozialen Raumes und spezifischen Praktiken, Vorlieben usw. fungiert das, was ich ›Habitus‹ nenne, das ist eine allgemeine Grundhaltung, eine Disposition gegenüber der Welt, die zu systematischen Stellungnahmen führt*« (Bourdieu 1992, S. 31).

Verglichen mit der breiten Streuung der Berufspositionen, zu denen das Studium führt, aber auch bezogen auf die unterschiedlichen Herkunftsmilieus der Studierenden, ist das studentische Feld, was die materiellen Lebensumstände anbelangt, als relativ homogen zu bezeichnen. Dies zeigt sich beispielsweise in der breiten

3 Das von der DFG von 1988 bis 1991 geförderte Hochschulforschungsprojekt »Studium & Biographie« wurde von Jürgen Zinnecker (Universität-Gesamthochschule Siegen) unter Mitarbeit von Helmut Apel, Steffani Engler, Barbara Fiebertshäuser sowie Burkhard Fuhs geleitet.
4 Eine ausführliche sozialstrukturell geleitete Darstellung der »Verortung« des studentischen Feldes im »sozialen Raum« sowie der Positionierung der studentischen Fachkulturen im studentischen Feld, orientiert an den Kapitalbegriffen Bourdieus, ist nachzulesen in Engler 1993.

Streuung der finanziellen Grundausstattung von Erwerbstätigen im Vergleich zu den relativ homogenen finanziellen Grundausstattungen von Studierenden. Die geringeren finanziellen Mittel von Studierenden manifestieren sich in weitgehend ähnlichen Wohnsituationen (meist beengte Wohnverhältnisse), in den konsumierten Lebensmitteln, den Aufwendungen für Kleidung und ähnlichem mehr. Ein wichtiges Merkmal dieses Lebensabschnitts ist, daß das Studium verbunden ist mit Statusdiskrepanzen, und zwar sowohl gegenüber der sozialen Position der Herkunftsfamilie als auch gegenüber der zukünftigen Positionierung. Solche Diskrepanzerfahrungen sind allen Studierenden gemeinsam, sie variieren jedoch je nach Herkunftsmilieu. Ebenso ist allen Studierenden das Bestreben gemeinsam, »kulturelles Kapital« in Form eines akademischen Bildungstitels zu erwerben. Dennoch gestaltet sich das studentische Feld, das vor dem Hintergrund des »sozialen Raumes« als relativ homogen erscheint, keineswegs einheitlich. Die zentrale Dimension, in der sich die soziale Differenzierung dieses Feldes fassen läßt, ist – zumindest in der Bundesrepublik – das Studienfach. Die Fachkulturforschung, die das Studium eines akademischen Faches als Prozeß der Sozialisation in unterschiedliche »Kulturen« mit entsprechend verschiedenen Denk-, Wahrnehmungs- und Handlungsmustern betrachtet, hat auf die Bedeutung des Studienfaches mit mehreren Untersuchungen hingewiesen (vgl. Huber et al. 1983; Liebau/Huber 1985). Betrachtet man die studierenden Personen, so zeigt sich, daß sich in den verschiedenen Fächern auch Personen mit unterschiedlichen sozialen Erfahrungen, erworbenen Dispositionen und zukünftiger sozialer Lage finden.

So ergeben sich soziale Unterschiede zunächst einmal aufgrund der verschiedenen Herkunftsmilieus der Studierenden: Beispielsweise sind in Rechtswissenschaft und Medizin häufiger Studierende vertreten, deren Eltern über einen hohen Bildungsabschluß verfügen, als Studierende aus bildungsfernen Schichten (vgl. Bargel u. a. 1989, S. 59). Letztere sind in stärkerem Maße in sozial- und ingenieurwissenschaftlichen Studienfächern zu finden. Und obgleich beispielsweise Töchter und Söhne aus Arbeiterfamilien nahezu gleich geringe Chancen haben, ein Hochschulstudium aufzunehmen, ist nicht zu übersehen, daß auch sie, wie viele andere Studentinnen und Studenten, nicht die gleichen Fächer wählen (vgl. Engler/von Prümmer 1993). Studentinnen präferieren sprach-

und sozialwissenschaftliche, Studenten naturwissenschaftlich-technische Studienfächer. Die ungleiche Verteilung wird insbesondere beim Studienfach Erziehungswissenschaft mit einem Studentinnenanteil von 68% im Vergleich zu ingenieurwissenschaftlichen Studienfächern wie Maschinenbau mit einem Anteil von 8% und Elektrotechnik mit einem Studentinnenanteil von 3% deutlich. Zwischen solchen Extremen der Geschlechterverteilung ist beispielsweise das ehemals von Männern aus bürgerlichem Hause dominierte Studienfach der Rechtswissenschaft mit einem Studentinnenanteil von 40% anzusiedeln, der etwa dem Anteil von Studentinnen an der Gesamtzahl der Studierenden entspricht.[5]

Auch die Unterscheidung auf der Basis antizipierter zukünftiger Berufspositionen, zu denen das Fachstudium führt, reicht in die Gegenwart des Studiums hinein und prägt den Habitus. Betrachtet man die Verteilung von Frauen und Männern auf die Studienfächer unter diesem Blickwinkel, so zeigt sich, daß Studentinnen in jenen Studienfächern überrepräsentiert sind, die zu Berufspositionen führen, die dem Dienstleistungssektor zuzuordnen sind und die – im Spektrum der akademischen Berufe – mit relativ geringem Einkommen und Status verbunden sind (Erziehungswissenschaft), während die häufiger von Studenten bevorzugten Studienfächer Maschinenbau und Elektrotechnik zu Berufspositionen führen, die im privatwirtschaftlichen industriellen Sektor angesiedelt sind und mit relativ hohem Einkommen und Status einhergehen. In der ungleichen Verteilung der Geschlechter auf die Studienfächer schlagen sich also auch die beruflichen Perspektiven der Studierenden nieder, d. h. die erfahrenen und antizipierten Geschlechterverhältnisse im sozialen Raum.

In der Untersuchung, deren Material hier herangezogen wird, wurde das Fach nicht nur als Indikator für unterschiedliche akademische Kulturen, sondern auch für die soziale Lage der Studierenden verwendet. Soziale Lage oder Position im sozialen Raum bezieht sich hier, in der Topologie des Raumes, nicht auf einen bestimmten *Punkt* im Raum, sondern auf eine »trajectoire«, eine bestimmte – für die Vergangenheit bereits reale, für die Zukunft antizipierte, wahrscheinliche – *Laufbahn*. Die Antizipation der wahrscheinlichen Zukunft mit einzubeziehen ist für eine Untersuchung von Studierenden, d. h. von Personen in einer transitori-

[5] Vgl. *Statistisches Jahrbuch für die Bundesrepublik Deutschland 1989*. Alle Angaben in diesem Beitrag beziehen sich auf die alten Bundesländer.

schen Lebensphase, noch wichtiger als bei Untersuchungen, die sich auf Erwerbstätige beziehen. Im Zentrum der Untersuchung stand die Frage nach Unterschieden in den studentischen Lebensstilen, die im Zusammenhang mit dem Studienfach zu sehen sind.

In diesem Beitrag wird danach gefragt, welche relative Bedeutung Geschlecht und Studienfach für Unterschiede in den studentischen Lebensstilen zuzumessen ist. Die Studienfächer, die für die Erhebung ausgewählt wurden, waren Erziehungswissenschaft, Rechtswissenschaft, Elektrotechnik und Maschinenbau. Die Auswahl orientierte sich an der ungleichen Verteilung von Studentinnen und Studenten auf diese Fächer.

Methodisch wurden verschiedene Verfahren angewendet, um habitualisierte Denk-, Wahrnehmungs-, Bewertungs- und Handlungsweisen von Studierenden zu untersuchen und gleichzeitig den Kontext des Geschehens, das jeweilige soziale Feld, zu analysieren. Neben ethnographischen Verfahren wie z. B. teilnehmende Beobachtung, Raumzeichnungen, Soziogramme von Handlungsabläufen wurden alltagskulturelle Materialien und Dokumente gesammelt, ExpertInnengespräche geführt, mit Studentinnen und Studenten der genannten Fächer Gruppendiskussionen veranstaltet und biographische Interviews und Foto-Interviews (kommentierte Wohnungsinterviews) durchgeführt. Eine Fragebogenerhebung, die Fragen zur »sozialen Herkunft«, zum Bildungsweg, zu Lebensstilen, zur Studiensituation sowie soziodemographische Daten umfaßte, ergänzte dieses Material.[6]

Im vorliegenden Beitrag beziehe ich mich auf diese schriftliche Erhebung. Diese Einschränkung bedingt, daß der Thematisierung von Unterschieden und Gemeinsamkeiten zwischen Studentinnen und Studenten Grenzen gesetzt sind. Denn ob und wie Unterschiede erlebt werden und wie sich Geschlechterverhältnisse in Interaktionsprozessen gestalten und in konkreten Handlungssituationen zeigen, bleibt quantitativem Material verschlossen. Hierzu sei auf andere Projektauswertungen verwiesen (Apel 1989; Engler 1990a; Engler/Friebertshäuser 1989, 1992; Friebertshäuser 1992).

Die standardisierte postalische Erhebung wurde im Wintersemester 1988/89 an den Hochschulorten Siegen und Marburg

---

6 Ausführliche Angaben zur Datenerhebung, zum Fragebogen und zur Grundauszählung sind nachzulesen bei Apel 1990, Engler 1990b, Friebertshäuser 1989.

durchgeführt. Befragt wurden Studentinnen und Studenten des 1. bis einschließlich 9. Semesters der Erziehungswissenschaft an den beiden genannten Hochschulen sowie Rechtswissenschaft in Marburg und Elektrotechnik und Maschinenbau in Siegen. Zusätzlich wurden Studentinnen einer vergleichbaren Gesamthochschule (Wuppertal) in die Erhebung aufgenommen. Das Sample umfaßt 806 Studierende: 277 Studierende der Erziehungswissenschaft (195 Frauen und 82 Männer), 192 der Rechtswissenschaft (86 Frauen und 106 Männer), 181 der Elektrotechnik (40 Frauen und 141 Männer) sowie 156 Studierende des Maschinenbaus (33 Frauen und 123 Männer).

Da in der nachfolgenden Auswertung die soziale Herkunft der Studierenden nicht einbezogen wird, soll an dieser Stelle ein kurzer Hinweis erfolgen. Eine Ausdifferenzierung nach sozialen Herkunftsgruppen, die sowohl vertikale als auch horizontale Statusaspekte berücksichtigt, kann aufgrund der Stichprobengröße hier nicht geleistet werden. Im Hinblick auf den Bildungsstatus und die Stellung der Eltern im Beruf ist zunächst für alle Fächergruppen eine heterogene Zusammensetzung kennzeichnend.[7] Doch Studierende der Rechtswissenschaft nehmen im Vergleich zu den anderen Befragten bezogen auf alle Aspekte des Herkunftsstatus die »obere« Position ein. Auffällig ist weiterhin, daß zwischen den Studierenden der Erziehungswissenschaft, also jenes Studienfachs mit relativ hohem Frauenanteil, und den Studierenden der beiden Ingenieurfächer, die einen relativ geringen Frauenanteil aufweisen,

[7] Zur sozialen Herkunft der Studierenden: In Erziehungswissenschaft gaben 57%, in Rechtswissenschaft 31% und in Elektrotechnik/Maschinenbau 57% der Studierenden an, daß der Vater über einen Volksschulabschluß verfüge. 16% der Väter von Studierenden der Erziehungswissenschaft, 39% der Rechtswissenschaft und 15% der Ingenieurwissenschaften (Elektotechnik/Maschinenbau) verfügen über Fachabitur/Abitur. Zur beruflichen Stellung der Väter der Studierenden: »Arbeiter« gaben 23% der Studierenden in Erziehungswissenschaft, 12% der Rechtswissenschaft und 27% der Ingenieurwissenschaften an.

Ausgehend von den Müttern, zeigt sich folgendes Bild: In Erziehungswissenschaft gaben 62%, in Rechtswissenschaft 41% und in den Ingenieurwissenschaften 63% der Studierenden an, daß ihre Mutter einen Volksschulabschluß habe, während 9% der Studierenden in Erziehungswissenschaft, 15% in Rechtswissenschaft und 7% in den Ingenieurwissenschaften angaben, ihre Mutter verfüge über Fachabitur/Abitur. Bezogen auf die (arbeitsrechtliche) Stellung gaben Arbeiterin 13% in Erziehungswissenschaft, 9% in Rechtswissenschaft und 17% in den Ingenieurwissenschaften an. Ihre Mutter sei Hausfrau, wurde von 34% der ErziehungswissenschaftlerInnen, 27% der RechtswissenschaftlerInnen und 30% der IngenieurwissenschaftlerInnen angegeben.

kaum nennenswerte Unterschiede bestehen. Das heißt, möglicherweise auftretende Unterschiede zwischen den letztgenannten Studienfächern wären durch einen Bezug zur sozialen Herkunft keinesfalls hinreichend zu erklären.

Ein Kernstück der obengenannten Erhebung bilden Fragen, die sich an der studentischen Lebensweise orientieren und Lebensstile zu ermitteln suchen. Diesen Fragen liegt die Vorstellung zugrunde, daß sich in kulturellen Praxen und in ihren vergegenständlichten Formen (z. B. in Zimmereinrichtungen) Handlungs-, Denk- und Beurteilungsschemata manifestieren. Orientiert an den Arbeiten Bourdieus und auf die studentische Alltagskultur bezogen wurde vermutet, daß in den Bereichen Wohnen, Schlafen, Essen und Kleidung Unterschiede zwischen Studierenden verschiedener Studienfächer sichtbar werden. Bezogen auf die studentische Situation wurden Wohnformen, Bezugsquellen der Wohnungseinrichtung und Schlafstätten ermittelt. Die Wohnformen umfassen die Ausprägungen »Wohngemeinschaft«, »Wohnen als Paar«, »Wohnen allein«, »Studentenwohnheim«, »Untermiete/Zimmer« und »bei den Eltern«. Bei den Bezugsquellen der Wohnungseinrichtung waren die Ausprägungen »Möbelgeschäft«, »Elternhaus«, »selbstgebaut«, »möbliert«, »Verwandte/Bekannte«, »Flohmarkt«, »Anzeige/Aushang« und »Sperrmüll« vorgegeben. Die Bettformen umfassen die Ausprägungen »Matratze auf dem Boden«, »improvisiertes Bettgestell«, »selbstgebautes Kastenbett«, »Hochbett«, »Bettcouch« und »gekauftes Bett«. Weiterhin wurde nach Ernährungsvorlieben gefragt (»gerne Fleisch«, »vegetarisch«, »biologisch-dynamisch«, »fleischarm«, »deutsche Küche«, »ausländische Küche«, »schnelle einfache Gerichte«) und wurden die Bezugsquellen der Kleidung erhoben (»Kaufhaus«, »Flohmarkt«, »Boutique«, »Fachgeschäft«, »selbstgemacht«, »geerbt«).[8]

Multivariate Darstellung der Lebensstile

Anhand dieses Materials soll dargestellt werden, durch welche Lebensstilmerkmale sich Studierende verschiedener Fächer unterscheiden. Gleichzeitig geht es darum zu prüfen, ob sich trotz unterschiedlicher Fachzugehörigkeit fachübergreifende Gemein-

---

8 Da es hier darum geht, Zusammenhänge zwischen allen Lebensstilmerkmalen und den Studierendengruppen zu beschreiben, werden die bivariaten Ergebnisse nicht im Detail aufgeführt (vgl. dazu Engler 1993).

samkeiten zwischen Studentinnen in Lebensstilmerkmalen aufzeigen lassen. Dazu sollen die von den weiblichen Studierenden der unterschiedlichen Fächer genannten Lebensstilmerkmale zueinander und gleichzeitig mit Bezug zu den Angaben der männlichen Studierendengruppen in Relation gesetzt werden. Anders gesagt, die genannten Lebensstilmerkmale sollen simultan den nach Studienfach und Geschlecht differenzierten Studierendengruppen zugeordnet werden. Dazu wird als multivariates Auswertungsverfahren die Korrespondenzanalyse verwendet.[9]

Die Angaben der Studentinnen und Studenten der Erziehungswissenschaft, Rechtswissenschaft, der Elektrotechnik und des Maschinenbaus (8 Gruppen) wurden mit den genannten Lebensstilvariablen kreuztabelliert. Die relativen Häufigkeiten bilden hier das Eingangsmaterial der Korrespondenzanalyse. Mittels der Korrespondenzanalyse werden Unterschiede zwischen den Studierendengruppen und den von ihnen jeweils genannten Lebensstilmerkmalen »übersetzbar« in eine graphische Darstellung.

Die nachfolgenden Beschreibungen der Verteilungsstruktur der

---

9 Bei der Korrespondenzanalyse handelt es sich um ein exploratives multivariates Analyseverfahren zur graphischen Darstellung von Zeilen- und Spaltenvariablen von Kontingenztabellen. Hier wird die einfache Korrespondenzanalyse verwendet (Aggregatdaten), um den Gruppen Lebensstilmerkmale zuzuordnen. Aussagen über einzelne Personen sind daher nicht zulässig. In dem durch die Korrespondenzanalyse aufgespannten Raum ist die Distanzfunktion zwischen Spalten und Zeilen ungeklärt. Vergleiche zwischen Spalten und Zeilen können jedoch über die Winkel der Vektorenendpunkte zum Achsenkreuz erfolgen. Vgl. zum Verfahren der Korrespondenzanalyse: Blasius 1988; Blasius/Greenacre 1994.

Die Zeilen- (Lebensstilmerkmale) und Spaltenprofile (Studierendengruppe) werden derart in einen niederdimensionalen Projektionsraum projiziert, daß mit der ersten Dimension bzw. Achse ein Maximum der Variation der Daten erklärt wird. Die zweite Achse wird orthogonal zur ersten Achse in den Projektionsraum gelegt, mit ihr wird ein Maximum der noch verbleibenden Variation erklärt. Das Achsenkreuz kann verstanden werden als »Nullpunkt«, das bedeutet, je näher die Ausprägungen dort lokalisiert sind, desto weniger tragen sie zur Unterscheidung der Studierendengruppen auf der Basis der verwendeten Lebensstilmerkmale bei. Dieser »Nullpunkt« teilt zugleich die jeweilige Achse in zwei Abschnitte. Die auf den linken Achsenabschnitt (erste Achse) projizierten Merkmale sind negativ korreliert mit den projizierten Merkmalen des rechten Achsenabschnitts. Die Interpretation der graphischen Ergebnisse der Korrespondenzanalyse erfolgt vermittelt über die Achsen (über die Winkel der [Vektorenend-]Punkte zum Achsenkreuz) und über die Nähe und Distanz der Punkte zueinander. Zur Interpretation der nachfolgenden Ergebnisse wurden auch die hier nicht wiedergegebenen numerischen Ergebnisse der Korrespondenzanalyse herangezogen.

Lebensstilvariablen im Projektionsraum basieren auf der graphischen Darstellung der Ergebnisse der Korrespondenzanalyse. Zunächst werden die studentischen Wohnformen und Bezugsquellen der Einrichtung, danach die sich stärker auf den Körper beziehenden Variablen Ernährung und Kleidung im Zusammenhang mit den Studierendengruppen betrachtet.

Wie wohnen und schlafen Studentinnen und Studenten?[10]

Wie gestalten sich nun Unterschiede bzw. Gemeinsamkeiten zwischen den Studierendengruppen im Hinblick auf die Lebensstilmerkmale aus dem Bereich »Wohnen und Einrichtung«? Werden Unterschiede, die im Zusammenhang mit dem Geschlecht zu sehen sind, bzw. fachübergreifende Gemeinsamkeiten zwischen Studentinnen einerseits und Studenten andererseits sichtbar?

Die Betrachtung der graphischen Darstellung der Korrespondenzanalyse (Abbildung 1, am Schluß des Beitrags) orientiert sich zunächst an der ersten Achse (Horizontale), die 49,7% der Variation des Gesamtmodells erklärt. Auf dem linken Achsenabschnitt der ersten Achse sind die Gruppen »Maschinenbau Männer« und »Elektrotechnik Männer« und »Maschinenbau Frauen« und »Elektrotechnik Frauen« lokalisiert. Auf den entgegengesetzten Abschnitt der ersten Achse, also negativ korreliert mit den zuvor genannten Gruppen, sind »Jura Männer« und »Jura Frauen« und »Pädagogik Frauen« und »Pädagogik Männer« projiziert. Wird die erste Achse interpretiert, so besteht der Hauptgegensatz zwischen den Studierendengruppen der Ingenieurwissenschaften einerseits (linker Achsenabschnitt) und den beiden sozialwissenschaftlichen Studienfächern Rechtswissenschaft und Erziehungswissenschaft andererseits (rechter Achsenabschnitt). Hinsichtlich der verwendeten Lebensstilmerkmale bestehen also zwischen den Studierenden der Ingenieurwissenschaften und den Studierenden der beiden sozialwissenschaftlichen Studienfächer die größten Differenzen. Die Achse kann als »Fachdimension« interpretiert werden.

Bei der Betrachtung der graphischen Darstellung fällt auf, daß beispielsweise die Gruppe »Maschinenbau Männer« relativ nahe am linken Achsenabschnitt liegt, während im Vergleich dazu die

---

10 Andere Faktoren, wie z.B. die Auswirkungen von Kindern auf die Wohnform von Studierenden, werden hier nicht einbezogen, da die Fallzahl zu gering ist. So gaben 45 Studierende an, ein Kind zu haben.

»Jura Männer« und »Jura Frauen« zum rechten Abschnitt der ersten Achse und zum oberen Abschnitt der zweiten Achse nahezu gleich weit entfernt liegen. Dies bedeutet, daß die Gruppe »Maschinenbau Männer« zur geometrischen Ausrichtung der ersten Achse beiträgt, während die Gruppen »Jura Männer« und »Jura Frauen« zur geometrischen Ausrichtung sowohl der ersten als auch der zweiten Achse beitragen und somit zu Unterschieden, die auf diesen Achsen dargestellt sind. Letzteres trifft in ähnlicher Weise auch auf die Gruppen »Pädagogik Frauen« und »Pädagogik Männer« zu, die im unteren rechten Quadranten lokalisiert sind.

Die zweite Achse, mit der weitere 22,1 % der Gesamtvariation erklärt werden, differenziert zwischen den Studierenden der Rechtswissenschaft (lokalisiert im oberen rechten Quadranten) und den Studierenden der Erziehungswissenschaft (lokalisiert im unteren rechten Quadranten). Diese Achse veranschaulicht Unterschiede zwischen den beiden sozialwissenschaftlichen Studienfächern.

Bei der Projektion der Lebensstilmerkmale auf die erste Achse kann den Studentinnen und Studenten der beiden ingenieurwissenschaftlichen Studienfächer insbesondere die Wohnform »bei den Eltern« zugeordnet werden. Dieses Lebensstilmerkmal liegt deutlich separiert im linken Achsenabschnitt. Dabei sind die Studentinnen (nicht die Studenten) dieser beiden Fächer zusätzlich durch die Merkmale »Hochbett« und »Möbel selbstgemacht« zu beschreiben. Doch diesen Ausprägungen kommt weniger Bedeutung zu als »bei den Eltern«, da »Hochbett« und »Möbel selbstgemacht« näher am Achsenkreuz liegen. Denn je näher Ausprägungen am Achsenkreuz lokalisiert sind, desto weniger tragen diese zur Beschreibung von Unterschieden bei, da solche Ausprägungen nahezu gleich häufig bzw. selten von den Studierendengruppen angegeben wurden.

Im Gegensatz dazu können sowohl den Studentinnen als auch den Studenten der Rechtswissenschaft und Erziehungswissenschaft die Wohnform »Wohngemeinschaft« und das Merkmal »Möbel per Aushang/Zeitung« als Bezugsquelle der Wohnungseinrichtung und die Bettform »Matratze auf dem Boden« zugeordnet werden. Während jedoch Studierende der Rechtswissenschaft (2. Achse) zudem durch die Merkmale »Wohnen in Untermiete/in eigenem Zimmer«, »Studentenwohnheim«, »Wohnen allein« und »Zimmer ist vom Vermieter möbliert« gekennzeichnet werden können, sind Studierende der Erziehungswissenschaft zusätzlich anhand der Merkmale »Wohnen als Paar«, bei den Bezugsquellen der Möbel durch »von Freunden/Verwandten«, »vom Sperrmüll«, »vom Flohmarkt« und bezogen auf die Bettformen durch »improvisiertes Bettgestell« und »selbstgebautes Kastenbett« zu beschreiben. Die Merkmale, die relativ nahe am Achsenkreuz liegen, »Möbel von den Eltern«, »vom Möbelgeschäft«, »Bettcouch«, differenzieren weder zwischen den Studierendengruppen noch zwischen den Geschlechtern.

Zusammenfassend sind Studierende der Ingenieurwissenschaften durch die Wohnvariante »Wohnen bei den Eltern« zu beschreiben, in der das Studium als eine Verlängerung der Jugendphase und Schulzeit erscheint und die symbolisiert, daß es sich beim Studium um eine Ausbildungsphase handelt. Bei Studierenden der beiden sozialwissenschaftlichen Studienfächer geht dagegen das Studium mit räumlicher Ferne zum Elternhaus einher. Dem Studium wird damit bereits eine relative Eigenständigkeit zugestanden, es impliziert im Selbstverständnis der Studierenden die Ablösung vom Elternhaus und den Aufbau einer eigenständigen Lebensweise. Solche Unterschiede können im Zusammenhang mit unterschiedlichen Jugendmodellen gesehen werden, die wiederum unterschiedliche Bezüge zur sozialen Welt (vgl. Zinnecker 1986) symbolisieren. Während jedoch in Erziehungswissenschaft die Lebensstilmerkmale auf einen individuellen, improvisierten Einrichtungsstil hinweisen (»Sperrmüll«, »Flohmarkt«, »improvisiertes Bettgestell«), deuten die Merkmale, die den Studierenden der Rechtswissenschaft zugeordnet werden können, auf Wohnvarianten hin, die an studentische Traditionen anknüpfen (»Untermiete/eigenes Zimmer«, »Studentenwohnheim«, »möbliert«), und symbolisieren, daß es sich beim Studium um eine Übergangsphase handelt. So werden im Bereich der Lebensstilmerkmale, die sich auf die Wohnvarianten, Bezugsquellen der Einrichtung und Bettformen beziehen, vor allem Unterschiede zwischen den Studierenden der verschiedenen Studienfächer sichtbar (Unterschiede, die darauf hinweisen, daß dem Studium offensichtlich eine unterschiedliche Bedeutung im Lebensverlauf je nach Studienfach zukommt). Unterschiede zwischen den Geschlechtern sind jedoch hier von untergeordneter Bedeutung. Diese Unterschiede zwischen den Fächern und die Gemeinsamkeiten zwischen Studentinnen und Studenten eines Faches sind im Rahmen einer zweigeschlechtlichen Weltsicht schwer zu interpretieren.

In Abbildung 2, das ist die Korrespondenzanalyse »Kleidung und Ernährung«, können mit der ersten Achse bereits 77,5 % der gesamten Variation der Daten erklärt werden, d.h., die Lösung ist nahezu eindimensional. Die erste Achse differenziert zwischen »Jura Männern«, »Elektrotechnik Männern« und »Maschinenbau Männern« einerseits (linker Achsenabschnitt) und »Pädagogik Frauen«, »Elektrotechnik Frauen«, »Jura Frauen« und »Maschinenbau Frauen« andererseits (rechter Achsenabschnitt). Kurz, diese Achse differenziert zwischen den Geschlechtern; sie kann als »Geschlechtsdimension« interpretiert werden. Über die Fächer hinweg sind sich in den Kleidung und Ernährung betreffenden Lebensstilaspekten jeweils die Frauen untereinander und die Männer untereinander relativ ähnlich. Lediglich den Studenten der Erziehungswissenschaft kommt eine Sonderrolle zu: sie sind durch die zweite Achse zu beschreiben, die zusätzlich 10,3 % der Varianz des Modellraums erklärt.

Die Studenten der Rechtswissenschaft, der Elektrotechnik und des Maschinenbaus (linker Achsenabschnitt) essen überdurchschnittlich »gerne Fleisch«, bevorzugen »deutsche Küche« und kaufen ihre Kleidung häufiger als Studentinnen im »Fachgeschäft«. Zum besseren Verständnis der Analyse: Dies bedeutet nicht, daß alle Studenten als Ernährungsvorliebe »gerne Fleisch« angaben, sondern vielmehr, daß sie es überdurchschnittlich oft im Vergleich zu den Studentinnen angaben. Gleiches gilt für die Lebensstilmerkmale, die zur Beschreibung der Studentinnen herangezogen werden können.

Die Studentinnen der Erziehungswissenschaft, der Elektrotechnik, der Rechtswissenschaft und des Maschinenbaus (rechter Achsenabschnitt) sind heterogener in bezug auf die Lebensstilmerkmale »Kleidung und Ernährung«. Sie sind jedoch – mehr oder weniger – durch die Ernährungsvorlieben »fleischarm« bzw. »biologisch-dynamisch« zu beschreiben sowie durch die Merkmale »Boutique« als Ort des Kleidungserwerbs, »selbstgemachte Kleidung« und »Kleidung geerbt«. Auch Vorlieben für »vegetarisch« und für »Kleidung vom Flohmarkt« beschreiben Unterschiede zu den Männern der untersuchten Fächer. Jedoch scheint es innerhalb der Gruppe von Studenten der Erziehungswissenschaft eine Untergruppe zu geben, die angab, am liebsten vegetarisch zu essen bzw. die Kleidung auf dem Flohmarkt zu erwerben. Dies ist in der graphischen Darstellung daran zu sehen, daß diese beiden Merkmale weder eindeutig auf die erste noch auf die zweite Achse projiziert sind.

Jene Merkmale, die relativ nahe am Achsenkreuz liegen: »ausländische Küche«, »schnelle und einfache Gerichte«, »Kleidung im Kaufhaus erworben«, tragen nur wenig zur Unterscheidung der Studierendengruppen bei. Diese Merkmale differenzieren weder zwischen den Geschlechtern noch zwischen den Studienfächern.

Diskussion der Ergebnisse

Während bei jenen Lebensstilmerkmalen, die sich auf die studentische Wohnkultur beziehen, die Studienfachzugehörigkeit als dominantes Differenzierungskriterium fungiert, ist bei jenen Lebensstilmerkmalen, die einen Bezug zum Körper aufweisen, hier »Kleidung und Ernährung«, das Geschlecht als dominantes Differenzierungskriterium anzusehen. In alltäglichen Dingen treten damit Unterschiede in den Lebensstilen der Geschlechter zutage, die darauf hinweisen, daß das Klassifikationsschema »weiblich – männlich«, wie Bourdieu schreibt, sich nicht auf ein Denkschema reduzieren läßt. Diese Unterschiede lassen sich jedoch weder durch die zukünftigen unterschiedlichen Berufspositionen noch durch die soziale Herkunft erklären. Sie deuten vielmehr auf verinnerlichte Dispositionen hin, die im Zusammenhang mit dem Geschlecht zu sehen sind. Die empirischen Befunde zeigen jedoch auch, daß nicht bei allen verwendeten Lebensstilmerkmalen Unterschiede hervortreten, die als Unterscheidungen zwischen den Geschlechtern zu begreifen sind, sondern daß die Unterschiede zwischen den Geschlechtern bereichsbezogen sind.

Dennoch kann hier nicht davon ausgegangen werden, daß den aufgezeigten Unterschieden zwischen den Geschlechtern in den verschiedenen Studienfächern die gleiche Bedeutung zukommt. Studentinnen der beiden ingenieurwissenschaftlichen Studienfächer befinden sich, was ihr Geschlecht anbelangt, in einer Minderheitenposition. Studentinnen der Erziehungswissenschaft befinden sich in einer Mehrheitsposition. Welche Relevanz dieser ungleichen Verteilung der Geschlechter auf die Studienfächer im Zusammenhang mit den aufgezeigten Unterschieden in den Lebensstilmerkmalen zukommt, muß hier offenbleiben.

Die Bedeutung dieser Ergebnisse ist weniger in dem Nachweis zu sehen, daß bei bestimmten Lebensstilmerkmalen fachübergreifende Unterschiede zwischen den Geschlechtern bzw. Gemeinsamkeiten zwischen Frauen einerseits und Männern andererseits zu finden sind. Die Bedeutung liegt meines Erachtens vielmehr darin, daß Geschlecht als Unterscheidungsmerkmal einmal eher in den Vordergrund, einmal eher in den Hintergrund tritt. Was kann man daraus schließen?

Bourdieu hat gezeigt, daß es einen Zusammenhang zwischen »*höchst disparaten Dingen*« gibt: »*wie einer spricht, tanzt, lacht, liest, was er liest, was er mag, (...) All das ist eng miteinander verknüpft*« (Bourdieu 1992, S. 32). Im vorliegenden Beitrag deutet sich jedoch an: Wie sie wohnt, sich einrichtet und schläft, ist eng verknüpft mit dem jeweiligen Studienfach; was sie gerne ißt und wo sie ihre Kleidung erwirbt, ist eng verknüpft mit dem Geschlecht. Die vorgefundenen Unterschiede lassen sich nicht als stringent aufeinander bezogen beschreiben. Zunächst heißt das, daß weder Geschlecht noch Studienfach allein ausreichen, sozial relevante Unterschiede zu erklären. Es scheint vielmehr sinnvoll, Lebensstile differenziert nach unterschiedlichen Aspekten hin zu untersuchen. Denn wenn bei bestimmten Lebensstilmerkmalen das Geschlecht, bei anderen wiederum das Fach, bei wieder anderen ein Drittes als dominantes Unterscheidungsmerkmal hervortritt und dies je nach untersuchtem Gegenstandsbereich, möglicherweise je nach Kontext und Situation wechselt, so liegt es nahe, zu folgern, daß Lebensstile nicht als einheitliches, konsistentes Lebensgefüge aufgefaßt werden können. Die alltagskulturellen Praxen, aus denen die Ordnungsvorstellungen und Denkschemata von Individuen hervorgehen, gestalten sich offensichtlich unterschiedlich. Diese Unterschiedlichkeit, daß bei bestimmten Aspekten das Geschlecht eine zentrale Rolle spielt, während bezogen auf andere Aspekte das Geschlecht von geringerer Bedeutung ist bzw. anderes in den Vordergrund tritt, müßte dann auch in den Habitus eingehen. Der Habitus ist dann nicht als ein einheitliches, in sich schlüssiges System von Dispositionen und Teilungsprinzipien zu fassen, sondern als ein System, in das unterschiedliche, nicht logisch aufeinander bezogene Erfahrungen eingehen (vgl. Krais 1993) und das wiederum unterschiedliche Praxen hervorbringt.

Vor diesem Hintergrund erscheinen Debatten darüber, ob Geschlecht oder Klasse als vorherrschendes Ungleichheitsmerkmal anzusehen ist oder wie das Ineinander dieser getrennt angenommenen Kategorien theoretisch zu begreifen ist, als unfruchtbar. Vielmehr wäre danach zu fragen, wann, in welchem Kontext und in welcher Situation welches Ungleichheitsmerkmal in den Vordergrund tritt. Damit kann herausgearbeitet werden, welches relative Gewicht Merkmalen im Netz von Unterschieden und sozialen Unterscheidungen zukommt.

Literatur

Apel, Helmut (1990): *Fragebogen studentische Fachkulturen (II). Grundauszählung nach Fach und Geschlecht (geschlossene Fragen)*, Universität-Gesamthochschule Siegen (Publikationsreihe »Studium & Biographie«, Nr. 8).

Apel, Helmut (1989): »Fachkulturen und studentischer Habitus«, in: *Zeitschrift für Sozialisationsforschung und Erziehungssoziologie* 9, S. 2-22.

Bargel, Tino/Framhein-Peisert, Gerhild/Sandberger, Johann-Ulrich (1989): *Studienerfahrungen und studentische Orientierungen in den 80er Jahren*, Bundesministerium für Bildung und Wissenschaft (Hg.), Bad Honnef.

Blasius, Jörg (1988): »Zur Stabilität von Ergebnissen bei der Korrespondenzanalyse«, in: *ZA-Information* 23, S. 47-62.

Blasius, Jörg/Greenacre, Michael J. (1994): »Computation of Correspondence Analysis«, in: Michael J. Greenacre und Jörg Blasius (Hg.), *Correspondence Analysis in the Social Sciences*, London u. a., S. 23-52.

Bourdieu, Pierre (1981): »Klassenschicksal, individuelles Handeln und das Gesetz der Wahrscheinlichkeit«, in: Pierre Bourdieu, Luc Boltanski, Monique de Saint Martin und Pascale Maldidier, *Titel und Stelle. Über die Reproduktion sozialer Macht*, Frankfurt am Main, S. 169-226.

Bourdieu, Pierre (1982): *Die feinen Unterschiede. Kritik der gesellschaftlichen Urteilskraft*, Frankfurt am Main.

Bourdieu, Pierre (1990): »La domination masculine«, in: *Actes de la recherche en sciences sociales* 84, S. 2-31. In diesem Band S. 153-217.

Bourdieu, Pierre (1992): *Die verborgenen Mechanismen der Macht*. Hg. von Margareta Steinrücke, Hamburg.

Bourdieu, Pierre/Passeron, Jean-Claude (1971): *Die Illusion der Chancengleichheit*, Stuttgart.

Engler, Steffani (1990a): »Die Illusion des Gleichheitsdenkens«, in: Peter Büchner, Heinz-Hermann Krüger und Lynne Chisholm (Hg), *Kindheit und Jugend im interkulturellen Vergleich*, Opladen, S. 163-176.

Engler, Steffani (1990b): *Fragebogen Studentische Fachkulturen (I). Aufbau und Konzeption des Fragebogens*, Universität-Gesamthochschule Siegen (Publikationsreihe »Studium & Biographie«, Nr. 7).

Engler, Steffani (1993): *Fachkultur, Geschlecht und soziale Reproduktion. Eine Untersuchung über Studentinnen und Studenten der Erziehungswissenschaft, Rechtswissenschaft, Elektrotechnik und des Maschinenbaus*, Weinheim.

Engler, Steffani/Friebertshäuser, Barbara (1989): »›Zwischen Kantine und WG‹. Studienanfang in Elektrotechnik und Erziehungswissenschaft«, in: Hannelore Faulstich-Wieland (Hg.), *»Weibliche Identität«. Dokumentation der Fachtagung der AG Frauenforschung in der Deutschen Gesellschaft für Erziehungswissenschaft*, Hannover, S. 123-136.

Engler, Steffani/Friebertshäuser, Barbara (1992): »Die Macht des Dominanten«, in: Angelika Wetterer (Hg.), *Profession und Geschlecht. Über die Marginalität von Frauen in hochqualifizierten Berufen*, Frankfurt am Main, S. 101-120.

Engler, Steffani/Prümmer, Christine von (1993): »Studienfach, Geschlecht, ›soziale Herkunft‹ – Zum Verhältnis von Geschlecht und Klasse an der Hochschule«, in: Anne Schlüter (Hg.), *Bildungsmobilität. Studien zur Individualisierung von Arbeitertöchtern in der Moderne*, Weinheim, S. 105-125.

Friebertshäuser, Barbara (1989): *Fragebogen ErstsemesterInnen Erziehungswissenschaft (I). Marburg WS 1985/86 und Siegen WS 1988/89. Zur Konzeption und Durchführung*. Universität-Gesamthochschule Siegen (Publikationsreihe »Studium & Biographie«, Nr. 5).

Friebertshäuser, Barbara (1992): *Übergangsphase Studienbeginn. Eine Feldstudie über Riten der Initiation in eine studentische Fachkultur*, Weinheim/München.

Greenacre, Michael/Blasius, Jörg (1994): *Correspondence Analysis in the Social Sciences. Recent Developments and Applications*, London u. a.

Huber, Ludwig/Liebau, Eckart/Portele, Gerhard/Schütte, Wolfgang (1983): »Fachcode und studentische Kultur. Zur Erforschung der Habitusausbildung in der Hochschule«, in: Egon Becker, *Reflexionsprobleme der Hochschulforschung*, Weinheim/Basel, S. 144-170.

Krais, Beate (1989): »Soziales Feld, Macht und kulturelle Praxis. Die Untersuchungen Bourdieus über die verschiedenen Fraktionen der ›herrschenden Klasse‹ in Frankreich«, in: Klaus Eder (Hg.), *Klassenlage, Lebensstil und kulturelle Praxis*, Frankfurt am Main, S. 47-70.

Krais, Beate (1993): »Geschlechterverhältnis und symbolische Gewalt«, in: Gunter Gebauer und Christoph Wulf (Hg.), *Praxis und Ästhetik. Neue Perspektiven im Denken Pierre Bourdieus*, Frankfurt am Main, S. 208-250.

Liebau, Eckart/Huber, Ludwig (1985): »Die Kulturen der Fächer«, in: *Neue Sammlung* 25, S. 314-399.

Zinnecker, Jürgen (1986): »Jugend im Raum gesellschaftlicher Klassen. Neue Überlegungen zu einem alten Thema«, in: Wilhelm Heitmeyer (Hg.), *Interdisziplinäre Jugendforschung. Fragestellungen, Problemlagen, Neuorientierungen*, Weinheim/München, S. 99-132.

Abbildung 1: Graphische Darstellung der Korrespondenzanalyse: Wohnformen, Bezugsquellen von Möbeln und Bettformen

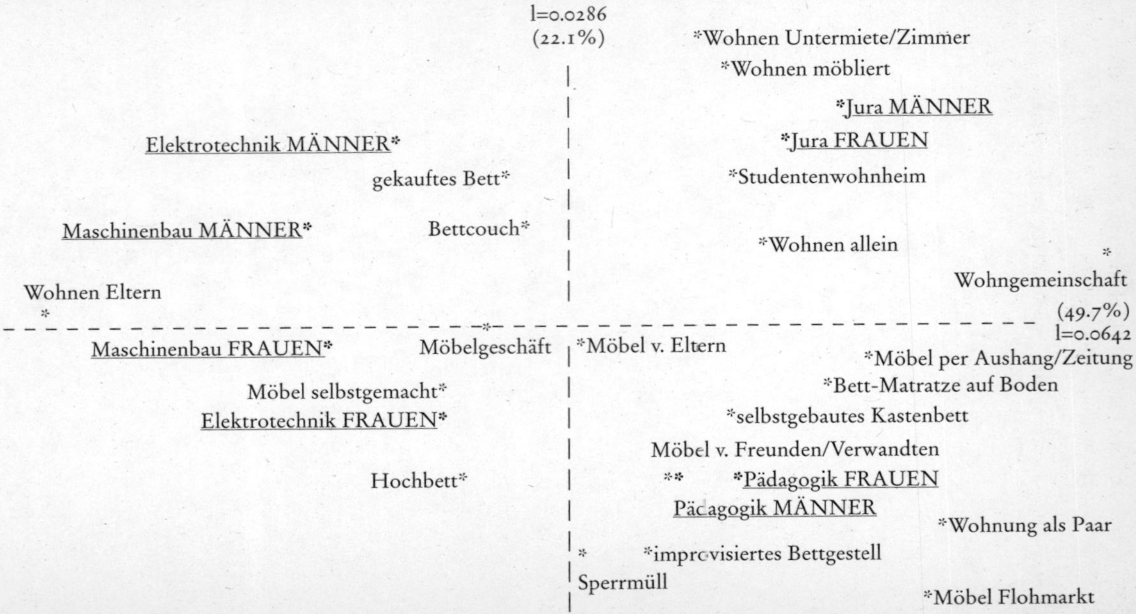

l=0.0286 (22.1%)

l=0.0642 (49.7%)

*Wohnen Untermiete/Zimmer
*Wohnen möbliert
*Jura MÄNNER
*Jura FRAUEN
*Studentenwohnheim
*Wohnen allein
*Wohngemeinschaft
*Möbel per Aushang/Zeitung
*Möbel v. Eltern
*Bett-Matratze auf Boden
*selbstgebautes Kastenbett
Möbel v. Freunden/Verwandten
*Pädagogik FRAUEN
**
Pädagogik MÄNNER
*Wohnung als Paar
*improvisiertes Bettgestell
*Sperrmüll
*Möbel Flohmarkt

Elektrotechnik MÄNNER*
gekauftes Bett*   Bettcouch*
Maschinenbau MÄNNER*
Möbelgeschäft
Wohnen Eltern*
Maschinenbau FRAUEN*
Möbel selbstgemacht*
Elektrotechnik FRAUEN*
Hochbett*

Abbildung 2: Graphische Darstellung der Korrespondenzanalyse: Bezugsquellen von Kleidung und Ernährungsvorlieben

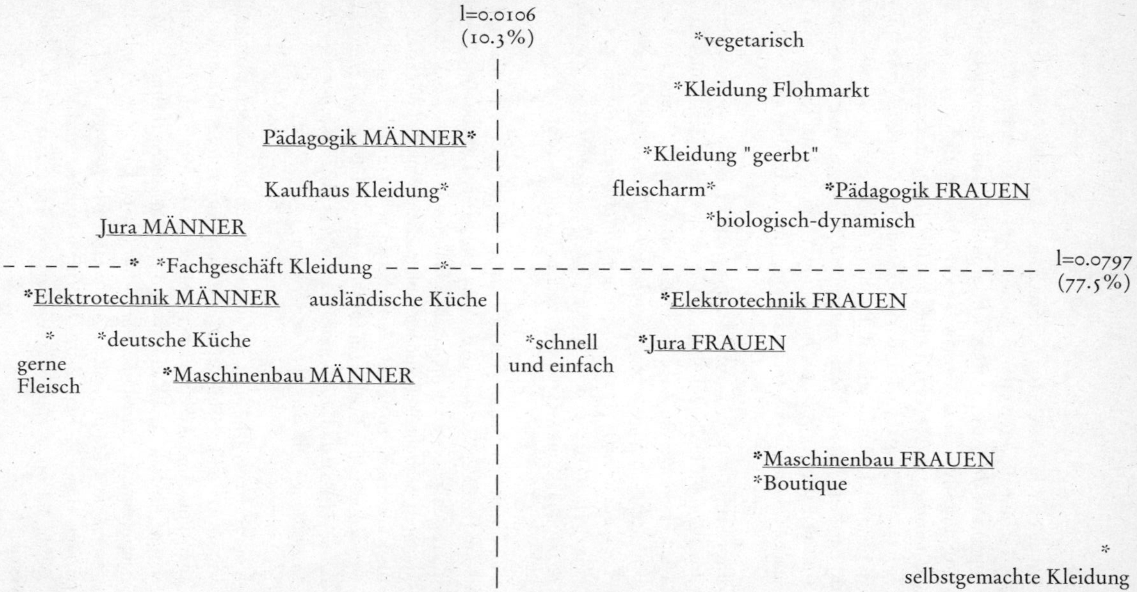

                                          l=0.0106
                                          (10.3%)   l=0.0797
                                                                                                          (77.5%)

                                                          *vegetarisch

                                                                  *Kleidung Flohmarkt

                                                          *"Kleidung "geerbt"   *Pädagogik FRAUEN
                                                   fleischarm*
                                                                  *biologisch-dynamisch

                                                                                *Elektrotechnik FRAUEN

                                                          *schnell   *Jura FRAUEN
                     Pädagogik MÄNNER*   und einfach
                     Kaufhaus Kleidung*

— — — — — — — — *Fachgeschäft Kleidung — — — —   ausländische Küche | — — — — — — — — — — — — — — — — — — —
     Jura MÄNNER
              *Elektrotechnik MÄNNER
                                                                                      *Maschinenbau FRAUEN
                         *deutsche Küche   *Boutique
                              *Maschinenbau MÄNNER
         *
     gerne
     Fleisch
                                                                                              *
                                                                                         selbstgemachte Kleidung

Hinweise zu den AutorInnen

Baudelot, Christian, geb. 1938; Studium an der École Normale Supérieure, Agrégation und Promotion in Soziologie; Professor an der École Normale Supérieure in Paris. Arbeitsschwerpunkte: Bildungssoziologie, Sozialstrukturanalyse, soziologische Theorie. Veröffentlichungen u. a.: *L'École capitaliste en France* (1971) (mit R. Establet); *La petite bourgeoisie en France* (1974) (mit R. Establet, J. Toiser); *Les étudiants, l'emploi, la crise* (1981) (mit R. Bénoliel, H. Cukrowicz, R. Establet); *Durkheim et le suicide* (1984) (mit R. Establet); *Edouard Sapir. Anthropologie* (1987); *Le niveau monte* (1989) (mit R. Establet); *Allez les filles!* (1992) (mit R. Establet); *Maurice Halbwachs. Consommation et société* (1994) (mit R. Establet).

Bourdieu, Pierre, geb. 1930; Studium an der École Normale Supérieure; Professor am Collège de France und an der École des Hautes Études en Sciences Sociales in Paris. Wichtigste ins Deutsche übersetzte Veröffentlichungen: *Zur Soziologie der symbolischen Formen* (1974); *Entwurf einer Theorie der Praxis* (1976); *Die feinen Unterschiede* (1982); *Sozialer Sinn* (1987); *Homo Academicus* (1988); *Was heißt sprechen?* (1990); *Soziologie als Beruf* (1991) (mit J.-C. Chamboredon, J.-C. Passeron).

Cockburn, Cynthia; arbeitet am Forschungszentrum »Geschlecht, Ethnizität und sozialer Wandel« an der City University London. Ihre Forschungsinteressen liegen auf den Gebieten: Frauen und Arbeit, das Verhältnis von Männern, Männlichkeit und technologischem Wandel, Gleichstellungspolitik in Unternehmen und Gewerkschaften, sowie internationale Frauennetzwerke. Zwei ihrer Bücher sind auf deutsch erschienen: *Die Herrschaftsmaschine* (1988) und *Blockierte Frauenwege: Wie Männer Gleichheit in Institutionen und Betrieben verweigern* (1993).

Dölling, Irene, geb. 1942; Studium der Bibliothekswissenschaft und Philosophie; Dr. phil., Habilitation in Kulturtheorie; Professorin an der Universität Potsdam. Arbeitsschwerpunkte: Frauenforschung, Biographieforschung, soziale Ungleichheit und Geschlechterverhältnisse. Veröffentlichungen u. a.: *Individuen und Kultur* (1986); *Der Mensch und sein Weib. Frauen- und Männerbilder. Geschichtliche Ursprünge und Perspektiven* (1991); (Hg.) P. Bourdieu, *Die Intellektuellen und die Macht* (1991); (Mithg.) *Unsere Haut. Tagebücher von Frauen aus dem Herbst 1990* (1992).

Engler, Steffani, geb. 1960; Studium der Erziehungswissenschaft und Soziologie an der Universität Marburg, Diplom-Pädagogin; Dr. phil. an der Universität-Gesamthochschule Siegen; seit 1992 Wissenschaftliche Assistentin an der Professur für Frauenforschung der Universität Münster. Arbeitsschwerpunkte: soziale Ungleichheit, Geschlecht und Technik, die soziale Funktion von Vorbildern. Veröffentlichungen u. a.: *Fachkultur, Geschlecht und soziale Reproduktion* (1993).

Establet, Roger, geb. 1938; Studium an der École Normale Supérieure, Agrégation und Promotion in Soziologie; Professor an der Université de Provence in Aix-en-Provence. Arbeitsschwerpunkte: Bildungssoziologie, Sozialstrukturanalyse, Gesellschaftstheorie. Veröffentlichungen u. a.: *Lire le Capital* (1966) (mit L. Althusser, E. Balibar, P. Macherey, J. Rancière); *L'école capitaliste en France* (1971) (mit C. Baudelot); *La petite bourgeoisie en France* (1974) (mit C. Baudelot, J. Toiser); *Les étudiants, l'emploi, la crise* (1981) (mit C. Baudelot, R. Bénoliel, H. Cukrowicz); *Durkheim et le suicide* (1984) (mit C. Baudelot); *L'école est-elle rentable?* (1987); *Le niveau monte* (1989) (mit C. Baudelot); *Allez les filles!* (1992) (mit C. Baudelot); *Maurice Halbwachs. Consommation et société* (1994) (mit C. Baudelot).

Frerichs, Petra, geb. 1947; Studium der Literatur- und Sozialwissenschaften, Dr. phil.; seit 1981 wissenschaftliche Angestellte am ISO Köln, Forschungsschwerpunkt Frauenforschung. Arbeitsschwerpunkte: Frauenforschung, Arbeits- und Betriebssoziologie, soziale Ungleichheit/Sozialstrukturanalyse. Veröffentlichungen u. a.: *Fraueninteressen im Betrieb* (1989) (mit M. Morschhäuser, M. Steinrücke); Herausgeberin von *Soziale Ungleichheit und Geschlechterverhältnisse* (1993) (mit M. Steinrücke).

Gebauer, Gunter, geb. 1944; Studium der Philosophie, Allgemeinen und Vergleichenden Literaturwissenschaft und Sportwissenschaft; Dr. phil., Habilitation in Philosophie; Professor an der Freien Universität Berlin, Mitglied des Forschungszentrums für Historische Anthropologie an der Freien Universität Berlin. Veröffentlichungen u. a.: *Sprachgebrauch – Wortbedeutung* (1971); *Der Einzelne und sein gesellschaftliches Wissen* (1981); *Historische Anthropologie* (1989) (mit D. Kamper, D. Lenzen, G. Mattenklott, C. Wulf, K. Wünsche); *Mimesis* (1992) (mit C. Wulf); Herausgeber von *Das Laokoon-Projekt* (1984), von *Sport – Eros – Tod* (1986) (mit G. Hortleder), von *Praxis und Ästhetik* (1993) (mit C. Wulf), Herausgeber der Reihe »Sport – Spiele – Kämpfe« (1993 ff.), Mitherausgeber der Reihe »Historische Anthropologie« (1988 ff.) und der internationalen Zeitschrift für Historische Anthropologie *Paragrana*.

Krais, Beate, geb. 1944; Studium der Soziologie, Dipl.-Soz., Dr. rer. pol., Habilitation in Soziologie, Professorin an der Technischen Hochschule Darmstadt; wissenschaftliche Mitarbeiterin am Max-Planck-Institut für Bildungsforschung, Berlin. Arbeitsschwerpunkte: Bildungssoziologie, Sozialstrukturanalyse, Frauenforschung, soziologische Theorie. Veröffentlichungen u. a.: *Qualifikation und technischer Fortschritt* (1979); *Karrieren außer der Reihe* (1986) (mit A. Funke, D. Hartung, R. Nuthmann); *Das Bildungswesen in der Bundesrepublik Deutschland* (1979, 1984, 1990, 1994) (als Mitglied der Arbeitsgruppe Bildungsbericht am Max-Planck-Institut für Bildungsforschung); »Geschlechterverhältnis und symbolische Gewalt«, in: G. Gebauer, C. Wulf (Hg.), *Praxis und Ästhetik* (1993); Herausgeberin von P. Bourdieu u. a., *Soziologie als Beruf* (1991).

Maruani, Margaret, geb. 1954; Studium der Germanistik und der Soziologie, Licence und Maîtrise ès Lettres an der Université de Paris X – Nanterre, Diplom, Promotion und Habilitation in Soziologie am Institut d'Études Politiques, Paris; Forschungsdirektorin des CNRS am Centre de Sociologie Urbaine in Paris. Veröffentlichungen u. a.: *Le temps des chemises* (1982) (mit Anni Borzeix); *Mais qui a peur du travail des femmes?* (1985); *Au labeur des dames* (1989) (mit C. Nicole); *La flexibilité à temps partiel* (1989) (mit C. Nicole); *Sociologie de l'emploi* (1993); Herausgeberin von *Beschäftigungspolitik und Arbeitsmarktforschung im deutsch-französischen Dialog* (1990) (mit P. Auer, J. Kühl, E. Reynaud).

O'Brien, Mary, geb. 1926; Ausbildung und Berufstätigkeit als Hebamme in Schottland, Krankenschwester in Kanada; Studium der Soziologie und politischen Theorie an der York University, Toronto; Professorin für Bildungssoziologie am Ontario Institute for Studies in Education, Toronto; inzwischen im Ruhestand; Gründungsmitglied der Feministischen Partei Kanadas. Veröffentlichungen u. a.: *The Politics of Reproduction* (1981); *Reproducing the World* (1989).

Ormrod, Susan; lehrt Medien und Kommunikation im »Department of Innovation Studies« an der University of East London. Vordem hatte sie Forschungsstellen an der City University in London und an der Universität in Manchester.

Ott, Cornelia, geb. 1953; Studium der Sozialwissenschaften, Dipl.-Soz. Arbeitsschwerpunkte: feministische Theorien, Macht- und Herrschaftstheorien, Sexualität.

Rose, Lotte, geb. 1958; Dipl.-Päd., Dr. phil., freiberufliche Autorin und Wissenschaftlerin, lebt mit Mann und zwei Kindern in Bebra. Forschungen und Publikationen zum Kinderleistungssport, zur weiblichen Körper- und Bewegungssozialisation, Mutterschaft und zu mädchenspezifischen Fragestellungen in der Jugendhilfe. Seit 1991 wissenschaftliche Begleitung eines Modellprojektes zur sportorientierten Mädchensozialarbeit in Marburg. Veröffentlichungen u. a.: *Das Drama des begabten Mädchens* (1991).

Steinrücke, Margareta, geb. 1953; Dipl.-Päd.; Referentin für Frauenforschung der Angestelltenkammer Bremen. Arbeitsschwerpunkte: Frauenforschung, soziale Ungleichheit, soziologische Theorie. Veröffentlichungen u. a.: *Generationen im Betrieb* (1986); *Fraueninteressen im Betrieb* (1989) (mit P. Frerichs und M. Morschhäuser); Herausgeberin von P. Bourdieu, *Die verborgenen Mechanismen der Macht* (1992) und von *Soziale Ungleichheit und Geschlechterverhältnis* (1993) (mit P. Frerichs).

GENDER STUDIES
in der edition suhrkamp

Barbin, Herculine / Michel Foucault: Über Hermaphrodismus. Herausgegeben von Wolfgang Schäffner und Joseph Vogel. es 1733

Benhabib, Seyla: Selbst und Kontext. Kommunikative Ethik im Spannungsfeld von Feminismus, Kommunitarismus und Postmoderne. Aus dem Amerikanischen von Isabella König. es 1725

Butler, Judith: Das Unbehagen der Geschlechter. Aus dem Amerikanischen von Kathrina Menke. es 1722

Bynum, Caroline Walker: Fragmentierung und Erlösung. Aus dem Amerikanischen von Brigitte Große. es 1731

Denksachen. Zur theoretischen und institutionellen Rede vom Geschlecht. Herausgegeben von Gesa Lindemann und Theresa Wobbe. es 1729

Fraser, Nancy: Widerspenstige Praktiken. Macht, Diskurs, Geschlecht. es 1726

Das Geschlecht der Natur. Feministische Beiträge zur Geschichte und Theorie der Naturwissenschaften. Herausgegeben von Barbara Orland und Elvira Scheich. es 1727

Geschlechtsverhältnisse und Politik. Herausgegeben vom Institut für Sozialforschung Frankfurt. Redaktion: Katharina Pühl. es 1730

Der große Unterschied. Die soziale Konstruktion der Geschlechterdifferenz. Herausgegeben von Irene Döllig und Beate Krais. es 1732

Hahn, Barbara: Unter falschem Namen. Von der schwierigen Autorschaft der Frauen. es 1723

List, Elisabeth: Die Präsenz des Anderen. Theorie und Geschlechterpolitik. es 1728

Politische Theorie: Differenz und Lebensqualität. Herausgegeben von Herlinde Pauer-Studer und Herta Nagl-Docekal. es 1736

Reflexionen vor dem Spiegel. Herausgegeben von Farideh Akashe-Böhme. Mit zahlreichen Abbildungen. es 1724

Von der Auffälligkeit des Leibes. Herausgegeben von Farideh Akashe-Böhme. es 1734

Von fremden Stimmen. Weibliches und männliches Sprechen im Kulturvergleich. Herausgegeben von Susanne Günthner und Helga Kotthoff. es 1721

Was sind Frauen? Was sind Männer? Herausgegeben vom Projekt für historische Geschlechterforschung. es 1735